佛山科學技術學院學術著作出版資助基金

佛山科學技術學院中國語言文學學科出版資助基金

佛山科學技術學院中國語言文學學科資助著作書系

蔣書紅◎編著

金文動詞性義項集註

暨南大學出版社
JINAN UNIVERSITY PRESS

中国·广州

圖書在版編目（CIP）數據

金文動詞性義項集註/蔣書紅編著. —廣州：暨南大學出版社，2019. 12
（佛山科學技術學院中國語言文學學科資助著作書系）
ISBN 978 – 7 – 5668 – 2098 – 3

Ⅰ. ①金…　Ⅱ. ①蔣…　Ⅲ. ①金文—動詞—研究—中國—周代　Ⅳ. ①K877. 34②H141

中國版本圖書館 CIP 數據核字（2017）第 084148 號

金文動詞性義項集註
JINWEN DONGCIXING YIXIANG JIZHU
編著者：蔣書紅

出 版 人：徐義雄
責任編輯：古碧卡　鄧麗藤　劉雨婷
責任校對：黃　球
責任印製：湯慧君　周一丹

出版發行：暨南大學出版社（510630）
電　　話：總編室（8620）85221601
　　　　　營銷部（8620）85225284　85228291　85228292（郵購）
傳　　真：（8620）85221583（辦公室）　85223774（營銷部）
網　　址：http://www. jnupress. com
排　　版：廣州市天河星辰文化發展部照排中心
印　　刷：佛山市浩文彩色印刷有限公司
開　　本：787mm×1092mm　1/16
印　　張：19
字　　數：436 千
版　　次：2019 年 12 月第 1 版
印　　次：2019 年 12 月第 1 次
定　　價：60. 00 元

目　錄

第一章　緒　論

一、研究簡介

本書以金文中的動詞性義項爲主要研究對象，側重於判定詞性、歸納義項、列舉例證、分析用字現象（是否屬通假字、古今字、異體字現象）、描述語法特徵（充當何種句子成分等）、統計頻次、列引和比較諸家之說等。凡是有動詞性義項用法的單音金文字詞，皆納入本書研究對象範疇當中。

開展本研究所依據的材料，是殷商、兩周時期的金文文獻。

金文有廣義和狹義之分：廣義的金文是指鑄或刻於金屬器皿上的文字；狹義的金文是指鑄或刻於青銅器上的文字。本書所用金文材料，是指狹義的金文。

金文應用的主要年代，爲兩周時期，爲期約 800 年。商朝之前雖已有青銅器，然皆無文，至盤庚遷殷後，勒銘者漸多，然亦多爲寥寥數字，《商代金文語言概述》① 中說：

> 據我們統計，《殷周金文集成》共收錄商代有銘銅器 4 890 件（其中疑爲西周早期的 573 件），銘文多爲 1 字，10 字以下的 4 809 件，內容多爲作器者名號、族徽或被祭祀的祖先名號。10～19 字 57 件；20～29 字 16 件；30～39 字 6 件，40 字以上 2 件。收集自他書的 20～29 字 4 件。總的說來，10 字以上的共 85 件。全部商代金文共有字數 4 萬多個（包括重複的）。

可見商時金文並不發達，當屬金文之形成初期。尤其是商代末期之前，當爲金文之萌芽階段。及至周初，銘文字數漸多。至西周晚期宣王時，出現了長達 32 行，497 字的毛公鼎，爲單篇銘文字數之最。王國維在《毛公鼎考釋》"序"中說："三代重器存於今日者，器以盂鼎、克鼎爲最巨；文以毛公鼎爲最多。"盂鼎（又名大盂鼎、全盂鼎，西周早期）、克鼎（又名大克鼎、膳夫克鼎，西周晚期）、毛公鼎皆屬西周時器，可見西周，尤其是西周晚期時鑄器及銘文之盛況。

東周王室逐漸衰微，然重器仍多，尤其是列國爭強，競相鑄器，所以其內容和數量仍相當豐富。逮至秦漢，承襲兩周緒餘，尚有少量勒銘銅器。自漢以降，鑄器之風漸微，銘文漸稀。

金文按時代及其重要性來劃分，應該可大致分爲五種：殷商金文（前 1300 年左右—前 1070 年左右）、西周金文（前 1070 年左右—前 771 年）、東周金文（前 770 年—前 222 年）、秦漢金文（前 221 年—219 年）、漢後金文（220 年至今）。

華東師範大學中國文字研究與應用中心開發的電子版《金文資料庫》②，是目前所見

---

① 董艷艷. 商代金文語言概述 [J]. 宜賓學院學報，2003（1）：71.
② 華東師範大學中國文字研究與應用中心. 金文資料庫（電子版）[M/CD]. 南寧：廣西教育出版社，2003.

收錄金文最多的電子版工具書，據此進行檢索統計，可得其所收金文各期篇數，如表 1 所示。

表 1　《金文資料庫》所收錄金文統計　　　　　（單位：篇）

時期	篇數	小計	備註
殷	4 485		
殷二里崗期	2	4 507	殷 4 507
殷中期	3		
殷晚期	17		
殷或西周早期	604	604	
西周	156		
西周早期	2 840		
西周中期	792	4 966	西周 4 966
西周晚期	1 058		
西周早期或中期	81		
西周中期或晚期	39		
西周晚期或春秋早期	29	29	
春秋	310		
春秋早期	326		
春秋中期	13	1 027	
春秋晚期	369		
春秋中期或晚期	9		
春秋晚期或戰國早期	15	15	東周 2 440
戰國	582		
戰國早期	303		
戰國中期	18	1 398	
戰國晚期	461		
戰國早期或中期	2		
戰國中期或晚期	32		
總計	12 546	12 546	

二、相關說明

（1）本書所取金文隸定用字，一般採用嚴式隸定，而非寬式隸定（後世通行字）。若屬學界尚未考定之字，則依其形隸定或描摹原形。

（2）本書所輯金文以《金文資料庫》（電子版）①、《〈殷周金文集成〉引得》② 中所收金文及其隸定、釋文爲主，並以《殷周金文集成》③、《近出殷周金文集錄》④ 中之拓片內容相校正。若以上版本之間或與其他版本對比有差異衝突時，則擇其優者而用之。設若皆不當用，則酌加一二己見。

（3）本書所舉金文例句，皆於其後以括號形式依次標出其所在器名、典型著錄資料、所屬時代。依其具體情況，格式分別統一如以下諸例：

①王子剌（烈）公之宗敔（婦）鄁（郜）嬰爲宗彝齎彝，永寶用，㠯（以）降大福，保辪（乂）鄁（郜）國。（宗婦鄁嬰盤，16.10152，西晚）

②王乎（呼）蒍趩召達。（達盨蓋，506，西中）

③兄弟諸子䁅（婚）冓（媾），無不喜。（㝬叔多父盤，《金文總集》8.6786，西周）

④乙卯，王饗（館）禚京。（伯唐父鼎，《考古》1989 年第 6 期第 526 頁圖二：1，西中）

⑤用旂（祈）䀈（眉）耋（壽）。（仲枏父盨，3.746、3.750、3.751、3.752、3.754、3.755，西中）

⑥隹（唯）三（四）月初吉甲午，王蒦（觀）于嘗。（效尊，11.6009，西早/效卣，10.5433，西中）

⑦用追孝，廝（祈）匄康黨、屯（純）右（祐）、遍（通）彔（祿）、永令（命）。（頌鼎，5.2827、5.2828、5.2829，西晚/頌簋，8.4332、8.4333、8.4334、8.4335、8.4337、8.4339，西晚/頌簋蓋，8.4336、8.4338，西晚/頌壺，15.9731，西晚/頌壺蓋，15.9732，西晚）

著錄資料优先採用《殷周金文集成》（標註其編號，如例①之"16.10152"，係其在《殷周金文集成》中的編號）；若《殷周金文集成》未收，次採用《近出殷周金文集錄》（標註其編號，如例②之"506"，係其在《近出殷周金文集錄》中的編號）；若此二書皆未收錄，次採用《金文總集》（如例③之"《金文總集》8.6786"，係其在《金文總集》中的編號）；次採用其他各種新舊著錄資料（如例④之"《考古》1989 年第 6 期第 526 頁圖二：1"，係刊錄該例句的期刊名稱及其卷期、頁碼、配圖編號等）。

若某些例句銘文完全相同，則用一個例句的形式，於其後之括號內集中標註（如例⑤，銘文、器名皆同，唯編號不同；例⑥，銘文相同，但器名、編號、時代不同；例⑦，爲例⑤、例⑥之綜合形式）。

時代用簡稱（如"西早""西中""西晚"分別指"西周早期""西周中期""西周晚期"）。有的銘文時代目前學界未能具體分期，則標其大體時代（如"西周""春秋""戰國"）或付諸闕如。

（4）某一用法（尤其是動詞性用法）在銘文中出現的頻次爲 10 見以下的，儘量進行

---

① 華東師範大學中國文字研究與應用中心. 金文資料庫［M/CD］. 南寧：廣西教育出版社，2003.

② 張亞初.《殷周金文集成》引得［M］. 北京：中華書局，2001.

③ 中國社會科學院考古研究所. 殷周金文集成：1—18 冊［M］. 北京：中華書局，1984—1994.

④ 劉雨，盧岩. 近出殷周金文集錄：1—4 冊［M］. 北京：中華書局，2002.

窮盡性的列舉（並且大致按照時段先後排列例句）；10 見以上的，酌情列舉各時段典型例句。若未列舉某時段例句，表示目前未見該用法有用於該時段者。

（5）文獻中原本缺損殘勒字，用口代替。

（6）文獻用字，如出現屬古今字、通假字、異體字等現象，必要時，於其字後以括號形式標出其後世通行字。如"隹（唯）""政（征）""仅（付）"，表示該例句中的"隹""政""仅"後世通行字寫作"唯""征""付"。

（7）本書自用註解術語，內涵如下：

同：指異體字現象。

通：指通假字現象。

後作：指古今字之古字的後世通行字現象。

用爲：指後世通行字仍用如古今字之古字現象。

"某"字之誤寫：指銘文中誤刻字現象。

（8）爲避免行文繁冗，本書正文內容中所引文獻頻次較高者，簡稱如下：

《殷周金文集成》①：《集成》

《近出殷周金文集錄》②：《集錄》

《金文形義通解》③：《通解》

《金文常用字典》④：《字典》

《金文詁林》⑤：《詁林》

《商周青銅器銘文選》⑥：《銘文選》

《金文今譯類檢：殷商西周卷》⑦：《類檢》

《積微居金文說》⑧：《金文說》

《兩周金文辭大系圖錄考釋》⑨：《大系考釋》

此外，所引文獻之作者若有多人，引用時一般只列稱其主編、第一作者。若有不妥，敬祈海諒。

（9）引用他人獨特材料、觀點等，一般於當頁作出註釋（但常識、目前常用通行古籍等一般不註）；其餘文獻一般於本書末尾參考文獻中列出（但本書正文當頁作過註釋又引用頻次較少的文獻，參考文獻中不再列出）。

（10）在原樣引用他人材料、觀點，又有必要在其間或其後作出一些額外補充說明時，將用按語的形式（用"本案"二字），加以標出。

---

① 中國社會科學院考古研究所．殷周金文集成：1—18 冊［M］．北京：中華書局，1984—1994．

② 劉雨，盧岩．近出殷周金文集錄：1—4 冊［M］．北京：中華書局，2002．

③ 張世超，孫凌安，金國泰，等．金文形義通解［M］．京都：中文出版社，1996．

④ 陳初生．金文常用字典［M］．西安：陝西人民出版社，1987．

⑤ 周法高．金文詁林：1—16 冊［M］．香港：香港中文大學，1974—1975．

⑥ 馬承源．商周青銅器銘文選［M］．北京：文物出版社，1988．

⑦ 劉志基，臧克和，王文耀．金文今譯類檢：殷商西周卷［M］．南寧：廣西教育出版社，2003．

⑧ 楊樹達．積微居金文說［M］．北京：科學出版社，1952．

⑨ 郭沫若．兩周金文辭大系圖錄考釋［M］．北京：科學出版社，1957．

（11）某義項、用法之頻次統計，係指其在金文中總共出現的頻次（若未見頻次統計，表明此項暫難確計）。

（12）動詞性義項詞彙主要根據其字形、動詞性用義來排序（這樣更便於將字形、義項類似相關的詞彙鄰近對比參看。單純按拼音或部首筆畫排序的方法在形式上更簡單有序，但不利於就近對比參看同類現象；且不少金文已無對應的現代漢語拼音或者部首，因此難以按常規的音序、部首羅列，達成形式上的一致和完美）。

（13）爲行文簡潔，本書所引人名，無論業師尊長、前賢時修，皆直書其名，不用敬稱。若有不妥，亦祈海諒。

第二章　動詞性義項集註

金文之字數，以單篇銘文計，少則一字，多則幾百字；以不同文字計，則約 4 000 字。據《金文編》"後記"所言："今按謄清後的定稿統計：引用器目共三九〇二器，正編字頭二四二〇號，重文一九三五七個，附錄一三五二文，重文一一三二個。"① 以及《金文編》"凡例"所言："圖形文字之未識者為附錄上；形聲之未識者，偏旁難于隸定者，考釋猶待商榷者，為附錄下。"② 則經張振林、馬國權摹補的《金文編》共計列有字頭 3 772 個，其中可以識別的字是 2 420 個。這些數據，雖然與金文的實際數量可能還有一定的差距，但應該是已囊括了金文之大體的，與甲骨文字數也大致相當。

銘文當中，具有動詞性義項用法的字詞，有 700 個左右。但是其中的三分之一左右，目前還難以釋讀。從語法來分析，可測定其爲動詞性用法，然其在句中究爲何義，尚難確解。

我們擇取了目前較能肯定的 400 餘個，進行分析列述。在本書中，只分析其動詞性義項用法，名詞、形容詞等其他詞性的義項用法，暫不探究。

後世認爲是同一文字，但在金文中有諸多"異體"的，我們先將其合併爲一組，暫且當作同一字（詞）看待，再依其不同隸定字形，分開進行分析說解。這些"異體"之間，有些用法完全相同，當作同一字（詞）判定，應該是無異議的；但也有一些存在用法（詞性、義項、充當的句子成分、頻次等方面）上的差異，並不能完全等同視之，因而分開來進行闡析，更爲具體精確，至於它們是否能當作同一字（詞）來看待，暫作闕疑，不予判定。

■一、祭

1. 祀，祭祀。作謂語或謂語中心。3 見。

①井（邢）叙（姬）晭，亦𠀬𢽨（祖）考妟公宗室，□孝祀孝祭。（弭伯鼎，5.2676，西中）

②井（邢）叙（姬）晭，亦𠀬且（祖）考妟公宗室，□孝祀孝祭。（弭伯鼎，5.2677，西中）

③吕（以）祭我皇𢽨（祖）。（欒書缶，16.10008，春秋）

2. 祭祀所用的。作定語。3 見。

①義楚之祭耑（鍴）。（義楚觶，12.6462，春晚）

① 容庚. 金文編［M］. 張振林，馬國權，摹補. 北京：中華書局，1985：1504.
② 容庚. 金文編［M］. 張振林，馬國權，摹補. 北京：中華書局，1985：2 - 3.

②邻（徐）王義楚罢（擇）余吉金，自酢（作）祭鍴。（徐王義楚耑，12.6513，春晚）

③姒乍（作）皇姒匋君中（仲）妃（妃）褪（祭）器八段（簋）。（鄘侯少子簋，8.4152，春秋）

■二、祀

1. 祭祀。作謂語或謂語中心。

①王祀祁（於）天室。（天亡簋，8.4261，西早）

②井（邢）叝（姬）晛，亦祁眎（祖）考麦公宗室，□孝祀孝祭。（弭伯鼎，5.2676，西中）

③井（邢）叝（姬）晛，亦祁且（祖）考麦公宗室，□孝祀孝祭。（弭伯鼎，5.2677，西中）

④智忒（其）［萬］［年］用祀。（智鼎，5.2838，西中）

⑤唯八月甲午，楚公逆祀辵先高祖考，敷任四方首。（楚公逆編鐘，97，西晚）

⑥吕（以）取鮮蘁（薧），卿（饗）祀先王。（奸蚉壺，15.9734，戰早）

⑦吕（以）卿（饗）上帝，吕（以）祀先王。（中山王䲹方壺，15.9735，戰早）

⑧敆（造）金監（鑑），攸立戠棠，吕（以）祀皇祖。（邾陵君鑑，16.10297，戰晚）

2. 祭祀時所用的。作定語。2見。

①岳用乍（作）亯（享）大子乙家祀障（尊）。（小臣岳方鼎，5.2653，殷）

②乍（作）文父宗祀障（尊）彝。（作文父宗祀鼎，《西清續鑑甲編》第一章第三十三節，西早）

■三、已

通"已"。終止，停止，斷絕。典籍作"已"。作謂語或謂語中心。3見。

①祐受母（毋）已（已）。（蔡侯尊，11.6010，春晚/蔡侯盤，16.10171，春晚）

馬承源隸定爲"已"，註曰："祐受母（毋）已：永遠得到保祐。祐受：即受祐之倒文。毋已：即不已。"（《銘文選》第395頁）《金文資料庫》亦隸定爲"已"。陳初生引此例作"巳"，釋爲"停止"。（《字典》第1169頁）

②萬年無諆（期），賢（眉）齠（壽）母（毋）已（已）。（許子鹽鎛，1.154，春秋）

張世超引此例作"巳"，釋爲"終止"。（《通解》第3474頁）

■四、筮

占卜。通常用蓍草進行占卜的一種迷信活動。作謂語中心。1見。

窺（親）令史懋路（露）筭（筮）。（史懋壺，15.9714，西中）

■五、嘗

1. 用爲"嘗"。嘗祭。一種祭祀方法。作謂語或謂語中心。5 見。

①用糧（烝）用嘗，用孝用亯（享）。（姬鼎，5.2681，西晚）

②台（以）羞（烝）台（以）嘗，保有齊邦。（陳侯因資敦，9.4649，戰晚）

③台（以）羞（烝）台（以）嘗，保又（有）齊邦，永豈（世）母（毋）忘。（十四年陳侯午敦，9.4646、9.4647，戰晚）

④台（以）羞（烝）台（以）嘗，保有齊邦，永豈（世）母（毋）忘。（十年陳侯午敦，9.4648，戰晚）

《詩經·小雅·天保》："禴祠烝嘗，於公先王。"毛亨傳："宗廟之祭……秋曰嘗。"在銘文中可泛指祭祀。

2. 嘗祭時所用的。作定語。1 見。

對（對）訊（揚）朕宗君其休，用乍（作）朕剌且（祖）罍（召）公嘗毁（簋）。（六年琱生簋，8.4293，西晚）

■六、裳

嘗祭。一種祭祀方法。在銘文中可泛指祭祀。銘文中亦用"嘗"字。典籍作"嘗"。作謂語中心。

①楚王酓肯乍（作）盥（鑄）鈢鼎（鼎），台（以）共（供）歲裳。（楚王酓肯鈢鼎，4.2479，戰晚）

郭沫若曰："裳从示尚聲，當即祭名蒸嘗嘗字之專字，《爾雅·釋天》'秋祭曰嘗，冬祭曰蒸'，嘗乃假借字。"（《金文叢考》第 413 頁）則"嘗"爲"裳"的假借字。

馬承源註曰："歲裳：'歲'同鄂君啓節，即'歲'。裳，乃《爾雅·釋天》'秋祭曰嘗'之'嘗'的假借字。"（《銘文選》第 436 頁）則"裳"爲"嘗"的假借字。

本案：從本義來反推字形，當如郭說，以"裳"爲本字，"嘗"爲假借字。

②楚王酓肯乍（作）盥（鑄）匋（鐈）盧（鼎），㠯（以）共歲裳。（楚王酓肯鼎，5.2623，戰晚）

③楚王酓肯乍（作）盥（鑄）金匠（簠），㠯（以）共（供）歲裳。（楚王酓肯簠，9.4549、9.4551，戰晚）

④楚王酓肯乍（作）爲盥（鑄）盤，台（以）共（供）歲裳。（楚王酓肯盤，16.10100，戰晚）

⑤正月吉日，窒盥（鑄）少（炒）盤，㠯（以）共（供）歲裳。（楚王酓忎盤，16.10158，戰晚）

⑥郙坴（陵）君王子罷（申），攸縴（哉），戠（造）鈦盍（蓋），攸立歲裳，㠯（以）祀皇且（祖）。（郙陵君王子申豆，9.4694，戰晚）

⑦郳夲（陵）君王子罡（申），攸緐（哉），敔（造）金監（鑑），攸立戠裳，曰（以）祀皇祖。（郳陵君鑑，16.10297，戰晚）

■ 七、卲

1. 後作"昭"。光，明，使……光明。形容詞的使動用法。作謂語或謂語中心。

①卲朕福血。（榮作周公簋，8.4241，西早）

郭沫若曰："猶言明余禋祀。福，胙肉。血，血膋。"（《大系考釋》第40頁）

②用卲大宗。（虞鐘，1.88，西中）

③卲（昭）蔡皇工（功）。（中山王嚳方壺，15.9735，戰早）

2. 後作"昭"。彰明，昭顯，引申爲表彰，旌表。作謂語。6見。

①賞于旆（韓）宗，令于晉公，卲（昭）于天子。（䲹羌鐘，1.157、1.158、1.159、1.160、1.161，戰早）

②女（汝）亦虔秉不（丕）塱（經）悳（德），台（以）克䡅光朕，卲（昭）于之。（者沪鐘，1.122，戰早）

3. 後作"昭"。見，晉見。作謂語中心。1見。

及𨔶（子）廼遣間來逆卲（昭）王。南尸（夷）東尸（夷）具見，廿又六邦。（鼄鐘，1.260，西晚）

逆卲，即迎見，《爾雅·釋詁下》："昭，見也。"

馬承源註曰："及𨔶（子）廼遣間來逆卲（昭）王：及子廼去除防禦來迎見王。……昭：有見義，《爾雅·釋詁》訓'昭'爲'見也'。"（《銘文選》第280頁）

另，陳初生認爲此處"通'紹'，承繼，引申爲應接"。（《字典》第862頁）亦可通。

4. 通"紹"。繼承。作謂語中心。1見。

其惟因胥，翳（揚）皇考，聖（紹）練（縄）高且（祖）黄啻（帝）。（陳侯因胥敦，9.4649，戰晚）

容庚曰："'聖'讀若《書·盤庚上》'紹復先王之大業'，《孟子·滕文公》'紹我周王見休'之紹。練，挈乳爲縄，繼也，今經典假踵爲之。"（《善齋彝器圖錄》第24頁）

■ 八、啻

1. 後作"禘"。一種祭祀方法，夏祭曰禘。作謂語或謂語中心。

"禘"字卜辭及銘文皆未之見，卜辭以"帝"爲"禘"，銘文以"啻"爲"禘"。

①王啻（禘）。用牡于大室。啻（禘）卲王。（剌鼎，5.2776，西中）

②用啻（禘）于乃考。（大簋，8.4165，西中）

③公啻（禘）酓辛公际（祀）。（繁卣，10.5430，西中）

2. 通"嫡"。繼承。此爲"嫡傳"之引申義。作狀語。8見。

①命女（汝）乍（作）變𠂤（司）馬，啻官僕射士。（趞簋，8.4266，西中）

②嗣（嗣）乃且（祖）啻官邑人、虎臣、西門尸（夷）……（師酉簋，8.4288、8.4289、8.4290、8.4291，西中）

劉志基註曰："啻（適）：讀爲嫡，承嗣。"（《類檢》第204頁）

③啻官嗣（司）广（左）右戲緐（繁）荆。……啻官嗣（司）广（左）右戲緐（繁）荆。（師虎簋，8.4316，西中）

④今余令女（汝）啻官嗣（司）邑人、先虎臣、後庸……（訇簋，8.4321，西晚）

郭沫若曰："'啻官嗣'，啻讀爲嫡，官嗣猶言管理，言繼承管理。"

■九、栞/祷/饎/齍

（一）栞

1. 栞祭，一種祭祀方法，除災求福之祭。作謂語或謂語中心。

①王栞于成周。（囲甗，3.935，西早）
②隹（唯）王初栞于成周。（盂爵，14.9104，西早）

2. 祈求。此義由栞祭引申而來。作謂語或謂語中心。

①唯用斷（祈）栞彊（萬）年。（伯獻簋，7.4073，西早）
②用栞。（矢令方尊，11.6016，西早）
③用栞壽，匄永福。（衛鼎，5.2733，西中）
④用栞耆（壽），匄永令（命）。（獸簋，8.4317，西晚）

3. 栞祭時所使用的。作定語。1見。

隹（唯）□啻（友）□□氏，乍（作）□栞饎鼎。（妢作父庚鼎，5.2578，殷或西早）

或者此類"栞"字同"饎"。

4. 通"饎"。飲食時所使用的。作定語。

①白（伯）幾父乍（作）栞（饎）𣪘（簋）。（伯幾父簋，7.3765，西中）
②椒（散）車父乍（作）鄲敔（姑）栞（饎）𣪘（簋）。（散車父簋，7.3881，西晚）

同名之器又作"椒（散）車父乍（作）鄲敔（姑）饎𣪘（簋）"。（散車父簋，7.3883、7.3884、7.3885，西晚）

可見此例之"栞"同"饎"。

5. 通"弼"。輔佑。作謂語。1見。

乃且（祖）克栞（弼）先王。（乖伯歸夆簋，8.4331，西晚）

銘文又假"達"爲"弼"。

（二）祷

同"栞"。栞祭。作謂語或謂語中心。6見。

①明（明）公易（賜）亢師邑金小牛，曰："用饎。"易令邑金小牛，曰："用饎。"（矢令方尊，11.6016，西早/矢令方彝，16.9901，西早）

②用饎耆（壽），匄永令（命）。（癲鐘，1.246，西中）

③乙卯，王饔（館）饎京。（伯唐父鼎，《考古》1989年第6期第526頁圖二：1，西中）

"王饔（館）饎京"，當爲"王饔於京、饎於京"之義，饔、饎連謂。

（三）饎

1. 飲食時使用。作謂語。3見。

①旐乍（作）寶隙（尊）彝，用饎（饎）。（旐簋，6.3628，西早）

②余諾巽（恭）孔惠，其釁（眉）耆（壽）吕（以）饎。（邜大宰簋，9.4623，春早）

③余諾巽（恭）孔惠，其釁（眉）耆（壽）用鞣（饎）。（邜大宰簋，9.4624，春早）

2. 供……飲食時使用，使……飲食時使用。作謂語。1見。

敊（敢）乍（作）寶（寶）毀（簋），用鞣（饎）辝孫子。（敊簋，7.3827，西晚）

3. 飲食時所使用的。此用於世人。作定語。約35見。

①丙公獻（獻）王饎器。休無（亡）遣（譴）。（䵼卣，《上海博物館集刊》第七輯第46頁，西早）

②辰乍（作）鞣（饎）毀（簋）。甘（其）子子孫孫永寶用。（辰簋蓋，6.3734，西中）

③戲白（伯）乍（作）饎斎。其萬年子子孫孫永瀕（寶）用。（戲伯鬲，3.666，西晚）

④椒（散）車父乍（作）鄍敁（姑）饎毀（簋）。其萬年子子孫孫永寶。（散車父簋，7.3883、7.3884、7.3885，西晚）

⑤中（仲）重父乍（作）鞣（饎）毀（簋）。甘（其）蘁（萬）年子子孫孫永寶用。（仲重父簋，7.3956、7.3957，西晚）

⑥弔（叔）夜盟（鑄）其饎鼎（鼎），吕（以）征吕（以）行，爨（饘）用亯（享），用蘭（祈）賈（眉）耆（壽）無彊（彊）。（叔夜鼎，5.2646，春早）

⑦戠（戴）弔（叔）朕（朕）自乍（作）鞣（饎）鼎。甘（其）萬年無彊（彊）。（戴叔朕鼎，5.2690，春早）

⑧舁（鄧）公牧乍（作）饎毀（簋）。（鄧公牧簋，6.3590、6.3591，春早）

⑨番君䁁（召）乍（作）饎臣（簋）。用亯（享）用耆（孝），用蘭（祈）賈（眉）耆（壽）。（番君召簋，9.4582、9.4583、9.4584、9.4585、9.4586，春晚）

⑩醪（鄩）白（伯）受用其吉金，乍（作）其元妹弔（叔）嬴爲心脀（滕）饎臣（簋）。（鄩伯受簋，9.4599，春秋）

⑪西替乍（作）其姒（妹）歝鞣（饎）鉦鐪。（西替簋，6.3710，戰國）

4. 供食先人時所使用的，獻祭時所使用的。此用於鬼神。作定語。約25見。

①佳（唯）□㫗（友）□□氏，乍（作）□萃饎鼎。（妌作父庚鼎，5.2578，殷或西早）

②宰□乍（作）父丁饆彝。（宰□作父丁簋，6.3608，西早）

③孟敃（姬）洎自乍（作）鞣（饆）設（簋），甘（其）用追考（孝）于其辟君武公。（孟姬洎簋，7.4071，西晚）

④魯嗣（司）祉（徒）中（仲）旂（齊）肇（肇）乍（作）皇考白（伯）徙（走）父饆䀉設（簋）。（魯司徒仲齊䀉，9.4440、9.4441，春秋）

⑤乍（作）皇考獻（獻）弔（叔）饆廄。（齊陳曼簋，9.4595、9.4596，戰早）

（四）鑘

同"饆"。獻祭……時使用，使……飲食時使用。作定語。2 見。

白（伯）康乍（作）寶設（簋），用卿（饗）匐（朋）友，用鑘（饆）王父王母。（伯康簋，8.4160、8.4161，西晚）

楊樹達曰："此銘鑘字與鄉字爲對文（鄉今言享），用爲動字，乃燕享之義。"（《金文說》第 168 頁）

■一〇、酚

酚祭。一種祭祀方法，用酒祭奠。作謂語或謂語中心。3 見。

①王嘅（喓）𢂇馬酚。（戊寅作父丁方鼎，5.2594，殷）

②王酚，大禑奉，才（在）成周。（叔夨方鼎，《文物》2001 年第 8 期第 9 頁圖一二，西早）

③公啻（禘）酚辛公际（祀）。（繁卣，10.5430，西中）

■一一、藋

1. 後作"灌"。舉行灌祭。典籍或作"裸"。作謂語。1 見。

癸未，王才（在）圖，藋京。王賞（賞）𤔲貝。用乍（作）父癸𥂑（寶）隤（尊）。（𤔲作父癸方彝蓋，16.9890，殷）

強運開曰："《說文》：'裸，灌祭也。'藋京，即灌京。《詩》'裸將於京'可證。'灌'本'藋爵'，叚乍'灌'，古'藋''灌''裸''盥'均通用。"（《說文古籀三補》卷一，第 2 頁）張世超亦遵從此說。（《通解》第 895 頁）然"王才（在）圖，藋京"在《金文資料庫》中斷讀爲"王才（在）圖藋高"，則"圖藋高"當爲一整體，表地名。

2. 通"觀"。遊觀，觀賞。西周金文中亦寫作"觀"。作謂語。2 見。

①隹（唯）三（四）月初吉甲午，王藋于嘗。（效卣，10.5433，西中）

方濬益曰："今以'藋'爲'灌'之淆，說固可通，然'秋祭曰嘗'，文言'四月初吉'，則非嘗祭之時明矣。……竊疑'藋'當釋'觀'，'嘗'爲地名，王以巡狩遊觀於此。"（《綴遺齋彝器款識考釋》卷十二第 13 頁）

楊樹達贊同方說，曰："方濬益跋此器謂嘗爲地名，藋讀爲觀，是也。"（《金文說》

第 104 頁）又曰："蒦當讀爲觀。觀者，古人娛遊之一事也。《書·無逸》曰：'則其無淫於觀，於逸，於遊，於田。'以觀與逸遊田並列，是其事也。《孟子·梁惠王下篇》云：'齊景公問於晏子曰："吾欲觀於轉附朝儛遵海而南，放於琅邪。吾何修而可以比於先王觀也?"''觀于嘗'與'觀於轉附朝儛'句例正同。《春秋·隱公五年》云：'公觀漁於棠'亦觀之事也。"（《金文說》第 279 頁）

郭沫若曰："蒦殆觀省，又疑叚爲館，嘗當是地名。又如讀蒦爲灌，說嘗爲烝嘗之嘗，亦可通，唯嘗乃秋祭，與四月不合。"（《大系考釋》第 102 頁）

然亦有學者解此"蒦"爲"祼"，如白川靜曰："此一蒦蓋爲耕籍之禮也。……與《國語》所云之王即齋宮，齋之後行祼鬯之事相合。"（《金文通釋》第十六輯第 88 ~ 91 頁）

②隹（唯）三（四）月初吉甲午，王蒦于嘗。（效尊，11.6009，西早）

3. 後作"鸖"。列鸖陣。名詞活用作動詞。作謂語。1 見。

王令（命）師俗、史窒（密）曰：故南尸（夷）、膚（盧）、虎、會、杏（杞）尸（夷）、舟尸（夷），蒦不阤（折），廣伐東國。（史密簋，489，西中）

鄧飛讀此"蒦"爲"鸖"，釋爲"擺鸖陣"之義。（《兩周金文軍事動詞研究》第 9 頁，西南師範大學 2003 年碩士學位論文）

張懋鎔、趙榮、鄒東涛曰："蒦當是鸖的本字。宋陸佃《埤雅·釋鳥》云：'舊說江淮謂群鸖旋飛爲鸖井，則鸖善旋飛，盤薄雲霄，與鵝之成列正異，故古之陣法或願爲鸖也。'……西周晚期，淮夷、杞夷、舟夷正處於江淮一帶，他們首先發明鸖陣這一陣名，是很自然的。"（《安康出土的史密簋及其意義》，《文物》1989 年第 7 期）則擺鸖陣者爲淮夷、杞夷、舟夷，非王命師俗、史窒擺鸖陣矣。

■一二、尞

尞祭。一種祭祀方法，以火燔祭，燒柴以祭天。典籍作"燎"。作謂語或謂語中心。2 見。

①尞于宗周。（庸伯𣪘簋，8.4169，西早）
②唯王既尞，屰伐東尸（夷）。（保員簋，《考古》1991 年第 7 期第 650 頁圖一，西早）

■一三、匸

報祭。爲感謝祖宗神明而進行祭祀。作謂語。
①匸（報）賓，乍（作）父癸彝。（匸賓父癸鼎，4.2132，西早）
于省吾曰："史記殷本紀，報乙報丙報丁之報，契文都作匸。殷人祭其先公先王言出匸於某者習見。……這證明了匸方鼎的匸方並非作器的人名。"（《商周金文錄遺·序言》）
②乃孫乍（作）且（祖）己宗寶。嘗（旨）𣲆（𤔲）匸方（賓）。（乃孫作祖己鼎，4.2431，殷或西早）
③匸父丁。（匸父丁爵，14.8502，殷或西早）

■一四、報

1. 用爲"匸"。報祭，爲感謝祖宗神明而進行祭祀。作謂語。

丁公文報。（作冊夨令簋，8.4300，西早）

2. 酬報，酬謝。此義當爲從報祭義引申而來。2 見。

①余肁（惠）于君氏大章（璋），報婍（婦）氏帛束、璜。（五年召伯虎簋，8.4292，西晚）

馬承源註曰："余肁（惠）于君氏大章（璋），報婍（婦）氏帛束、璜：……我惠贈給君氏的是大玉璋，報答婦氏的是束帛和玉璜。"（《銘文選》第 209 頁）

②今余既一名典獻（獻），白（伯）氏劓（則）報璧。（六年召伯虎簋，8.4293，西晚）
馬承源註曰："白（伯）氏則報璧：伯氏於是送玉璧給召伯虎。"（《銘文選》第 210 頁》）

■一五、盟

1. 盟誓，盟會。作謂語。

魯医（侯）乍（作）爵，毌卣，用隣（尊）彙（茜）盟（盟）。（魯侯爵，14.9096，西早）

2. 盟祭。作謂語或謂語中心。

①剌觀（覩）乍（作）嶺寶隣（尊），甘（其）用盟（盟）鼄（䵼）亮（宮）斂（嫄）日辛。（剌觀鼎，4.2485，西早）

②甹（祇）盟嘗禴（禴），祐受母（毋）巳。（蔡侯盤，16.10171，春晚）

馬承源註曰："甹（祇）盟嘗禴（禴）：春禘秋嘗，極爲明備。盟：讀爲明，義如備。《詩·小雅·楚茨》'祀事孔明'，鄭玄《註》：'明，猶備也。'"（《銘文選》第 395 頁）則"盟"讀爲"明"，"明備"之義。

我們認爲此"盟"當作本字之義解讀，不必輾轉相釋也。"甹盟嘗禴"，意爲恭敬地盟、嘗、禘。

3. 盟祭時所使用的。作定語。

𠭯乍（作）且（祖）丁盟（盟）彝。（𠭯作祖丁鼎，4.2110，西早）

4. 通"明"。形容詞的使動用法，使……明。1 見。

不（丕）顯皇考亮（宮）公。穆穆克盟（明）氒心。（師望鼎，5.2812，西中）

■一六、升

進獻。最初指進獻酒鬯液體類，與進獻穀米牲肉類之"登""蒸"當同源而有別，後引申指進獻各類物體。作謂語。

王穧（蔑）督（友）暦（曆），易（賜）牛三。督（友）既損（拜）頶首，升于氒文妵（祖）考。（友簋，8.4194，西中）

此例中指進獻牛牲，《呂氏春秋・孟秋紀》：“是月也，農乃升穀。”高註：“升，進也。”是指進穀。

■一七、亯

1. 後作“享”。祭享，祭祀。此用於鬼神及上天，爲其本義。作謂語或謂語中心。

①甘（其）萬年子子孫孫永寶用亯（享）于宗室。（仲叡父簋，7.4103，西中）

②用亯（享）孝于文申（神）。（此鼎，5.2821，西晚）

③用亯（享）于朕剌（烈）考。（無重鼎，5.2814，西晚）

④用亯（享）于皇天。（徐王義楚觶，12.6513，春晚）

2. 後作“享”。奉獻。此用於在世之生人，作謂語。2見。

①氒復亯（享）于天子，唯氒事（使）乃子毀萬年辟事天子。（毀方鼎，5.2824，西中）

②陸（陳）厌（侯）午淖（朝）羣邦者（諸）厌（侯）于齊，者（諸）厌（侯）亯（享）台（以）吉金。（十年陳侯午敦，9.4648，戰晚）

此銘與“陸（陳）厌（侯）午台（以）羣者（諸）厌（侯）獻（獻）金乍（作）皇妣（她）孝大妃祔器𣄴鐄（錞）”（十四年陳侯午敦，9.4646，戰晚）銘互證，兩銘記事相同，“亯（享）”爲“獻（獻）”義甚明。

《詩經・商頌・殷武》：“昔有成湯，自彼氐羌，莫敢不來享，莫敢不來王。”鄭玄箋：“享，獻也。”《禮記・曲禮下》：“五官致貢曰享。”鄭玄註：“享，獻也。致其歲終之功於王，謂之獻也。”

3. 後作“享”。享受，享用。此亦用於在世之生人。1見。

我亦弗冘亯（享）邦。（乖伯歸夆簋，8.4331，西晚）

郭沫若讀“冘”爲“旷”。（《大系考釋》第147頁）“亯（享）邦”當即典籍之“享國”，受國，在君位之義。《尚書・無逸》：“肆中宗之享國，七十有五年。”

■一八、宜

1. 宜祭，祭祀。作謂語或謂語中心。4見。

①不（丕）克气（訖）衣（殷）王祀，丁丑，王鄉（饗），大宜。（天亡簋，8.4261，西早）

②乍（作）冊夨令障（尊）宜于王姜。（作冊夨令簋，8.4300，西早）

③王宜人方，無敓。咸，王商（賞）乍（作）冊般貝。用乍（作）父己障（尊）。（作冊般黿，3.944，西早）

張世超於其“宜”字條下引此例作“王宜（祖）夷方無敓”，認爲通“祖”。（《通解》第 1856 頁）然又於其"敌"字條下引此例作"王臣，尸（夷）方無敌"。（《通解》第 723 頁）則似非通"徂"。

陳初生引作"王宜尸（夷）方無敌（侮）"，認爲屬於"祭名"，祭社曰宜。（《字典》第 740 頁）

劉志基註曰："宜人方：宜，祭祀名，出兵前到社祭祀，祈求勝利。社本爲土地神，到周代演化爲國家保護神，與軍事活動關係密切。人方，方國名。殷商帝乙、帝辛時的敵國，學者多認爲屬東夷。"（《類檢》第 633 頁）

本案：從上下文義聯繫來看，當以祭名解之爲佳。王爲出征人方而行宜祭，祈求無敌（侮），宜祭完畢後，賞賜臣下。

④永寶宜。（秦公鎛，1.270，春秋）

《尚書·泰誓》："宜於冢土。"傳："祭社曰宜。冢土，社也。"孫常叙曰："古者，出師先'宜乎社'。《爾雅·釋天》：'乃立冢土，戎丑攸行。起大事，動大眾，必先有事乎社而後出，謂之宜。'《左傳·成公三年》：'國之大事，在祀與戎。'大事是兵事，可見宜社乃是一種有關興師動眾的兵事之祭。"（《以齒音和牙音疑母構成的複輔音初步探索：[S-]複輔音和古文字》，《孫常叙古文字學論集》，東北師範大學出版社 1998 年版）

"宜"之初義殆如孫說爲兵事之祭，然於銘文中，多引申爲一般祭祀義。

2. 能願動詞。應該。3 見。

①我義（宜）便（鞭）女（汝）千。（儼匜，16.10285，西晚）

②不翚（擇）貴戔（賤），宜曲劓（則）曲，宜植（直）劓（則）直。（鳥書箴銘帶鉤，16.10407，戰國）

3. 通"義"。符合道義，符合正義。名詞活用作動詞。作謂語中心。2 見。

①㠯（以）征不宜（義）之邦。（中山王䦲鼎，5.2840，戰晚）

②子之大臂（辟）不宜（義），返（反）臣亓（其）宗。（𡭊蚉壺，15.9734，戰早）

■一九、祓

助祭。作謂語。2 見。

遘（會）王大祀，祓珤（于）周。（保卣，10.5415，西早/保尊，11.6003，西早）

■二〇、禴

後作"禴"。"禴"與"礿"同，禴祭，礿祭。銘文亦用"礿"字。作謂語。4 見。

唯王大禴（禴）于宗周。（士上卣，10.5421、10.5422，西早/士上尊，11.5999，西早/士上盉，15.9454，西早）

《爾雅·釋天》："夏祭曰礿。"《詩經·小雅·天保》："禴祠烝嘗，於公先王。"毛亨傳："宗廟之祭……春曰祠，夏曰禴，秋曰嘗，冬曰烝。"

■二一、冊

同 "侖"，通 "躍"。躍過，超越，引申指戰勝。作謂語中心。1 見。

叀肇（肇）從趞（遣）征，攻冊（躍）無啻（敵）。（叀鼎，5.2731，西中）

郭沫若曰："此以 '攻冊' 連文，則又叚爲躍。《易·萃》之六二 '孚乃利用禴'。釋文：'禴，蜀才本作躍。'"（《大系考釋》第 20 頁）

■二二、隡

1. 舉行……尊祭。尊祭是一種祭祀方法。此用法不用 "尊" 字形。作謂語或謂語中心。5 見。

①魯灰（侯）乍（作）爵。爯臱。用隡（尊）橐（茜）盟（盟）。（魯侯爵，14.9096，西早）

②用乍（作）丁公寶毁（簋）。用隡（尊）史（事）于皇宗。（作冊矢令簋，8.4300、8.4301，西早）

③用隡（尊）于宗室。（晉侯僰馬壺，971，西中或西晚／晉侯僰馬方壺，《文物》1995 年第 7 期第 7 頁圖五，西中或西晚）

2. 舉行。作謂語。1 見。

隡（尊）文武帝乙宜。（四祀切其卣，10.5413，殷）

劉志基釋譯爲："舉行向文武帝乙供奉酒肴的宜祭。"（《類檢》第 587 頁）則 "隡" 當爲 "舉行" 義。

3. 祈求。作謂語。1 見。

用隡（尊）厥福于宗宮。（鄧小仲方鼎，343，西早）

■二三、旆／旛／旜／齎／旐／旖／旜／斤

（一）旆

後作 "祈"。祈禱，祈求。作謂語。11 見。

①用旆（祈）覓（眉）嗇（壽）。（師器父鼎，5.2727，西中／喬君鉦鋮，2.423，春晚）

②用旆（祈）覺（眉）嗇（壽）。（叔夷鐘，1.277；1.285，春晚）

③用旆（祈）覺（眉）嗇（壽）萬生（年）無彊（疆）。（齊侯作孟姜敦，9.4645，春晚）

④用旆（祈）覺（眉）嗇（壽）無彊（疆）。（邾叔之伯鐘，1.87，春秋）

⑤用敬卹盟（盟）祀，旆（祈）年覺（眉）嗇（壽）。（邾公釛鐘，1.102，春秋）

⑥用旆（祈）覓（眉）嗇（壽）。（洹子孟姜壺，15.9729、15.9730，春秋）

⑦旆（祈）無彊（疆），至于萬音（億）年。（令狐君嗣子壺，15.9719、15.9720，戰中）

（二）旆

同"旂"，後作"祈"。祈禱，祈求。作謂語或謂語中心。115 見。

①唯用旆（祈）莽（祿）徧（萬）年。（伯鈇簋，7.4073，西早）

②用旆（祈）邁（萬）嗇（壽）。（伯百父簋，7.3920，西中）

③用旆（祈）康龑（龏）屯（純）魯。（旲生殘鐘，1.105，西晚）

④用旆（祈）多福，釁（眉）嗇（壽）無彊（疆）。（梁其鼎，5.2768，西晚）

⑤豐白（伯）車父乍（作）障（尊）殷（簋）。用旆（祈）釁（眉）嗇（壽），萬年無彊（疆），子孫是尚。（豐伯車父簋，7.4107，西晚）

⑥用旆（祈）屯（純）彔（祿）、永命、魯嗇（壽）、子孫。（乖伯歸夆簋，8.4331，西晚）

⑦用追孝，旆（祈）匄康龑、屯（純）右（祐）、逼（通）彔（祿）、永令（命）。（頌鼎，5.2827、5.2828、5.2829，西晚/頌簋，8.4332、8.4333、8.4334、8.4335、8.4337、8.4339，西晚/頌簋蓋，8.4336、8.4338，西晚/頌壺，15.9731，西晚/頌壺蓋，15.9732，西晚）

⑧用追孝旆（祈）匄康龑屯（純）右（祐）。（頌壺，15.9731，西晚）

⑨弔（叔）夜監（鑄）其饞鼎（鼎），昌（以）征昌（以）行，羹（饟）用羹（享），用旆（祈）釁（眉）嗇（壽）無彊（疆）。（叔夜鼎，5.2646，春早）

⑩晉姜用旆（祈）繛（綽）綰釁（眉）嗇（壽），乍（作）疐爲亟，萬年無彊（疆），用高（享）用德，眈（畯）保其孫子，三嗇（壽）是杨（利）。（晉姜鼎，5.2826，春早）

⑪用旆（祈）釁（眉）考無彊（疆），怒（哲）德不亡。（叔家父簋，9.4615，春早）

⑫用旆（祈）厌（侯）氏永命萬年。……用旆（祈）嗇（壽）老（考）母（毋）死，俘（保）盧（吾）兄弟。（黏鎛，1.271，春中或春晚）

⑬用旆（祈）萬嗇（壽）。（其次句鑃，2.421、2.422，春晚）

⑭大師子大盂姜乍（作）般盅（匜）。用高（享）用孝，用旆（祈）釁（眉）嗇（壽）。（大師子大盂姜匜，16.10274，春秋）

⑮用旆（祈）釁（眉）嗇（壽）無彊（疆）。（邘伯岳，16.10006、16.10007，戰早）

（三）旖

同"旂"，後作"祈"。祈禱，祈求。作謂語。13 見。

①用旖（祈）畐（眉）嗇（壽）。（仲栯父昷，3.746、3.750、3.751、3.752、3.754、3.755，西中/仲栯父簋，8.4154、8.4155，西晚或春早）

②用旖（祈）嗇（壽）考。（晉侯爇馬方壺，《文物》1995 年第 7 期第 6 頁圖二、第 7 頁圖五，西中或西晚）

③用旖（祈）屯（純）魯永令（命），用匄釁（眉）盍（壽）無彊（疆）。（師㝨鐘，

1.141，西晚）

④念夗（夙）爂（興）用追（追）孝，用旟（祈）多福。（魯伯念盨蓋，9.4458，春秋/魯伯念盨器，9.4458，春秋）

（四）旂

同“旂”，後作“祈”。祈禱，祈求。作謂語。2見。

①台（以）旂（祈）釁（眉）耋（壽），霝（令）命難老。（齊大宰歸父盤，16.10151，春秋）

②蔡弔（叔）季之孫君賸（媵）孟臣（姬）有止嫞盨盤。用旂（祈）釁（眉）耋（壽）。（蔡叔季之孫君匜，16.10284，春秋）

（五）旃

同“旂”，後作“祈”。祈禱，祈求。作謂語。1見。

用旃（祈）釁（眉）耋（壽）。（王子午鼎，5.2811，春中或春晚）

（六）旂

同“旂”，後作“祈”。祈禱，祈求。作謂語。5見。

用亯（享）用耆（孝），用旂（祈）釁（眉）耋（壽）。（番君召簠，9.4582、9.4583、9.4584、9.4586，春晚/番君召簠蓋，9.4585，春晚）

（七）旂

同“旂”，後作“祈”。祈禱，祈求。作謂語。3見。

①用召者（諸）考者（諸）兄，用旂（祈）釁（眉）耋（壽）多畐（福）無彊（疆）。（伯公父簠，9.4628.1、9.4628.2，西晚）

②用旂（祈）多畐（福）。用匃永令。（大師虘豆，9.4692，西晚）

（八）斤

同“旂”，後作“祈”。祈禱，祈求。作謂語。1見。

𪉵（吾）目（以）斤（祈）釁（眉）耋（壽）。（欒書缶，16.10008，春秋）

二四、禪

通“旂（祈）”。祈禱，祈求。作謂語。1見。

虢姜乍（作）寶隮（尊）殷（簋）。用禪（祈）追孝于皇考叀（惠）中（仲）。（虢姜簋蓋，8.4182，西晚）

二五、割

通“匃”。祈求。作謂語或謂語中心。5見。

①用割（匄）頮（眉）壽萬年。（無重鼎，5.2814，西晚）
②嗐（匄）賫（眉）耆（壽）無疆（疆）。（紀伯子宨父盨，9.4444，春秋）
③割（匄）賫（眉）耆（壽）無疆（疆）。（紀伯子宨父盨，9.4442、9.4443、9.4445，春秋）

■二六、菁

通"割"，"割"通"匄"。賜予。典籍多作"介"。作謂語。1見。

菁（割）井（邢）厌（侯）服，易（賜）臣三品。（榮作周公簋，8.4241，西早）

■二七、害

1. 通"匄"。祈求。作謂語中心。1見。

用易害（匄）臝（眉）彐、黃方、霝（令）冬（終）。（伯家父簋蓋，8.4156，西晚）

2. 通"敔"。防護，衛禦。見於"干害"。作謂語中心。3見。

又（有）覈（爵）于周邦，干害王身，乍（作）爪牙。（師克盨，9.4467.1、9.4467.2，西晚/師克盨蓋，9.4468，西晚）

■二八、貿/匄

祈求。典籍多作"介"。作謂語或謂語中心。104見。
①用匄魯福。（啓卣，10.5410，西早）
②白（伯）陶（陶）乍（作）乒文考宮弔（叔）寶鷺（鷺）彝，用匄永福。（伯陶鼎，5.2630，西中）
③智用匄萬年眉壽。（智壺蓋，15.9728，西中）
④冀（紀）中（仲）乍（作）匍（佣）生歈（飲）毃（壺），匄三耆（壽），愍（懿）德萬年。（紀仲觶，12.6511，西中）
⑤用匄屯（純）叚（蝦）、永令（命）。（克鐘，1.204，西晚）
⑥用匄眉壽無疆。（師史鐘，1.141，西晚）
⑦台（以）貿（匄）秉（永）令（命）、槓（眉）耆（壽）。（陳逆簋，7.4096，戰早）

■二九、粿

同"興"。興起，起兵。作謂語。1見。

唯十月，用嚴（玁）憖（狁）放（方）粿（興），賨（廣）伐京旨（師）。（多友鼎，5.2835，西晚）

馬承源註曰："放粿：讀爲方興。方義爲並、併。……興，起。方興猶言玁狁集結或聯合起來。《尚書·微子》：'小民方興，相爲敵讎。'又《尚書·費誓》：'徂茲淮夷，徐戎並興。'是方興和並興同義。"（《銘文選》第284頁）

■三〇、伐

1. 征伐。作謂語或謂語中心。

①唯公大（太）保來伐反（叛）尸（夷）年。（旅鼎，5.2728，西早）

②王省斌（武）王成王伐商圖。（宜侯夨簋，8.4320，西早）

③周伯邊及仲偯（催）父伐南淮尸（夷）。（仲偯父鼎，5.2734，西中）

④唯十月，用嚴（玁）魒（狁）放（方）興（興），寅（廣）伐京自（師）。（多友鼎，5.2835，西晚）

⑤嗣伐頯（夏）后。（叔夷鐘，1.276，春晚）

⑥墜（陳）璋內（入）伐匿（燕）。（陳璋方壺，15.9703，戰中）

2. 征伐時所用的。作定語。

①伐颽。（伐颽戈，17.10873，殷）

②鼎之伐鼎。（鼎之伐鼎，4.1955，春秋）

③邦左伐器工帀（師）長瞿。（十七年春平侯劍，18.11714，戰晚）

④邦右伐器，段（鍛）工帀（師）吳疕。（十八年平國君鈹，《考古》1991年第1期，戰晚）

何琳儀曰："所謂'伐器'即'攻伐之器'。"（《戰國文字通論》第112頁）

■三一、厚/博/専/戠/軒（搏）

1. 搏擊、搏鬥。此爲"博"之本義。典籍作"搏"或"薄"。作謂語或謂語中心。8見。

①隹（唯）戎大出□軝，井（邢）厌（侯）厚（搏）戎，征令臣□□□□亞旅處于軝。（臣諫簋，8.4237，西中）

②敊達（率）有嗣（司）師氏奔追鄧戎于臧林，博戎獸（胡）。……衣（卒）博，無肬于敊身。（敊簋，8.4322，西中）

③女（汝）𢎤長父𠯑（以）追博戎，乃即宕伐于弓谷。（遟鼎乙，《考古與文物》2003年第3期，西晚）

④甲申之屒（晨），博于𢓸。……或博于葊（共），斯（折）首卅又六人。……從至。追博于世。（多友鼎，5.2835，西晚）

⑤博伐厰（玁）鞎（狁），于洛之陽，斯（折）首吾（五百）。（虢季子白盤，16.10173，西晚）

⑥戎大同，從追女（汝）。女（汝）伋（及）戎大臺戠。（不其簋蓋，8.4329，西晚）

2. 通"薄"，"薄"後作"迫"。迫，逼迫。典籍作"薄"。作謂語。3見。

①淮尸（夷）繇（舊）我員（帛）賄（賄）臣，今敢軒（薄）辝眾（衆）叚，反辝工吏，弗速（蹟）我東魝（國）。（師寰簋，8.4313.2、8.4314，西晚）

郭沫若曰："'博氒衆叚'謂迫其衆使暇。"（《大系考釋》第146頁）則"博"讀"迫"。

《說文·卷一·艸部》："𧁾（薄），林薄也。一曰蠶薄。从艸溥聲。旁各切。"段玉裁註："林薄也。《吳都賦》：'傾藪薄。'劉註曰：'薄，不入之叢也。'按林木相迫不可入曰薄。引申凡相迫皆曰薄，如外薄四海，日月薄蝕皆是。傍各補各二切同也。相迫則無閑可入，凡物之單薄不厚者亦無閑可入，故引申爲厚薄之薄。曹憲云：'必當作襮。'非也。一曰蠶薄。《月令》：'季春，具曲植籧匡。'注：時所以養蠶器也。曲，薄也。植，槌也。《方言》云：'宋魏陳楚江淮之閑謂之苗。或謂之麯。自關而西謂之薄。'《周勃傳》：'勃以織薄曲爲生。'"則"薄"本義爲"不入之叢"，引申爲"林木相迫"，又引申爲"凡相迫皆曰薄"，最後方引申爲"厚薄之薄"。"相迫"義後寫作"迫"字，"薄"爲"厚薄"義專字矣。

②淮尸（夷）繇（舊）我員（帛）畮（賄）臣，今敢觥（薄）氒眔（衆）叚，反工吏，弗速（遫）我東馘（國）。（師寰簋，8.4313.1，西晚）

■三二、撲

擊，攻擊。引申指攻掠，侵奪。作謂語。1見。

用矢戈撲（撲）筬（散）邑。廼即筬（散）用田眉（堳）。（散氏盤，16.10176，西晚）

先秦典籍中可見打擊、撲打義例，《尚書·盤庚上》："若火之燎於原，不可嚮邇，其猶可撲滅。"

■三三、達

後作"撻"。攻打，討伐。作謂語。2見。

①𧊒圉武王，遹征三（四）方，達（撻）殷。（史牆盤，16.10175，西中）

②不（丕）顯朕皇高且（祖）單公，趕（桓）趕（桓）克明（明）恣（哲）氒德，夾寉（召）文王武王，達（撻）殷。（遼盤，《考古與文物》2003年第3期，西晚）

《尚書·顧命》："昔君文武王宣重光，奠丽陳教，則肄肄不達，用克達殷集大命。"舊註達爲通，屈萬里註曰："達，撻也。"裘錫圭曰："近人解釋《尚書》，多讀'達'爲撻伐之'撻'，是正確的。"（《史牆盤銘解釋》，《文物》1976年第3期）另，徐中舒、戴家祥均如此解。

然唐蘭、李學勤釋盤銘之"達"爲"通"義。《詩經·商頌·殷武》："撻彼殷武，奮伐荆楚。"《釋文》引《韓詩》云："達也。"

■三四、孚

1. 後作"俘"。俘虜，在戰爭中抓獲對方人員。作謂語。

①孚（俘）人萬三千八十一人。……孚（俘）馘二百卅七馘，孚（俘）人□□人。

（小盂鼎，5.2839，西早）

②殺其□□□□戲者，孚（俘）□□□□□□其士女。（庚壺，15.9733，春晚）

2. 後作“俘”。繳獲。在戰爭中繳獲對方財物、器用。爲俘人之引申義。作謂語。

①竆孚（俘）貝。（竆鼎，5.2740，西早）

②孚（俘）□□□匹，孚（俘）車卅兩（輛），孚（俘）牛三百五十五牛。……孚（俘）馬百≡（四）匹，孚（俘）車百□兩（輛）。（小盂鼎，5.2839，西早）

③孚（俘）戎車百乘一十又七乘。（多友鼎，5.2835，西晚）

④女（汝）執訊，獲馘，孚（俘）器、車馬。（逨鼎乙，《考古與文物》2003 年第 3 期，西晚）

3. 後作“俘”。被（對方所）俘虜的。作定語。2 見。

①孚（俘）戎孚（俘）人百又十又≡（四）人。（戜簋，8.4322，西中）

②奪孚（俘）人≡（四）百。（敔簋，8.4323，西晚）

■三五、克

1. 勝，戰勝。作謂語或謂語中心。3 見。

①隹（唯）珷（武）王既克大邑商，嗣（則）廷告疒（于）天。（何尊，11.6014，西早）

②王後取（虘）克商。（小臣單觶，12.6512，西早）

③卑（俾）克厥啻（敵）。（戜簋，8.4322，西中）

《左傳·莊公十年》：“彼竭我盈，故克之。”《爾雅·釋詁》：“克，勝也。”

2. 勝，堪，經得起。作謂語。1 見。

白（伯）懋父廼罰得㲃古三百孚（鋝）。今弗克卒罰。（師旂鼎，5.2809，西中）

3. 能，能夠。能願動詞。作狀語。

①休同公克成妥（綏）吾考㠯（以）于顯顯受令。（沈子它簋蓋，8.4330，西早）

②余考不克迎（御）事。（叔趯父卣，10.5428，西早）

③雩朕皇高且（祖）新室中（仲），克幽明（明）氒心。（逨盤，《考古與文物》2003 年第 3 期，西晚）

④元武孔黹（鷙）。克狄（剔）雒（淮）尸（夷）。（曾伯霖簋，9.4631，春早）

⑤大慕（謨）克成。（陳侯因資敦，9.4649，戰晚）

張世超引此例，列入“成，完成”義項之下，曰：“鋝銘‘克成’同義連用。《左傳》宣公八年：‘爾，不克葬。庚寅，日中而克葬。’杜注：‘克，成也。’”（《通解》第 1771 頁）我們認爲應與其“能”義項合併，不必單列。因爲從語法來考察，金文中“克”與動詞或活用作動詞的詞連用，皆作能願動詞，在語法性質上都是一樣的，唯將此例特殊對待，於語法同一類推原則不符。另，其所列“克哲氒德”“克忩（順）克卑（俾）”條（《通解》第 1771 頁），亦應列入其“能”義項條下，以免肢解同一義項。

《尚書·堯典》："克明俊德，以親九族。"《爾雅·釋言》："克，能也。"

■三六、剋

剋損，損害。作謂語。1見。

巳！女（汝）敉（昧）辰（晨）又（有）大服，余隹即朕小學，女（汝）勿剋余乃辟一人。（大盂鼎，5.2837，西早）

馬承源註曰："女（汝）勿剋余乃辟一人：你不可不利於我。剋：剋損，通刻，《尚書·微子》：'我舊云刻子'，孔安國《傳》：'刻，病也。'"（《銘文選》第39頁）

劉志基註曰："女（汝）勿剋余乃辟一人：你不可不利於我。剋，通刻，作損害解。"（《類檢》第461頁）

然《集成》隸讀作"女（汝）勿龍（蔽）余乃辟一人"。

本案：《集韻》："剋，殺也。"當可引申出"剋損，損害"義，不必如馬、劉以"通刻"解之。若如《集成》隸讀作"龍（蔽）"，則當爲"蒙蔽"義。

■三七、戍

1. 戍守。作謂語或謂語中心。7見。

①戍冀，嗣气（訖）。（作冊矢令簋，8.4300，西早）

②隹（唯）六月既死霸丙寅，師雝（雍）父戍才（在）古自，遇從。（遇甗，3.948，西中）

③稽從師雒（雍）父戍于古自。（稽卣，10.5411，西中）

④女（汝）甘（其）目（以）成周師氏戍于𠀠（古）自。（彔刻簋，10.5419，西中）

⑤女（汝）甘（其）目（以）成周師氏戍于𠀠（古）自。（彔刻簋，10.5420，西中）

⑥臤從師雝（雍）父戍于𠀠自之年。（臤尊，11.6008，西中）

⑦五年，司馬成公朗（立）歲事，命戍代。（司馬成公權，16.10385，戰國）

2. "伐"字之誤寫。攻伐。2見。

①𨟻從王戍刅（荊）。孚（俘）。用乍（作）餴毁（簋）。（𨟻鼎，6.3732，西早）

②隹（唯）白（伯）屖父目（以）成自（師）即東，命戍南尸（夷）。（競卣，10.5425，西中）

張世超"戍"字條下解曰："'伐'字之誤作。𨟻簋：'𨟻從王戍（伐）刅（荊），孚（俘）。'以辭例觀之，簋銘內之'戍'字當讀爲'伐'，郭沫若、唐蘭皆讀爲'伐'。競卣：'隹白屖父目成自（師）即東，命戍（伐）南尸（夷）。'郭沫若讀卣銘之'戍'爲'伐'。"（《通解》第2946頁）

將此二例中之戍讀爲伐，未嘗不可；但作"戍"之原字義"戍守，防備"解讀，當亦可通。暫從張說。

■三八、御

1. 抵禦，抗擊。作謂語中心。2 見。

①王用肇（肇）事（使）乃子戓逨（率）虎臣御（禦）雝（淮）戎。（戓方鼎，5.2824，西中）

②陳（陳）御寇散鈛。（陳御寇戈，17.11083，戰國）

2. 效力。作謂語中心。

①不（丕）顯皇考叀弔（叔），穆穆秉元明（明）德，御于厈辟，得屯（純）亡歆。（虢叔旅鐘，1.242，西晚）

②用钃（鑄）爾姜（羞）銅，用御天子之事。……用御爾事。（洹子孟姜壺，15.9729，春秋）

馬承源註曰：“用鑄爾羞銅，用御天子之事：以鑄此銅禮器，以效天子之事。……羞銅：進羞之銅禮器。”（《銘文選》第 550 頁）

3. 用，御用的，使用的。作定語。

①吳王夫差譯（擇）厈吉金，自乍（作）御監（鑑）。（吳王夫差鑑，16.10294，春晚）

②攻吳王大（夫）差譯（擇）厈吉金，自乍（作）御監（鑑）。（攻吳王夫差鑑，16.10295、16.10296，春晚）

羅振玉曰：“此器大可容人，當是浴器。”（《貞松堂集古遺文》第十一卷第 5 頁）

郭沫若以爲非是，曰：“臨水正容爲監，盛水正容之器亦爲監，推之則凡盆皆謂之監矣。此監稱曰‘御監’，當是鑑容之器，王者訏大，器自不嫌其大。”（《大系考釋》第156 頁）

“御”同“用”。《楚辭·九章·涉江》：“腥臊並御，方不得薄兮。”王逸註：“御，用也。”

■三九、斯（折）

1. 折斷，斬斷。作謂語或謂語中心。23 見。

①多友右（有）斯（折）首執訊。（多友鼎，5.2835，西晚）

②斯（折）首鄍（執）嘰（訊）無䪞（諆）。（師寰簋，8.4313.2、8.4314，西晚）

③晉侯斯（折）首百又一十。（晉侯蘇編鐘，35，西晚）

2. 杜絕，堵塞。作謂語中心。1 見。

母（毋）斯（折）緘（緘），告余先王若德。（毛公鼎，5.2841，西晚）

■四〇、政

1. 通“征”。征伐。作謂語或謂語中心。2 見。

①易（賜）女絲（茲）夅（膰），用歲用政（征）。（毛公鼎，5.2841，西晚）

②賜（賜）用戉（鉞），用政（征）繺（蠻）方。（虢季子白盤，16.10173，西晚）

《逸周書·度訓》："力爭則力政，力政則無讓。"《大戴禮記·用兵》："諸侯力政，不朝於天子。"

2. 通"征"。定，安定。作謂語中心。1見。

雩朕皇高且（祖）惠中（仲）盠父，盠（庶）穌（和）于政，又（有）成于獸，用會卲（昭）王穆王盤（兆）政（征）亖（四）方，厭（踐）伐楚刾（荊）。（逨盤，《考古與文物》2003年第3期，西晚）

3. 通"征"。行。作謂語。1見。

黃孫馬型子白（伯）亞臣自乍（作）䥐，用政（征）。（伯亞臣䥐，16.9974，春秋）

4. 通"徵"。徵收。作謂語中心。11見。

①王令甲政（征）䚄（治）成周亖（四）方賮（積）至于南淮尸（夷）。（兮甲盤，16.10174，西晚）

②見其金節劓（則）毋政（徵），毋舍桴飤。不見其金節劓（則）政（徵）。（鄂君啓車節，18.12110、18.12111、18.12112，戰國）

③見其金節劓（則）毋政（徵），毋舍桴飤。不見其金節劓（則）政（徵）。女（如）載馬牛羊，台（以）出內（入）闌（關），劓（則）政（徵）於大廥（府），毋政（徵）于闌（關）。（鄂君啓舟節，18.12113，戰國）

《周禮·地官·均人》："均人掌均地政。"鄭玄註："政，讀爲徵。地徵，謂地守，地職之稅也。"

5. 通"正"。使動用法，使……正，整飭。作謂語中心。1見。

余吕（以）政訇（司）徒。（冉鉦鍼，2.428，戰國）

6. 通"正"。名詞用作動詞，擔任長官。作謂語中心。1見。

余命女（汝）政于朕（朕）三軍。（叔夷鐘，1.272，春晚）

孫詒讓曰："政讀爲正，二字古通用。正，長也。言我命女爲三軍之長也。"

■四一、征/延

（一）征

1. 行。此爲初文"正"之本義。銘文或作"延"。作謂語或謂語中心。

①弔（叔）夜盥（鑄）其饋鼎（鼎），吕（以）征吕（以）行，糞（饙）用糞（享），用庸（祈）賡（眉）畵（壽）無彊（疆）。（叔夜鼎，5.2646，春早）

②余用自乍（作）遘（旅）臣（簠），吕（以）征吕（以）行，用盛稻梁。（曾伯霗簠，9.4631、9.4632，春早）

金文中"征"或"延"作"行"義時，往往與"行"對文互現。《爾雅·釋言》："征，行也。"《詩經·小雅·小明》："我征徂西，至於艽野。"鄭玄箋："征，行。"《詩經·小雅·小宛》："我日斯邁，而月斯征。"鄭玄箋："邁、征，皆行也。"

2. 征伐。作謂語或謂語中心。

①瑪叔從王南征。（瑪叔鼎，5.2615，西早）

②珷（武王）征商。（利簋，8.4134，西早）

③白（伯）懋父吕（以）殷八自（師）征東尸（夷）。（小臣謎簋，8.4238、8.4239，西早）

④唯（鴻）弔（叔）從王鼎（員）征楚艿（荊）。（鴻叔簋，7.3951，西中）

⑤朕文考眔毛公遣中（仲）征無需。（盂簋，8.4162、8.4163、8.4164，西中）

⑥王南征，伐角、鄱（遹）。（鄂侯鼎，5.2810，西晚）

⑦王命益公征眉敖。（乖伯歸夆簋，8.4331，西晚）

⑧王易（賜）雁（應）父兵，吕（以）征吕（以）章（衛）。（應父戣，《考古》1982 年第 2 期第 50 頁圖三：2，西晚）

⑨含劫遣鹵（魯）賽（責）禺譜，征緜（鄉）湯（陽）。（戎生編鐘四，29，西晚）

⑩（今）虜（吾）老賈（睭）罸（親）率寥（參）匋（軍）之眾（衆），吕（以）征不宜（義）之邦。（中山王嚳鼎，5.2840，戰晚）

3. 定，安定。作謂語中心。1 見。

繡圉武王，遹征（正）三（四）方。（史牆盤，16.10175，西中）

張世超引此例釋爲"定"，與"征伐"分列爲二義項，曰："定，用同'正'。此亦'正''征'本一字之證。牆盤：'繡圉武王，遹征（正）三（四）方。'《國語·楚語》：'武丁於是作書，曰："以余正四方，余恐德之不類，茲故不言。"'《呂氏春秋·重言》：'高宗乃言曰："以余一人正四方，余恐言之不類也，茲故不言。"'"（《通解》第 285 頁）典籍之"正四方"，釋爲"安定四方"，殆少疑議，《尚書·多士》"甸四方"當亦意同，"甸"亦"定"義。

然銘文中當"征"後賓語爲"四方"而非某一方、某一特定對象時，釋爲"定"，或釋爲"征伐"，其實殊難論斷。因爲在這些銘例中，後文皆有攻伐某一方、某一特定對象之語，可簡單地釋"征四方"之"征"爲"征伐"義；又似爲安定四方而去攻伐某一方，則釋"征四方"之"征"爲"定"義更爲精詳。"定"義較之"征伐"義，似有程度之加深，更進一步，先伐而後方能定也；又似"征伐"爲手段、表象，"定"爲目的、內涵，則同意異詞，爲並列關係，而非遞進關係。今暫從張說。然則"政三方"（逨盤，《考古與文物》2003 年第 3 期，西晚）之"政"亦當從"征伐"義項中分離出來另立爲"定"義項。

（二）延

1. 同"征"。行。銘文或典籍多作"征"。作謂語中心。6 見。

①衛文君夫人叔姜乍其行鼎，用從鸚征。（衛文君夫人叔姜鼎，《銘文選》，2.797，春早）

②乍（作）其造（祰）鼎（鼎）十。用延（征）台（以）逆，台（以）迎（御）賓客。（酈大史申鼎，5.2732，春晚）

③甘（其）陰甘（其）陽，吕（以）延（征）吕（以）行。（紀伯子宧父盨，9.4442、9.4443、9.4444、9.4445，春秋）

2. 征行時所使用的。銘文或典籍多作"征"。作謂語中心。作定語。4見。

①□白（伯）□宧父□甘（其）延（征）頴（盨）。（紀伯子宧父盨，9.4442，春秋）

②冀（紀）白（伯）子宧父乍（作）甘（其）延（征）頴（盨）。（紀伯子宧父盨，9.4443、9.4444、9.4445，春秋）

■四二、鞁/靭/輨/鏊（執）

1. 拘捕。作謂語或謂語中心。

①公車折首百又十又五人。鞁（執）嚜（訊）三人。（多友鼎，5.2835，西晚）

②女（汝）多斱（折）首鞁（執）嚜（訊）。（不其簋，8.4328，西晚）

2. 持，拿，執掌。作謂語。

①乒ナ（左）靭（執）緌（要）。（散氏盤，16.10176，西晚）

執要即持掌契要。

②冄子輨（執）鼓。（庚壺，15.9733，春晚）

3. 攜持，牽攜。作謂語。1見。

唯征（正）月既望癸酉，王獸（狩）于眅敵。王令鼎（員）靭（執）犬。休䚅（善）。用乍（作）父甲蠆彝。（員方鼎，5.2695，西中）

郭沫若曰："令當訓爲錫，執當讀爲鷙猛之鷙。凡作器，大抵因受長上之錫，故紀之以矜光寵。……如僅是命令員攜執獵犬，不至鷙寵若是也。"則意爲"王錫（賜）鼎（員）靭（鷙）犬"，"靭（鷙）"爲形容詞"凶猛"之義，亦可理解爲名詞"鷙鳥，凶猛的鳥"。

陳初生依郭氏之說，曰："通'鷙'。"（《字典》第933頁）

楊樹達認爲仍是執攜之義。

本案：當以楊說爲佳。蓋此處言員隨王狩獵，爲王攜持獵犬，令王滿意，故以爲榮，作器以紀，如是作解，並無不妥。

4. 治理，操作。

屬曰："余靭（執）䇛（恭）王卿工（功）。"（五祀衛鼎，5.2832，西中）

《詩經·豳風·七月》："上入執宮功。"

5. 通"至"。到。

遹友里君百生（姓）帥（率）鼺（偶）鏊（至）于成周。（史頌鼎，5.2788，西晚）

四三、追

1. 追逐，追擊。作謂語或謂語中心。約15見。

①唯巢來敀（迮），王令東宮追吕（以）六自（師）之年。（陕貯簋，7.4047，西中）

②䟺逹（率）有𤔲（司）師氏奔追𨝍戎于𩁹林，博戎𩫏（胡）。（䟺簋，8.4322，西中）

③晋侯（侯）令𥄳追于倗（倗）。休有禽（擒）。（䍙鼎，352，西中）

④武公命多友衒（率）公車羞（羞）追于京自（師）。……多友西追。……從至。追博于世。（多友鼎，5.2835，西晚）

⑤王令㜈（敔）追𨖹于上洛、烬谷。（敔簋，8.4323，西晚）

⑥女（汝）𠬪長父吕（以）追博戎，乃即宕伐于弓谷。（逨鼎乙，《考古與文物》2003年第3期，西晚）

2. 追念，緬懷。作謂語或謂語中心。

①敢追明（明）公商（賞）𢆶（于）父丁，用光父丁。（矢令方彝，16.9901，西早）

②用禪（祈）追孝于皇考叀（惠）中（仲）。（虢姜簋蓋，8.4182，西晚）

劉志基註曰："追孝：追念先人善德。"（《類檢》第94頁）

③吕（以）追庸（誦）先王之工（功）刺（烈）。（𡢁盗壺，15.9734，戰早）

《左傳·成公十三年》："吾與女同好棄惡，复修舊德，以追念前勲。"

3. 追求，祈求。作謂語。1見。

用追𩐈（福）彔（祿）于兹（兹）先申（神）皇且（祖）亯（享）弔。（𩛥史𢨋壺，15.9718，西晚）

四四、吕（以）

1. 率領。作謂語或謂語中心。

①伯懋父吕（以）殷八師征東尸（夷）。（小臣謎簋，8.4238，西早）

②王令毛公吕（以）邦冢君、土（徒）馭、𢦚人伐東或（國）痟戎。（班簋，8.4341，西中）

③王命吴伯曰：吕（以）乃師左比毛公。（班簋，8.4341，西中）

④趞（遣）令曰：吕（以）乃族從父征。（班簋，8.4341，西中）

⑤吕（以）乃族干（扞）吾（敔）王身。（毛公鼎，5.2841，西晚）

⑥雩禹吕（以）武公徒駿（馭）至于噩（鄂），𦎫（敦）伐噩（鄂）。（禹鼎，5.2833，西晚）

⑦濂公令寧眔史旟曰：吕（以）師氒眔有𤔲（司）後或（國）𢦏伐腺。（寧鼎，5.2740，西早）

"吕（以）"在金文中表"率領"義，學界多定性爲介詞，例如陳初生、張世超、張玉金等，亦有定性爲動詞的。

　　陳初生在"介詞"條下引上舉例①爲證（《字典》第1170頁），張世超在"介詞"條下引上舉例①、例⑥爲證（《通解》第3478～3479頁），張玉金認爲西周漢語（包括西周金文）中的"以"和它的賓語構成"以"字結構，出現在謂語中心詞之前作狀語，"以"引進動作行爲連帶的人，作介詞，可譯爲"率領"，如《尚書·大誥》"肆朕誕以爾東征""予惟以爾庶邦于伐殷逋播臣"等例（《西周漢語語法研究》第154頁）。

　　我們認爲金文中的"㠯（以）"尚未全部轉化成虛詞，當表"率領"義或"致送，賜予"義時，仍表實義，或至少仍留有實義，虛化程度還不高，以看成動詞爲佳。"㠯"字甲骨文常見，裘錫圭認爲釋作"以"是正確的，甲骨文"以"字有時作"攜帶、帶領"義講，有時作"致送"義講。（《說"以"》，《古文字論集》第106頁）西周金文沿承殷商甲骨文用法，有時詞義仍比較實在，只不過出現頻率不如甲骨文高，這大概是由於西周金文中已出現了表"率領"義的"達"字，分擔了大部分"以"的動詞用法，使之加速由實向虛轉變，但這種轉變尚未徹底完成。

　　2. 致送，賜予。作謂語。1見。

　　唯五年九月初吉，召姜㠯（以）琱生幣五尋、壺兩。（五年琱生尊，《文物》2007年第8期，西晚）

　　3. 被賜予。作謂語。1見。

　　咸萃，王乎殷厺士。齊弔（叔）矢㠯（以）㒳、車馬、貝朋（三十朋）。敢對（對）王休。（叔矢方鼎，《文物》2001年第8期第9頁圖二，西早）

　　此例中"殷""以""休"前後互文，皆表賞賜義。

　　4. 用，使用。作謂語。1見。

　　唯孚（俘）車不克㠯（以），衣（卒）焚。（多友鼎，5.2835，西晚）

　　馬承源註曰："唯孚車不克㠯，衣焚：所俘戎車不能用，焚之。㠯：解作用。《廣雅·釋詁四》以，'用也'，《荀子·止》'終不可以也'，所注並同。"（《銘文選》第284頁）

■四五、率/達

（一）率

率領。作謂語中心。1見。

史密右率族人、釐（萊）白（伯）、𤈌、眉周伐長必。（史密簋，489，西中）

（二）達

率領。作謂語中心。約15見。

①**王用肇（肇）事（使）乃子㚤達（率）虎臣御（禦）雅（淮）戎。**（㚤方鼎，5.2824，西中）

②**㚤達（率）有嗣、師氏奔追鄧（禦）戎于臧林。**（㚤簋，8.4322，西中）

③南仲邦父命駒父毁（即）南者（諸）侯逹高父見南淮尸（夷）。（駒父盨蓋，9.4464，西中）

④師俗逹（率）旂（齊）自（師）述（遂）人𠂇（左）□伐長必。（史密簋，489，西中）

⑤亦唯噩（鄂）侯馭方衜（率）南淮尸（夷）、東尸（夷）廣伐南或（國）、東或（國）。……肆武公廼遣禹衜（率）公戎車百乘，斯（厮）馭百（二百），徒千。（禹鼎，5.2833，西晚）

⑥武公命多友衜（率）公車羞（羞）追于京自（師）。（多友鼎，5.2835，西晚）

⑦𢔶（率）𠂤（以）乃友干（攼）吾（敔）王身。（師詢簋，8.4342，西晚）

馬承源註曰："𢔶（率）𠂤乃友干吾王身：率領你的寮友捍衛王身。"（《銘文選》第175頁）

劉志基註曰："率𠂤（以）乃友干吾（敔）王身：率領你友捍衛王身。"（《類檢》第258頁）

《說文·卷二·辵部》："逹（逹），先道也。从辵率聲。疏密切。"段玉裁註："先道也。道今之導字。逹，經典假率字爲之。周禮燕射，帥射夫以弓矢舞，故書帥爲率。鄭司農云。率當爲帥。大鄭以漢人帥領字通用帥，與周時用率不同故也。此所謂古今字。毛詩'率時農夫'，韓詩作'帥時'。許引周禮'率都建旗'。鄭周禮作'帥都'。聘禮注曰：'古文帥皆爲率。'皆是也。又釋詁、毛傳皆云：'率，循也。'此引申之義。有先導之者，乃有循而行者。亦謂之逹也。"

陳初生認爲从辵率聲之"逹"爲"率"之孳乳字，並將"逹"置於"率"詞條中一併釋之。（《字典》第1079～1080頁）

張世超認爲"逹"之本義爲"率領"，並對"逹"字形之演變由來作了詳細描述，從其演變軌迹圖中亦可見"逹"爲"率"之後起字（《通解》第273～275頁），並將"逹""率"分爲兩個詞條分别釋之。

■四六、寽

後作"捋"。獲取，奪取，拿取。作謂語。4見。

①吕行𢦚（捷），寽（捋）兕（犀）。（吕行壺，15.9689，西早）

②寽（捋）戎孚（俘）人百又十又亖（四）人。（㦰簋，8.4322，西中）

③寽（捋）車馬五乘、大車廿、羊百。……寽（捋）戎金合（盒）卅、戎鼎廿、鋪𠦃（五十）、鐱（劍）廿。（師同鼎，5.2779，西晚）

《詩經·周南·芣苢》："采采芣苢，薄言捋之。"毛亨傳："捋，取也。"

■四七、𢦚/𢦔（捷）

1. 戰勝。作謂語。1見。

白懋父北征。唯還。吕行𢦚（捷），寽兕（犀）。（吕行壺，15.9689，西早）

楊樹達曰："彼捷當讀爲截，此捷乃謂戰勝也。"(《金文說》第230頁)

2. 通"截"。阻擊，截擊。作謂語中心。1見。

王令趞葭（捷）東反（叛）尸（夷）。(寰鼎，5.2731，西中)

楊樹達跋寰鼎曰："吳云：'捷東反夷，伐東反夷也。'按經傳訓詁無訓捷爲伐者，余疑字當讀爲截，截謂阻擊也。《穆天子傳》卷四曰：'截春山以北'，郭璞注曰：'截猶阻也。'後世史書多云截擊，謂阻擊也，捷截聲近通用耳。"(《金文說》第230頁)

3. 出戰，交戰。作謂語中心。1見。

女（汝）隹（唯）克井（型）乃先且（祖）考兵嚴（獵）□，出葭（捷）于井阿于厤𤲃，女（汝）不敢戎，女（汝）𧴪長父㠯（以）追博戎。(達鼎乙，《考古與文物》2000年第3期，西晚)

■四八、戕（戋）

傷，敗，戰勝。作謂語或謂語中心。

①隹（唯）周公𢿐（于）征伐東尸（夷），豐白（伯）專（薄）古（姑）咸戕。(塱方鼎，5.2739，西早)

②雩武王既戕殷，㪔（微）史（使）剌（烈）且（祖）廼來見武王。(史牆盤，16.10175，西中)

于省吾曰："按戋訓傷，傷與'失敗'之'敗'義訓相因。……銘文的'雩（發語詞）武王既戕殷'，是說武王已經打敗了殷人。"(《牆盤銘文十二解》，《古文字研究》第五輯)

■四九、敆

會合，合擊。作謂語。1見。

王令（命）師俗、史密（密）曰：東征，敆南尸（夷）、膚（盧）虎、會、杞（杞）尸（夷）、舟尸（夷）……(史密簋，489，西中)

張懋鎔等曰："'敆'字爲會意字，即用手（或持物）敲擊，使器皿與蓋嚴合，這是它的本義。本銘'敆'字正用其本義，即合而擊之，或曰圍而合之。"(《安康出土的史密簋及其意義》，《文物》1989年第7期)

■五〇、敇

征伐。作謂語。1見。

天子㷉需，用建絲（茲）外土，矯（遹）嗣（司）絲（蠻）戎，用敇不廷方。(戎生編鐘二，27，西晚)

■五一、𥙩

後作"劾"。法辦，懲罰。作謂語。3見。

今余肈（肇）令女（汝）逹（率）旂（齊）帀（師）、曩（紀）𠩵（釐）僰屄、左右虎臣正（征）淮尸（夷），即賀（𪴉）氒邦嘼（酋），曰□（冄），曰𥸨，曰鈴，曰達。（師寰簋，8.4313.1、8.4313.2、8.4314，西晚）

《説文·卷四·𣦼部》："□（𣦼），𣦼探堅意也。从𣦼从貝。貝，堅寶也。讀若概。"金文與小篆同構，李學勤謂"从𣦼聲"。（《岐山董家村訓匜考釋》，《古文字研究》第一輯）師旂鼎右上"□"形處有泐損，于省吾曰："右上从丮，《金文編》摹作□，誤以爲从死之𣦼字。按古文字从丮與又有時同用，金文對字本从又，師旂鼎和召伯虎簋均从丮，是其證。"（《甲骨文字釋林》第150頁）

《説文·卷十三·力部》："□（𪴉），法有辠也。从力亥聲。"段玉裁註："灋有辠也。法者，謂以法施之。《廣韵》曰：'𪴉，推窮罪人也。'从力，亥聲。按此字俗作刻，从刃，恐从刀則混於刀部之刻也。"

郭沫若曰："□𥸨鈴達均淮夷之酋長。賀之者，謂殘害之。"（《大系考釋》第146頁）則爲"殘害"義。

五二、奪

1. 奪取，劫奪。作謂語。1見。

勿事（使）䖒（暴）虐從獄，爰（援）奪𠭖行衜（道）。（𡨦盨，9.4469，西晚）

馬承源釋此句爲"勿使暴虐而任意用刑獄，勿使有劫奪而阻塞行道的事情發生"。註曰："爰，讀爲援，義如取，援奪猶劫奪。或釋爲孚，非是。𠭖行道，𠭖，讀作阻。《周禮·夏官司馬·司險》：'國有故，則藩塞阻路。'阻行道謂阻塞道路。"（《銘文選》第313頁）

爰奪，楊樹達隸定爲"受奪"，曰："'受奪𠭖行道'義不明，𠭖，《説文》訓叉取，奪𠭖行道，疑即今語之言路劫，受行劫于道之物，此與行劫者同其惡，故亦云勿使也。"（《金文説》第142頁）

《尚書·吕刑》："罔不寇賊，鴟義姦宄，奪攘矯虔。"孔穎達引鄭玄疏："'鴟梟'，貪殘之鳥。《詩》云：'爲梟爲鴟'。梟是鴟類。鄭玄云：'盜賊狀如鴟梟，鈔掠良善，劫奪人物。'傳言'鴟梟之義'，如鄭説也。"

2. 奪回。作謂語。2見。

①復（復）奪京𠂤（師）之孚（俘）。（多友鼎，5.2835，西晚）

②長榜（榜）𢦏（載）首百，執（執）𠳺（訊）卌，奪孚（俘）人亖（四）百。（敔簋，8.4323，西晚）

郭沫若曰："謂奪還被俘虜之人四百。"（《大系考釋》第110頁）

五三、寇

1. 掠奪，強取。作謂語。1見。

昔饉歲，匡（匡）眾（衆）氒臣廿夫，寇曶禾十秭。（曶鼎，5.2838，西中）

2. 被掠奪的，被強取的。作定語。1 見。

余無卣（由）昪（具）寇足秭，不出，皷（鞭）余。（智鼎，5.2838，西中）

馬承源註曰："余無卣（由）具寇足 秭 ，不出，鞭余：我無從備辦劫去的全數的秭。如果不交出上述五田，則甘受鞭刑。意即向智提出以五田謝罪的聲明。"（《銘文選》第172 頁）則"寇"作定語。

《尚書·舜典》："蠻夷猾夏，寇賊姦宄。"孔安國傳："群行攻劫曰寇。"鄭玄註："強取爲寇。"

■五四、焚

焚燒，燒毀。作謂語。1 見。

唯孚（俘）車不克曰（以），衣（卒）焚。（多友鼎，5.2835，西晚）

馬承源註曰："唯孚車不克曰，衣焚：所俘戎車不能用，焚之。"（《銘文選》第284 頁）

■五五、燔

燒，焚燒。作謂語中心。2 見。

①凡興士被甲，用兵五十人曰（以）上，必會王符，乃敢行之。燔隊事，雖母（毋）會符，行殹（也）。（新郪虎符，18.12108，戰晚）

馬承源註曰："燔隊事：夜舉火之事。《漢書·賈谊傳》'斥侯望烽燧不得卧'，顏師古《注》云'張晏曰：書舉烽、夜燔燧也'。指夜間遇軍事急情，雖然沒有合符而取得軍事長官的同意，也可以燔燧舉火。"（《銘文選》第 613 頁）

②凡興士被甲，用兵五十人曰（以）上，必會君符，乃敢行之。燔隊之事，雖母（毋）會符，行殹（也）。（杜虎符，18.12109，戰晚）

隊，後作"燧"，"烽燧、烽火"義。"燔燧"即"焚燒烽火"義。"燔隊之事"即"燔隊事"，爲燒烽火以告警之軍事行爲。《史記·司馬相如列傳》："夫邊郡之士聞烽舉燧燔，皆攝弓而馳，荷兵而走。"

■五六、復/復/返/复

（一）復

1. 歸來，返回。作謂語中心。3 見。

①雩牟復歸才（在）牧自（師）。（小臣謎簋，8.4238，西早）

此爲"復歸"同義連文。

②雩牟復歸（歸）才（在）牧自（師）。（小臣謎簋，8.4239，西早）

③延自商自復還，至于周。（穆公簋蓋，8.4191，西中）

2. 返還，還給。作謂語中心。2 見。

①皉剮（則）卑（俾）我賞（償）馬，效［父］剮（則）卑（俾）復氒絲束。（曶鼎，5.2838，西中）

孫常叙曰："償：退還。復：返還，退還。"（《曶鼎銘文通釋》，《吉林師大學報》1977 年第 4 期）則"賞（償）""復"當爲互文。

②㠱（畀）嘼（牆）从复氒小宮𠂤嘼（牆）从田。（牆从盨，9.4466，西晚）

3. 給予。作謂語中心。4 見。

①長榜（榜）截（載）首百，靮（執）嚇（訊）卌，奪孚（俘）人㠪（四）百，畱于燮（榮）白（伯）之所，于㤙衣聿，復仅（付）氒君。（敔簋，8.4323，西晚）

馬承源註曰："于㤙衣聿，復付氒君：衣聿義未詳。一說在㤙施以衣履，經詳細登錄後，再歸還其主人。"（《銘文選》第 287 頁）則"復"蓋爲"再"義。但"復"也有可能爲"給予"義，"復付"爲同義連文；亦有可能爲"歸"義，"復付氒君"爲"歸來獻（戰功）給氒君"。

②章（賞）氒嚮夫𠂤嘼（牆）从田，甘（其）邑旃𢆶𥩐。复友（賄）嘼（牆）从甘（其）田，甘（其）邑复㪿、言二邑。㠱（畀）嘼（牆）从复氒小宮𠂤嘼（牆）从田，甘（其）邑彶𠤎旬商兒𥩐辤。戈復限余（予）嘼（牆）从田。甘（其）邑競、楲、甲三邑，州、瀘二邑，凡復友（賄）復友（賄）嘼（牆）从日（田）十又三邑。（牆从盨，9.4466，西晚）

馬承源註曰："复友（賄）牆从其田：又賄贈給牆从田。其邑复㪿、言二邑：所賜的邑又有㪿、言二邑。㠱牆从复氒小宮𠂤牆从田：牆从還給小宮的田仍贈與牆从。㠱：即畀字。《爾雅·釋詁》：'畀，賜也。'永盂銘'錫畀師永氒田陰陽洛彊𥩐師俗父田'，畀字用法相同。……復限余（予）牆从田：限，界限，限度。此處指規劃贈予牆从的田。……凡復友（賄）復友（賄）牆从田十又三邑：復友，屢次賄贈。復，再次、多次。復友下二字衍文。"（《銘文選》第 295 頁）然則第一、二個"复"，第五、六個"復"，皆釋爲"又"；第三個"复"釋爲"還給"；第四個"復"雖未釋，測其義亦應爲"又"。

我們認爲第一個"复"，第五、六個"復"，亦可釋爲"給予"，即"复友（賄）""復友（賄）"爲同義連文；第一處"复（賄）"，與前面的"章（賞）"應該是同義互文。所以我們將第一個"复"，第五、六個"復"歸入"給予"義項。

4. 回復。作謂語中心。1 見。

皉剮（則）卑（俾）復令曰。（曶鼎，5.2838，西中）

《左傳·宣公四年》："箴尹曰：'棄君之命，獨誰受之？君，天也，天可逃乎？'遂歸復命。"

（二）𢓜

同"復"。奪回。作謂語。2 見。

衣（卒）𢓜（復）筍（郇）人俘。……𢓜（復）奪京𠂤（師）之孚（俘）。（多友

鼎，5.2835，西晚）

此言奪回原被筍人所俘之人及玁狁軍士所俘之京師人口。

（三）退

通“覆”。傾覆，覆滅。

昔者吴人幷雩（越），雩（越）人䱷（修）敎（教）備恁（信），五年退（覆）吴，克幷之至于含（今）。（中山王嚳鼎，5.2840，戰晚）

此銘言越王勾踐滅吴事。

《易經・泰卦》：“城復於隍，勿用師。”孔穎達疏：“今下不陪扶，城則陨壞，以此崩倒，反復於隍。”則“復”通“覆”。

（四）复

1. 給予。作謂語中心。1見。

复友（賄）嗝（㪤）从甘（其）田。（㪤从盨，9.4466，西晚）

2. 返還，還給。作謂語中心。1見。

畀（畀）嗝（㪤）从复乎小宫𠂤嗝（㪤）从田。（㪤从盨，9.4466，西晚）

■五七、班

班師。作謂語。1見。

王令媘（敔）追遡于上洛、愆谷。至于伊，班。長榜（榜）蕺（載）首百，執（執）噝（訊）卌，奪孚（俘）人亖（四）百。（敔簋，8.4323，西晚）

馬承源註曰：“伊，伊水。按，上洛、伊水皆在西周腹地。班，班師。”（《銘文選》第287頁）

■五八、禽

擒獲，抓獲，捕獲。指在戰場上捕獲敵方之人或物。典籍通作“擒”。作謂語。3見。

①王射大龏（鴻），禽（擒）。（麥方尊，11.6015，西早）

②余肈（肇）事（使）女（汝），休不遡（逆），又（有）成事，多禽（擒）。（多友鼎，5.2835，西晚）

③告禽（擒）戒（馘）百、噝（訊）卌（四十）。（敔簋，8.4323，西晚）

《左傳・成公二年》：“禽之而乘其車。”

■五九、同

1. 聚集，會合。作謂語。2見。

①公令徃（徃）同卿旋（士）寮（僚）。（夨令方彝，16.9901，西早）

郭沫若讀爲“同卿事寮”，釋爲“與卿事寮相會”。（《大系考釋》第9頁）

②戎大同，從追女（汝）。（不其簋，8.4328，西晚）

馬承源註曰：“大同，大集結。”（《銘文選》第310頁）

2. 會同，特指諸侯會合以朝見天子。作謂語或謂語中心。2見。

外之劋（則）牆（將）使尚（上）勤（覲）於天子之庿（廟），而邊（退）與者（諸）厌（侯）齒齻（長）於遒（會）同。……爲人臣而仮（反）臣其宗，不羕（祥）莫大焉。牆（將）與盧（吾）君竝立於笹（世），齒齻（長）於遒（會）同，劋（則）臣不忍見施（也）。（中山王嚳方壺，15.9735，戰早）

《論語·先進》：“宗廟之事，如會同，端章甫，願爲小相焉。”

另，張世超“同”詞條下引天亡簋“［乙］亥，王又大豐，王凵（同）三方”例，隸“凵”爲“同”，認爲表“會同”義（《通解》第1935頁），然《類檢》《引得》《金文資料庫》等皆隸“凵”爲“凡”，當以後說爲佳，讀爲“泛”，即“泛舟、泛遊”之義。

■六〇、虐

虐待。作謂語或謂語中心。3見。

①不用先王乍（作）井（型），亦多虐庶民。（牧簋，8.4343，西中）

②南或（國）艮孳（子）敢臽（陷）虐我土。（默鐘，1.260，西晚）

“陷虐我土”當爲“陷我土”“虐我土之民”的複合結構。

然《集成》隸讀作“南或（國）艮孳（子）敢臽（陷）處我土”。

③廼緜（緜）宧，卑復虐逐乓君乓師，廼乍（作）余一人凤（殄）。（塱盨，9.4469，西晚）

此句馬承源註釋爲“這些人若搖蕩縱散，再嚴重地危害他們的官長，就將給我造成禍害”。（《銘文選》第312頁）

郭沫若曰：“‘虐逐乓君乓師’，則明指厲王奔彘事。”（《大系考釋》第141頁）

■六一、敄

1. 同“務”，通“侮”。欺侮，欺凌。作謂語或謂語中心。2見。

①母（毋）敢龏橐，龏橐廼敄（務）鰥（鰥）寡。（毛公鼎，5.2841，西晚）

馬承源註曰：“母（毋）敢龏（拱）橐（苞）：龏橐讀作拱苞。苞，是苞苴，即包魚的草包。泛指爲包裹，引申爲賄賂。《後漢書·楊震傳》‘讒夫昌則苞苴通’。龏橐廼敄（侮）鰥寡：受賄必致欺陵鰥寡窮困無告的人。敄：《詩·小雅·常棣》‘外禦其務’，《左傳·僖公廿四年》引作‘外禦其侮’。侮，欺陵。《左傳·昭公元年》引《詩》曰‘不侮鰥寡’，杜預《注》：‘侮，陵也。’”（《銘文選》第319頁）

《爾雅·釋言》：“務，侮也。”《玉篇》：“侮，慢也。”《詩經·大雅·蒸民》：“不侮矜寡，不畏彊禦。"

②母（毋）斁（斁）斁（斁）橐橐。隹（唯）又宥從廻敕侮鰥（鰥）寡。（遶鼎辛，《考古與文物》2003年第3期第11頁，西晚）

此例大意與例①同。

2. 同"務"。從事，致力於，典籍作"務"。作謂語中心。1見。

夫古之聖王，孜（務）才（在）旻（得）堅（賢），其即旻（得）民。（中山王響方壺，15.9735，戰早）

《荀子·致士》："夫耀蟬者務在明其火。"

■六二、迖

通"攴"。觸犯，破壞。作謂語。1見。

王命䎽爲逃（兆）乏（法），閡閡（狹）小大之囘，有事者官𤔲之。𨀩（進）退迖乏（法）者，死亡若（赦）。（兆域圖銅版，16.10478，戰晚）

馬承源註曰："迖：從辵攴聲。當讀爲攴擊之攴，指踣破兆法。"（《銘文選》第585頁）

■六三、次

排列順次。名詞活用爲動詞。作謂語。1見。

自乍（作）征（鉦）座（城），次者（諸）戽稍，備至鎛（劍）兵。（徐餶尹鉦鋮，2.425，春秋）

此隸讀依張世超之說。張世超認爲此"次"爲"動詞，意猶列也"，並以"《呂氏春秋·季冬》：'乃命大史，次諸侯之列，賦之犧牲。'高注：'次，列也。'"爲輔證。（《通解》第2192~2193頁）然"次者（諸）戽稍"殊難解讀。此例《金文資料庫》隸讀爲"自乍（作）征（鉦）城（鋮）。次得升祝。儆至鎛兵"。馬承源隸讀爲"自乍征座（城）。次得升祝，儆至鎛（劍）兵"，註曰："征座，即鉦之古稱，……次得升祝，義未詳。儆至鎛兵，慎用劍兵。儆與警通。……至，讀爲致。"（《銘文選》第388頁）今暫從張世超之說。

■六四、餗

通"次"。臨時駐札，居住。作謂語。4見。

①王商（賞）貝。才（在）𠂤餗（次）。（小子𧽚鼎，5.2648，殷）
②乙亥。王既才（在）𣄼餗（次）。王卿（饗）酉（酒）。（遷方鼎，5.2709，殷）

此句劉志基釋譯爲："乙亥日。王已經在𣄼地臨時駐札，並舉行隆重的酒宴。"（《類檢》第350頁）

③隹（唯）十又三月庚寅。王才（在）寒餗（次）。王令大史兄褔土。（中方鼎，5.2751，西早）

④中省自方，复逤（造）□邦，在𠂤自𩛥（次）。（中甗，3.949，西中）

然以上 4 見“𩛥”，亦有可能爲地名用字。

■六五、啚

1. 收存。作謂語。1 見。

王令嬗（敔）追𨛔于上洛、㤅谷，至于伊，班。長榜（榜）戴（載）首百，靷（執）嚺（訊）冊，奪孚（俘）人𦉥（四）百。啚于焂（榮）白（伯）之所。（敔簋，8.4323，西晚）

馬承源註曰：“啚，《說文·㐭部》：‘啚，嗇也。’有收存義。”釋“啚于焂（榮）白之所”爲“將奪還被俘的周人四百名收于榮伯之處”。（《銘文選》第 287 頁）

2. 後作“鄙”。駐守，受封於。名詞活用爲動詞。作謂語或謂語中心。2 見。

①王令䲨（雍）白（伯）啚于屮爲宮。（雍伯鼎，5.2531，西早）

劉志基註曰：“啚，古文啚、鄙一字。《廣雅·釋詁四》：‘鄙，國也。’這裏用爲動詞，建國、建城的意思。”釋譯此句爲“王命令雍伯在屮地建國並營造宮室”。（《類檢》第 285 頁）

②王束（剌）伐商邑。征（誕）令康厌（侯）啚（鄙）𨤏（于）衛。（濬司徒送簋，7.4059，西早）

啚，楊樹達、劉志基等讀“鄙”。楊樹達釋爲動詞“封”。（《金文說》第 244～245 頁）劉志基註曰：“康厌（侯）：人名。即衛康叔，名封，周武王同母弟。征伐平定殷墟舊地之後，被分封爲衛地君主。啚（鄙）：邊邑，這裏用作動詞，猶言分封。”釋譯爲：“周王征伐殷人的舊都，命令康侯受封於衛地。”（《類檢》第 26 頁）

然于省吾讀爲“圖”，釋爲“謀”。（《尊古齋所見吉金圖·序》，北平尊古齋 1936 年印）陳夢家認爲“康侯鄙”即康侯封，曰：“封與鄙當是一名一字，西周金文稱康厌，康厌豐，《尚書·康誥》《酒誥》稱封，《史記》稱康叔封，《左傳》定四稱康叔，《易·晉卦》有康侯。”（《西周銅器斷代·康侯簋》，《考古學報》1955 年第 9 期）則“啚”爲人名字之字矣。

■六六、幷

兼併，吞併。作謂語中心。3 見。

①昔者吳人幷雫（越），雫（越）人敝（修）斆（教）備㥓（信），五年返（覆）吳，克幷之至于含（今）。（中山王𦊕鼎，5.2840，戰晚）

②廿六年，皇帝盡幷兼天下諸厌（侯），黔首大安，立號爲皇帝。（商鞅量，16.10372，戰國）

《韓非子·有度》：“荆莊王幷國二十六，開地三千里。”

■六七、賞

1. 賞賜。作謂語或謂語中心。4 見。

①公大俘（保）賞卸（御）正良貝。（御正良爵，14.9103，西早）

②□白（伯）令□史事□□。白（伯）錫（賜）賞。（生史簋，7.4100，西中）

③♦白（伯）令生史事于楚。白（伯）錫（賜）賞。（生史簋，7.4101，西中）

④天子不忘其又（有）勳，使其老簭（策）賞中（仲）父。（中山王嚳方壺，15.9735，戰早）

2. 被賞賜。作謂語。5 見。

賞于旆（韓）宗，令于晉公，邵（昭）于天子。（驫羌鐘，1.157、1.158、1.159、1.160、1.161，戰早）

3. 後作"償"。償還，補還。典籍作"償"，金文中未見"償"字。作謂語。4 見。

昁（俾）我賞（償）馬，效[父]剿（則）卑（俾）復臸絲束。……智曰："卡唯朕[禾][是]賞（償）。"東宮廷曰："賞（償）智禾十秭，遺十秭，爲廿秭。[乃]來歲弗賞（償），剿（則）付冊秭。"（智鼎，5.2838，西中）

■六八、商/賣/啻

（一）商

通"賞"。賞賜。作謂語或謂語中心。44 見。

①子光商（賞）子啓（啓）貝。（匽侯旨鼎，11.5965，殷）

②王商（賞）宗庚豐貝二朋。（豐作父丁鼎，5.2625，西早）

③姜商（賞）令貝甬（十朋）、臣十家、鬲百人。（作冊矢令簋，8.4300、8.4301，西早）

④我先且（祖）受天令，商（賞）宅受或（國）。（秦公鐘，1.262、1.264，春早/秦公鎛，1.267、1.268、1.269，春早）

⑤商（賞）之台（以）邑。……商（賞）之台（以）兵輶車馬。（庚壺，15.9733，春晚）

（二）賣

同"賞"。賞賜。作謂語或謂語中心。7 見。

①辛亥，□□□賣（賞）帚（寢）救貝朋（二朋）。（寢救簋，7.3941，殷）

②王賣（賞）𣄗貝。（𣄗作父癸方彝蓋，16.9890，殷）

③書弔（叔）賣（賞）玐（揚）馬。（揚方鼎，5.2612，西早）

④猷（楢）中（仲）賣（賞）叀𣀔獸逐（遂）毛兩、馬匹。（𣀔獸方鼎，5.2729，

西早）

⑤懋父賣（賞）卲（御）正衛馬匹自王。（御正衛簋，7.4044，西早）

⑥令師田父殷成周□。師田父令𡩗（小臣）傳非余。傳□朕考𡥀。師田父令余□□官白煭父賣（賞）。（小臣傳簋，8.4206，西早）

⑦公賣（賞）束。用乍（作）父辛于彝。（束作父辛卣，10.5333，西早）

（三）商

同"賣"，後作"賞"。賞賜。作謂語或謂語中心。29見。

①王商（賞）戍甶貝二朋。（戍甶鼎，5.2694，殷）

②匽（燕）医（侯）商（賞）復门衣、臣妾、貝。医（侯）商（賞）復貝三朋。（復鼎，4.2507，西早）

③王商（賞）旨貝廿朋。（匽侯旨鼎，5.2628，西早）

④才（在）斤，天君商（賞）𢀛征人斤貝。（征人鼎，5.2674，西早）

⑤庚申，大（太）俘（保）商（賞）菫貝。（菫鼎，5.2703，西早）

⑥尹商（賞）史獸𢦏（福）。（史獸鼎，5.2778，西早）

⑦替（豐）百生（姓）𦞅（豚）眔商（賞）卣邑貝。（士上卣，10.5421、10.5422，西早/士上盉，15.9454，西早）

⑧公大史在豐，商（賞）乍（作）冊䰜馬。（作冊䰜卣，10.5432.1、10.5432.2，西早）

⑨敢追明（明）公商（賞）𤕟（于）父丁，用光父丁。（矢令方尊，11.6016，西早/矢令方彝，16.9901，西早）

⑩休王自毃事（使）商（賞）畢土方圣（五十）里。（召圜器，16.10360，西早）

⑪競蔑曆（曆），商（賞）競章（璋）。（競卣，10.5425.1、10.5425.2，西中）

■六九、章

通"商（賞）"。賞賜。作謂語。1見。
章（賞）𢀛𤔲夫𠂤屚从田。（屚从盨，9.4466，西晚）

■七〇、易/䞶/鍚

（一）易

1. 後作"賜"。賞賜，賜予。典籍作"賜"或"錫"。作謂語或謂語中心。

①羍妌（姒）易（賜）商（賞）貝𤕟（于）㚸（姒）。（羍姒觚，12.7311，殷）

②王易（賜）𡩗（小臣）邑貝甬（十朋）。（小臣邑斝，15.9249，殷）

③中易（賜）遯（趞）鼎。膌（揚）中皇。乍（作）寶。（小臣遯鼎，5.2581，西早）

④易（賜）乃且（祖）南公旂，用遯（狩）。（大盂鼎，5.2837，西早）

⑤王休易（賜）𢀛臣父煭（榮）㬎（瓚）。王爵貝百朋。（煭簋，8.4121，西早）

⑥隹（唯）明（明）俘（保）殷成周年，公易（賜）乍（作）冊䰧鬯貝。（作冊䰧卣，10.5400，西早）

⑦君蔑尹故（姑）曆，易（賜）玉五品、馬亖（二匹）。（尹姞鬲，3.754、3.755，西中）

⑧井弔（叔）易（賜）曶赤金鬱（鈞）。（曶鼎，5.2838，西中）

⑨白（伯）氏宕寴賓戠。易（賜）戠弓、矢束、馬匹、貝蒴（五朋）。（戠簋，7.4099，西中）

⑩毛公易（賜）朕文考臣自氒工。（盂簋，8.4162、8.4163、8.4164，西中）

⑪內史尹冊易（賜）殺玄衣、黹屯（純）、旂四。（殺簋蓋，8.4243，西中）

⑫易（賜）趞（遣）采曰誏，易（賜）貝五朋。（趞卣，10.5402，西中）

⑬王乎（呼）伊白（伯）易（賜）懋貝。（史懋壺，15.9714，西中）

⑭王乎（呼）宰利易（賜）師遽瑂圭一、環章（璋）四。（師遽方彝，16.9897，西中）

⑮王乎（呼）史減冊易（賜）寰玄衣黹屯（純）、赤芾、朱黃（衡）、䜌（鑾）旂（旂）、攸（鋚）勒、戈琱戟、㦸（緱）必（柲）、彤沙（緌）。（寰鼎，5.2819，西晚）

⑯易女（汝）土田。（多友鼎，5.2835，西晚）

⑰得屯（純）無敃（湣），易（賜）釐無疆。（大克鼎，5.2836，西晚）

⑱ 医（侯）氏易（賜）之邑二百又九十又九邑。（𬶍鎛，1.271，春中或春晚）

2. 後作“賜”。被賞賜，被賜予，受賜。作謂語。

①乍（作）冊麥易（賜）金于辟医（侯）。麥䭾（揚）。用乍（作）寶（寶）障（尊）彝。（麥方尊，11.6015，西早）

②用易（賜）𠷎（壽）耈（壽）萬年。（麥方尊，11.6015，西中）

③克甘（其）日易（賜）休無彊（疆）。（豆閉簋，8.4276，西晚）

④䑞（俞）甘（其）蔑曆。日易（賜）魯休。（師俞簋蓋，8.4277，西晚）

⑤唯白（伯）甘（其）父麐乍（作）遮（旅）祜（簠）。用易（賜）𥅣（眉）耈（壽）萬年。（伯其父簠，9.4581，春早）

《尚書·禹貢》：“禹錫玄圭，告厥成功。”孔傳：“故堯賜玄圭以彰顯之。”此即堯授而禹受也。

3. 簡慢，懈怠，掉以輕心。4 見。

①女（汝）尃余于䰜（艱）卹，虘（虔）卹不易，左（佐）右（佑）余一人。（叔夷鐘，1.274、1.285，春晚）

②余非敢寍忘，有虔不易，䢦（佐）右（佑）楚王。（蔡侯紐鐘，1.210、1.211，春晚）

此依張世超之說。張曰：“簡慢，掉以輕心。此乃由‘平易’‘容易’引申出之義。弔夷鐘：‘女尃余于䰜卹，虘（虔）卹不易，左右（佐佑）余一人。’銘中‘虔’‘易’對舉成文。同銘又云：‘尸（夷）不敢弗憼戒，虘（虔）卹氒死（尸）事。’則‘易’即‘不憼戒’矣。蔡侯鐘：‘余非敢寧忘，有虔不易，䢦右（佐佑）楚王。’亦‘易’‘虔’

對舉，'寧忘'與'易'義近。《漢書·王嘉傳》：'二千石益輕賤，吏民慢易之。'師古注：'易亦輕也。'"（《通解》第2374頁）

典籍之"易"，確有可釋爲"簡慢"者，又如《禮記·樂記》："望其容貌而民不生易慢焉。"

然銘文"有虔不易"此類"易"字，是否當作此解，尚有疑議。亦有學者解爲"變易、更易"之義。如例②，馬承源註曰："余唯（雖）末少子，余非敢寧忘，有虔不易，輮（佐）右（佑）楚王：我雖是淺薄少子，但我不敢廢事而求安逸，恭敬之心不變，以輔佐楚王。"（《銘文選》第397頁）釋"易"爲"變"。

自文理觀之，二說皆可通。

（二）𠑃

同"易"。變易，更換。作謂語。1見。

倜（敵）曺（曹）郾（燕）君子儈，不鯀（顧）大宜（義），不𠂤（忌）者（諸）厌（侯），而臣宗𠑃（易）立（位）。（中山王𡿒方壺，15.9735，戰早）

（三）𥈟

同"易"。綿延。作謂語。1見。

孫孫子子甘（其）永𥈟（易）。（史喪尊，11.5960，西中）

此依張世超之說。張曰："移易，綿延，有久長永遠之義。事喪尊：'孫＝子＝其永𥈟（易）。'尊銘'永易'同義連用。《左傳》隱公六年：'惡之易也，如火之燎于原，不可鄉邇。'王引之述聞：'易者，延也。'《左傳》用綿延義。綿延與久長永遠義相關聯。"（《通解》第2373~2374頁）

然此銘《金文資料庫》隸讀作："孫孫子子甘（其）永。𫟪（匜）。"讀末字爲"匜"而非"易"。陳初生亦未歸列此一"綿延"義項。（《字典》第892~893頁）因此張說恐難成立。然爲備一說，姑列於此。

■七一、賜/睗/賜/喝

（一）賜

賞賜，賜予。銘文通作"易"，典籍作"賜"或"錫"。作謂語或謂語中心。2見。
①余台（以）賜女（汝）。（庚壺，15.9733，春晚）
②寡（寡）人庸其惠（德），嘉其力，氏（是）昌（以）賜之軎命。（中山王𡿒鼎，5.2840，戰晚）

（二）睗

1. 通"賜"。賞賜，賜予。銘文通作"易"，典籍作"賜"或"錫"。作謂語。10見。
①白（伯）懋（懋）父睗（賜）𩫁（召）白馬。（召卣，10.5416，西早/召尊，

11.6004，西早）

②睗（賜）女（汝）赤芾、紫黃（衡）、綡（鑾）旂。（申簋蓋，8.4267，西中）

③睗（賜）女（汝）赤𣓪市、綡（鑾）旂。（揚簋，8.4294、8.4295，西晚）

④睗（賜）女（汝）𥪡𢍰一卣、圭（珪）瓚（瓚）、夷□三百人。（師詢簋，8.4342，西晚）

⑤王睗（賜）乘馬，是用左（佐）王；睗（賜）用弓，彤矢其央；睗（賜）用戉，用政（征）綡（蠻）方。（虢季子白盤，16.10173，西晚）

⑥天睗（賜）之福。（曾伯䉤簋，9.4631、9.4632，春早）

2. 通"賜"。被賞賜，被賜予，受賜。作謂語。1 見。

用睗（賜）眉（眉）壽（壽）。（黽壺蓋，15.9677，西晚）

3. 通"易"。簡慢，懈怠，掉以輕心。典籍作"易"。1 見。

圛㑁（恪）夙夕，敬念王㥀（威）不睗（易）。（毛公鼎，5.2841，西晚）

馬承源註曰："圛（恪）夙夕，敬念王畏（威）不睗（易）：日夜謹慎一心思念王位威重。不睗：不易，專一的意思。《尚書·君奭》'天命不易'。"（《銘文選》第 319 頁）

劉志基釋譯曰："要日夜謹慎專一的思念王位的威重。"（《類檢》第 468 頁）

4. 通"惕"。警惕，謹慎對待。典籍作"惕"。1 見。

辥禹亦弗敢愙（專），睗（惕）共（恭）朕（朕）辟之命。（禹鼎，5.2833，西晚）

此例張世超斷讀爲"辥禹亦弗敢愙（專）睗（易），共（恭）朕（朕）辟之命"，讀"睗"爲"易"，釋爲"簡慢"。（《通解》第 817 頁）亦可通。然從銘文總體情況來看，以"睗共（惕恭）"連讀，讀"惕"爲常。

馬承源註曰："辥禹亦弗敢忝（忝）：禹也不敢愚昧。此爲禹自勉之辭。……睗（惕）共朕辟之命：恭敬地執行我的君主的命令。睗：讀爲惕，《說文·心部》：'惕，敬也。'"（《銘文選》第 282 頁）讀"睗"爲"惕"，"敬惕"義。

（三）腸

同"賜"。被賞賜，被賜予，受賜。作謂語。4 見。

①蛣（郜）公諴乍（作）旅𣪕（簋），用追孝于皇旲（祖）皇考，用腸（賜）眉（眉）壽（壽）萬年，子子孫孫永寶用。（郜公諴簋，9.4600，西晚）

②用腸（賜）眉（眉）壽（壽），萬年無疆（疆）。（郜公平侯鼎，5.2771、5.2772，春早）

③用腸（賜）覺（眉）壽（壽），子子孫孫用受大福無彊（疆）。（曾伯陭壺，15.9712，春秋）

然"腸"亦有可能是通"乞"或"𥿄（祈）"，表"乞求，祈求"之義。如"用气（乞）覺（眉）壽（壽），萬年無彊（疆）"（郜雝公諴鼎，5.2753，春早），其銘例與"用腸（賜）""用易（賜）""用睗（賜）""用錫（賜）""用昜（賜）"等大體相同，銘文亦常言"用𥿄眉壽"，故此類"賜"字，亦當可解作通"乞"或"𥿄（祈）"。

（四）啺

同"賜"。被賞賜，被賜予，受賜。作謂語。1見。

用啺（賜）睂（眉）耆（壽），邁（萬）年無彊（疆）。（上郜公敔人簋蓋，8.4183，春早）

■七二、錫

通"賜"。賞賜，賜予。作謂語或謂語中心。2見。

①□白（伯）令□史事□□。白（伯）錫（賜）賞。□□□殷（簋）。（生史簋，7.4100，西中）

②𧮫白（伯）令生史事于楚。白（伯）錫（賜）賞。用乍（作）寶殷（簋）。（生史簋，7.4101，西中）

《詩經·大雅·既醉》："孝子不匱，永錫爾類。"疏："能以孝道轉相教化，則天長賜汝王以善道矣。"

《詩經·大雅·韓奕》："王錫韓侯，淑旂綏章。"

《公羊傳·莊公元年》："王使榮叔來錫桓公命。錫者何？賜也。"

■七三、兄

1. 通"貺"。貺贈，賞賜。作謂語或謂語中心。13見。此義皆用"兄"，不用"貺""貺""佳""貎""倪"。

①王令卲甘（其）兄（貺）韄抚（于）夆田。（二祀卲其卣，10.5412，殷）

②師鳳（檷）酳（酳）兄（貺）。（旟鼎，5.2704，西早）

③王令大（太）史兄（貺）福土。……今兄（貺）夒（畁）女（汝）福土。（中方鼎，5.2785，西早）

④公尹伯丁父兄（貺）于戍。（作冊矢令簋，8.4300、8.4301，西早）

⑤令乍（作）冊旂兄（貺）皨（聖）土于相厌（侯）。（作冊旂尊，11.6002，西早/作冊旂方彝，11.9895，西早）

⑥南宮兄（貺）。（中觶，12.6514，西早）

⑦王令般兄（貺）米抚（于）𤯞甫。（般觥，15.9299，西早）

⑧令乍（作）冊忻（旂）兄（貺）皨（聖）土于相厌（侯）。（作冊旂觥，15.9303，西早）

⑨兄（貺）卒師眉。（毳簋，7.4097，西早/毳鼎，5.2705，西中）

《說文·卷六·貝部》："𧵩（貺），賜也。從貝兄聲。"金文中未見"貺"字。

2. 通"荒"。荒廢，廢除。作謂語中心。2見。

王令保及殷東或（國）五厌（侯），征（誕）兄（荒）六品。蔑曆（曆）抚（于）保，易（賜）賓，用乍（作）文父癸宗寶障（尊）彝。（保卣，10.5415，西早/保尊，

11.6003，西早）

劉志基註曰："及：征伐，讀爲《詩經·大明》中'爕伐大商'之商。郭沫若以爲'及'用爲本義，同'逮'，即'逮捕'之意。……征（誕）兄（荒）六品：遂亡六國。征，即虛詞誕。兄，讀爲荒，《尚書·微子》：'天毒降災荒殷邦。'孔安國《傳》：'荒，廢。'六品，即六國，除上述的五國外，還包括殘餘的殷族。品，是指種族，古人以氏族爲社會組織紐帶，族之所聚亦稱爲國。平心釋兄爲既，謂'征兄六品'即王賞賜物品六種。蔣大沂釋征爲徙，釋兄爲既，釋品爲族，謂'征兄六品'即'徙既六族'。"釋譯此句爲："成王命令大保召公奭平定殷王後裔和成周以東地區諸侯的叛亂，消滅並且廢除六國諸侯。"（《類檢》第 589 頁）

■七四、惠

1. 順，恭順，順從。形容詞活用作動詞。作謂語或謂語中心。2 見。

①用康惠朕皇文剌（烈）且（祖）考。（猷簋，8.4317，西晚）

《尚書·文侯之命》："惠康小民。"孔穎達疏："當以順道安汝之小民。"《爾雅·釋言》："惠，順也。"

②曾子斿罨（擇）甘（其）吉金，用臸（鑄）𰒂彝。惠于剌（烈）曲𤔲，下保𧫩（臧）敔（敬）□□。（曾子斿鼎，5.2757，春早）

2. 完善，在……方面完善。形容詞活用作動詞。作謂語。2 見。

①愻（淑）于威義（儀），惠于明（明）祀。（沈兒鐘，1.203，春晚）

《禮記·表記》："節以壹惠。"鄭玄註："惠，猶善也。"

②惠于政遽（德），愻（淑）于威義。（王孫遺者鐘，1.261，春晚）

惠于政德：即善其德政之意。

■七五、叀/叀

（一）叀

1. 通"惠"。被惠贈，被惠賜。作謂語。1 見。

唯東賏叀（惠）于金。（東賏尊，11.5982，西中）

此例中表被動義，被惠贈，被惠賜。

2. 通"惠"。安定，使安順。形容詞活用作動詞。作謂語。2 見。

①令女（汝）叀（惠）雝（雍）我邦小大猷。（師詢簋，8.4342，西晚）

②女（汝）官嗣（司）歷人，母（毋）敢妄（荒）寧，虔夙（夙）夕叀（惠）雝（雍）我邦小大猷。（遙鼎辛，《考古與文物》2003 年第 3 期第 11 頁，西晚）

3. 通"惠"。順，恭順，順從。形容詞活用作動詞。作謂語。2 見。

①自乃且（祖）考又（有）爵（恪）于周邦，右閼（闢）亖（四）方，叀（惠）𠭯

天令（命）。（彔伯嗾簋蓋，8.4302，西中）

②女（汝）母（毋）敢妄（荒）寧，虔夙（夙）夕，惠我人（一人）。（毛公鼎，5.2841，西晚）

4. 通"惠"。仁愛，施行仁惠。形容詞活用作動詞。作謂語。2見。

①辥克龏（恭）保乂辟龏（恭）王，諫（敕）辥（乂）王家。叀（惠）于萬民。（大克鼎，5.2836，西晚）

②于匩朕肅慕，叀（惠）西六自（師）殷八自（師），伐噩（鄂）厌（侯）駿（馭）方。（禹鼎，5.2833，西晚）

馬承源註曰："于匩（將）朕肅慕，惠西六自（師）、殷八自（師）：執行朕嚴整的計謀，並施仁惠於失敗的西六師、殷八師。"（《銘文選》第283頁）

《詩經·大雅·民勞》："惠此中國，以綏四方。"鄭玄箋："惠，愛也。"

《說文·卷四·叀部》："叀（叀），專小謹也。从幺省，中，才見也，中亦聲。凡叀之屬皆从叀。𣎳，古文叀，𣎳，亦古文叀。"徐灝《說文解字注箋》曰："'叀'即古'專'字，寸部：'專，一曰紡專。'"甲骨文作𣎳、𣎳等形，正像紡專形，而甲文"專"字作𣎳、𣎳等形，正像以手轉動紡專之事。金文"叀"字有同於或近於甲文者，亦有叀卣、何尊、無叀鼎等左右斜筆歧出者，李孝定謂"乃繁變，或即涉卜辭𣎳字而衍"。（《甲骨文字集釋》第1433頁）

（二）𢍰

通"惠"。惠贈，惠賜。作謂語。1見。

余𢍰（惠）于君氏大章（璋），報嬬（婦）氏帛束、韘（璜）。（五年召伯虎簋，8.4292，西晚）

此例中表主動義，惠贈，惠賜。

馬承源註曰："余𢍰（惠）于君氏大章（璋），報嬬（婦）氏帛束、璜：……我惠贈給君氏的是大玉璋，報答婦氏的是束帛和玉璜。𢍰：惠，从雙手，他動詞，奉惠之意。"（《銘文選》第209頁）

表惠賜義時，用"叀"或"𢍰"，不用"惠"。

■七六、休

1. 停止，息止。作謂語。1見。

王休偃（宴），乃射。（鄂侯鼎，5.2810，西晚）

馬承源註曰："王休屒（宴），乃射：王停止了宴飲，接着就舉行射禮。"（《銘文選》第281頁）

2. 賞賜。作謂語或謂語中心。

①趞（遣）弔（叔）休于齔（小臣）貝丼（三朋），臣三家。（易禾簋，7.4042，西早）

楊樹達曰："休字蓋賜予之義，然經傳未見此訓，蓋假爲好字也。《左傳》昭公七年云：'楚子享公于新臺，好以大屈。'好以大屈，猶言略以大屈也。《周禮·天官·內饔》云：'凡王之好賜肉脩，則饗人共之。'好賜連言，好亦賜也。注說好賜爲王所善而賜，誤矣。《說文·一篇下·辱部》薅从好省聲，或體作茠，此休與好古同音之證也。"（《金文說》第 83 頁）

②白（伯）犀父休于縣改（妃）。（縣妃簋，8.4269，西中）

③孟狂父休于孟鼎（員），易（賜）貝十朋。（孟狂父鼎，338，西中）

④王狋大（太）保易（賜）休余土。（大保簋，8.4140，西早）

此爲"易休"連文。

⑤休眒小臣金。（小臣鼎，5.2678，西中）

此爲"休眒"連文。

⑥孶（姒）休易（賜）乒顜（順）史貝。（順史鬲，3.643，西早）

此爲"休易"連文。

⑦王休易（賜）乒臣父燚（榮）蒿（瓚）。（榮簋，8.4121，西早）

3. 使……休，使……變得完美。形容詞活用作動詞。作謂語或謂語中心。3 見。

①吕（以）召甘（其）辟，休乒成事。（師害簋，7.4116、7.4117，西晚）

"休又（有）成事""休又（有）成工"銘文中多見，其中的"休"應爲形容詞，而"休乒成事"唯此兩見，其中的"休"當作何解，恐有疑難。我們傾向於認爲此"休"已由形容詞活用作使動詞，"休乒成事"爲"使其辦的事更完美"之意。不過，亦有可能"休"仍爲形容詞，屬於形容詞作謂語且前置現象，相當於"乒成事休"，意思是他做的事情很好。此外，還有可能是其中的"乒"爲虛詞（助詞），"休乒成事"相當於"休成事"，"休成事"又大概相當於"休又（有）成事"，省略了"又（有）"；或者可以直接將"乒"等同於"又"。

②朕文母競海（敏）竊行，休宕乒心，永襲（襲）乒身。（戜簋，8.4332，西中）

劉志基註曰："休宕乒心：（文母）的美好德操開擴我的心胸。宕，蕩，寬廣。乒，代詞，相當於厥。"（《類檢》第 227 頁）則爲形容詞活用作名詞。不過我們認爲，此中"休""宕"，皆看作形容詞活用作動詞，可能更爲適宜，意思是朕文母的美好德行影響了我，使我的心更完美、更開闊。

■ 七七、兓/典/箙

1. 記載，記錄，記錄於典籍。作謂語。8 見或 9 見。

①朕臣天子。用兓（典）王令。乍（作）周公彝。（榮作周公簋，8.4241，西早）

②盠（鑄）保殼（簋），用典格白（伯）田。（格伯簋，8.4262、8.4263、8.4264、8.4265，西中）

郭沫若曰："典如今言記录或登录。"（《大系考釋》第 82 頁）

③余呂（與）邑噈（訊）有嗣（司），余典勿敢對（封）。……今余既一名典獻

（獻），白（伯）氏覿（則）報璧。（六年召伯虎簋，8.4293，西晚）

馬承源註曰："余呂（與）邑訊有嗣，余典勿敢封：我至邑中告訴有司，我僅典記而不敢簽封。此當因公與琱生的糧庫並在邑中，以前邑有司管理委積，琱生僅傳達此事而不敢簽封。……余既一名典獻：我已將此事立于典籍，獻之有司。一名典：一，語辭。《尚書‧盤庚中》：'今予命汝，一無起穢以自臭。'一爲語辭。名，成。《廣雅‧釋詁三》訓名爲'成也'，成猶立。典，經籍。此指官方的記錄。"（《銘文選》第 210 頁）則前一"典"爲動詞，"典記，記錄於典籍"之義，後一"典"爲名詞，"典籍"之義，"名典"爲"（完成）記錄於典籍"。

林澐曰："典，指記載土田數量、四至的文書。……古代以土田訟者，以立約劑爲裁決手段。立約劑稱'典'（動詞），所立之約劑也稱'典'（名詞）。而約劑又有副本封存于官，以防詐謁。召伯虎在這裏是說：（因爲）我要就止公的僕庸土田數額（再次）徵訊有司們的意見，（所以）我雖有記錄土田的文書，（因未有定論）不敢封存于官府。"（《琱生簋新釋》，《古文字研究》第三輯）則前一"典"爲名詞，"約劑、文書"之義。陳初生、張世超從之，陳初生釋爲"記載約劑的文書"（《字典》第 486 頁）；張世超釋爲"約劑，即用作憑據之重要文書"（《通解》第 1082 頁）。然皆未見對後一"典"字作出說明。

我們認爲以馬說爲佳，然後一"典"字亦有可能爲動詞，因爲"一名"殊難斷解，如暫忽略不計，則爲"今余既典獻"，"典""獻"有可能皆爲動詞，遞進式連謂結構，成典之後上獻。

④尸（夷）用或敢再擇（拜）頴首。……尸（夷）筬（典）其先舊及其高祖。（叔夷鐘，1.275，春晚）

⑤尸（夷）筬（典）其先舊及其高昇（祖）。（叔夷鐘，1.285，春晚）

2. 冊授，冊賞。作謂語或謂語中心。2 見。

①王才（在）京宗商（賞）貝。才（在）安典宮卿貝。（卿方鼎，《西清續鑑甲編》1.36，西早）

"典宮"爲同義連文。

②史趠典譱（善）夫克田人。克鞶（拜）頴首。（膳夫克盨，9.4465，西晚）

郭沫若曰："謂冊授膳夫克以田與人。"（《大系考釋》第 123 頁）

■七八、曾

1. 後作"增"。增益，增加。作謂語或狀語。7 見。

①王曾（增）令衛（衛）厘、赤市、攸勒。（衛簋，8.4209、8.4210、8.4211，西中）

②王曾（增）令衛厘、赤市、攸勒。（衛簋，8.4209、8.4212、8.4211，西中）

③今余曾（增）乃令。（輔師嫠簋，8.4286，西晚）

2. 後作"贈"。贈予，賜予。作謂語。2 見。

①曾（贈）匐于東麿楚（貫）章兩、赤金一勻（鈞）。（匍盉，943，西早）

②戊辰，曾（贈）。王穢（蔑）段曆。（段簋，8.4208，西中）

郭沫若曰："曾，殆贈之省文。"（《大系考釋》第50頁）"贈"字由"曾"孳乳後出。

3. 重複的。作定語。專用於"曾孫"一詞。3見。

①曾孫儊兒，余迭斯于之子（孫）。（余購儊兒鐘，1.183，春晚）
②曾孫儊兒，余迭斯于之孫。（余購儊兒鐘，1.185，春晚）
③曾孫無嬰白（自）乍（作）□□。（曾孫無嬰鼎，5.2606，春秋）

《詩經·周頌·維天之命》："駿惠我文王，曾孫篤之。"鄭箋："曾，猶重也。自孫之子而下，事先祖皆稱曾孫。"其狹義則唯指孫之子。《爾雅·釋親》："孫之子爲曾孫。"

■七九、爵

1. 賜，賜予。作謂語。1見。

王休易（賜）畢臣父焚（榮）蕎（瓚）。王爵貝百朋。（焚簋，8.4121，西早）

2. 通"恪"。嚴謹對待，敬職。心理動詞。作謂語或謂語中心。8見。

①自乃且（祖）考又（有）爵（恪）于周邦，右闋（闢）三（四）方。（录伯威簋蓋，8.4302，西中）

劉志基註曰："爵：假爲恪，義爲敬。"釋譯曰："你的祖先恭敬地臣事周王室，佑助周王開闢四方疆土。"（《類檢》第209頁）"爵"前之"又（有）"，當爲古漢語中表肯定性行爲亦於動詞前加"有"現象的反映，或者是作動詞前的修飾性詞頭。

②爵（恪）董大命。（單伯昊生鐘，1.82，西晚）
③乃且（祖）考又（有）爵（恪）于我家。（師嚻簋，8.4311，西晚）

劉志基註曰："爵：假爲恪，義爲敬。"釋譯曰："你的祖上敬職於我家。"（《類檢》第211頁）

馬承源註曰："乃祖乃考誠敬我家。……又爵：銘爲爵字摹寫之變。爵假借爲恪。《詩·大雅·那》：'執事有恪'，《國語·魯語》並同。恪義爲敬。舊釋勞，於字形不合。"（《銘文選》第263頁）

④又（有）舞（爵）于周邦，干害王身，乍（作）爪牙。（師克盨，9.4467.1、9.4467.2，西晚/師克盨蓋，9.4468，西晚）
⑤爵（恪）董大令（命），莫周邦。（遵鼎乙，《考古與文物》2003年第3期，西晚）
⑥爵（恪）董大令（命），莫周邦。（遵鼎辛，《考古與文物》2003年第3期第11頁，西晚）

■八〇、儕

通"齎"。持送，賜予。作謂語。6見。

①令女（汝）羑（蓋）追于旅（齊）。儕（齎）女（汝）十五易登……（五年師旋

簋，8.4216.1、8.4216.2、8.4217.1、8.4217.2、8.4218，西晚）

郭沫若引陳夢家說，曰：“僑假爲齋，意與賜同。”（《長安縣張家坡銅器群銘文彙釋》，《考古學報》1963 年第 1 期）

②王窺（親）僑（齋）晉厌（侯）穌（蘇）𪢮鬯一卣、弓、矢百、馬四匹。（晉侯蘇編鐘，35，西晚）

■八一、𢽤/鼗/釐

（一）𢽤

1. 分置，賜予。作謂語。2 見。

①京師眅（畯）自（師）斤工（功）𢽤（釐）貝。（京師畯尊，《文物》2010 年第 1 期第 42 頁，西早）

②𢽤（釐）虎、貉、白鹿、白狼于辟池。（伯唐父鼎，《考古》1989 年第 6 期第 526 頁圖二：1，西中）

張政烺曰：“《說文》攴部：‘𢽤，坼也’，在此有分置之義。”（《伯唐虎父鼎、孟員鼎、甗銘文釋文》，《考古》1989 年第 6 期）

2. 祝福。作謂語。1 見。

翩敢𢽤（釐）王，阜（俾）天子㣺（萬）年。（師翩鼎，5.2830，西中）

于豪亮曰：“‘𢽤（釐）’，祝福。《漢書·文帝紀》：‘祠官祝釐，’注：‘如淳曰：釐，福也。《賈誼傳》受釐坐宣室是。師古曰：釐，本字作禧，假借用耳。同音僖。’在這裏𢽤（釐）字是動詞，意思是祝釐，也就是祝福。”（《陝西扶風縣強家村出土號季家族銅器銘文考釋》，《古文字研究》第九輯）

（二）鼗

1. 分置，賜予，賞賜。作謂語或謂語中心。6 見。

①多友鼗辛，萬年唯人（仁）。（辛鼎，5.2660，西早）

②女（汝）既静（靖）京自（師），鼗女（汝），易（賜）女（汝）土田。（多友鼎，5.2835，西晚）

③尹氏受王鼗書。王乎（呼）史減冊鼗遼。……鼗（釐）女（汝）𪢮鬯一卣，田于鄭卅田，于䧅廿田。遼䡊（拜）頴首，受冊鼗（釐）吕（以）出。（遼鼎乙，《考古與文物》2003 年第 3 期，西晚）

此例中的四個“鼗”，第一個當爲動詞作定語，第二個當爲動詞作謂語中心，第三個當爲動詞作謂語，第四個當爲名詞作賓語中心。

④畢（得）屯（純）亡啟，易（賜）鼗無彊（疆）。（大克鼎，5.2836，西晚）

⑤王蔑敤（敔）曆，事（使）尹氏受（授）鼗敤（敔）圭（珪）、㻌、𪱭貝五十朋。

（敆簋，8.4323，西晚）

2. 賜予的。作定語。1 見。

尹氏受王螯書。（遲鼎乙，《考古與文物》2003 年第 3 期，西晚）

（三）釐

分置，賜予，賞賜。作謂語。1 見。

厌（侯）釐目皋胄、冊戈、矢束、貝甬（十朋）。（冒鼎，《上海博物館集刊》第六輯第 153 頁，西中）

《詩經·大雅·江漢》："肇敏戎公，用錫爾祉。釐爾圭瓚，秬鬯一卣。"毛亨傳："釐，賜也。"

■八二、賓

饋贈。銘文或作"宁""宮"（但"宮"不作動詞用），典籍或作"儐"。作謂語。約 37 見。

①賓（儐）叚廿、貝十朋。（緐簋殘底簋，8.4146，西早）
②白黃賓（儐）兩章（璋）一、馬兩，吳啟（姬）寶（賓）帛束。（兩簋，8.4195，西中）
③尸伯賓（儐）畏貝、布。（作冊睘卣，10.5407，西早）
④賓貪（布）馬彎乘。（公貿鼎，5.2719，西中）
⑤煮（蘇）賓章（璋）、馬三（四）匹、吉金。（史頌鼎，5.2787、5.2788，西晚）
⑥煮（蘇）寶（賓）章（璋）、馬元（四匹）、吉金。（史頌簋，8.4229、8.4230、8.4232、8.4233、8.4234、8.4235、8.4236，西晚）
⑦寶（賓）馬兩，金十鈞（鈞）。（小臣守簋，8.4179、8.4180，西周／小臣守簋蓋，8.4181，西周）

《國語·楚語下》："公貨足以賓獻。"韋昭註："賓，饗贈也。"孫詒讓曰："（金文）賓即禮經之儐也。《覲禮》郊勞、賜捨，侯氏皆用束帛乘馬儐使者；賜車服，侯氏儐使者，諸公賜服者帛束四馬，儐犬使者亦如之；《聘禮》郊勞、夫人使勞、歸饔餼、夫人歸禮儐使者以束錦。"（《古籀拾遺》下二頁）

■八三、余

通"予"，或通"舍"或"賒"。給予，饋贈。作謂語。1 見。

昊（昇）嘱（酗）从复芈小宮嘱（酗）从田，甘（其）邑復采匄商兒采觶，戈復限余（予）嘱（酗）从田。（酗从盨，9.4466，西晚）

馬承源註曰："復限余（予）酗从田：限，界限，限度。此處指規劃贈予酗从的田。"（《銘文選》第 295 頁）則讀"余"爲"予"。

張世超曰："假爲'賒'。嘱比盨：'戈復限余（賒）嘱比田。'"（《通解》第 130 頁）

則讀"余"爲"賒",當爲"賒給"之義。

　　本案：馬、張二說皆可通，另外解作通"舍"亦可。因"余"與"予"讀音近似，而與"舍""賒"字形近似，以此三字解之皆文理可通。

■八四、雖

通"推"。推卸，推辭。作謂語中心。1見。

　　命女（汝）亟一方，畗（宏）我邦我家。母（毋）雖（推）于政，勿離（雍）建（楗）庶□畗。母（毋）敢靗鼒，靗鼒延孜（務）鼒（鰥）寡。譱（善）效乃友正，母（毋）敢湎于酒。（毛公鼎，5.2841，西晚）

　　郭沫若曰："'女雖于政'，女字有蝕花，適多一點，諸家均認爲母，讀爲毋，語不可解。余釋爲爾汝字，雖讀爲推，四字總冒下文，言汝推行于政，勿雍累庶民。"（《大系考釋》第138頁）

　　馬承源註曰："女（汝）頯（推）于政，勿離建（楗）庶民畗：言毛公爲政當質樸，勿離塞庶民之口。頯：假借作推，頯、推同音。《韓非子・八說》：'然則行揖讓，高慈惠而道仁厚，皆推政也。'指的是理想政治。"（《銘文選》第319頁）

　　劉志基註曰："女頯（推）于政，勿離（雍）建（楗）庶□畗：你要爲政質樸，不要堵塞民衆之口。頯：讀作推，指推政。《韓非子・八說》：'然則行揖讓，高慈惠而道仁政，皆推政也。'"（《類檢》第467頁）釋譯爲："你處理政事的時候，不要雍塞庶民之口。"（《類檢》第468頁）

　　張世超曰："或謂讀作'推'，推行也。毛公厝鼎：'女（汝）雖于政，勿離（雍）逮（律）庶民。'……郭說可從。然亦疑'雖'當即古'顧'字變化，'雖政'即顧政，亦即視政。"（《通解》第2206～2207頁）

　　本案：此句關鍵，一在於"雖"，一在於"雖"前之字。"雖"前之字，郭、馬、張以爲"女（汝）"字而非"母（毋）"字，劉雖在其註、譯中作"女（汝）"字處理，但在其前面的釋文中却隸讀爲"母（毋）"，則模棱兩可，前後不一矣。細觀原拓作"畗"，其上一白横爲蝕綫，從其右並列位置之'餘''舍'可見連成一直綫，畗牛舍)"，與其後"母（毋）敢靗鼒"之"牛（牛）"基本一致（"母敢靗鼒"之"牛"左點與其下之綫條相連而非居中，隱約可見；"母雖于政"之"牛"左點與其下之左角相連，尤爲細微難見），當隸定爲"母（毋）"而非"女（汝）"。"母（毋）"字既明，則"雖"作"推行""顧、視"之說，皆難成立矣。"母（毋）雖（推）于政"雖不如"女（汝）雖（推）于政"易解，但不能因此隨意變"母（毋）"爲"女（汝）"。郭說"讀爲毋，語不可解"，深知其難，然亦言之過甚矣。我們認爲"雖"可讀作"推"，但非"推行"義，而當爲"推卸、推辭"義。"母（毋）雖（推）于政"爲告誡毛公不要推卸政事，或可進一步引申爲懈怠疏忽之意。

■八五、受/叹

(一) 受

1. 接受，收取。作謂語。

①智嗣（則）靷（拜）頴首，受絲（茲）五［夫］。（智鼎，5.2838，西中）

②嗝（鬲）从吕（以）攸衛牧告于王。曰："女（汝）受我田牧，弗能許嗝（鬲）从。"（鬲攸从鼎，5.2818，西晚）

此句劉志基釋譯曰："鬲从在王面前控告攸衛牧的罪行。王對攸衛牧說：'你已經接受了我的田地和牧場，但是卻不能遵守和鬲从的約定。'"（《類檢》第438頁）

馬承源註曰："田牧：鬲从的田和牧之地。此田牧乃鬲从與攸衛牧交換者。"（《銘文選》第296頁）

本案：此田牧當如馬說原爲鬲从之田牧，非如劉說爲王之田牧。

③捧（拜）頴首，受冊佩吕（以）出。（膳夫山鼎，5.2825，西晚）

④尹氏受王釐書。……達靷（拜）頴首，受冊釐（釐）吕（以）出。（達鼎乙，《考古與文物》2003年第3期，西晚）

2. 稟受，承受。作謂語或謂語中心。

①十栍（世）不黯（忘）獻（獻）身才（在）畢公家，受天子休。（獻簋，8.4205，西早）

②智受休［于］王。（智鼎，5.2838，西中）

③不（丕）顯文武受令，嗣（則）乃且（祖）莫周邦。（訇簋，8.4321，西晚）

④不（丕）顯文武。雁（膺）受天令。亦嗣（則）於女（汝）乃聖且（祖）考。（師訇簋，8.4342，西晚）

⑤不（丕）顯朕皇且（祖）受天命。（秦公簋，8.4315，春早）

⑥犀犀康盅（叔），承受屯（純）悳（德）。（令狐君嗣子壺，15.9719，戰中）

"承受"爲同義連文。

《詩經・大雅・假樂》："受福無疆，四方之綱。"

3. 盛受，容受。作謂語。4見。

①廿二，重金絡裏，受一訁五觖。（廿二壺，《文物》1982年第11期，戰晚）

②永用析涅，受六㝵□□。（永用析涅壺，15.9607，戰國）

③百卅八，重金鉀，受一訁六觖。（重金扁壺，15.9617，戰國）

④陸（陳）璋內伐匽（燕），亳邦之隻（獲），廿二。重金絡裏，受一訁五觖。（陳璋罐，16.9975，戰國）

《方言》卷六："受，盛也，猶秦晉言容盛也。"《周禮・考工記・陶人》鄭玄註："豆實三而成觳，則觳受斗二升。"《大戴記・投壺》："壺高尺二寸，受斗五升。"《小戴記》

作"容斗五升"。

4. 後作"授",授予,付予,賜予。可用於上級對下級,亦可用於神明對世人。作謂語或謂語中心。

①大帟（神）竹（其）陟降。……受（授）余屯（純）魯、通泉（祿）、永令（命）。（瘋鐘,1.248,西中）

②王受（授）乍（作）冊尹者（書）,卑（俾）冊令免。（免簋,8.4240,西中）

③尹氏受（授）王令書。（頌鼎,5.2827,西晚）

④王蔑敤（敢）暦,事（使）尹氏受（授）贊敤（敢）圭（珪）、鬲、劦貝五十朋。（敤簋,8.4323,西晚）

⑤嘼（前）文人嚴才（在）上。……受（授）余康𤢐、屯（純）又（佑）、通泉（祿）、永令（命）、霝（令）冬（終）。（逨盤,《考古與文物》2003 年第 3 期,西晚）

⑥武庫受（授）屬邦。（少府矛,18.11532,戰國）

（二）嗳

同"受"。稟受,承受。作謂語。1 見。

耳日嗳（受）休。（耳尊,11.6007,西早或西中）

■八六、付/仅

（一）付

付與,交付,給予。作謂語或謂語中心。7 見。

①邦君厲眔付裘衛田。（五祀衛鼎,5.2832,西中）

②井尹（叔）曰:"才（裁）:王人廼貴（贖）用償（賠）,不逆付,智母（毋）卑（俾）成于旅。"……剷（則）付冊秭。（智鼎,5.2838,西中）

馬承源註曰:"不逆付:不辦好雙方受與付的手續。逆付:受與付。逆有受義。《儀禮·聘禮》'衆介皆逆命不辭',鄭玄《注》:'逆,猶受也。'智母（毋）卑（俾）成于旅:智不能使旅了結此案。"（《銘文選》第 171 頁）

張世超從其師孫常敘之說,解爲"付別",曰:"付別,即典籍所見之'傅別',爲古時之券據,智鼎:'才（在）王人廼貴（贖）用遺,不逆付!'孫師曰:'"逆",《說文》:"迎也。"引申有迎受、接受之義。《儀禮·聘禮》:"衆介皆逆命不辭。"註:"逆,猶受也。""付"是"付別"的"付"。《周禮·秋官·士師》:"凡以財獄訟者,正之以傅別約劑。"鄭衆註:"傅,或爲付。"同書《天官·小宰》:"聽稱責以傅別",註:"傅別,……鄭大夫（興）讀爲'付別'。"古音"付""符"在侯部,而"傅"在魚部。戰國以迄西漢,魚、侯兩部合用已是比較普遍的現象。"傅別"是"付別"在這種音變中形成的異文。"傅別"是"中別手書"。《周禮·士師》:"正之以傅別約劑",註"傅別,中別手書也"。……把對雙方起約束作用之事寫在札上,再把已寫了字的札從中間一劈兩半,每扇各有半行字，兩方各執其一，以爲日後對證的憑據。這種東西，從它的基本作法和作用來說，是與"符節"同類的。其物爲"付"，其分爲"別"。所以"傅別"或讀爲"符別"。"付"當是它的器物名稱。而"符"則是它的後起形聲字。它和契的區別是不以契齒而以中別手書。'《智鼎銘文通釋》'（《通解》第 2001～2002 頁）

　　本案：上述兩說，我們認爲以馬說爲佳。蓋解作動詞，更合於上下文之連貫性，如其後尚有"劃（則）付冊秭"等語。

　　③付永乒田。（永盂，16.10322，西中）

　　④韓（肆）天子弗望乒孫子，付乒尚官。（虎簋蓋，《考古與文物》1997 年第 3 期第 79 頁圖三，西中）

　　⑤我既（既）付簸（散）氏田器。……我既付簸（散）氏淫（隰）田皆田，余有爽癟，爰千罰千。（散氏盤，16.10176，西晚）

　　《尚書·梓材》："皇天既付中國民。"

（二）仅

同"付"。付與，交付，給予。作謂語或謂語中心。6 見。

　　①妊氏令蟲（蟲），事（使）俘（保）乒家，因仅（付）乒且（祖）僕二家。（蟲鼎，5.2765，西中）

　　②仅（付）裘衛林晢里。（九年衛鼎，5.2831，西中）

　　③敢弗具仅（付）爾（斛）匕（比），甘（其）且（祖）射（厭），分田邑，劃（則）𢾅。（斛攸从鼎，5.2818，西晚）

　　④敢弗具仅（付）爾（斛）匕（比），甘（其）且（祖）射（厭），分田邑，劃（則）敓（懲）。（斛从簋蓋，8.4278，西晚）

　　⑤復仅（付）乒君。（敔簋，8.4323，西晚）

　　⑥取吳□舊彊（疆）仅（付）吳虎。（吳虎簋，《考古與文物》1998 年第 3 期，西晚）

■八七、畀

1. 同"畀"。給予，賜予。作謂語或謂語中心。3 見。

　　①王劃（則）畁（畀）柞白（伯）赤金十反（鈑）。（柞伯簋，486，西早）

　　②今兄（既）畁（畀）女（汝）鬴土，乍（作）乃采。（中方鼎，5.2785，西早）

　　此爲"兄畁"同義連文。

　　③易（賜）畁（畀）師永乒田滄（陰）易（陽）洛彊（疆）眔師俗父田。（永盂，16.10322，西中）

　　此爲"易畁"同義連文。

2. 通"俾"。使，令。典籍作"俾"。作謂語或謂語中心。2 見。

　　①亡不成，眈天愧（威），否（不）畁屯（純）陟。（班簋，8.4341，西中）

　　劉志基註曰："否（不）畁屯陟：（上天）不助更加厲害。屯，厚。"釋譯爲："否則上天更將不予佑助。"（《類檢》第254～255頁）則"畀"爲"予"義。

張世超則認爲通"俾"，曰："使，令，典籍作'俾'。班簋：'否畀（俾）屯陟。''畀'之通'俾'，猶'算'之或作'筭'。（詳'畢'解字）"（《通解》第1085頁）則"畀"爲"使"義。

我們認爲兩說皆可。爲增列一義項，姑用張說。

②畀（俾）𤔔（辭）从复弔小宮𡥀𤔔（辭）从田。（𤔔从盧，9.4466，西晚）

■八八、舍

1. 施捨，給予。作謂語或謂語中心。21見。

①余𠃨（其）舍女（汝）臣十家。（令鼎，5.2803，西早）

②𢖓又舍女（汝）𧝓（量）至𢦏（于）女（汝）庶小多□。（中甗，3.949，西早）

③舍𢦓（矩）姜帛𠀠（三兩）。廼舍裘衛林賈里。……我舍𩩲（顏）陳大馬兩。舍𩩲（顏）攸（姒）𧆑吝。舍𩩲（顏）有𤔎（司）𦅫（壽）商𩫖裘盄（猱）𢦏（幝）……舍盄冒𩅄𣴎皮二……舍灃（漆）虜𢦏（幝）……（九年衛鼎，5.2831，西中）

④余舍女（汝）田五田。……廼舍寓（寓）于𢖓邑。（五祀衛鼎，5.2832，西中）

⑤女（汝）其□舍𩫖矢五秉。（曶鼎，5.2838，西中）

⑥正眉（眉）矢舍籨（散）田。（散氏盤，16.10176，西晚）

⑦𠃨（其）舍田十田。……𠃨（其）舍田三田。（裘衛盉，15.9456，西中）

⑧武王𠭯（則）令周公舍圖（寓）于周。（史牆盤，16.10175，西中）

張世超於其"舍"字條下引此例曰："施予，給予。"（《通解》第1317頁）

⑨武王則令周公舍寓（寓）。（𤼈鐘，1.252，西中）

⑩見其金節𠭯（則）母政（徵），母舍桴飤。（鄂君啓車節，18.12110、18.12111、18.12112，戰國/鄂君啓舟節，18.12113，戰國）

此句馬承源註釋曰："見驗金節則不征税收，也不供給行李者的饋食。"（《銘文選》第434頁）則"舍"爲"供給，施予"義。

2. 傳達，發佈。作謂語或謂語中心。12見。

①明（明）公䩉（朝）至𢦏（于）成周，徣令舍三事令，眔卿䇂（士）𥀠（僚）、眔者（諸）尹、眔里君、眔百工、眔者（諸）𩎟（侯）、𩎟（侯）田（甸）男，舍𢀗（四）方令。（矢令方尊，11.6016，西早/矢令方彝，16.9901，西早）

②父𩫖舍命，母（毋）又敢惷（專）。（毛公鼎，5.2841，西晚）

于省吾曰："吳北江先生曰：'舍命'乃古人恒語，即發號施令之意。《詩》'不失其馳，舍矢如破。'舍矢猶發矢也。毛公鼎'舍命'與此正同。非謂舍其命令不顧也。《羔裘》詩：'彼其之子，舍命不渝。'謂其發號施令無所渝失也。鄭箋不解'舍命'之義，乃以'見危授命'釋之，誤矣。（《雙劍誃吉金文選》上二，第26頁）

③王命膳（膳）夫克舍令于成周遹（適）正八𠂤（師）之年。（小克鼎，5.2796、5.2798、5.2799、5.2800、5.2801、5.2802，西晚）

劉志基註曰："舍令：發號施令。從于省吾先生說。"釋譯曰："那一年，王命令膳夫克到成周發布號令整頓八師。"（《類檢》第422頁）張世超亦引此例曰："舍令（命）：發號施令。"（《通解》第1318頁）則"舍"仍爲"傳達，發佈"義。

然馬承源註曰："舍令：守命、處命。《詩·鄭風·羔裘》：'彼其之子，舍命不渝。'鄭玄《箋》：'舍，猶處也，是知處命不變，謂死守善道，見危受命。'處命就是守命。"（《銘文選》第222頁）則"舍"爲"居守，堅持"義。

本案：單從此例來看，馬說可通，且頗爲獨到。然從常規及銘文通例來看，當以于、劉、張之說更爲協合。

④王命蓋（膳）夫克舍于成周徧（通）正八自（師）之年。（小克鼎，5.2797，西晚）

此"舍"當爲"舍令"之省，另六件小克鼎銘皆作"舍令"。若不看作省略賓語"令"，則此"舍"可作"居住"義解。

3. 通"舒"。舒氣，呼吸。作謂語中心。1見。

余㣤□［威］瞡（忌），不敢諿舍。（配兒鉤鑃，2.427，春晚）

此爲沙孟海、張世超之說。張世超從沙孟海之說，曰："用爲'舒'，舒氣，呼吸。配兒鉤鑃：'余㣤□［威］瞡（忌），不敢諿舍。'沙孟海曰：'此銘"諿舍"二字當讀作"詞舒"。……舍是舒的省寫。"不敢諿舍"猶言"屏息""屏氣"。'"（《通解》第1318頁）

然此例《金文資料庫》隸讀爲"余㣤䡇（恭）威墊。□不敢諿。舍（余）羃（擇）毕吉金。鉉（玄）鏐鏽鋁。自乍（作）鉤鑃"。馬承源隸讀爲"余㣤䡇威瞡（翼恭威忌），[余]不敢諿，舍（余）羃（擇）毕吉金、鉉鏐鏽鋁，自乍鉤鑃。"註曰："不敢諿：不敢戲言。諿：《說文》所無，《集韵·支部》'諿，語相戲。'"（《銘文選》第369頁）

可見他們的主要區別在於：前者將"諿"後之字隸定爲"舍"，認爲"諿舍"連讀，"舒氣，呼吸"之義；後者則將"諿"後之字隸定爲"舍"，"諿舍"分屬於兩句，且"不敢"前尚有一空缺字，因而"諿"爲"戲言"，"舍"爲"余"之義。我們認爲後者之說更爲可取。然爲備一說，姑列於此。

■八九、益

通"謚"。封謚，追加謚號。作謂語中心。1見。

班非敢覓，隹（唯）乍（作）卲（昭）考爽（儺），益（謚）曰大政。（班簋，8.4341，西中）

郭沫若曰："益者謚之省，裹石磬'□之配，毕益曰鄴子'其証。謚，號也。言班非敢有所希冀，僅作昭考之祭器，名之曰大政。此與秦公鐘'作盅龢鐘，毕名曰暜邦'、裹石磬'自作遣磬，毕名曰裹石'爲例相同。"（《大系考釋》第23頁）

■九〇、嗌

通"易（賜）"。賜，賜予。作謂語。2見。

①尸（夷）白（伯）尸（夷）于西宮嗌（賜）貝十朋。敢龏（對）陽（揚）王休。（夷伯夷簋，《文博》1987 年第 4 期第 9 頁拓片二，西中）

②佳（唯）王三月初吉癸卯，𡥈弔（叔）𡥈戲于西宮，嗌（賜）貝十朋。用乍（作）寶毁（簋）。（𡥈叔簋蓋，8.4130，西晚）

■九一、歸/歸/𢟁/遍

（一）歸

1. 復，返回。作謂語或謂語中心。2 見。
①雫辵復歸才（在）牧𠂤（師）。（小臣謎簋，8.4238，西早）
此爲“復歸”同義連文。
②歸獻（獻）于霛（靈）公之所。商（賞）之台（以）兵轎車馬。（庚壺，15.9733，春晚）

2. 通“饋”。饋贈。作謂語中心。4 見。
①中乎歸（饋）生鳳疒（于）王。（中方鼎，5.2751、5.2752，西早）
②王命蒭䍙弔（叔）䈅父歸（饋）吳啟（姬）甗（飴）器。（蒭簋，8.4195.1、8.4195.2，西中）
《左傳·閔公二年》：“歸公乘馬。”杜預註：“歸，遺也。”

（二）歸

1. 同“歸”。復，返回。作謂語或謂語中心。9 見。
①唯（鴻）弔（叔）從王南征，唯歸（歸），佳（唯）八月。（鴻叔鼎，5.2615，西早）
②公歸𥝋疒（于）周廟。（塱方鼎，5.2739，西早）
③王歸（歸）自諆（諆）田。（令鼎，5.2803，西早）
④眀（明）公歸（歸）自王。（矢令方尊，11.6016，西早/矢令方彝，16.9901，西早）
⑤雫辵復歸（歸）才（在）牧𠂤（師）。（小臣謎簋，8.4239，西早）
此爲“復歸”同義連文。
⑥唯歸（歸），遟天子休，告亡迮。（麥方尊，11.6015，西早）
⑦王人㝬輔歸（歸）蘆，䀇（鑄）甾（其）𪔉。（王人㝬輔甗，3.941，西中）
此“蘆”當爲地名，“歸蘆”即回到蘆地。
⑧王佳（唯）反（返）歸（歸）在成周。（晉侯蘇編鐘九，《上海博物館集刊》第七輯第 9 頁，西晚）
此爲“反歸”同義連文。

2. 同“歸”，通“饋”。饋贈。作謂語中心。2 見。
①辛亥，王才（在）廙，降令曰：“歸（饋）禩（福）疒（于）我多高此山。”易

（賜）鳌。用乍（作）毓且（祖）丁隣（尊）。（毓祖丁卣，10.5396，殷）

　②王令士衞（道）歸（饋）矞（貉）子鹿三。（貉子卣，10.5409，西早）

（三）鶂

同“歸”。復，返回。作謂語或謂語中心。2見。

余來鶂（歸）獻（獻）禽（擒）。（不其簋，8.4328，西晚／不其簋蓋，8.4329，西晚）
此爲“來鶂”同義連文。

（四）遍

同“歸”。復，返回。作謂語或謂語中心。1見。

王歸自成周。（應侯見工鐘，1.107，西中或西晚）

■九二、遒

同“遺”或“饋”。遺，饋，贈送。作謂語中心。1見。

王穰（蔑）段曆，念畢中（仲）孫子，令彝矤遒大劇（則）于段。（段簋，8.4208，西中）

■九三、遺

1. 遺漏。作謂語。2見。

王迺命西六㠯（師）殷八㠯（師）曰：“劓（撲）伐噩（鄂）厌（侯）駿（馭）方，勿遺畫（壽）幼。”……于匡朕肅慕，叀（惠）西六㠯（師）殷八㠯（師），伐噩（鄂）厌（侯）駿（馭）方，勿遺畫（壽）幼。（禹鼎，5.2833，西晚）

《韓非子·有度》：“刑過不避大臣，賞善不遺匹夫。”

2. 遺留，遺下，落下，拋下。作謂語中心。1見。

母（毋）念戈（哉），弋□勿嗌羉（鰥）寡，逯（遺）祐石（祜）宗不制。（作冊益卣，10.5427，西中）

3. 遺留的。作定語。2見。

①文考遳（遺）寶賚（積），弗敢喪。（旂作父戊鼎，5.2555，西早）
②隹（唯）朕皇褪（祖）文武、趄（桓）祖成考，是又（有）絭（純）悳（德）遳（遺）慫（訓），㠯（以）陀（施）及子孫，用隹（唯）朕所放。（中山王鼎方壺，15.9735，戰早）

《孟子·公孫丑上》：“其故家遺俗，流風善政，猶有存者。”

4. 送，送行，送別。作謂語。1見。

隹（唯）正二月初吉，王歸自成周，雁（應）厌（侯）見工遺王于周。辛未，王各（格）于康。焚（榮）白（伯）內（入）右雁（應）厌（侯）見工，易（賜）彤（形

弓）一、彤（彤矢）百。（應侯見工鐘，1.107，西中或西晚）

張世超引此例曰：“送。應侯鐘：……鐘銘記雁侯見工送王由成周歸返于周而受賞賜事。”（《通解》第 329 頁）

然此“遺”亦有可能爲饋物之“贈送”義，《金文資料庫》隸讀作“遺（貽）”。

■九四、𫍲

1. 通“賄”。賄贈，贈予，賜予。作謂語。3 見。

唯九月初吉庚午，公弔（叔）初見於衛（衛），賢從。公命事，𫍲（賄）賢百𫍲䵼。（賢簋，7.4104、7.4105、7.4106，西中）

馬承源註曰：“公命事：公命賢任事。𫍲（賄）賢百𫍲䵼：首一𫍲字當爲賄。《儀禮·聘禮》云‘賄在聘于賄’，鄭玄《注》：‘古文賄皆作悔。’悔、𫍲同聲通假。第二𫍲爲䀫之本字。”（《銘文選》第 248 頁）

郭沫若曰：“上𫍲字是動詞，蓋叚爲賄，猶錫也，予也。賄古文作𫍲（《一切經音義》四），正從每聲。聲同，例可通用。下𫍲字則如字。”（《大系考釋》第 225 頁）

《儀禮·聘禮》：“賓裼迎大夫，賄用束紡。”鄭玄註：“賄，予人財之言也。”

2. 通“賄”，貢納財帛的，貢納錢財的。名詞活用作動詞。作定語。4 見。

①淮尸（夷）繇（舊）我員（帛）𫍲（賄）臣，今敢敤（薄）氒眾（眾）叚，反氒工吏，弗速（蹟）我東䧊（國）。（師寰簋，8.4313.2、8.4314，西晚）

郭沫若曰：“《儀礼·聘禮記》‘賄在聘于賄’注云‘古文賄皆作悔’。知賄與悔通，則知𫍲與賄通矣。布帛曰賄，故此員𫍲連文。‘員𫍲人’者猶言賦貢之臣也。下師寰毀正云‘淮夷繇我員𫍲臣’。”（《大系考釋》第 144 頁）

②淮尸（夷）繇（舊）我員（帛）𫍲（賄）臣，今敢敤（薄）氒眾（眾）叚，反工吏，弗速（蹟）我東䧊（國）。（師寰簋，8.4313.1，西晚）

③淮尸（夷）舊我員（帛）𫍲（賄）人，母（毋）敢不出其員（帛）、其賣（積）、其進人。（兮甲盤，16.10174，西晚）

《詩經·衛風·氓》：“以爾車來，以我賄遷。”毛亨傳：“賄，財。”《周禮·天官·大宰》：“商賈阜通貨賄。”鄭玄註：“金玉曰貨，布帛曰賄。”

■九五、即

1. 趨近，靠近。作謂語中心。

王令燮（榮）［御］（訊）曶（酋）。［燮］［延］即曶（酋）御（訊）氒故。（大盂鼎，5.2839，西早）

郭沫若曰：“言以所生禽之酋長引至王前，王乃命名燮者之重臣就訊其酋何以叛亂之故。”（《大系考釋》第 36 頁）《漢書·廣陵厲王劉胥傳》：“天子遣廷尉、大鴻臚即訊。”顏師古註：“即訊，就問也。”

《詩經·衛風·氓》："匪來貿絲，來即我謀。"鄭玄箋："即，就也。"《爾雅·釋詁下》："即，尼也。"郭璞註："尼者，近也。"

2. 至，到，往。作謂語。

①隹（唯）白（伯）犀父吕（以）成自（師）即東，命戍南尸（夷）。（競卣，10.5425，西中）

吳闓生曰："即東，至東也。"（《吉金文錄》第四卷第17頁）

楊樹達認爲"即東命"爲一語，意爲"受東行之命"，則"即"爲"受"義。

②隹（唯）三（四）月既生霸戊申，匍即于氐（軝）。（匍盉，《文物》1998年第4期，西中）

劉志基註曰："即：可訓爲往、就、靠近，意指到某處去。"（《類檢》第543頁）

③雩邦人、足（胥）人、師氏人又（有）辠又（有）故（辜），廼騎匍（倗）即女（汝）。（塱盨，9.4469，西晚）

馬承源註曰："邦人、胥人和師氏之人有罪有辜，必束縛而執至你（指塱）處。"（《銘文選》第312頁）

《素問·氣交變大論》："其眚即發也。"王冰註："即，至也。"

3. 合，會。作謂語中心。

①交從罰迷（來）即王。易（賜）貝。用乍（作）寶彝。（交鼎，4.2459，西早）

②王才（在）魯，卿即邦君、者（諸）厌（侯）、正、有嗣（司）大射。（義盉蓋，15.9453，西中）

此例"卿即"當爲同義連文。

③穆王卿（饗）豊（醴），即井白（伯）大祝射。（長白盉，15.9455，西中）

此例與"王吕（以）吳羞、呂劅（剛）卿（合）鬱、蓋自、邦周射于大池"（靜簋，8.4273，西中）記事相近，"即"當如"卿（合）"。

4. 跟從，追逐，追獲。作謂語中心。

今余肈（肇）令女（汝）達（率）旅（齊）帀（師）、巼（紀）埜（釐）瑟屍、左右虎臣正（征）淮尸（夷），即質臿邦嘼（酋）。（師寰簋，8.4313.1、8.4313.2、8.4314，西晚）

《易經·屯卦》："即鹿無虞，惟入於林中，君子幾不如捨，往吝。"高亨註曰："焦循曰'即，從也。'……鹿在山野，獵者往就之，是爲即鹿。即鹿猶言從鹿、逐鹿耳。"（高亨《周易古經今注》，中華書局1984年版，第171頁）

5. 進入，到達。作謂語或謂語中心。

①女（汝）敉（昧）辰（晨）又（有）大服，余隹即朕小學。（大盂鼎，5.2837，西早）

此句管燮初釋爲："你童年承繼顯職，我曾經［令你］入貴胄小學。"則"即"爲"進入，就讀"之義。

馬承源註曰：“余隹即朕小學：此句疑有脱字，當是余惟命汝即朕小學。我曾命你至王家小學教習。”（《銘文選》第 39 頁）

劉志基註：“餘（本案：當爲‘余’字之誤）隹即朕小學：我曾經讓你到小學裏面來學習。”（《類檢》第 461 頁）

②王才（在）周，各（格）大室，即立（位）。（走簋，8.4244，西晚）

③母（毋）敢不即皰（次）即市。（兮甲盤，16.10174，西晚）

皰，讀爲次，市中官舍，《周禮·地官司徒·司市》“以次敍分地而經市”，鄭玄註：“次，謂吏所治舍。”

6. 履行，擔任，主管。作謂語或謂語中心。

①隹（小臣）逋（趞）即事于西。（小臣趞鼎，5.2581，西早）

②王宏（賓）莽京，小臣静即事，王易貝五十朋。（小臣静卣，《銘文選》第 112 頁，西中）

馬承源註曰：“小臣静即事：小臣静就職任事。”（《銘文選》第 112 頁）

③㠯（以）康奠龏（協）朕或（國），鹽（兆）百緐（蠻）具即其服。（秦公鐘，1.265，春早）

“百緐”前一字，孫常叙隸定爲“盜”，讀爲“延”，釋曰：“謂引百蠻就其服也。”（孫常叙《秦公及王姬鐘、鎛銘文考釋》，《吉林師大學報》1978 年第 4 期）；《金文資料庫》隸定爲“盤”，讀爲“兆”；馬承源隸定爲“盜”，讀爲“兆”，註曰：“盜，從皿從沝。次《說文》籀文作沝，則盜爲盜字，音假爲兆，即億兆之兆。”釋曰：“衆多的百蠻之族都遵守他們的職份。”（《銘文選》第 607 頁）

7. 授，付予，給予。作謂語或謂語中心。

①［乃］來歲弗賞（償），鬲（則）付冊秭。廼或即智用田二，又臣［一］［夫］。凡用即智田七田，人五夫。（智鼎，5.2838，西中）

②王各（格）于大朝（廟），窑（密）丯（叔）右趞即立（位）。內史即命，王若曰。（趞簋，8.4266，西中）

內史即命，指內史向趞宣讀、傳授王的命令。

③王令眚史南㠯（以）即虢旅。（鮒从簋蓋，8.4278，西晚）

楊樹達曰：“即蓋今語交付之義。”（《金文說》第 28 頁）

④廼即籫（散）用田眉（堳）。（散氏盤，16.10176，西晚）

楊樹達曰：“即者，今言付與。……然今書傳即字無授與之訓，知古字義之失傳者多矣。”（《金文說》第 33 頁）

8. 受，接受。作謂語中心。

①王各（格）于大廟（廟），井丯（叔）有（右）免即令。王受（授）乍（作）冊尹者（書），卑（俾）冊令免。（免簋，8.4240，西中）

②益公內（入）即命于天子。（永盂，16.10322，西中）

③卒又（有）見又（有）即令，卒非先告蔡，母（毋）敢庚（疾）又（有）入告。

（蔡簋，8.4340，西晚）

此句馬承源註曰：“有進見和來聽候命令的，若不是先報告給蔡，不得急於入告內宮。”（《銘文選》第264頁）

劉志基等註曰：“有進見或聽命的，若非先報告蔡，不得急於入告內宮。”（《類檢》第249頁）

“即”之銘文動詞用例，學界多籠統釋爲“就”義，然“就”之內涵，細瑣繁雜，大同小異，統釋爲“就”則失之粗疏，逐例細分、隨文釋義則失之繁苛，歸並義項時殊難分合取捨。一言以蔽之，以上八項歸並爲一個義項亦無不可，皆可簡釋爲“就”。

■九六、命

1. 命令，下令，差命，差使。作謂語中心。

①王命吳伯曰：㠯（以）乃師左比毛公。（班簋，8.4341，西中）

②隹（唯）白（伯）犀父㠯（以）成㠯（師）即東，命戍南尸（夷）。（競卣，10.5425，西中）

③命武公遣乃元士羑（羞）追于京㠯（師）。武公命多友衛（率）公車羑（羞）追于京㠯（師）。（多友鼎，5.2835，西晚）

④王命益公征眉敖。（乖伯歸夆簋，8.4331，西晚）

⑤余命女（汝）政于朕（朕）三軍。（叔夷鐘，1.272，春晚）

⑥五年，司馬成公朔（立）歲事，命戍代。（司馬成公權，16.10385，戰國）

2. 任命。作謂語中心。

命女（汝）乍（作）龖㠯家嗣（司）馬。（趩簋，8.4266，西中）

3. 賞賜。作謂語中心。

①王乎命女（汝）：赤芾、朱黃（衡）、玄衣黹屯（純）、䜌（鑾）旂。（即簋，8.4250，西中）

②內史尹氏冊命楚赤㠯（雍）市、䜌（鑾）旂，取遺五乎（鋝），嗣夲（鎬）啚（鄙）官內師舟。（楚簋，8.4246，西晚）

■九七、令

1. 命令，下令，差令，差使。作謂語中心。

①王令宜子迨（會）西方。（戍甬鼎，5.2694，殷）

②王令卬甶（其）兄（貺）䵼䕻（于）夆田。（二祀卬其卣，10.5412，殷）

③漅公令䆤乓史㫃曰：㠯（以）師夆乓有嗣（司）後或（國）戜伐腺。（䆤鼎，5.2740，西早）

④隹（唯）五月壬辰，同公才（在）豐，令宅事白（伯）懋父。（小臣宅簋，8.4201，西早）

⑤乍（作）冊矢令障（尊）宜于王姜。（作冊矢令簋，8.4300，西早）

⑥王令虞厌（侯）矢曰。（宜侯矢簋，8.4320，西早）

⑦王令士衛（道）歸（馈）餚（貉）子鹿三。（貉子卣，10.5409，西早）

⑧令乍（作）冊旂兄（貺）望（聖）土于相厌（侯）。（作冊旂尊，11.6002，西早/作冊旂方彝，11.9895，西早）

⑨王令鼎（員）軺（執）犬。（員方鼎，5.2695，西中）

⑩王令趞戲東反（叛）尸（夷）。（寰鼎，5.2731，西中）

⑪覣（親）令史懋路（露）等（簋）。（史懋壺，15.9714，西中）

⑫今余令女（汝）啻官嗣（司）邑人、先虎臣、後庸……（訇簋，8.4321，西晚）

2. 任命。作謂語中心。

①令女（汝）曼（更）乃且（祖）考嗣卜事。（智鼎，5.2838，西中）

②王令毛白（伯）曼（更）虢譀（城）公服，屏（屏）王立（位），乍（作）三（四）方亟。（班簋，8.4341，西中）

③令女（汝）曼（更）乃且（祖）考各（友）嗣（司）東啚（鄙）五邑。（殷簋甲，《考古與文物》1986年第4期，西中）

3. 任命的，寫有任命的。作定語。15見。

①尹氏受（授）王令書。王乎（呼）史虢生冊令頌。（頌鼎，5.2827，西晚）

②史減受（授）王令書。王乎（呼）尹氏冊令逨。（逨鼎辛，《考古與文物》2003年第3期第11頁，西晚）

令書，冊命之文書。

4. 賞賜。作謂語或謂語中心。

①麶（櫨）白（伯）于遘王，休亡尤。麶（櫨）白（伯）令卑臣獻（獻）金車。（獻簋，8.4205，西早）

郭沫若曰："令，錫也。言獻之君，天子与麶白，錫之以金与車。金當是天子所錫，車當是麶伯所錫。"（《大系考釋》第45頁）

②師田父令齿（小臣）傳非余（琱）。（小臣傳簋，8.4206，西早）

③佳（唯）八月初吉庚午，王令燮在（緇）帝、旅（旂）。（燮簋，7.4046，西中）

④令女（汝）幽黃（衡）、鋚革（勒）。（康鼎，5.2786，西中或西晚）

■九八、褱

1. 後作"懷"。感懷，懷念。作謂語或謂語中心。3見。

①乃沈子財（其）顯（顧）褱（懷）多公能福。（沈子它簋蓋，8.4330，西早）

陳初生引此例曰："懷念。沈子簋：'沈子其潁褱（緬懷）多公能福。'《詩·周南·卷耳》：'嗟我懷人，寘彼周行。'"（《字典》第808頁）

張世超引此例曰："思念。沈子它簋：'沈子其顯（顧）褱（懷）多公能福。'《詩·

鄭風·將仲子》：'仲可懷也，父母之言，亦可畏也。'"（《通解》第2080頁）

劉志基註曰："乃沈子甘（其）顯褱（懷）多公能福：顯，語首助詞，無義；能福，全福。"釋譯曰："沈子我感懷諸公全面的福佑。"（《類檢》第245~246頁）則"褱（懷）"爲"感懷"義。

馬承源註曰："顯褱：顯从頁鳥聲，鳥、於、聿並影紐，顯聲讀爲於、聿聲類，語首助辭，無義。褱，即懷。《論語·里仁》：'君子懷德，小人懷土；君子懷刑，小人懷惠。'邢昺《疏》：'懷，安也。''顯褱多公能福'句和《詩·大雅·大明》'聿懷多福'句相類似。能福：《釋名·釋言語》：'能，該也，無物不兼該也。'猶今語之'全福'。"（《銘文選》第58頁）則"褱（懷）"爲"安"義。

本案：馬、邢之"安"，義不甚明，大略爲"安於"義。以"安於"義釋"顯褱多公能福"，亦可通。然不及陳、張、劉之說平常妥帖。《爾雅·釋詁》："懷，思也。"《說文》："懷，念思也。"段玉裁註："念思者，不忘之思也。""君子懷德，小人懷土；君子懷刑，小人懷惠"之義，當爲"君子終日所思爲如何修德，小人則爲求田問舍。君子感懷敬畏刑法（因而能夠安分守法），小人則唯利是圖（因而罔顧刑法）"。"思"較之"安"，更勝一籌。

②文王孫亡弗褱（懷）井（型），亡克竟（競）卓剌（烈）。（班簋，8.4341，西中）

劉志基註曰："文王孫亡弗褱（懷）井（型）：文王之孫無不懷念先人功德並仿效追隨。"（《類檢》第255頁）

③白（伯）戜肈（肇）其乍（作）西宮𪉷（寶），隹（唯）用妥（綏）神，褱（懷）唬（效）𣎴（前）文人，秉德共（恭）屯（純）。（伯戜簋，7.4115，西中）

劉志基註曰："神褱（懷）：即神佑。褱，讀爲懷。"釋譯爲："伯戜鑄造用於西宮的寶器，用以安神保佑。效法偉大的前輩，修持德行，恭敬篤厚。"（《類檢》第57頁）則"妥（綏）"爲"安"義，"褱（懷）"爲動詞"佑，保佑"義，"用妥神"爲"安神，（請神）保佑"義。

陳初生引此例曰："通'鬼'。伯戜簋：'隹（唯）用妥（綏）神褱（鬼）。'于省吾曰：'褱乃鬼之借字。《說文》褱从衣眔聲，褢从衣鬼聲，二字聲韻並同……《韓非子·內儲說下》：'懷左右刷則左右重。'懷應該讀爲餽。《漢書·外戚傳》'褱誠秉忠。'注：'褱，古懷字。'玄應《一切經音義》十八：'懷孕'作'褱孕'，漢《北海相景君碑》：'驚悚傷褱。''傷褱'即'傷懷'，是褱从眔聲與褢从鬼聲一也。……凡此均褱可讀鬼之證。"（《字典》第809頁）則"褱"通"鬼"，"神褱（鬼）"爲並列結構"神與褱（鬼）"。

本案：此例目前學界皆於"褱"後斷句作"隹用妥神褱，唬𣎴文人"，其中"褱"義，如上劉、陳之說又有異見。我們認爲當於"褱"後斷句作"隹用妥神，褱唬𣎴文人"，"褱"仍爲"感懷"義，"褱唬"乃動詞連用，"褱唬𣎴文人"即"感懷（懷念）、效法前文人"。"前文人"前動詞連用者，銘文凡15見以上，如"用侃喜𣎴（前）文人"（兮仲鐘，1.65、1.66、1.68、1.69，西晚）、"用追考（孝）侃𣎴（前）文人"（井人妄鐘，1.112，西晚）、"用卲（昭）各（格）喜侃樂𣎴（前）文人"（癲鐘，1.246，西中）、"用喜（享）孝于嵜（前）文人"（遷鼎乙，《考古與文物》2003年第3期，西晚），故"褱唬"連讀作"褱唬嵜文人"，並非乖異孤例；"用妥"銘文中凡10見，其余9見爲："用妥（綏）賓"（鄭井叔鐘，1.21、1.22，西晚）、"用妥（綏）旃（倗）友"（應侯盨，《文物》1998年第9期，西中）、"用妥（綏）眉彔（祿）"（或者鼎，5.2662，西中）、"用妥（綏）多福于皇考德尹"（蔡姑簋，8.4198，西晚）、"用妥（綏）公唯盨（壽）"（沈子它簋蓋，8.4330，西早）、"唯用妥（綏）福"（寧簋蓋，7.4021、7.4022，西早/善鼎，5.2820，西中），其後皆爲名詞（賓、旃友、眉彔、多福、盨、福），故劉說"用妥神褱"爲"用妥神佑"，似不合銘文通則［"佑"爲動詞；即使看作名詞，"神佑（神的保佑）"也具有一定的動詞性］，且釋"褱"爲"佑"似無訓詁法理依據，且無文獻旁例佐證；陳說"褱"通"鬼"，雖可通，然輾轉相釋，遂於本字原有之義相釋也；參以"文王孫亡弗褱（懷）井（型），亡克竟（競）乎剌（烈）"（班簋，8.4341，西中）、"帥井（型）先王"（晉公盆，16.10342，春秋）等他銘用語，"褱唬嵜文人"亦可成立、協調矣。

2. 後作"懷"。安撫，使歸附。作謂語或謂語中心。3見。

①不（丕）顯文武，皇天引猒（厭）乎德，配我有周，雁（膺）受大命，衙（率）褱（懷）不廷方，亡不閈于文武耿光。（毛公鼎，5.2841，西晚）

馬承源註曰："率，語辭。褱：孳乳爲懷，《禮記·中庸》'懷諸侯則天下畏之'，孔穎達《疏》：'懷，安撫也。'"（《銘文選》第317頁）

②雪朕皇高且（祖）新室中（仲），克幽明（明）乎心，醽（柔）遠能㦰（邇），會嘼（召）康王，方褱（懷）不廷。（遷盤，《考古與文物》2003年第3期，西晚）

③用乍（作）寶障（尊）鼎，用康爐（柔）妥（綏）褱（懷）遠㦰（邇）君子。（晉姜鼎，5.2826，春早）

張世超引此例曰："懷來，使懷念，使歸坿。晉姜鼎：'用康爐（柔）妥（綏）褱（懷）遠㦰（邇）君子。'陳連慶曰：'此句意爲用此鼎以娛樂懷來遠近的士大夫。'《晉姜鼎銘新釋》，《古文字研究》十三輯。《左傳》僖公七年：'招攜以禮，懷遠以德。'"（《通解》第2080頁）

本案：上述三例之"褱（懷）"，用法一致，皆爲"安撫，使歸附"義，不當分列爲二義項。

3. 後作"懷"。賜予，授予，給予。作謂語或謂語中心。4見。

①弋皇且（祖）考高對爾剌（烈），嚴才（在）上，豐（數）豐（數）彙彙，韢（融）妥（綏）厚多福，廣啓（啓）瘨身，鬲（擢）于永令（命）。褱（懷）受（授）余爾髓福。（瘨鐘，1.246，西中）

此銘中"褱受"同義連用，當屬無疑。裘錫圭曰："褱當讀爲懷。《詩·檜風·匪風》：'懷之好音。'毛傳：'懷，歸也。'就是給予的意思。"（《史牆盤銘解釋》，《文物》1978年第3期）張世超曰："'懷''歸'古音極近，'歸'習用於'饋''餽'義。"（《通解》第2081頁）則"褱"（懷）當通"歸"，"歸"又通"饋""餽"，故有"給予"義。

②襄（懷）受（授）余爾黼福、霝（靈）冬（終）。（癲鐘，1.254，西中）

③剌（烈）且（祖）文考弋（式）竆（貯）受（授）牆爾黼福，襄（懷）猶（祓）彔（祿）、黃耇、彌生。龕事匍辟。甘（其）萬年永寶用。（史牆盤，16.10175，西中）

此例之斷句、隸讀、註釋，不盡一致。

張世超斷句、隸讀爲："剌（烈）且（祖）文考弋竆受（授）牆爾黼福，襄（懷）猶（祓）彔（祿）、黃耇、彌生。"釋"襄"爲"給予"。（《通解》第2080頁）

馬承源斷句、隸讀爲："剌（烈）且文考弋（翼）竆（休）受牆爾黼福襄（懷），猶（祓）彔（祿），黃耇彌生，龕事匍辟，其萬年永寶用。"註曰："剌（烈）且文考弋（翼）竆（休）：烈祖文考翼之以善。弋：讀作翼，弋、翼古字通。……義爲翼佑、翼護。竆：从玉、貝宮聲。宮聲通作休，……凡此諸宮字都作休義解。受牆爾黼福襄（懷）：牆懷受美好的福禔。……猶彔：猶，即髮字，假爲祓。祓祿即除災求福，除災就是得福，所以祓祿或猶祿，意爲福祿亨通。"（《銘文選》第154、157～158頁）

劉志基斷句、隸讀爲："剌（烈）且（祖）文考弋（姒），竆（實）受牆爾黼福，襄（懷）猶（祓）彔（祿），黃耇彌生，龕事匍辟，甘（其）萬年永寶用。"註曰："剌（烈）且（祖）文考弋（姒）：威烈勇武的祖先、德行高尚的父兄。弋，即姒，讀爲翼。考翼，即父兄。竆（實）受牆爾黼福襄：實賜予牆盛大的福禔。……福襄，順利平安。襄（懷）猶（祓）彔（祿），黃耇彌生：希望除災享祿、永壽長生。猶彔，即祓祿，指除災惡、有祿位。"釋譯爲："英武的祖父、文德的父母親，必賜予牆盛大的福禔，保佑牆除災享祿，永壽長生，能效忠君主履行職守，千秋萬代永遠寶藏享用。"（《類檢》第687、689頁）

本案：首先，劉說有三處較爲明顯的疏誤矛盾。一爲其註解中，"襄"字衍複，既屬上句"竆受牆爾黼福襄"，又屬下句"襄猶彔"（從其斷句來看，"襄"當屬下句"襄猶彔"）。二爲"襄"之義，在其註解中爲"平安"，又爲"希望"，在其釋譯中又爲"保佑"。三爲其註解中曰"考翼"即"父兄"（則"翼"爲"兄"），釋譯中却爲"父母親"（則"翼"爲"母親"）。

其次，馬、劉之說，其最大差異有二。一爲斷句：劉於"弋竆"間斷開，馬不斷，劉於"福襄"間斷開，馬於"福襄"後斷開。二爲隸讀、釋譯：劉讀"弋"爲"姒"，"姒"又讀爲"翼"，釋爲名詞"兄"；馬讀"弋"爲"翼"，釋爲動詞"翼佑、翼護"；劉讀"竆"爲"實"，釋爲副詞"實"；馬讀"竆"爲"休"，釋爲形容詞（或名詞）"善"（殆爲形容詞"美善"義，或爲名詞"美善之事""美善之德行"義。然作此解，當於"弋竆"後斷開，蓋"弋竆"爲動賓結構"翼之以善"義，不能修飾其後之動詞"受"及"受牆爾黼福襄"一語）；劉釋"襄"爲動詞"平安"義，又"希望"義，又"保佑"義；馬釋"襄"爲名詞"禔"義，或動詞"懷"義（註解"受牆爾黼福襄"爲"牆懷受美好的福禔"，似釋"受"爲"懷受"，"懷"爲"禔"，又似釋"受"爲"受"，"襄"爲"懷"，則其似將語序理解爲"牆懷受爾黼福"）。

再次，張與馬、劉之說，既有同，又有異。同在於張與馬皆"弋竆"間不斷開，張與劉皆於"福襃"間斷開。異在於張釋"襃"爲動詞"給予"義，與馬、劉皆不同；張於"猶彔""黃耇""彌生"間加頓號，點爲"襃猶彔、黃耇、彌生"，視之爲三個並列名詞，統屬"襃"挈領，皆爲"襃"之賓語；而馬於"猶彔""黃耇彌生"間加逗號，點爲"猶彔，黃耇彌生"，皆非"襃"之賓語；劉點爲"襃猶彔，黃耇彌生"，則"襃"之賓語有可能僅有"猶彔"一個，亦有可能仍爲三個（從其註解"希望除災享祿、永壽長生"來看，當爲三個；從其釋譯"保佑牆除災享祿，永壽長生，能效忠君主履行職守，千秋萬代永遠寶藏享用"來看，最有可能仍爲三個，但亦有可能爲一個，即"永壽長生"修飾"能效忠君主履行職守"，亦即"黃耇彌生"非"襃"之賓語，而爲"龕事毕辟"之狀語）。

總之，此例之斷句、隸讀、註釋，諸家不盡一致，且多有模棱迷糊，甚至自相矛盾處。原因在於此例本身，確實複雜晦澀，存在多種解讀可能性，因而難以簡洁一致。我們認爲，可雜取以上諸說之善者，剔疑去誤，增補新見，另組一說。我們斷句、隸讀作："剌（烈）且（祖）文考弋（式）竆（貯）受（授）牆爾髓福，襃（懷）猶（祓）彔（祿）、黃耇、彌生。龕事毕辟。弋（其）萬年永寶用。"此說之要：

一爲肯定張、劉之"襃"爲動詞，於"福襃"間斷開，但"襃"當如張說爲"給予"義，則上句之"受（授）"，此句之"襃（懷）"皆爲動詞，且同義對文，瘋鐘二銘（1.246、1.254）皆"襃受（授）"同義連用，可爲輔證。

二爲另榷"竆"義。劉讀爲"實"，馬讀爲"休"，其實皆不可取。"竆"與"宝"同字，爲"賜予"之義。銘文常見"宝"表"賜予"義，"竆""宝"實爲一字之異體，用義相同。唐蘭釋本盤銘"竆"字時曰："竆是貯字異文，亞原是庭宁的宁，與貯藏的宁形近，音義均同，常通用。古代以玉爲寶，因有玗字，後世用貝，有貯字，此並玉和貝，又表示在屋內，所以從宀。"（《略論西周微史家族窖藏銅器群的重要意義——陝西扶風新出牆盤銘文解釋》，《文物》1978年第3期）李學勤曰："竆即貯，金文🔲就是宁。貯均讀爲給予的予。……本銘貯受即予受。"（《論史牆盤及其意義》，《考古學報》1978年第2期）于省吾曰："銘文的'貯受'應讀爲'予授'（古文授與受皆作受），即'授予'之義。古代金石銘刻的詞例往往倒正無別。"（《牆盤銘文十二解》，《古文字研究》第五輯）唐蘭又於釋諸銘之"宝"時曰："凡此宝字，均借爲錫予之予。宁予之字，聲相近也。（芧字亦作苧）故對揚上之錫予，曰'揚某宝'；記上之錫予，則曰'某宝某'也。"（《作冊令尊及作冊令彝銘考釋》，《國學季刊》1934年第4卷第1期）是則"竆""宝（典籍作'貯'）"同字，"給予"義，且于省吾、李學勤早已明確指出本盤銘之"竆受"即"予受（授）"義也。我們贊同于李之說。本盤銘之"竆受（貯授）"實爲同義連文，且與下句之"襃（懷）"同義對文，三字一義也。

三爲另榷"弋"義。劉讀爲"姒"，"姒"又讀爲"翼"，釋爲名詞"兄"，馬讀爲"翼"，釋爲動詞"翼佑、翼護"，皆非佳論。我們認爲本盤銘之"弋"可讀爲"式"，語助詞，無義，或可譯爲"希望"。"剌（烈）且（祖）文考弋（式）竆（貯）受（授）牆爾髓福"即"希望剌且文考竆（貯）受（授）牆爾髓福"（表希望語氣之虛詞，古今漢語順序相反，另如"君其"）。"弋"字銘文凡8見，我們認爲以下4見亦可視爲作語助詞：

（1）余老止公僕（附）韋（庸）土田多糣（積），弋（式）白（伯）氏從铦（許）。（五年召伯虎簋，8.4292，西晚）

馬承源讀爲“必”，註曰：“弋（必）白（伯）氏從許，……：君氏說必定要得到伯氏的同意，……”（《銘文選》第209頁）

林澐曰：“‘弋伯氏縱許’是希望召伯虎從寬處理。’”（《琱生簋新釋》，《古文字研究》第三輯）

我們認爲林說爲佳，“弋”爲“希望”義。

（2）弋皇且（祖）考高對爾剌（烈），嚴才（在）上，豐（數）豐（坴）鑾鑾，鞾（融）妥（綏）厚多福。（癲鐘，1.246，西中）

（3）乍（作）冊嗌乍（作）父辛隣（尊）。乓名（銘）義（宜）曰：子子孫寶，不（丕）彔（祿）嗌子，徔先盡死亡。……母（毋）念戈（哉），弋口勿嗌鰥（鰥）寡，迺（遺）祐石（祐）宗不剌。（作冊益卣，10.5427，西中）

（4）牧牛，摅（嘏），乃可（苟）湛（甚）！女（汝）敢昌（以）乃師訟。……女（汝）亦既從讕（詞）從斳（誓），弋（式）可（苟），我義（宜）便（鞭）女（汝）千。（儶匜，16.10285，西晚）

馬承源讀爲“式”，註曰：“弋（式）可（苟）：弋，讀式，語助辭。”（《銘文選》第185頁）

我們認爲馬說甚是，“弋”爲語助詞，且與前之語助詞“摅（嘏）”相呼應。然前三例可譯爲“希望”義，此例不可。

四爲肯定馬說“猶，即髮字，假爲袚。袚祿即除災求福，除災就是得福，所以袚祿或猶祿，意爲福祿亨通”，劉說“除災享祿”，則“襄猶彔”可譯爲“賜予福祿”。

五爲肯定張、劉將“黃耇彌生”仍看作“襄”之賓語（當然，亦可看作“龏事乓辟”的狀語，則可譯爲“一生一世，長久、永遠”“畢生長久地能夠服侍其君王”之意）。

綜上之說，我們認爲此例可釋譯爲：“希望顯明美善的祖先（此銘中共列舉其‘散’‘剌且’‘乙且’‘亞且’‘文考乙公’五代祖先，故此‘祖’‘考’非僅特指祖父、父親，當爲祖先泛指。‘剌’爲‘顯明’，‘文’爲‘美善’，在此爲互文）授予我華盛鮮明的福祉，賜予（我）福祿、長壽、善終。（使我）能服侍我的君王。希望（子孫後代能）長久永遠地珍惜使用（此盤）。”

④它用襄（懷）抙（嫠）我多弟子我孫，克又（有）井（型）敥（效）歂（懿）父迺口子。（沈子它簋蓋，8.4330，西早）

馬承源註曰：“也用襄（懷）抙（嫠）我多弟子我孫，克又（有）井（型）敥（效）歂（懿）父迺口子：我也祝願我的弟子和孫子們有福，希望他們能夠效型先人。襄抙：即懷嫠。抙，嫠字的異體，嫠字金文中有從未從耒和從木的三種不同寫法，此字從木而結體有變異。以文義求之當爲釐字，嫠、釐通用。釐義爲福。”（《銘文選》第58頁）

劉志基註曰：“它用襄（懷）抙（嫠）我多弟子我孫：它我祝願我的弟子和孫子們得福。”釋譯曰：“我沈子它祝願我的弟子和孫子們得福，能夠效法品德美好的先人們。”

（《類檢》第 246 頁）

張世超引此例曰："褱妭（懷柔）：招來安撫。沈子它簋：'它用褱妭（懷柔）我多弟子我孫，克又（有）井斁（效）歇（懿）父迺是子。'《左傳》僖公二十四年：'其懷柔天下也，猶懼有外侮。'《國語·周語中》：'謂君其何德之布以懷柔之。'韋注：'懷，來也。柔，安也。'"（《通解》第 2081～2082 頁）

本案："用"後二字，張隸讀爲"褱妭（懷柔）"，馬、劉隸讀爲"褱妭（懷髮）"，故而其註解亦殊異。查銘文，無"柔"字形，讀作"柔"者凡 4 見，作"𩠐"（遶盤，《考古與文物》2003 年第 3 期，西晚）、"頪"（番生簋蓋，8.4326，西晚／秦公鎛，1.270，春秋）、"㿋"（大克鼎，5.2836，西晚）三形，無作"妭"者，且"妭"與"𩠐""頪""㿋"三形相去甚遠，當非"柔"字。故張說難以成立。馬、劉皆釋"褱（懷）妭（髮）"爲"祝願……得福"，似釋"褱（懷）"爲"祝願"，又似釋"褱（懷）"爲"祝願……得（到）"，皆似從"褱（懷）"之"感懷"義引申而來，又似釋"褱（懷）"爲"得（到）"，則其語序當爲"它用（祝願）我多弟子我孫褱妭（得福）"。然釋"褱"爲"祝願"似無訓詁法理依據，且無文獻旁例佐證，釋爲"得（到）"雖可以"褱"之"授"義之反訓爲說，然於語序又乖舛不協矣。故不如以"褱（懷）"之"授"義徑釋之。"它用褱妭我多弟子我孫"即"它以此（祝願）賜福（於）我多弟子我孫"，希望通過鑄做此簋，多弟子孫能受賜福髮。如此，則更爲簡洁明瞭。

■ 九九、朕／𦩎

（一）朕

1. 後作"媵"。陪嫁。作謂語或謂語中心。8 見。

①燊（榮）又（有）嗣（司）再乍（作）𪤾鼎。用朕（媵）嬴龐母。（榮有嗣再鼎，3.679，西晚／榮有司再鼎，4.2470，西晚）

②竈（邾）昚（友）父朕（媵）甘（其）子，剆（作）媵寶鼎。甘（其）費（眉）嚞（壽）永寶用。（邾友父鼎，3.717，春早）

③毛弔（叔）朕（媵）彪氏孟啟（姬）穨（寶）舨（盤）。（毛叔盤，16.10145，春早）

④旅（齊）厌（侯）乍（作）朕（媵）寡（寬）𥂠孟姜䰋（膳）䡆（敦）。（齊侯作孟姜敦，9.4645，春晚）

⑤旅（齊）厌（侯）乍（作）朕（媵）子中（仲）姜寶盂。（齊侯盂，16.10318，春晚）

⑥冥（紀）白（伯）㝨（窊）父朕（媵）姜無啟（姬）般（盤）。（紀伯窊父盤，16.10081，春秋）

⑦冥（紀）白（伯）㝨（窊）父朕（媵）姜無啟（姬）也（匜）。（紀伯窊父匜，16.10211，春秋）

2. 後作 "媵"。陪嫁的，作爲……陪嫁品的。作定語。34 見。

①白（伯）百父乍（作）孟啟（姬）朕（媵）鎣。（伯百父鎣，15.9425，西中）

②昇（鄧）公乍（作）雁（應）數（嫚）酖朕（媵）毁（簋）。（鄧公簋，7.3776，西晚）

③甬（薛）厌（侯）乍（作）弔（叔）玼（妊）毁朕（媵）般（盤）。（薛侯盤，16.10133，西晚）

④隹（唯）昇（鄧）八月初吉，白（伯）氏啟（姒）氏乍（作）䪼（嗣）𩰬（嫚）臭朕（媵）鼎（鼎）。（伯氏姒氏鼎，5.2643，西晚或春早）

⑤無（鄦）夌（去）魯生乍（作）㫼（壽）母朕（媵）貞（鼎）。（許夌魯生鼎，5.2605，春秋）

⑥魯少嗣（司）寇坾（封）孫宅乍（作）甘（其）子孟啟（姬）嫛朕（媵）般（盤）也（匜）。（魯少司寇盤，16.10154，春秋）

（二）䏒

1. 同 "朕"，通 "媵"。陪嫁。作謂語。2 見。

①楚屈子赤角䏒（媵）中（仲）歔（嬭）璜倈（飤）𠤳（簋）。（楚屈子赤角簋蓋，9.4612，春晚）

②慶弔（叔）攴（作）䏒（媵）子孟姜盥籃（匜）。（慶叔匜，16.10280，春秋）

2. 同 "朕"，通 "媵"。陪嫁的，作爲……陪嫁品的。作定語。2 見。

①會（鄶）啟（姒）乍（作）䏒（媵）鬲。（鄶姒鬲，3.536，西晚）

②䪼（司）馬南弔（叔）乍（作）𩰬（嬰）姬䏒（媵）也（匜）。（司馬南叔匜，16.10241，西晚）

■一〇〇、媵/賸/䊬/䐈/孿

（一）媵

陪嫁的，作爲……陪嫁品的。作定語。9 見。

①敶（陳）厌（侯）乍（作）王媯媵毁（簋）。（陳侯簋，7.3815，西晚）

②蔡厌（侯）乍（作）啟（姬）單媵也（匜）。（蔡侯匜，16.10195，西晚）

③郜中媵孟媯寶簋。（簋 M1：3，《文物》2003 年第 4 期第 87 頁，西晚）

④陳厌（侯）乍（作）畢季媯媵鬲。（陳侯鬲，3.705、3.706，春早）

⑤有殷天乙唐孫宋公糦乍（作）其妹句敔（敬）夫人季子媵臣（簋）。（宋公糦簋，9.4589，春晚）

⑥有殷天乙唐孫宋公糦乍（作）其妹句敊（敬）夫人季子媵臣（簋）。（宋公糦簋，9.4590，春晚）

⑦䵼（鑄）子孟妟（妃）媵盥壺。（匜君壺，15.9680，春秋）

⑧槃可忌乍（作）坒元子中（仲）姑媵鐸（鐘）。（槃可忌豆，《考古》1990年第11期，戰國）

（二）媵

1. 同"媵"。陪嫁。作謂語或謂語中心。11見。

①用媵（媵）坒元子孟妃爾。（番匊生壺，15.9705，西中）

②寺（邿）中（仲）媵（媵）孟嫚嬴（寶）匜（簠）。（邿仲簠，《文物》2003年第4期第90、91頁，西晚）

③尋中（仲）媵（媵）中（仲）女子嬴（寶）娴（盤）。其萬年無匷（疆），子子孫孫永嬴（寶）用。（尋仲盤，16.10135，春早）

④蔡大市（師）臀（腞）媵（媵）膃（許）弔（叔）姬可女（母）飤鏃。（蔡大師鼎，5.2738，春晚）

⑤旂（齊）厌（侯）乍（作）媵（媵）寁（寬）[不明] 孟姜盥般（盤）。（齊侯盤，16.10159，春晚）

⑥旂（齊）厌（侯）乍（作）媵（媵）寬圓孟姜盥盉（盂）。（齊侯匜，16.10283，春晚）

⑦楚王媵（媵）虹（邛）中（仲）嬭南龢鐘。（楚王鐘，1.72，春秋）

⑧用䵼（鑄）其臣（簠），用媵（媵）孟姜霖（秦）嬴。（許子妝簠，9.4616，春秋）

⑨用媵（媵）之麗妌。（取膚盤，16.10126，春秋/取膚匜，16.10253，春秋）

⑩蔡弔（叔）季之孫𩰫媵（媵）孟臣（姬）有止嬭𥂎盤。（蔡叔季之孫𩰫匜，16.10284，春秋）

2. 同"媵"。陪嫁的，作爲……陪嫁品的。作定語。48見。

①尹弔（叔）乍（作）限敀（姑）媵（媵）鼎。（尹叔作限姑鼎，4.2282，西中）

②番匊生𩰫（鑄）媵（媵）壺。（番匊生壺，15.9705，西中）

③觴𩲴（姬）乍（作）𩱓（稻）默（嫘）媵（媵）殷（簋）。（觴姬簋蓋，7.3874，西晚）

④鮺（蘇）甫人乍（作）嬚妃襄媵（媵）舣（盤）。（蘇甫人盤，16.10080，西晚）

⑤鮺（蘇）甫人乍（作）嬚妃襄媵（媵）[不明]（匜）。（蘇甫人匜，16.10205，西晚）

⑥弔（叔）男父乍（作）爲䲷（霍）啟（姬）媵（媵）旅也（匜）。（叔男父匜，16.10270，西晚）

⑦隹（唯）九月初吉庚罜（申），曾子遳（原）魯爲孟姬脂（鄙）𩰫（鑄）媵（媵）臣（簠）。（曾子原魯簠，9.4573，春秋）

⑧𦨶（鄩）白（伯）受用其吉金，乍（作）其元妹弔（叔）嬴爲心媵（媵）饎臣（簠）。（鄩伯受簠，9.4599，春秋）

⑨否（丕）乍（作）元女，□□□□謄（媵）盨四酉。（晉公盆，16.10342，春秋）

（三）賸

1. 同"謄"，"謄"又同"媵"。陪嫁。作謂語。1見。

尋中（仲）賸（謄）中（仲）女丁子子䀁（寶）也（匜）。 （尋仲匜，16.10266，春早）

2. 同"謄"，"謄"又同"媵"。陪嫁的，作爲……陪嫁品的。作定語。4見。

①白（伯）家父乍（作）盂（孟）姜賸（謄）殷（簋）。 （伯家父簋，7.3857，西晚）

②自乍（作）吳姬賸（謄）也（匜）。（作吳姬匜，16.10186，西晚）

③异（鄧）公乍（作）雁（應）嫚（嫚）酓賸（謄）殷（簋）。（鄧公簋，《考古》1985年第3期第286頁圖三上左、下左，西晚）

（四）媵

1. 同"媵"。陪嫁。作謂語。4見。

①白（伯）灰（侯）父媵（媵）弔（叔）嫚嬰母鎣（盤）。（伯侯父盤，16.10129，西晚）

②罩伯媵（媵）嬴尹母灒（盨）盤。（罩伯盤，16.10149，西晚）

③鼄（曹）公媵（媵）孟姫（姬）念母匿（筐）匿。（曹公簋，9.4593，春晚）

④鼄（曹）台（公）㽪（媵）孟姬念母般（盤）。（曹公簋，16.10144，春秋）

2. 同"媵"。陪嫁的，作爲……陪嫁品的。作定語。13見。

①龜（邾）白（伯）乍（作）媵（媵）鬲。（邾伯鬲，3.699，西中或西晚）

②隊（陳）伥（侯）乍（作）□嫚囦母㽪（媵）鼎。（陳侯盤，5.2650，春早）

③伥（侯）乍（作）弔（叔）毆（姬）寺䁟（男）媵（媵）臣（簋）。（侯簋，9.4561、9.4562，春早）

④隊（陳）子子乍（作）奔孟爲（嫚）毅母媵（媵）籃（匜）。（陳子匜，16.10279，春早）

⑤隊（陳）伥（侯）乍（作）王中（仲）嫚鼎㽪（媵）臣（簋）。（陳侯作王仲嫚鼎簋，9.4603、9.4604，春秋）

⑥隊（陳）伥（侯）乍（作）孟姜惈（鼎）㽪（媵）臣（簋）。（陳侯盤，9.4606，春秋）

⑦陳伥（侯）乍（作）王中（仲）嫚惈母媵（媵）般（盤）。（陳侯盤，16.10157，春秋）

⑧隊（陳）白（伯）劻之子白（伯）元乍（作）西孟嫚婤母媵（媵）鈍（匜）。（陳伯元匜，16.10267，春秋）

⑨邍（原）氏中（仲）乍（作）淪中（仲）嫚家母（女）㽪（媵）臣（簋）。（原

氏仲簠，《考古》1989 年第 4 期第 311 頁圖二：2、3，春早）

⑩邉（原）氏中（仲）乍（作）淪中（仲）嫣家女豑（媵）臣（簠）。（原氏仲簠，《考古》1989 年第 4 期第 311 頁圖二：3、4，春早）

（五）孌

同"媵"。陪嫁的，作爲……陪嫁品的。作定語。1 見。

干氏弔（叔）子乍（作）中（仲）姬客母孌（媵）舣（盤）。（干氏叔子盤，16. 10131，春早）

■一〇一、侎/弅

（一）侎

1. 同"媵"。陪嫁的，作爲……陪嫁品的。作定語。1 見。

季宫父乍（作）中（仲）嫌嫭啟（姬）侎（媵）匜（簠）。（季宫父簠，9. 4572，西晚）

2. 通"承"。繼承。作謂語。1 見。

易（賜）女（汝）截（織）衣、昌（雍）市、繠（鑾）旂，用侎乃且（祖）考事。（豆閉簠，8. 4276，西晚）

郭沫若謂"侎"字"當是纂承紹述之意"。（《大系考釋》第 78 頁）

楊樹達謂"侎"字當讀爲"承"，曰："侎與承古音同在登部，聲亦相近，故二字得通用。《釋名·釋親屬》云：'姪娣曰媵，媵，承也。'侎媵古今字，此侎承聲近之證也。"（《金文說》第 66 頁）

（二）弅

1. 同"媵"。委託。作謂語。1 見。

臣繍（諫）□亡，母弟引鄠（庸）有長子□。余弅皇辟厌（侯），令鬟（肆）□，□朕皇文考寶隓（尊）。（臣諫簠，8. 4237，西中）

此依張世超之說。張引此例曰："委託。臣諫簠：'母弟引鄠（庸）又（有）長子□，余弅（媵）皇辟侯，令鬟服。'《方言》二：'媵，寄也。''凡寄爲託，寄物爲媵。'又十三：'媵，託也。'"（《通解》第 555 頁）

2. 超過，多於。作補語。1 見。

斠㪷（半）弅。（斠半弅量，16. 10365，戰國）

張世超引此例曰："計量詞。斠㪷小量：'斠㪷（半）弅。'《論語·雍也》：'質勝文則野，文勝質則史。'皇疏：'勝，多也。'《禮記·樂記》：'樂勝則流。'孔疏：'勝猶過也。''弅'當讀爲'勝'。'㪷弅'義爲大半，即三分之二斗若升。又省稱'弅'，秦公簠記量刻辭器文云：'西元器，一斗七升捀（弅），殷'，蓋文云：'西一斗七升大半升，蓋.’是‘夅（夲）’義即大半也。”（《通解》第556頁）則“夲”讀爲“勝”，“大半”義。

本案：讀“夲”爲“勝”，殆可從也，然則其義是否爲計量詞義“大半”或“大半升（斗）”，似可再榷。亦有可能仍爲動詞“超過，多於”義也。秦公簋器文與蓋文雖然表意近同，然從詞彙角度來計較，器文之“夅（夲）”未必等於蓋文之“大半升”也。器文之意殆爲“一斗七升多”，而蓋文更加具體言明爲“一斗七升大半升”。同理，“夅夲”之意雖爲“大半斗”，然其義乃“半（斗）多”也。故“夲”亦當非“夅夲”之省稱。

■一〇二、分

1. 劃分，或交出。作謂語中心。2 見。

①敢弗具仅（付）𩰫（䤾）匕（比），甘（其）且（沮）射（厭），分田邑，剮（則）𥛱（懲）。（䤾攸从鼎，5.2818，西晚）

馬承源註曰：“敢不付與䤾从，其有所損毁誓約，自行分田邑的，則懲。”（《銘文選》第296頁）

劉志基釋譯“分田邑”爲“交出田邑”。（《類檢》第438頁）

②甘（其）且（沮）射（厭），分田邑，剮（則）𥛱（懲）。（䤾从簋蓋，8.4278，西晚）

2. 與，予，分賜。作謂語。1 見。

己（紀）厌（侯）貉（貉）子分己姜寶。（己侯貉子簋蓋，7.3977，西中）

馬承源註曰：“分，與或予。《國語·魯語下》載陳惠公銘肅慎氏所貢楛矢，‘以分大姬，配虞胡公而封諸陳。古者，分同姓以珍玉，展親也。’韋昭《注》：‘分，予也。’”（《銘文選》第245頁）

■一〇三、甚

同“豊”。分予。作謂語或謂語中心。4 見。

①辛乍（作）寶。甘（其）亡（無）彊（疆）。乓家敱（雍）値（德）𡆥。用甚（豊）乓鄭多友。多友贅辛萬年。隹人。（辛鼎，5.2660，西早）

②甚（豊）百生（姓）脲（豚）罘商（賞）卣𥂵貝。（士上卣，10.5421、10.5422，西早／士上盂，15.9454，西早）

■一〇四、羑／羕／肇

（一）羑

1. 後作“羞”。進獻。作謂語。1 見。

緯肩又羑（羞）余□□義。用乍（作）父乙寶彝。（中甂，3.949，西早）

2. 後作“羞”。進獻時所使用的，獻祭時所使用的。作定語。27見。

①中（仲）姞乍（作）羞（羞）鬲。（仲姞鬲，3.547、3.548、3.549、3.550、3.551、3.552、3.553、3.554、3.555、3.556、3.557、3.558，西晚）

②時白（伯）乍（作）父中（仲）甘（其）羞（羞）□。（時伯鬲，3.589，西晚）

③時白（伯）乍（作）□中（仲）□羞（羞）鬲。（時伯鬲，3.590，西晚）

④單吴生乍（作）羞（羞）豆。用亯（享）。（單吴生豆，9.4672，西晚）

⑤白（伯）匕（妣）乍（作）嫜匕（妣）羞（羞）鼑（鼎）。（伯妣鼎，4.2443、4.2446、4.2447，西晚或春早）

⑥白（伯）庸父乍（作）羞（羞）鼎。（伯庸父鼎，5.2535，西周）

⑦楊姞（姞）乍（作）羞（羞）醴（醴）壺。（《文物》1994年第8期第12頁圖二十一，西周）

劉志基註曰：“羞：《説文》：‘羞，進獻也。从羊，羊所以進也。’與金文中‘羞鬲’‘羞鼎’等同例，是專用於向祖先供獻祭品的彝器。”（《類檢》第738頁）

⑧鄭弔（叔）蒦（蒦）父乍（作）羞（羞）鬲。（鄭叔蒦父鬲，3.579，春早）

⑨鄭井弔（叔）蒦（蒦）父乍（作）羞（羞）鬲。（鄭井叔蒦父鬲，3.581，春早）

⑩郳（郳）故（始）過母鑄（鑄）其羞（羞）鬲。（郳始鬲，3.596，春早）

⑪武生毀用乍（作）其羞（羞）鼎。（武生鼎，4.2522、4.2523，春早）

⑫用鑄（鑄）爾羞（羞）銅，用御天子之事。（洹子孟姜壺，15.9729，春秋）

馬承源註曰：“用鑄爾羞銅，用御天子之事：以鑄此銅禮器，以效天子之事。羞銅：進羞之銅禮器。”（《銘文選》550頁）

3. 後作“羞”。進，前進。作謂語或謂語中心。8見。

①命武公遣乃元士羞（羞）追于京自（師）。武公命多友衒（率）公車羞（羞）追于京自（師）。（多友鼎，5.2835，西晚）

②令女（汝）羞（羞）追于𪗉（齊）。（五年師旋簋，8.4216.1、8.4216.2、8.4217.1、8.4217.2、8.4218，西晚）

③王令我羞（羞）追于西。（不其簋，8.4328，西晚）

（二）羞

同“羞（羞）”。進獻時所使用的，獻祭時所使用的。作定語。6見。

①魯白（伯）愈乍（作）鼄（邾）姬（姬）尸（夷）朕羞（羞）鬲。（魯伯愈父鬲，3.690，春早）

②魯白（伯）愈父乍（作）鼄（邾）姬（姬）尸（夷）朕羞（羞）鬲。（魯伯愈父鬲，3.691、3.692、3.693、3.694、3.695，春早）

（三）𢍏

同“羞（羞）”。進，進擊。作謂語。1見。

羍（羞）于甼，孚戎金胄卅，戎鼎廿，鋪㠯（五十），鍬廿。　（師同鼎，5.2779，西晚）

此字馬承源隸讀爲"羍（養）"，全銘斷讀爲"羿㠯其井，師同從折首執訊，孚（孚）車馬五乘、大車廿，羊百，刜（牽）用𨖫王，羍（養）于甼，孚（孚）戎金：合（盒）卅，戎鼎廿、鋪㠯（五十）、鍬（劍）廿"。註曰："刜（牽）用𨖫王，羍（養）于甼：牽以進奉于王，養之于甼。刜：讀爲牽。刜、牽皆見紐，聲之假借。趄羊云牽。《易·夬》'牽羊悔亡'，《史記·楚世家》'鄭伯肉袒牽羊以逆'。𨖫：字亦作逤，義爲進，……羍：字或釋爲羞，以爲王之羞膳。按金文羞字從丑聲，皆在羊字之下側，此字所從又在羊字頂部，疑非羞字，而爲養字，羖古文養，從羊從攴，金文中攴、又，丑、又通用。從辭意看，或當讀養。師同將所俘之羊一部份進於王，一部份圈養作爲犧牲，古代牛羊作爲犧牲是要特殊繫養的。《周禮·地官司徒·牧人》：'凡祭祀，共其犧牲，以授充人繫之。'鄭玄《注》：'授充人者，當殊養之。'"（《銘文選》第324頁）則讀作"羍（養）"，"圈養"義。

然張世超於其"羞"字條下引此例曰："追擊。師同鼎：'羞于甼，孚戎金胄卅戎鼎廿，鋪五十，鍬卅。'"（《通解》第3466頁）則隸定爲"羞"，"追擊"義。又於其"刜"字條下引此例前一句爲："刜（契）用告王"（《通解》第1043頁），則爲"將所有戰功記錄下來以奏告於王"之義，亦非馬說"牽以進奉於王"義。

本案：張之所謂"羞""刜（契）""告"，馬謂之"羍（養）""刜（牽）""𨖫"，二人隸讀、斷句、釋譯皆大相徑庭。從上下文義連貫性來看，當以張說爲佳（俘獲之物中，唯獨羊可言牽養，首、䐇、車馬、大車不可言牽養也，其後又言俘金之事，故養羊之辭夾雜其間，較爲唐突，影響敍述連貫性，"牽""養"二詞在語法上又與其前車馬、大車不能對應搭配。即以插入語視之，亦稍顯別扭。若依張說，先言首次戰爭有所俘獲，次言繼續進擊又有所俘獲，則連貫自然）；但從隸定來看，當以馬之"羍"爲佳，故今暫從張氏之說，而用馬氏之隸定。

■一〇五、放

後作"倣"。倣效。作謂語中心。1見。

隹（唯）朕皇祖（祖）文武、超（桓）祖成考，是又（有）紤（純）恵（德）迊（遺）巡（訓），㠯（以）陀（施）及子孫，用隹（唯）朕所放。（中山王𧊒方壺，15.9735，戰早）

馬承源註曰："放：倣。《論語·里仁》'放於利而行'，何晏《集解》：'放，依也、每事依利而行。'此所倣指先王之純德遺訓。"（《銘文選》第575頁）

《廣雅·釋詁三》："放，效也。"

■一〇六、節

1. 以……爲標準，把……作爲標準。名詞活用作意動詞。作謂語或謂語中心。3 見。

①左關釜節于稟釜，關鉊節于稟朿。（子禾子釜，16.10374，戰國）

此句馬承源註釋曰："左關釜之量值應受節于官方倉稟之釜。即以稟釜作爲左關釜的量值標準。節：標準。《荀子·性惡》'必有節於今'，楊倞《注》：'節，準。'節于稟釜，即以稟釜爲標準。稟釜：齊官定倉稟的釜，是爲釜的標準量值。"（《銘文選》第554～555 頁）

郭沫若曰："謂左關之釜以稟畚爲準則，關鋂以朿爲準則。"（《大系考釋》第221 頁）楊樹達從之，並引證曰："節者，《荀子·性惡篇》云：'故善言古者必有節於今。'楊倞注云：'節，準也。'"（《金文說》第227 頁）

②命左關币（師）葇敕（敕）成左關之畚（釜）節于轂（稟）畚（釜）。（陳純釜，16.10371，戰國）

馬承源註曰："命左閗（關）币（師）葇，敕成左閗（關）之釜節于毄（稟）釜：命令左關的師葇，左關釜的容量完全以稟釜作爲標準。"（《銘文選》第555 頁）

2. 節制，約制。名詞活用作一般動詞。作謂語。1 見。

中山王䂖命相邦賈（賙）敦（擇）郾（燕）吉金，釙（鑄）爲彝壺。節于醓醢，可灋可尚。㠯（以）卿（饗）上帝，㠯（以）祀先王。（中山王䂖方壺，15.9735，戰早）

此爲張政烺、張世超之說。張世超曰："張政烺曰：'節是動詞，約制之意。'《中山王䂖壺及鼎銘考釋》，《古文字研究》一輯。《易·未濟》：'飲酒濡首，亦不知節也。'孔疏：'亦不知節者，釋飲酒所以致濡首之難，以其不知止節故也。'"（《通解》第1058 頁）

然馬承源註曰："醓醢：當即禋齊，祭祀酒名。《周禮·天官冢宰·酒正》：'辨五齊之名，一曰泛齊、二曰醴齊、三曰盎齊、四曰緹齊、五曰沈齊。'鄭玄《注》：'齊者，每有祭祀，以度量節作之。'此五齊皆酒名，是祭祀之時按容量而注于壺中，即所謂'節于醓醢'。醓從酉亘聲，《說文·示部》：'禋，絜祀也。'《左傳·隱公十一年》：'吾子孫其覆亡之不暇，而況能禋祀許乎？'杜預《注》'絜齊以享，謂之禋祀'，禋祀是祀天神之祭。"（《銘文選》第575 頁）從中可見，馬以"祭祀之時按容量而注于壺中"釋"節于醓醢"，似與其釋子禾子釜、陳純釜之"節"義同。可爲一說。

■一〇七、灋/藡/瀺

（一）灋

通"廢"。廢棄，背棄。典籍作"廢"。作謂語。15 見。

①用奻（夙）夜事，勿灋（廢）朕令。（伯晨鼎，5.2816，西中或西晚）

②敬奻（夙）夜用事，勿灋（廢）朕令。（大克鼎，5.2836，西晚）

③敬夙（夙）夕勿灋（廢）朕令。（師克盨，9.4467.1、9.4467.2，西晚/師克盨蓋，9.4468，西晚）

④勿灋（廢）文厌（侯）觀令。（晉姜鼎，5.2826，春早）

⑤今余弗叚灋（廢）其觀光。戳（對）朡（揚）其大福。（戎生編鐘三，《文物》1999 年第 9 期，春早）

⑥余弗敢灋（廢）乃命。（叔夷鐘，1.275、1.285，春晚）

《詩經·大雅·韓奕》："纘戎祖考，無廢朕命。"

（二）龘

同"灋"，通"廢"。廢棄，背棄。作謂語。12 見。

①若芍（敬）乃正，勿龘（廢）朕令。（大盂鼎，5.2837，西早）

②敬娶（夙）夜勿龘（廢）朕令。　（師酉簋，8.4288.1、8.4288.2、8.4289.1、8.4289.2、8.4290、8.4291，西中）

③敬乃夙（夙）夜用翣（屏）朕身，勿龘（廢）朕命。（逆鐘，1.63，西晚）

④敬夙（夙）夜勿龘（廢）㹯（朕）令。（師嫠簋蓋，8.4324，西晚）

⑤敬夙（夙）夜勿龘（廢）朕令。　（師嫠簋，8.4324、8.4325，西晚/師嫠簋蓋，8.4325，西晚）

（三）鱻

同"灋"。效法。作謂語中心。1 見。

節于醴醹，可鱻（灋）可尚，㠯（以）卿（饗）上帝，㠯（以）祀先王。（中山王嚳方壺，15.9735，戰早）

馬承源註曰："可灋可尚：可爲法度，可作供奉。灋：今作法。法，則也。指'節于醴醹'而言。《左傳·襄公三十一年》：'進退可度，周旋可則。'"（《銘文選》第 575 頁）

《易經·繫辭上》："崇效天，卑法地。"

■一〇八、竣

同"廢"。廢棄，背棄。作謂語。1 見。

於（嗚）虖（呼）！語不竣（廢）绎（哉）。（中山王嚳鼎，5.2840，戰晚）

此依張世超之說，張讀"竣"爲"廢"（《通解》第 2319 頁）。但《金文資料庫》讀"竣"爲"悖"。以字形言之，讀爲"廢"更爲接近。

《論語·衛靈公》："君子不以言舉人，不以人廢言。"

■一〇九、棄/弃

1. 放逐，流放。作謂語中心。1 見。

我既付籩（散）氏溼（隰）田畍田，余有爽癲，爰千罰千，傳（傳）棄之。（散氏

盤，16.10176，西晚）

馬承源註曰："傳棄之：執而放逐之，指官方執行此誓約。《孟子·萬章》'庶人不傳質爲臣'，趙岐《注》：'傳，執也。'棄，在此解釋爲流放。《周禮·秋官司寇·掌戮》賈公彥《疏》：'棄如，流宥之刑。'"（《銘文選》第299頁）

2. 捐棄，抛捨，用作尊長離世之委婉語。作謂語。1見。

昔者，臚（吾）先考成王早弃羣臣。（中山王礜鼎，5.2840，戰晚）

散氏盤中字形爲，中山王礜鼎中字形爲。

■一一〇、去

1. 離去，離開。作謂語或謂語中心。2見。

①余龘（鄭）邦之產。少去母父。乍（作）盥（鑄）飤器黃鑊（鑊）。（哀成叔鼎，5.2782，春晚）

張政烺曰："去父母言離開故國。《論語·微子》：'何必去父母之邦。'皇侃《疏》：'去，謂更出國往他邦也。父母邦，謂今旧居桑梓之國也。'"（《哀成叔鼎釋文》，《古文字研究》第五輯）

馬承源註曰："母父：母父國省，指故鄉故國。《孟子·萬章下》云孔子'去魯，曰："遲遲吾行也，去父母國之道也。"'"（《銘文選》第500頁）

②氏（是）吕（以）㝅（寡）人棞賃（任）之邦，而去之遊，亡窓（懥）惕之息（慮）。（中山王礜鼎，5.2840，戰晚）

趙誠曰："意即中山王把整個國家交給相邦貫去管理，自己外出巡遊而無後顧之憂。"（《中山壺中山鼎銘文試釋》，《古文字研究》第一輯）

2. 除去，廢除。作謂語或謂語中心。1見。

昔者先王絴（慈）悬（愛）百每（媚），竹（篤）胄亡（無）彊（疆），日炙（夜）不忘大壶（去）型（刑）罰，吕（以）悬（憂）卑民之隹（雁）不䚪（韋）。（斿蜜壺，15.9734，戰早）

馬承源註曰："日炙（夜）不忘大壺（去）型（刑）罰：日夜不忘更多地消除刑罰，這是古代統治者標榜'慎刑'的不同提法。"（《銘文選》第579頁）

《論語·子路》："善人爲邦百年，亦可以勝殘去殺矣。"何晏集解引王肅曰："去殺，不用刑殺也。"

■一一一、𤢄

後作"擢"。擢拔。銘文中尚未見"擢"字形，典籍作"擢"。作謂語。11見。

①亞（經）念卑聖保且（祖）師華父，𤢄克王服。（大克鼎，5.2836，西晚）

②不（丕）顯皇且（祖）考穆穆克誓（哲）卑德，嚴才（在）上，廣（廣）啓（啓）卑孫子于下，𤢄（擢）于大服。（番生簋蓋，8.4326，西晚）

馬承源註曰：“勵于大服：陞拔而委以高官。此語與大克鼎‘勵克王服’義同。”（《銘文選》第225頁）

③廣啓禹身，龠（擢）于永令（命）。（叔向父禹簋，8.4242，西晚）

劉志基註曰：“勵（擢）于永令（命）：被提拔擔任周王職事。勵，讀爲擢，有擢拔義。永令即永命，此命爲服命之命。”（《類檢》第150頁）則讀“勵”爲“擢”。

④廣啓（啓）瘈身，龠（擢）于永令（命）。（瘈鐘，1.246，西中）

馬承源註曰：“勵（樂）于永令：即樂天長命之意。勵于永令又見於叔向父禹簋、士父鐘、梁其鐘等銘中。勵：與龠同，假借爲樂。”（《銘文選》第193頁）則讀“勵”爲“樂”，動詞“樂”義。

⑤廣啓（啓）瘈身，龠（擢）于永。（瘈鐘，1.253，西中）

⑥用廣啓（啓）士父身，龠（擢）于永令（命）。（士父鐘，1.145、1.146、1.147、1.148，西晚）

⑦用寵光沥（梁）甘（其）身，龠（擢）于永令（命）。（梁其鐘，1.188.2、1.190，西晚）

馬承源註曰：“用寵光梁其身，勵（樂）于永令：寵梁其身，快樂而長命。”（《銘文選》第274頁）則讀“勵”爲“樂”，形容詞“快樂”義。

本案：從馬對例④、例⑦，劉對例③之註解可見二人之迥別。筆者贊同劉說。一爲“龠于永令（命）”之“令（命）”非壽命之命，乃授予職服之命也；二爲“龠于永令（命）”同例①尤其是例②體例近同，而與讀“樂”無疑之例體例懸殊也；三爲從馬對例②與例④、例⑦之註解可見，其自相矛盾，釋例②之“龠”爲“陞拔”，釋例④、例⑦之“龠”爲“樂”，且一爲動詞，一爲形容詞。而此類“龠”字，當爲同一用義。

一一二、取

1. 取出，取給。作謂語或謂語中心。7見。

①王召走馬雁，令取誰（騅）䮾卅匹（二匹）易（賜）大。（大鼎，5.2807、5.2808，西中）

②䂓（矩）白（伯）庶人取堇（瑾）章（璋）于裘衛。……䂓（矩）或取赤虎（琥）兩、麀𠦪（韍）兩、𠦪韐一。（裘衛盉，15.9456，西中）

馬承源註曰：“吕（以）取鮮薧（薨）：拿取鮮的和乾的祭品。”（《銘文選》第580頁）

③取氒吉金，用乍（作）寶龢（協）鐘。（戎生編鐘四，27，西晚）

④取吳□舊彊（疆）仅（付）吳虎。（吳虎簋，《考古與文物》1998年第3期，西晚）

⑤吕（以）取鮮薧（薨），卿（饗）祀先王。（好盜壺，15.9734，戰早）

2. 取入，取得，收取，取走，接受。作謂語。約22見。

①又隻（獲）鼎（則）取。（柞伯簋，486，西早）

②䂓（矩）取眚（省）車較𠦪（賁）、鞃（鞃）虎冟（幎）、𩊄𩏂（幃）、畫轉、金

（鞭）帀（席）韐、帛鞶乘、金麃（鑣）鍚（鋞）。（九年衛鼎，5.2831，西中）

馬承源註曰："矩取眚（省）車較莽（幪）……矩取得了上好的車……"（《銘文選》第 137 頁）

劉志基釋譯此句曰："負責致館禮的矩從裘衛那裏取得豪華的車……"（《類檢》第 449 頁）

③格白（伯）取良馬乘于甸（倗）生，氒賣（貯）卅田，剮（則）析。（格伯簋，8.4262、8.4263、8.4264、8.4265，西中）

馬承源註曰："格白（伯）取良馬乘于倗生，氒貯卅田，則析：格伯自倗生處取得駿馬四匹。而以卅田作爲交換，書券剖析，各執其一。"（《銘文選》第 144 頁）

白川靜曰："此文中因下文有記述作爲代償而與賣卅田之事，故取字在此場合蓋爲購入之意也。"（《金文通釋》第二十輯，第 427 頁）

④取遺五寽（鋝），易（賜）女（汝）赤市幽亢縊（鑾）旂。（趞簋，8.4266，西中）

⑤龢（載）乃先且（祖）考死嗣（司）燹公室，昔乃且（祖）亦既令乃父死嗣（司）莽人。不盡（淑），取我家窠（棟），用喪。（卯簋蓋，8.4327，西中）

馬承源註曰："龢（載）乃先且考死（尸）嗣燹（榮）公室。昔乃且亦既令乃父死（尸）嗣莽人。不盡（淑），取我家窠（棟），用喪：你的先祖和父考主司榮公之家，往昔命你的先祖也命你的父親兼職統治莽人。天不降善，取走了房頂的椽子（指卯的祖考已去世），因而喪失了主持我家政事的人。"（《銘文選》第 173 頁）

劉志基註曰："不盡（淑），取我家窠（棟），用喪：老天不降善，取走了我房頂上的椽子，因而喪失了主持我家政之人。盡，淑，善也。窠，讀爲棟，義爲椽。"（《類檢》第 239 頁）

⑥取賣（賸）卅孚（鋝），易（賜）女（汝）鼞邑一卣。（毛公鼎，5.2841，西晚）

⑦取徵（賸）五寽（鋝），易（賜）女（汝）尸（夷）臣十家。（𪊗簋，8.4215，西晚）

⑧取遣（賸）五寽（鋝）。（楚簋，8.4246、8.4247、8.4248、8.4249，西晚）

馬承源註曰："取遣五寽：金文中有取責五寽、十寽、廿寽、卅寽等記錄，遣字又作遺、債、徵等形，歷來有賦、貺、賫、徵、債等不同的說法。本銘取遣五寽與取責五寽相同，可見責字應是賸字的異構，其上部爲耑字之簡省。遣、賸皆从耑得聲，在此是金屬稱量貨幣的名稱，即鋝，賸、鋝音同。取遣五寽就是允許取得鋝五鋝的俸祿。"（《銘文選》第 162 頁）

⑨取債五寽（鋝），用事。（載簋，8.4255，西晚）

⑩取遣（賸）五寽（鋝）。（揚簋，8.4294、8.4295，西晚）

劉志基註曰："取遣（賸）五寽（鋝）：獲得金屬貨幣形態的重量爲五鋝的俸祿。遣，即鋝，指金屬貨幣。此句取後一字，金文中字形甚多，其字的考定，有多種意見，或釋債、賦、貸等，有待進一步考定。馬承源認爲賸指圓形金鉼，此句意爲獲得重量爲五鋝的圓形金鉼（馬承源：釋賸，《古文字研究》12 輯）。"（《類檢》第 206 頁）

⑪取遣廿孚（鋅）。（番生簋蓋，8.4326，西晚）

⑫南中（仲）邦父命嗣（駒）父殷（即）南者（諸）厌（侯）達（率）高父見南淮尸（夷），乎取乎服，董（謹）尸（夷）俗。（駒父盨蓋，9.4464，西晚）

馬承源註曰："乎取乎服：他受他的官職。即命淮夷諸邦嗣仍可受舊職之意。取，猶受。"（《銘文選》第311頁）

■一一三、隻

1. 後作"獲"。俘獲。典籍作"獲"。作謂語或謂語中心。約12見。

①隻（獲）馘（職）百，執（執）嚇（訊）二夫。（㠱簋，8.4322，西中）

②史密右率族人、釐（萊）白（伯）、焚、眉周伐長必，隻（獲）百人。（史密簋，489，西中）

③摯（敦）伐噩（鄂），休隻（獲）乎君駁（馭）方。（禹鼎，5.2833，西晚）

④楚王酓忑戰（戰）隻（獲）兵銅。……楚王酓忑戰（戰）隻（獲）兵銅。（楚王酓忑鼎，5.2794、5.2795，戰晚/楚王酓忑盤，16.10158，戰晚）

2. 通"護"。護衛，自衛。作謂語中心。1見。

云（以）用目（以）隻（護），莫敢斁（御）余。（姑發臀反劍，18.11718，春晚）

郭沫若曰："'隻'字甲骨文及金文多用爲'獲'，在此殆假爲'護'。'用'與'護'對文，'用'表示進攻，'護'表示自衛。"（《跋江陵與壽縣出土銅器群》，《考古》1963年第4期）

但此"隻"讀爲"獲"，解爲"戰勝""戰獲"，也應該是可通的。

■一一四、丞

1. 後作"承"。承受，承接。典籍作"承"。作謂語或謂語中心。4見。

①白（伯）懋父丞（承）王令易（賜）白（師）達征自五齵貝。（小臣謎簋，8.4238、8.4239，西早）

②屖屖康盂（叔），丞（承）受屯（純）悳（德）。（令狐君嗣子壺，15.9719、15.9720，戰中）

2. 後作"承"。繼承。典籍作"承"。作謂語。2見。

①今昊天疾愄（威）降喪，□德不克叏（乂），古（故）亡丞（承）于先王。（師訇簋，8.4342，西晚）

②屬（歷）年萬不（丕）丞（承）。（梁十九年亡智鼎，5.2746，戰國）

3. 通"蒸"。蒸祭。作謂語中心。1見。

子子孫孫，母（毋）又（有）不敬，憲（寅）祇丞（烝）祀。（斜盗壺，15.9734，戰早）

《爾雅·釋詁》："蒸，祭也。"

■一一五、宦

爲宦，履行官宦職守。作謂語中心。2 見。

女（汝）不豖（墜）夙（夙）夜，宦轘（執）而（爾）政事。（叔夷鐘，1.272、1.285，春晚）

■一一六、司/嗣/詞

（一）司

1. 主管，治理。作謂語中心。1 見。

令女（汝）……司賨（貯），母（毋）敢不萹（善）。（膳夫山鼎，5.2825，西晚）

2. 後作"祠"。祭祀。作謂語中心。2 見。

隹（唯）五月辰才（在）丁亥，帝（禘）司（祠）。商（賞）庚啟（姬）貝䘏（卅朋），述（貸）丝（絲）廿孚（錻）。（商卣，10.5404，西早/商尊，11.5997，西早）

劉志基註曰："帝（禘）司（祠）：行禘祠禮。帝司，即禘祠、禘祀。金文禘是祭名，用於祭祀先王。"（《類檢》第 612 頁）釋譯爲："五月的丁亥日，商舉行禘祀，賞賜給庚姬三十朋貝，絲二十孚。"（《類檢》第 612 頁）則"司"爲動詞"祀，行禘禮"義。

尹盛平曰："'司'是表示儲君身份的專字無疑。……'帝司'一稱中的'司'是指儲君，也就是將來要繼位爲王者。……武王死後周公攝政時期，成王是法定的王位繼承人，是儲君，但並未繼位，所以商尊、商卣中稱其爲'帝司'，所以'帝司'中的'司'無疑是指尚未即位的成王，'帝'是指死去的武王。"（《"帝司"與"司母"考》，《古文字研究》第十三輯）則"司"爲名詞，"儲君"義。

李學勤釋"帝司"爲"帝后"，謂即瞏卣、令簋銘文中之王姜，乃康王之后。（《西周中期青銅器的重要標尺》，《中國歷史博物館館刊》1979 年第 1 期）

張世超曰："用爲'嗣'，君位繼承人。商尊：'帝司商（賞）庚姬貝卅朋。'"（《通解》第 2246 頁）

本案：諸說皆可通。暫從劉說。

《詩經·小雅·天保》："禴祠烝嘗，於公先王。"毛亨傳："宗廟之祭……春曰祠，夏曰禴，秋曰嘗，冬曰烝。"

3. 通"嗣"。繼承，沿續。作謂語或謂語中心。2 見。

①余孚（小子）司（嗣）朕皇考，肇（肇）帥井（型）先文且（祖）。（叔向父禹簋，8.4242，西晚）

②余隹（唯）司（嗣）朕先姑君晉邦。（晉姜鼎，5.2826，春早）

4. 通"嗣"。繼續，接着。作狀語。1 見。

我隹（唯）司（嗣）配皇天。（猷鐘，1.260，西晚）

5. 通 "嗣"。後繼的，後續的。作定語。1 見。

司（嗣）余孝（小子）弗伋（急），邦畐（將）害（曷）吉？（毛公鼎，5.2841，西晚）

典籍中亦偶有用 "司" 爲 "嗣" 例，《尚書·高宗肜日》："王司敬民，罔非天胤。"《史記·殷本紀》作 "王嗣敬民"，俞樾平議："嗣與司古通用。" 不過此 "司（嗣）" 爲名詞 "後嗣，後裔" 義。

（二）嗣

1. 主管，治理。典籍作 "司" 或 "治"。作謂語或謂語中心。

①公尹白丁父兄（既）于戍。戍冀，嗣气（訖）。（作冊夨令簋，8.4300，西早）
②用嗣（司）乃父官友。（師㝅父鼎，5.2813，西中）
③令女（汝）曡（更）乃且（祖）考嗣卜事。（曶鼎，5.2838，西中）
④王命（令）同𢓕（左）右吳大父嗣（司）昜（場）林吳（虞）牧，自淲東至于崧（河），𠂤逆（朔）㽙（至）于玄水。（同簋，8.4271，西中）
⑤內史尹氏冊命楚赤𢆶（雍）市、緐（鑾）旂，取遣五孚（鋝），嗣夲（鎬）啚（鄙）官內師舟。（楚簋，8.4246，西晚）
⑥王乎（呼）乍（作）冊尹克冊命師旂曰：備于大𠂤（左），官嗣（司）豐還（園）𠂇（左）又（右）師氏。（元年師旂簋，8.4279、8.4280、8.4281、8.4282，西晚）

劉志基註曰："官嗣（司）豐還（園）𠂇（左）又（右）師氏：掌管豐京王苑的左右師氏。豐園：豐京的王苑。左右師氏：官名，負責守衛王苑。"（《類檢》第 189 頁）

⑦啻官嗣（司）𠂇（左）右戲繇（繁）荊。（師虎簋，8.4316，西中）
⑧今余令女（汝）啻官嗣（司）邑人、先虎臣、後庸……（𤔲簋，8.4321，西晚）

郭沫若曰："'啻官嗣'，啻讀爲嫡，官嗣猶言管理，言繼承管理。"

⑨嗣（司）王家外內，母（毋）敢又（有）不灇（聞）。（蔡簋，8.4340，西晚）
⑩余命女（汝）嗣（司）辝（台）斲（鄼）遒。（叔夷鐘，1.273，春晚）
⑪商（賞）之台（以）邑，嗣（司）衣裘車馬。（庚壺，15.9733，春晚）
⑫廣嗣（司）四方，至于大廷。（晉公盆，16.10342，春秋）

2. 通 "嗣"。繼承，沿續。作謂語中心或狀語。5 見。

①嗣（嗣）乃且（祖）啻官邑人、虎臣、西門尸（夷）……（師酉簋，8.4288、8.4289、8.4290、8.4291，西中）

馬承源註曰："嗣乃且啻官邑人……承嗣你的先祖襲官邑人……"（《銘文選》第 126 頁）

劉志基釋譯爲："繼承你祖上所襲的官職掌管邑人。"（《類檢》第 204 頁）

②今余隹（唯）或嗣（嗣）命女（汝）。（諫簋，8.4285，西晚）

（三）䚇

同 "嗣"。主管，治理。作謂語或謂語中心。

①令女（汝）畟（更）乃且（祖）考咨（友）嗣（司）東鄙（鄙）五邑。（殷簋甲，《考古與文物》1986 年第 4 期，西中）

②獻（載）乃先且（祖）考死嗣（司）燚（榮）公室，昔乃且（祖）亦既令乃父死嗣（司）荍人。不盉（淑），取我家窣（棟），用喪。（卯簋蓋，8.4327，西中）

馬承源註曰："獻（載）乃先且考死（尸）嗣燚公室。昔乃且亦既令乃父死（尸）嗣荍人。不盉（淑），取我家窣（棟），用喪：你的先祖和父考主司榮公之家，往昔命你的先祖也命你的父親兼職統治荍人。天不降善，取走了房頂的椽子（指卯的祖考已去世），因而喪失了主持我家政事的人。"（《銘文選》第 173 頁）

③命女（汝）嗣（司）成周里人眔者（諸）戻（侯）、大亞，嗦（訊）訟罰。（髎簋，8.4215，西晚）

④王乎（呼）內史尹冊令師兌疋（疋）師龢父嗣（司）ナ（左）右走馬、五邑走馬。（元年師兌簋，8.4274，西晚）

⑤余既令女（汝）足（疋）師龢父嗣（司）ナ（左）右走馬。（三年師兌簋，8.4318，西晚）

■一一七、嗣/阛/𣍘

（一）嗣

後繼的，後續的。作定語。2 見。

卲（昭）蔡皇工（功），祗郾（燕）之訛，呂（以）慸嗣王。……呂（以）戒嗣王。（中山王𧈪方壺，15.9735，戰早）

嗣王，繼位的君王，文獻作"嗣君"。《左傳·成公九年》："不忘先君以及嗣君。"

（二）阛

1. 同"嗣"。繼承，沿續。作謂語中心。1 見。

不（丕）顯玟（文）王受天有（佑）大令（命），在珷（武）王阛（嗣）玟（文）乍（作）邦。（大盂鼎，5.2837，西早）

馬承源註曰："在珷王嗣玟（文）乍邦：武王承嗣了文王的事業，完成了建國任務。"（《銘文選》第 38 頁）

劉志基釋譯曰："顯赫的文王得到上天的保佑擁有天命，武王繼承文王的功績建立了國家。"（《類檢》第 461 頁）

2. 同"嗣"。沿續的。作定語。1 見。

亦！令女盂井（型）乃阛（嗣）且（祖）南公。（大盂鼎，5.2837，西旦）

馬承源註曰："亦！令女（汝）盂井（型）乃嗣且南公：命令你盂效法你的嗣祖南公。"（《銘文選》第 40 頁）

劉志基註曰："亦，令女盂井（型）乃嗣且（祖）南公：命令你效法你的先祖南公。"

（《類檢》第461頁）

本案："嗣"一般用來指後人繼承沿續前人，惟此"嗣祖"1見用於祖輩，頗爲費解。劉志基註譯爲"先祖"，似爲反義爲訓。

（三）嗣

後作"嗣"。繼承的，沿續的。作定語。2見。

命（令）瓜（狐）君嗣（嗣）子乍（作）鼉（鑄）算（尊）壺。（令狐君嗣子壺，15.9719、15.9720，戰中）

■一一八、罰

1. 處罰，懲罰。作謂語或謂語中心。5見。

①白（伯）懋父廼罰得皀古三百孚（鋝）。（師旂鼎，5.2809，西中）

②罰女（汝）言（三百）孚（鋝）。（儷匜，16.10285，西晚）

③諫罰朕庶民左右，母（毋）諱。（叔夷鐘，1.272、1.279、1.285，春晚）

2. 被處罰，被懲罰。作謂語。3見。

①實余有笧（散）氏心賊，剚（則）爰千罰千。……我既付笧（散）氏溼（隰）田眚田，余有爽繡，爰千罰千。（散氏盤，16.10176，西晚）

②牧牛辭斯（誓）成，罰金。（儷匜，16.10285，西晚）

3. 掌管冶鑄的。作定語。1見。

罰客敬爲🔲壺九。（陳喜壺，15.9700，戰早）

此依張世超、石志廉之說。張曰："罰客：約是掌冶鑄之吏。陳喜壺：'罰客敬爲🔲壺九。'石志廉曰：'罰客與鑄客性相類似，乃掌冶鑄的職官，稱罰客者，疑其本身出自刑徒。'《陳喜壺補正》，《文物》一九六一年十期。"（《通解》第1034頁）

然此句《金文資料庫》隸讀作"齎客敢爲隩（尊）壺九"。

馬承源亦隸定爲"齎"，註曰："齎客敢爲尊壺九：齎客作禮壺九器。齎客：疑爲鑄器之職官，或爲人名，但客前一字未識，姑存疑。"（《銘文選》第552頁）

■一一九、秡（播）

後作"播"。佈，宣佈。典籍作"播"。作謂語或謂語中心。2見。

懋父令曰："義（宜）秡（播）虘（戲）厽不從厽右征。今母（毋）秡（播），期（其）又內于師旂。"（師旂鼎，5.2809，西中）

唐蘭曰："《周易·繫辭》'理財正辭，禁民爲非曰義。'辭是頌詞，在頌詞裏所說的義秡……等於說按理是應該播揚他們的罪的。"（《論周昭王時代的青銅器銘刻》，《古文字研究》第二輯）

郭沫若曰："播者布也。'義秡戲厽不從厽右征'謂宣布之於其不從其長上征

者。……'今毋秩，斯又內于師旅'謂今如不宣布，則是有私于師旅。"（《大系考釋》第26頁）

《尚書·盤庚上》："王播告之修，不匿厥指。"孔安國傳："王佈告人以所修之政不匿其指。"

■ 一二〇、井

1. 後作"刑"。懲治，刑罰，施予刑罰。名詞活用作動詞。典籍作"刑"。作謂語或謂語中心。2見。

敢不用令，劓（則）即井（刑）僕（撲）伐。其隹（唯）我者（諸）庆（侯）百生（姓），卒賣（貯）母（毋）不即市，母（毋）敢或入織䜌賣（貯），劓（則）亦井（刑）。（兮甲盤，16.10174，西晚）

馬承源註曰："即井（刑）僕（撲）伐：《周禮·地官司徒·司市》規定，'市刑：小刑憲罰，中刑徇罰，大刑撲罰。其附于刑者歸于士。'……則亦施以刑法。"（《銘文選》第306頁）則"即刑撲伐"當爲"即施以撲伐之刑"之義，"撲伐"當爲名詞。

張世超引此例，於"即井（刑）"後用逗號隔開，曰："銘內二'井'字皆用爲'刑'，皆懲處、刑罰義，而前者用於動詞'即'後，作賓語；後者用於副詞'亦'下，作謂語。"（《通解》第1264頁）

本案：二說皆可通。另，亦可於"即井（刑）"後加頓號，作"則即刑、撲伐"，則"撲伐"亦可爲動詞，"撲伐"爲補充說明具體"即刑"之懲罰方法。我們傾向於將"即則"都看作連詞，"刑"爲動詞。

2. 後作"刑"或"型"。以……爲模型，效法。名詞活用作動詞。典籍作"刑"。作謂語或謂語中心。約25見。

①今我隹即井（型）富于玟（文）王正德。（大盂鼎，5.2837，西早）

楊樹達曰："此銘云即刑富于玟王正德，猶《詩·大雅·文王篇》言'儀刑文王'，《周頌·我將篇》言'儀式文王之典'也……以文王之正德爲儀刑而效法之也。"（《金文說》第61頁）

馬承源註釋曰："今我以文王的正德爲典範效法而稟受之。"（《銘文選》第40頁）

劉志基註釋曰："今我隹即井（型）富于玟（文）王正德：現在我效法稟受文王純正的德行。井，讀爲型，效法。富，稟的或體。"（《類檢》第461頁）

②望肇（肇）帥井（型）皇考。（師望鼎，5.2812，西中）

③用井（型）乃聖且（祖）考隓明（明）爇辟嵜（前）王，事余一人。（師訇鼎，5.2830，西中）

于豪亮釋譯爲"效法你有名的祖父和父親，像他們那樣精明"。（《陝西扶風縣強家村出土虢季家族銅器銘文考釋》，《古文字研究》第九輯）

④今余隹（唯）帥井（型）先王令，令女（汝）曼（更）乃旻（祖）考。（師虎簋，8.4316，西中）

劉志基註曰："帥井：遵循、效法。"譯爲："現在我遵循先王的命令。"（《類檢》第215～216 頁）

⑤沴（梁）甘（其）肇（肇）帥井（型）皇且（祖）考秉明（明）德。（梁其鐘，1.187、1.189、1.192，西晚）

⑥余芶（小子）司（嗣）朕皇考，肇（肇）帥井（型）先文且（祖）。（叔向父禹簋，8.4242，西晚）

《禮記·禮運》："刑仁講讓，示民有常。"鄭玄註："刑，猶則也。"

⑦雩乃尃政事，母（毋）敢不妻（規）不井（型）。雩乃嗕（訊）庶又谷（孳），母（毋）敢不中不井（型）。（逨鼎辛，《考古與文物》2003 年第 3 期第 11 頁，西晚）

■一二一、殺

殺死。作謂語。1 見。

殺其□□□斁者，孚（俘）□□□□□其士女。（庚壺，15.9733，春晚）

■一二二、便/峻（鞭）

（一）便

通"鞭"。鞭打，以鞭笞打。典籍作"鞭"。作謂語或謂語中心。3 見。

我義（宜）便（鞭）女（汝）千。……義（宜）便（鞭）女（汝）千。……便（鞭）女（汝）吾（五百），罰女（汝）宜（三百）寽（鋝）。（儶匜，16.10285，西晚）

另，張世超引用了散氏盤例，曰："動詞，以鞭笞打，刑罰之一種。散盤：'余又（有）爽癵（變），仐（鞭）千罰千。'"（《通解》第 584 頁）

然此中"仐（鞭）"字，馬承源、劉志基皆隸定作"爰"。馬註曰："則爰千罰千：則改換千數就罰千數。銘辭應是起誓的成語。爰：在這裏是改換的意思。《左傳·僖公十五年》'晉於是乎作爰田'，孔穎達《疏》：'服虔、孔晁皆云：爰，易也……謂舊入公者，今改易與所賞之衆。'"（《銘文選》第 299 頁）劉註曰："……則爰千罰千……錯千則罰千，……"（《類檢》第 694 頁）

細觀散氏盤銘中""，似與銘文"爰"字形更爲接近，今暫從馬說。

（二）峻

同"鞭"。鞭打，以鞭笞打。典籍作"鞭"。作謂語。1 見。

余無卤（由）舁（具）寇足秭，不出，峻（鞭）余。（曶鼎，5.2838，西中）

馬承源註曰："余無卤（由）具寇足 秭 ，不出，鞭余：我無從備辦刼去的全數的秭。如果不交出上述五田，則甘受鞭刑。意即向曶提出以五田謝罪的聲明。"（《銘文選》第 172 頁）

■一二三、訟

訟告，上訴。作謂語。2見。

①牧牛，懅（敳），乃可（苛）湛（甚）！女（汝）敢㠯（以）乃師訟。（㫚匜，16.10285，西晚）

②事（使）氒小子散㠯（以）限訟于井弔（叔）。（㫚鼎，5.2838，西中）

馬承源註曰：“㫚叓（使）氒小子散㠯（以）限訟于井弔（叔）：㫚委派小子散向井叔訟告限。”（《銘文選》第170頁）

■一二四、赦

同“赦”。寬赦，赦免。典籍作“赦”。作謂語。2見。

我義（宜）便（鞭）女（汝）千，黜黻女（汝），今我敃（赦）女（汝）。義（宜）便（鞭）女（汝）千，黜黻女（汝），今大敃（赦）女（汝）。（㫚匜，16.10285，西晚）

■一二五、保

1. 保祐。此用於鬼神祐護世人。作謂語或謂語中心。

①古（故）天異（翼）臨子，㿱（廢）保先王。（大盂鼎，5.2837，西早）

②隹（唯）皇上帝百神，保余孚（小子）。（㝘鐘，1.260，西晚）

③諫皇天亡昊（斁），臨保我有周。（毛公鼎，5.2841，西晚）

④㠯（以）降大福，保辥鄁（部）國。（宗婦鄁嬰盤，16.10152，西晚）

⑤保奠周邦，諫（諫）辥（乂）亖（四）方。（逨盤，《考古與文物》2003年第3期，西晚）

⑥晉姜用旂（祈）韕（綽）綰賢（眉）耇（壽），乍（作）疐爲亟，萬年無彊（疆），用亯（享）用德，唆（唆）保其孫子，三耇（壽）是杊（利）。（晉姜鼎，5.2826，春早）

⑦用旂（祈）耆（壽）老（考）母（毋）死，俘（保）盧（吾）兄弟。用求万（考）命彌生，籣（肅）籣（肅）義（儀）政，俘（保）盧（吾）子甡（姓）。（齝鎛，1.271，春中或春晚）

⑧竈（邾）公華罨（擇）氒吉金，玄鏐赤鏞，用鬳（鑄）氒龢鍾（鐘），台（以）乍（祚）其皇且（祖）考。……元器其舊，哉（載）公響（眉）耆（壽），竈（邾）邦是保。（邾公華鐘，1.245，春晚）

竈邦是保，是邾公華祈望其皇祖考神靈保祐其邦。

⑨冰月丁亥，墜（陳）氏裔孫逆乍（作）爲生（皇）褪（祖）大宗啟（簋）。台（以）賀（匄）羕（永）令（命），頯（眉）耆（壽），子孫是保。（陳逆簋，7.4096，戰早）

⑩陞（陳）戾（侯）午台（以）軒者（諸）戾（侯）獻（獻）金乍（作）皇妣（妣）孝大妃裑器▨鏪（鐘）。台（以）鼄（烝）台（以）嘗，保又（有）齊邦，永蠚（世）母（毋）忘。（十四年陳侯午敦，9.4646，戰晚）

保有齊邦，"保"的主語應該是受祭者，"有"的主語應該是陳侯午，意即希望通過祭祀活動，讓受祭者保祐自己，使自己長久據有齊邦。

⑪陞（陳）戾（侯）午淖（朝）軒邦者（諸）戾（侯）于齊，者（諸）戾（侯）高（享）台（以）吉金。用乍（作）平壽（壽）造器軒（敦）。台（以）鼄（烝）台（以）嘗，保有齊邦，永蠚（世）母（毋）忘。（十年陳侯午敦，9.4648，戰晚）

2. 輔助，翼護。此用於世人祐護世人。作謂語或謂語中心。

①妊氏令蟇（蟆），事（使）俘（保）宰家，因仅（付）宰且（祖）僕二家。（蟇鼎，5.2765，西中）

②白（伯）犀父休于縣改（妃），……縣改（妃）每（敏）覣（揚）白（伯）犀父休，曰：……我不能不罙縣白（伯）萬年保。（縣妃簋，8.4269，西中）

③辪克葬（恭）保宰辟葬（恭）王，諫（敕）辤（乂）王家。叀（惠）于萬民。（大克鼎，5.2836，西晚）

郭沫若釋爲"故能敬輔其君恭王"。（《大系考釋》第121頁）

④乍（作）冊翈（封）異（式）井（刑）秉明（明）德，虔夙（夙）夕卹周邦，保王身，諫辤三（四）或（國）。（作冊封鬲一、作冊封鬲二，《中國歷史文物》2002年第2期，西晚）

⑤雿朕皇亞且（祖）懿中（仲）玟（廣）齻齻，克卹保宰辟考（孝）王徫（夷）王。（逨盤，《考古與文物》2003年第3期，西晚）

⑥中子化用保楚王，用正（征）栢（莒）。（中子化盤，16.10137，春秋）

⑦余咸畜胤（俊）士，乍（作）□左右，保辤（乂）王國。（晉公盆，16.10342，春秋）

楊樹達曰："古人保傅連言，傅之爲言輔也，保傅義近，知保亦有輔義，故《禮記·文王世子》云：'保也者，慎其身以輔翼之而歸諸道也。'是其證也。"（《金文說》第32頁）

《尚書·君奭》："率惟茲有陳，保乂有殷。"

3. 保有，保持，珍藏。作謂語或謂語中心。

①甘（其）邁（萬）年子子孫孫永保用。（格伯簋，8.4262、8.4263、8.4264、8.4265，西中）

②彔乍（作）鐕（鑄）穎（盨）匧（簋）。其永保用。（彔盨，9.4357、9.4358、9.4359、9.4360，西晚）

③王孫遺者罨（擇）其吉金。自乍（作）龢鐘。……枼（世）萬孫子，永保壴之。（王孫遺者鐘，1.261，春晚）

④子孫永保鼓之。（沇兒鐘，1.203，春晚）

⑤它它巸（熙）巸（熙），男女無萁（期），子子孫孫永保用之。（齊侯匜，

16.10283，春晚）

⑥子子孫孫永保鼓之。（齊鮑氏鐘，1.142，春晚╱許子盨鎛，1.154，春秋）

"永保""保用""永保用"彝銘習見，與"寶"用例同，故釋爲通"寶"亦可。

■一二六、異

1. 後作"翼"。翼蔽，翼護，庇佑。典籍亦作"翼"。作謂語或謂語中心。7見。

①古（故）天異（翼）臨子，耤（廢）保先王。（大盂鼎，5.2837，西早）

②皇考嚴才（在）上，異（翼）才（在）下。（虢叔旅鐘，1.238、1.239、1.240、1.244，西晚）

　　陳初生、張世超皆引此例釋爲"敬"。陳曰："敬。虢叔旅鐘：'皇考嚴才（在）上，異（翼）才（在）下，數數象象，降旅多福。'《詩‧小雅‧六月》：'有嚴有翼。'傳：'嚴，威嚴也；翼，敬也。'"（《字典》第287頁）張曰："敬，典籍作'翼'。虢弗鐘：'皇考嚴才（在）上，異（翼）才（在）下。'《詩‧小雅‧六月》：'有嚴有翼。'毛傳：'翼，敬也。'"（《通解》第569頁）則"異（翼）"爲形容詞"敬"。

　　馬承源註曰："異（翼）才下：異，《詩‧小雅‧六月》'有嚴有翼'，毛亨《傳》：'翼，敬也。'此指翼子。《詩‧大雅‧文王有聲》：'詒厥孫謀，以燕翼子。'毛亨《傳》：'翼，敬也。'鄭玄《箋》云：'以安其敬事之子孫。'翼在下就是安助在人世之子孫。"（《銘文選》第297頁）則"異（翼）"爲形容詞"敬"活用爲動詞，"安助"之義。

　　本案：陳、張、馬皆釋此"異（翼）"爲"敬"，然其詞性、意義理解不盡一致。鄭玄箋釋譯"以燕翼子"爲"以安其敬事之子孫"，以"燕"爲動詞"安"作謂語，以"翼"爲形容詞"敬"作"子"之定語，似可商榷。我們認爲亦可將"燕翼"視爲並列連謂結構，共同作謂語，安護其子之義。馬氏據鄭箋，曰"翼在下就是安助在人世之子孫"，釋"異（翼）"爲"安助"，則其釋譯於"翼"前平添"燕（安）"矣，合二爲一，悄然雜糅，未忠實於銘文原文矣。我們認爲：若釋"異（翼）"爲"敬"，則"異"之主語當爲"才下"之獻祭者（虢叔旅）而非皇考，故馬說之漏，緣於主語處理前後不協調一致；陳、張之說，看似圓潤無缺，然此"敬"作何理解，"異才下"如何詳釋，付諸闕如，蓋釋爲"敬"則其主語當爲獻祭者（虢叔旅）而非皇考，則與後文**數數象象，降旅多福**（主語爲皇考）又不協矣，難以釋譯圓通，故而模糊其解；此段銘文，主語皆當爲皇考，一氣呵成，故"異"當釋爲"翼護"之"翼"。

③休王自毅事（使）商（賞）畢土方至（五十）里。召弗敢嚭（忘）王休異（翼）。（召圜器，16.10360，西早）

　　陳初生、張世超皆引此例釋爲"殊異"。陳曰："殊異。召卣：'賞畢土方六十里，召勿敢諲（忘）王休異。'異指特殊的待遇。"（《字典》第287頁）張曰："殊異，非常之待遇。召卣：'盨弗敢諲（忘）王休異。'"（《通解》第570頁）則"異（翼）"爲形容詞"殊異"義矣。

　　本案：陳、張之說亦可通。然作此解，語序似以"異休"而非"休異"爲佳。徑解作"翼","召弗敢黜王休翼"即召不敢忘記王之賞賜、愛護，似更爲直接適宜。

④王若曰：乖白（伯），朕不（丕）顯（顯）且（祖）玟（文）斌（武），雁（膺）受大命。乃且（祖）克弼（弼）先王，異（翼）自它邦，又（有）帯于大命。（乖伯歸夆簋，8.4331，西晚）

《孟子·滕文公上》："輔之翼之，使自得之。"

2. 後作"禩"，"禩"通"祀"。祭祀所用的。作定語。4 見。

公束鑄（鑄）武王成王異（禩）鼎。（作冊大方鼎，5.2758、5.2759、5.2760、5.2761，西早）

于省吾曰："《史記·楚世家》的'居三代之傳器，吞三翮六翼'。……商和西周時代有花文的各種彝器，外部往往有幾道突出的高棱，好像鳥的羽翼，故典籍稱之爲翼。圓鼎外部有的三翼，有的六翼，方鼎多作六翼，也有作四翼或八翼者。……總之作冊大方鼎之稱異鼎，指鼎之有翼者言之，甲骨文之新異鼎，指新鑄有翼的鼎言之。這是由於得到實物而知之。"

劉志基註曰："翼鼎：一種大鼎的名稱。"釋譯爲："公束爲武王和成王鑄造大鼎。"（《類檢》第 388 頁）則"異（翼）"爲形容詞"大"矣。

張世超曰："假爲'祀'，《說文》祀或作'禩'。作冊大鼎：'公來鑄武王成王異（禩）鼎。'"（《通解》第 570 頁）

本案：于、劉、張三說皆可通，當以張說爲佳。

3. 通"儀"。效仿，以……爲儀。作謂語中心。1 見。

乍（作）冊封（封）異（儀）井（刑）秉明（明）德，虔夙（夙）夕卹周邦，保王身，諫辭亖（四）或（國）。（作冊封鬲一、作冊封鬲二，《中國歷史文物》2002 年第 2 期，西晚）

《金文資料庫》隸讀爲"異（式）"，讀"異"爲"式"。然亦當可以語音通假關係，讀"異"爲"儀"。

■一二七、廙

通"翼"。翼蔽，翼護，庇佑。作謂語。3 見。

①文人其（其）嚴才（在）上，廙（翼）才（在）下。（晉侯蘇編鐘，35，西晚）

②皇考其嚴才（在）上，廙（趩）才（在）下。（達鼎辛，《考古與文物》2003 年第 3 期第 11 頁，西晚）

③肯（前）文人嚴才（在）上，廙（翼）才（在）□。敔敔彙彙，降達魯多福。（達盤，《考古與文物》2003 年第 3 期，西晚）

■一二八、辟

1. 治，治理。作謂語。1 見。

昔先王既令女（汝）乍（作）嗣（司）士，今余唯或戹改（改），令女（汝）辟百

窖（寮）。（牧簋，8.4343，西中）

《尚書・金縢》："我之弗辟，我無以告先王。"釋文："辟，治也。"《左傳・文公六年》："宣子於是乎始爲國政，制事典，正法罪，辟刑獄。"杜註："辟，猶理也。"

2. 臣事於君。作謂語或謂語中心。

①不（丕）顯高且（祖）亞且（祖）文考，克明（明）卓心足（疋）尹，彝卓威義（儀），用辟先王。（癲鐘，1.247，西中）

②不（丕）顯皇考亮（宮）公，穆穆克盟（盟）卓心，慇（哲）卓德，用辟于先王，旱（得）屯（純）亡敃。（師望鼎，5.2812，西中）

③唯卓事（使）乃子殺萬年辟事天子，母（毋）又眈于卓身。（殺方鼎，5.2824，西中）

④王曰：塱，敬明（明）乃心，用辟我一人。（塱盨，9.4469，西晚）

楊樹達曰："諸辟字皆臣事之義。求之故書傳記，則《逸周書・祭公篇》云：'自三公上下辟于文武，文武之子孫大開封方于下土。'文云'辟于文武'，與銘文諸辟字義同。尋此義與通訓辟爲君者正相反，蓋古人文字名動相因，君謂之辟，引申之，事君亦謂之辟也。"（《金文說》第49頁）

⑤用井（型）乃聖且（祖）考隣明（明）黺辟茡（前）王，事余一人。（師𩛥鼎，5.2830，西中）

馬承源註曰："黺辟前王：爲官于前王。黺从素从令，讀爲命，令、命古字通。辟，官。盂鼎銘'殷正百辟'，即殷正百官。辟前王，即爲前王之臣。"（《銘文選》第136頁）

3. 效法，以……爲準則，以……爲法則。作謂語。1 見。

嚞（舒）犀（遲）文考乙公遽（競）趩（爽），旱（得）屯（純）無諫，蓑（農）嗇（穡）戉（越）曆，佳（唯）辟孝𠱾（友）。（史牆盤，16.10175，西中）

馬承源註曰："蓑（農）嗇（穡）戉（越）曆（麻），佳辟孝𠱾（友）：治理農事，播種收獲，以孝友爲自己的道德准則。"（《銘文選》第157頁）

劉志基註曰："佳（唯）辟孝𠱾（友）：以孝友爲道德準則。辟，效法。孝𠱾，即孝友，善待父母兄弟。"（《類檢》第689頁）

于省吾曰："典籍中訓'辟'爲'法'者習見，例如：《逸周書・祭公》的'天子自三公上下辟于文武'，孔注訓'辟'爲'法'，是指'效法'言之。師望鼎的'用辟先王'，'辟'也應訓爲'效法'。《詩・文王有聲》的'皇王維辟'，釋文訓'辟'爲'法'，是指"法則"言之。總之，'辟'作動詞用，則爲'效法'；其在句末作名詞用，則爲'法則'。……銘文的'佳（唯）辟孝𠱾'，乃'孝𠱾唯辟'的倒文。……'孝𠱾唯辟'之'辟'作名詞用，應訓爲'法則'。這是史牆贊誶其文考乙父以孝𠱾爲法則。"（《牆盤銘文十二解》，《古文字研究》第五輯）張世超據此訓此"辟"爲"法，法則"。（《通解》第2276頁）

本案："辟"作名詞用，其義爲'法，法則'，然於"佳辟孝𠱾"中，當爲名詞活用作動詞，"效法，以……爲法則"之義。若如于說，"佳辟孝𠱾"乃'孝𠱾佳辟'之倒文，則仍作名詞義訓之可也。

4. 後作“闢”。開，開闢。作謂語中心。1見。

阜（俾）若鍾（鐘）鼓，外內剴（闠）辟，戭戭樾樾。（叔夷鐘，1.285，春晚）

郭沫若曰：“‘剴辟’讀爲闠闢。”（《大系考釋》第 207 頁）

馬承源註曰：“剴辟：剴，讀爲闠。《說文・門部》：‘闠，開也。’《史記・貨殖列傳》‘山澤不辟’，司馬貞《索隱》：‘辟，開也，通也。’此剴辟指門戶而言。《易・繫辭》‘闢戶謂之乾’，孔穎達《疏》：‘謂吐生萬物也，若室之開闢其戶。’《方言》：‘東齊開戶謂之闒笘，楚謂之闥。’”（《銘文選》第 543 頁）

《儀禮・士喪禮》：“主人即位，辟門。”鄭玄註：“辟，開也。”

本案：“剴辟”同義連用，於此形容鐘鼓外內之聲通暢協調。

■一二九、臣

1. 作……的臣子，臣事。作謂語或謂語中心。

①朕臣天子。用盟（典）王令。乍（作）周公彝。（榮作周公簋，8.4241，西早）

②女（汝）克盬（盡）乃身，臣朕皇考穆王。……覿𩰤（拜）頴首，休白（伯）大師肩爾（任）覿臣皇辟。……孯（小子）妠（夙）夕專古先且（祖）剌（烈）德，用臣皇辟。……白（伯）大師武臣保天子。（師覿鼎，5.2830，西中）

③沴（梁）丏（其）萬年無彊（疆），龍（堪）臣皇王，賈（眉）𡆿（壽）永寶。（梁其鐘，1.188，西晚）

④不（丕）顯皇且（祖）考，穆穆異異，克悊（哲）𠦪德，儂（農）臣先王，睪（得）屯（純）亡斁。（梁其鐘，1.187、1.189、1.192，西晚）

⑤此丏（其）萬年無彊（疆），畯臣天子，需（令）冬（終），子子孫孫永寶用。（此簋，8.4304、8.4305、8.4306、8.4307、8.4308、8.4309，西晚）

2. 以……爲臣。名詞的意動用法。作謂語或謂語中心。2見。

①子之大臂（辟）不宜（義），伓（反）臣兀（其）宗。（奵盗壺，15.9734，戰早）

②爲人臣而伓（反）臣其宗，不羕（祥）莫大焉。（中山王𧰨方壺，15.9735，戰早）

馬承源註曰：“爲人臣而伓（反）臣其宗：爲人臣而反以其王爲臣。伓：讀爲反。指子之爲王，王噲爲臣。伓臣其宗，反臣其宗，以其王反爲臣。《史記・燕召公世家》：‘子之南面行王事，而噲老不聽政顧爲臣，國事皆決于之子（本案：之子，應爲子之）。’司馬貞《索隱》：‘顧，猶反也。言噲反爲子之臣也。’”（《銘文選》第 577 頁）

《孟子・萬章上》：“舜之不臣堯。”趙歧註：“不以堯爲臣也。”

■一三〇、左

後作“佐”。輔佐，輔助，保護。作謂語或謂語中心。

①王睗（賜）乘馬，是用左（佐）王。（虢季子白盤，16.10173，西晚）

②女（汝）專余于囏（艱）𦥑，𦥑（虔）𦥑不易，左（佐）右（佑）余一人。（叔

夷鐘，1.274、1.285，春晚）

■一三一、右

1. 後作"佑"。輔佑，佑助，輔佐。指臣下輔佐君上。典籍常作"佑"。作謂語中心。

①自乃且（祖）考又（有）爵（略）于周邦，右（佑）闢（闢）亖（四）方。（彔伯鹹簋蓋，8.4302，西中）

②亦鬷（則）於女（汝）乃聖且（祖）考，克尃右（佑）先王。（師訇簋，8.4342，西晚）

③今我唯令女（汝）二人亢眔矢嘼，詹（左）右（佑）珤（于）乃寮（僚）曰（與）乃友事。（矢令方尊，11.6016，西早）

④世孫孫子子斖（左）右（佑）吳大父。（同簋蓋，8.4270，西中/同簋，8.4271，西中）

⑤女（汝）尃余于囏（艱）卹，羇（虔）卹不易，左（佐）右（佑）余一人。（叔夷鐘，1.274、1.285，春晚）

⑥余非敢瀆忘，有虔不易，轄（佐）右（佑）楚王。　　（蔡侯紐鐘，1.210、1.211，春晚）

⑦余非敢瀆忘，有虔不□，□右（佑）楚王。（蔡侯鎛，1.222，春晚）

蔡侯紐鐘銘與蔡侯鎛銘各有數字殘缺，我們認爲二者銘文全同，可據以互補。此例中兩殘缺字，依蔡侯紐鐘銘推之，當爲"易""轄"，然陳初生（《字典》第114頁）、張世超（《通解》第183頁）皆引作"輔右楚王"，"輔"當作"轄（佐）"。

2. 後作"佑"。引侑，導侑，引導。指賓相在授賜、祭祀等某種儀式活動中引導君上或受賜之人即位。典籍常作"佑"。作謂語或謂語中心。

①丁亥，王各（格）大室，井弔（叔）右（佑）免。（免卣，10.5418，西中/免尊，11.6006，西中）

②窨（密）弔（叔）右（佑）趞，即立（位）。（趞簋，8.4266，西中）

③王客（格）于康宮，焱（榮）白（伯）右（佑）衛（衛）內（入）即立（位）。（衛簋，8.4209，西中）

④定白（伯）入右（佑）即。（即簋，8.4250，西中）

⑤益公入右（佑）王臣，即立（位）中廷，北卿（嚮）。（王臣簋，8.4268，西中）

⑥宰頴右（佑）裘，入門，立中廷，北卿（嚮）。（裘鼎，5.2819，西晚）

⑦嬰白（伯）右（佑）師兌，入門，立中廷。（三年師兌簋，8.4318，西晚）

⑧宰引右（佑）頌，入門，立中廷。（頌鼎，5.2827、5.2828、5.2829，西晚）

⑨益公入右（佑）訇（詢）。（訇簋，8.4321，西晚）

⑩井（邢）弔（叔）內（入）右（佑）師寏。王乎（呼）尹氏冊命師寏。（郳叔師寏簋，8.4253、8.4254，西晚）

■一三二、又

1. 同"右"，後作"佑"。引侑，導侑，引導。金文通作"右"，典籍通作"佑"。作謂語或謂語中心。6 見。

①王祀珷（于）天室，降，天亡又（佑）王，衣（殷）祀珷（于）王不（丕）顯考文王。（天亡簋，8.4261，西早）

②唯八月初吉，王各（格）于周漳（廟）。穆公又（佑）盠，立于中廷，北卿（嚮）。（盠方彝，16.9899.1，西中）

③中（仲）俩（倗）父內（入）又（佑）楚，立中廷。（楚簋，8.4246、8.4247、8.4248、8.4249，西晚）

2. 通"有"。存在動詞。作謂語或謂語中心。約 80 見。

①辥母（毋）又（有）弗諲。（毛公旅方鼎，5.2724，西早）

②母（毋）女（汝）又（有）閑（閒）。（同簋蓋，8.4270，西中／同簋，8.4271，西中）

③母（毋）又（有）不顳（聞）智（智）。（逆鐘，1.62，西晚）

④不（丕）顯朕皇且（祖）受天命，竈又（有）下國。……畯褱才（在）立（位）。高引又（有）慶。匍（撫）又（有）亖（四）方。（逆鐘，1.62，西晚）

⑤僩友里君百生（姓）帥（率）鸛（偶）毄于成周，休又（有）成事。（史頌鼎，5.2787、5.2788，西晚）

⑥它用裹（懷）妥（綏）我多弟子我孫克又（有）井（型）敳（效）。（沈子它簋蓋，8.4330，西早）

⑦隹（雖）又（有）死皋及參（參）姓（世），亡不若，昌（以）明其惠（德），庸其工（功）。（中山王嚳鼎，5.2840，戰晚）

3. 通"有"。取得，佔有。作謂語。1 見。

斌（武）征商。隹（唯）甲子朝（朝）歲鼎。克颿（昏）夙（夙）又（有）商。（利簋，8.4131，西早）

■一三三、有

1. 存在動詞，與"無"反義相對。作謂語。

①我既付簇（散）氏溼（隰）田啬田，余有爽鑾，爰千罰千。（散氏盤，16.10176，西晚）

②定均庶畦（邦），休有成慶。（蔡侯紐鐘，1.210、1.211、1.217，春晚／蔡侯鎛，1.222，春晚）

③述（遂）定君臣之謂（位），上下之體，休又（有）成工。（中山王嚳方壺，15.9735，戰早）

④隹（雖）又（有）死辠，及參（三）殜（世），亡不若（赦）。（中山王譻鼎，5.2840，戰晚）

《詩經·小雅·信南山》："中田有廬，疆場有瓜。"

2. 領有，據有，佔有。作謂語或謂語中心。

①𠅗（上帝）降懿（懿）德大甹（屏），匍（撫）有亖（上下），迨（合）受萬邦。𩁹圉武王，遹征（正）亖（四）方，達（撻）殷。（史牆盤，16.10175，西中）

馬承源註曰："匍（撫）有上下，迨（合）受萬邦：上下，指貴族中尊卑的等級。……合受，完全接受的意思。"（《銘文選》第154頁）

劉志基註曰："匍有上下：即廣有天下臣民。匍，讀爲'撫'。上下，指不同等級的臣民。迨（合）受萬邦：即接受天下各方諸侯的臣服朝拜。迨（合）受，即完全接受的意思。"釋譯爲："天降美德與有力的輔佐，安撫全國上下，會合遠近諸侯。"（《類檢》第687～689頁）

②不（丕）顯文武膺（膺）受大令（命），匍有亖（四）方。（逨鼎辛，《考古與文物》2003年第3期第11頁，西晚）

③剸伐頣（夏）后，敱氒靈（靈）師（師），伊少（小）臣隹（唯）補（輔）。咸有九州，處堣（禹）之堵（土）。（叔夷鐘，1.276，春晚）

④陳（陳）医（侯）午淖（朝）羣邦者（諸）医（侯）于齊，者（諸）医（侯）亯（享）台（以）吉金。用乍（作）平壽（壽）造器𦎫（敦）。台（以）𤕭（烝）台（以）嘗，保有齊邦，永枼（世）母（毋）忘。（十年陳侯午敦，9.4648，戰晚）

張世超認爲例③、例④中的"有"通"右"，曰："用爲'佑'，保佑。牆盤：'上帝降懿德，大甹（屏），匍有（敷佑）上下，迨受萬邦。'十年陳侯午錞：'台（以）𤕭台（以）嘗，𠍇有（佑）齊邦。'"（《通解》第1711頁）

我們認爲這是因爲他將此類例句中的主語皆看作上帝、鬼神的緣故。實際上這類例句中的主語，我們認爲應該更爲深入具體地分析。如例①中"匍（撫）有上下，迨（合）受萬邦"的主語應該是"武王"，而不是"上帝"（是上帝降懿德大屏，使武王匍有上下，迨受萬邦），例④中的"保有齊邦"的主語應分別是受祭者"皇妣（妣）孝大妃"和獻祭者"陳侯午"，而不僅僅是享受烝嘗的"皇妣（妣）孝大妃"，即"保"的主語應該是"皇妣（妣）孝大妃"，"有"的主語應該是陳侯午（陳侯午祈望通過祭祀活動，讓受祭者保佑自己，使自己長久據有齊邦）。所以此類例句中的"有"，無須輾轉相釋爲通"右"。此類例句，承前省略了主語，而前文的主語有兩個或兩個以上，由於遣詞簡略，所指不明，容易造成張冠李戴、似是而非的情形出現，引發誤解，或導致模棱兩可的見解。加之各篇銘文有同有異，並非完全整齊劃一，所以有時可以此類推，有時又不可簡單劃一地照此類推。

《孟子·公孫丑上》："武丁朝諸侯，有天下。"

3. 通"右"。導佑，引導。金文通作"右"，典籍通作"佑"。作謂語或謂語中心。2見。

①井弔（叔）有（右）免即令。（免簋，8.4240，西中）

②武公有（右）南宮柳，即立（位）中廷，北卿（嚮）。（南宮柳鼎，5.2805，西晚）

4. 後作“侑”。侑助，助興，勸助飲食。金文通作“友”“舂”。作謂語。2 見。

盝（庨）父乍（作）趣𨲠（寶）鼎。延令曰：有（侑）女（汝）多兄。（庨父鼎，5.2671、5.2672，西早）

■一三四、尹

管理，治理。作謂語或謂語中心。4 見。

①王令周公子明（明）俘（保）尹三事𦉜（四）方。（矢令方尊，11.6016，西早/矢令方彝，16.9901，西早）

②乃中政事，母（毋）敢不尹丌（其）不中不井（型）。（牧簋，8.4343，西中）

③猷（胡）其萬年，永畯尹𦉜（四）方。（五祀猷鐘，2.358，西晚）

④天子𣈱（其）萬年無疆（疆），保辪（乂）周邦，睌（畯）尹𦉜（四）方。（大克鼎，5.2836，西晚）

《尚書·多方》：“天惟式教我用休，簡畀殷命，尹而多方。”

■一三五、辪

1. 治理。典籍作“乂”，《說文》作“𡴝”。作謂語或謂語中心。31 見。

①唯女（汝）燹期（其）敬辪（乂）乃身，母（毋）尚爲孚（小子）。（叔趞父卣，10.5428、10.5429，西早）

②余𣈱（其）宅丝（茲）中或（國），自之辪（乂）民。（何尊，11.6014，西早）

③命女（汝）辪（乂）我邦我家內外，惷（專）于尖（小大）政。（毛公鼎，5.2841，西晚）

馬承源註曰：“命女（汝）辪（乂）我邦我家內外：命你治理我國家和王室的內外事務。”（《銘文選》第 318 頁）

④辥克輩（恭）保乓辪輩（恭）王，諫（敕）辪（乂）王家。叀（惠）于萬民。（大克鼎，5.2836，西晚）

馬承源註曰：“諫（敕）辪（乂）王家：整治王家之事。說明師華父是輔弼之臣。”（《銘文選》第 216 頁）

本案：“諫辪”當爲同義詞，“敕”古同“飭”，“整頓”義。

⑤保莫周邦，黹（諫）辪（乂）𦉜（四）方。（遯盤，《考古與文物》2003 年第 3 期，西晚）

⑥虔夙（夙）夕卿周邦，保王身，諫辪𦉜（四）或（國）。（作册封鬲一、作册封鬲二，《中國歷史文物》2002 年第 2 期，西晚）

⑦天子𣈱（其）萬年無疆（疆），保辪（乂）周邦，睌（畯）尹𦉜（四）方。（大克

鼎，5.2836，西晚）

張世超引此例釋作"輔相"。（《通解》第 3431 頁）

馬承源註曰："保辥（乂）周邦：保安和治理周邦。保辥：即保乂。《尚書·康王之誥》：'保乂王家'，孔安國《傳》'安治王家'。又《尚書·多士》'亦惟天丕建保乂有殷'，孔安國《傳》'惟天大立安治於殷'。"（《銘文選》第 217 頁）

本案：我們認爲如馬說作"治理"義更佳。蓋天子治國，非輔國，且與下句之"尹"對文同義。

⑧余咸畜胤（俊）士，乍（作）囗左右，保辥（乂）王國。……雉今竛（小子），整辥（乂）爾公（容）。（晉公盆，16.10342，春秋）

馬承源註曰："整辥爾公……整治你的裝飾……"（《銘文選》第 588 頁）

⑨王子剌（烈）公之宗敳（婦）鄁（部）嬰爲宗彝釁彝，永寶用，㠯（以）降大福，保辥（乂）鄁（部）國。（宗婦鄁嬰盤，5.2683，西晚）

張世超引此例釋作"輔相"。（《通解》第 3431 頁）我們認爲綜合其他銘文用例如大克鼎銘來看，所有"保辥"當爲一義，皆"保治"義也。

⑩魯覃京自（師），辥（乂）我萬民，嘉遣我。（晉姜鼎，5.2826，春早）

《尚書·堯典》："下民其咨，有能俾乂。"孔安國《傳》："乂。治也。"

2. 輔相。典籍作"乂"。作謂語中心。1 見。

亦唯先正畧辥畀辥，虁（恪）董（謹）大命。（毛公鼎，5.2841，西晚）

《尚書·君奭》："用乂厥辟。"

■一三六、正

1. 後作"征"。征伐。此義由其本義"行，征行"引申而來。金文中亦用"征""延"寫之。作謂語或謂語中心。6 見。

①佳（唯）王正（征）井（邢）方。（遑方鼎，5.2709，殷）

②佳（唯）王來正（征）人方。（小臣俞犀尊，11.5990，殷）

③今余肇（肇）令女（汝）達（率）旅（齊）帀（師）、冀（紀）、剒（萊）、瑟、尻、左右虎臣正（征）淮尸（夷）。（師寰簋，8.4313.1，西晚）

④今余肇（肇）令女（汝）達（率）旅（齊）帀（師）、冀（紀）、剒（萊）、瑟、尻、左右虎臣正（征）淮尸（夷）。（師寰簋，8.4313.2、8.4314，西晚）

⑤中子化用保楚王，用正（征）柘（莒）。（中子化盤，16.10137，春秋）

《詩經·商頌·玄鳥》："古帝命武、湯，正域彼四方。"高亨註："正，讀爲征。域，有也。此言湯因征伐而有天下四方。"

2. 糾正，治理。用於正其下民。作謂語。1 見。

匍（撫）有三（四）方。欧（允）正畀民。（大盂鼎，5.2837，西早）

3. 輔佐，諫正。用於正其君上。作謂語中心。1 見。

乃用心引正乃辟安德。（師觀鼎，5.2830，西中）

4. 考核，整頓。作謂語。8 見。

①王征正師氏。（師遽簋蓋，8.4214，西中）

郭沫若曰："延即誕，語詞。正，當是考成之意。"（《大系考釋》第84頁）

②王命善（膳）夫克舍令于成周遹（通）正八自（師）之年。（小克鼎，5.2796、5.2798、5.2799、5.2800、5.2801、5.2802，西晚）

郭沫若曰："'通正八自'與師遽毀'延正師氏'同例，通延均語詞，'正'乃底績考成之意。"（《大系考釋》第123頁）

馬承源註曰："正：讀作整，整頓。《詩·大雅·皇矣》：'王赫斯怒，爰整其旅。'通正八師，就是整頓八師。"（《銘文選》第222頁）則"正"爲"整頓"義。

本案："考成"與"整頓"義實相包含，考核之中，實有整頓成分；整頓之中，亦有考核基礎。

③王命善（膳）夫克舍于成周遹（通）正八自（師）之年。（小克鼎，5.2797，西晚）

■一三七、整

整治，整飭。作謂語。2 見。

①王佳（唯）反（返），歸（歸）在成周，公族整自（師）。（晉侯蘇編鐘九，35，西晚）

②惟今字（小子），整爾公（容）。（晉公盆，16.10342，春秋）

■一三八、死

1. 生命終止，喪失生命。用於有生命物體，銘文中皆用於人。作謂語或謂語中心。4 見。

①子子孫寶，不（丕）彖（祿）嗌子，征先盡死亡。（作冊益卣，10.5427，西中）

②毕非正命，延敢庆（疾）嚇（訊）人，鬲（則）唯輔天降喪，不□唯死。（塱盨，9.4469，西晚）

③用蘄（祈）耆（壽）老（考）母（毋）死，俘（保）盧（吾）兄弟。（黏鎛，1.271，春中或春晚）

④郾（燕）旅（故）君子會，新君子之。不用豐（禮）宜（儀），不顯（顧）逆慇（順），旅（故）邦迄（亡）身死。（中山王舋方壺，15.9735，戰早）

2. 盡，消亡。用於無生命物體。此乃由生命物體死亡義之引申，銘文中皆用於月亮，指月光之消盡虧滅。作謂語中心。32 見。

①佳（唯）九月既死霸丁丑。（作冊夨令簋，8.4300、8.4301，西早）

②佳（唯）六月既死霸丙寅。（僑鼎，3.948，西中）

③佳（唯）五年三月既死霸庚寅，王初各（格）伐厰（獵）鞍（犹）罱盧，令甲從王。（令甲盤，16.10174，西晚）

④隹（唯）十又四月既死霸壬午。（郘鐪公諴鼎，5.2753，春早）

3. 通"尸"。主管，治理，管理。作謂語或謂語中心。

①盂！廼聾（召）夾死（尸）嗣（司）戎，晦（敏）誻（諫）罰訟（訟），妞（夙）夕聾（召）我一人蚉（烝）四方。（大盂鼎，5.2837，西早）

②龢（載）乃先且（祖）考死（尸）嗣（司）燮（榮）公室，昔乃且（祖）亦既令乃父死（尸）嗣（司）菶人，不盠，叟（取）我家窨，用喪。……今余唯令女（汝）死（尸）嗣（司）菶宮、菶人。（卯簋蓋，8.4327，西中）

馬承源註曰："龢（載）乃先且考死（尸）嗣燮（榮）公室……你的先祖和父考主司榮公之家……"（《銘文選》第173頁）

③余令女（汝）死（尸）我家。（師獸簋，8.4311，西晚）

馬承源註曰："……余令女（汝）死（尸）我家：……我命令你主持我家的事務。"（《銘文選》第263頁）

吳大澂曰："'死'即'尸'。《說文》：'尸，陳也。''屍，終主也。'引申之凡爲主者皆爲'屍'，經傳通作'尸'。《書·康王之誥·敍》：'康王既尸天子。'《詩·采蘋》：'誰其尸之。'《穀梁·隱五年傳》：'卑不尸大功。'皆訓'尸'爲主，祭以神象爲主，故亦謂之'尸'。後世辟'死'之名，言'主'不言'屍'，而'屍'之古義廢。"（《愙齋集古錄》第四冊第16頁）

④哀成弔（叔）之鼎，永用禋（禋）祀，死（尸）于下土，台（以）事康公，勿或能怠（怠）。（哀成叔鼎，5.2782，春晚）

張政烺曰："尸是動詞，其前當有句主，即哀成叔。……尸於下土，按金文慣例理解就是執掌天下，或主宰人間，這和哀成叔的身份極不相稱，何況這時哀成叔已死，早離開了人間啊，因此推測這裏的下土是另一個含義，乃指兆域即地下宮室言。……哀成叔生事康公，死後也還可以主管康公冥府的事，故言尸於下土。其或即殉葬而死，亦未可知。"（《哀成叔鼎釋文》，《古文字研究》第五輯）

4. 通"尸"。輔佐，輔助。1見。

虢許上下若否雩（與）三方，死（尸）母（毋）童（動）余入（一人）才（在）立（位）。（毛公鼎，5.2841，西晚）

張世超於其"死"字條下引此例曰："名詞，所主之事。毛公曆鼎：'虢許上下若否雩（與）三方死。'追簋：'追虔夙夕卹乐死事。'則鼎文'死'即'死事'之省。"（《通解》第986頁）則"死"爲"死事"之省。然又於其"童"字條下引此例作："毛公曆鼎：'夊（尸）母（毋）童（動）余一人才（在）立（位）。'"（《通解》第533頁）則"死"隸讀爲"夊（尸）"，且連屬下句，當爲動詞。

另，此例《金文資料庫》隸讀爲："命女（汝）辥（乂）我邦我家內外，憲（蠢）于尖（小大）政，弻（屏）朕立（位），虢辪（許）上下若否雩（與）四方。死（尸）母（毋）童（動）余入（一人）才（在）立（位）。"馬承源、劉志基之隸讀亦類此，皆於"四方"後斷開，"死"分屬下句之首。

馬承源註曰："虢許（赫戲）上下若否雩（與）四方：明察朝廷上下和天下的善惡之事。……死（尸）母（毋）童（動）余一人在立（位）：保守我而毋使王位動搖。死：尸，義爲主。《廣雅·釋詁三》主爲'守也'，保守之意。"（《銘文選》第318頁）則"死（尸）"爲"主"義。

劉志基隸讀爲"死（尸）母（毋）童（動）余一人在立（位）"，釋譯爲："使邦國上下同心同德，安撫四方。輔佐我一人掌政。"（《類檢》第465～468頁）則"死（尸）"爲"輔佐"義。

本案：諸說皆可通，當以劉說爲最佳。張說前後不一；馬釋爲"主"，當爲"主管，治理"義，於此例中稍有不協，蓋其賓語中心爲"余"，"治余"不如"助余"。

5. 通"尸"。所主管的。作定語。9見。

①今瘋朔（鳳）夕虔苟（敬）卹辪死（尸）事。（瘋鐘，1.252，西中）

②追虔朔（鳳）夕卹辪死（尸）事。天子多易（賜）追休。（追簋，8.4219、8.4220、8.4221、8.4223、8.4224，西中/追簋蓋，8.4222，西中）

③尸（夷）不敢弗憋戒，虔卹辪死（尸）事。（叔夷鐘，1.272、1.285，春晚）

6. 應該被處死的。作定語。1見。

隹（雖）又（有）死皋及寥（參）殊（世），亡不若，呂（以）明其悪（德），庸其工（功）。（中山王舋鼎，5.2840，戰晚）

死皋，即死罪。《說文·卷十四·辛部》"辠（皋），犯灋也。從辛從自，言皋人蹙鼻苦辛之憂。秦以皋似皇字，改爲罪。"

一三九、奠

1. 置祭，祭祀。作謂語中心。1見。

王來奠新邑。（新邑鼎，5.2682，西早）

陳邦懷曰："奠字當作祭祀解。"（《金文叢考三則》，《文物》1964年第2期）

《詩經·召南·采蘋》："於以奠之，宗室牖下。"毛傳："奠，置之。"

2. 定，奠定。作謂語或謂語中心。約20見。

①不（丕）顯趄趄皇且（祖）穆公，克夾噩（召）先王奠三（四）方。（禹鼎，5.2833，西晚）

②不（丕）顯文武受令，剛（則）乃且（祖）奠周邦。（訇簋，8.4321，西晚）

③保奠周邦，蘛（諫）辥（乂）三（四）方。（遯盤，《考古與文物》2003年第3期，西晚）

④爵（恪）董大令（命），奠周邦。（遯鼎乙，《考古與文物》2003年第3期，西晚/遯鼎辛，《考古與文物》2003年第3期，西晚）

⑤呂（以）康奠燮（協）朕或（國），盤（兆）百繕（蠻）具即其服。（秦公鐘，1.265，春早）

⑥龏龏允義，翼受明（明）德，㠯（以）康奠龢（協）朕或（國）。　（秦公鎛，1.267，春早）

《尚書·禹貢》：“隨山刊木，奠高山大川。”孔安國傳：“奠，定也。”

3. 後作“鄭”。敬重，鄭重地對待。作謂語中心。3 見。

克不敢㒸（墜），尃（敷）奠王令。（克鐘，1.205、1.207，西晚/克鎛，1.209，西晚）

郭沫若曰：“奠，鄭，重也。‘尃奠王令’猶言鄭重王命。”（《大系考釋》第 113 頁）

劉志基註曰：“尃（敷）奠王令：尃，敷，布也；奠，鄭，重也。尃奠王令，猶言鄭重王命。（此用郭沫若說）”（《類檢》第 502 頁）釋譯爲：“克不敢有過失，鄭重履行王命。”（《類檢》第 502 頁）

馬承源註曰：“尃奠王令：即完成了對王命的佈述或傳達，說明對王命的執行情況。”（《銘文選》第 213 頁）則“奠”殆爲“說明對……的執行情況”之義。

本案：當以郭、劉之說爲佳。

■一四〇、定

1. 安定，平定。作謂語中心。6 見。

①定均庶甿（邦），休有成慶。　（蔡侯紐鐘，1.210、1.211、1.217，春晚/蔡侯鎛，1.222，春晚）

②定均庶甿（邦），□□□慶。（蔡侯鎛，1.220，春晚）

③定……甿（邦）國（國）。（蔡侯鎛，1.219，春晚）

此銘雖殘缺，然與前述器銘類似，當可確定爲動詞。

《尚書·金滕》：“用能定爾子孫於下地。”孔穎達疏：“用能安定汝三王子孫在於下地。”

2. 確立，確定。作謂語。1 見。

述（遂）定君臣之�఼（位），上下之體，休又（有）成工。（中山王䵼方壺，15.9735，戰早）

《尚書·堯典》：“以閏月定四時成歲。”

《左傳·僖公八年》：“襄王定位而後發喪。”《爾雅·釋天》：“定，正也。”

3. 穩定地，牢固地。作狀語。1 見。

於（嗚）虖（呼），念之㤅（哉）！子子孫孫，㣎（永）定俌（保）之，母（毋）竝（替）氒邦。（中山王䵼鼎，5.2840，戰晚）

“定俌”，當爲狀中結構，“穩固地保有”之義；或爲並列結構，“使……安定，保有”之義。

■一四一、靜

1. 安定，穩定，平定，使……安靜。典籍多作“靖”。形容詞的使動用法。作謂語或謂語中心。5 見。

①三年靜（靖）東或（國），亡不成。（班簋，8.4341，西中）

②女（汝）既靜（靖）京自（師），嫠女（汝），易（賜）女（汝）土田。……女（汝）靜京自（師），易（賜）女（汝）圭（珪）鬲（瓚）一湯（錫）齚（鐘）一牌鑄鍫百勻（鈞）。（多友鼎，5.2835，西晚）

③咸畜胤（俊）士，甕甕文武，鋹（鎮）靜不廷，虔敬朕祀。（秦公簋，8.4315，春早）

④咸畜（蓄）百辟胤（俊）士，甕甕文武，鋹（鎮）靜不廷，頴（柔）燮百邦。（秦公鎛，1.270，春秋）

2. 通"敬"。敬重，恭敬地對待。作謂語。1 見。

免藏（蔑）。靜（敬）女（魯）王休。用乍（作）般（盤）斜（盉）。（免盤，16.10161，西中）

郭沫若曰："'靜女'當讀爲敬魯，魯卽周公設'魯天子邳乐囃福'之魯，乃是動詞。"（《大系考釋》第 91 頁）

■一四二、頴/矍/頯（柔）

後作"柔"。懷柔，安撫。作謂語中心。5 見。

①用諫三（四）方，頴（柔）遠能犾（邇）。（番生簋蓋，8.4326，西晚）

②咸畜（蓄）百辟胤（俊）士，甕甕文武，鋹（鎮）靜不廷，頴（柔）燮百邦。（秦公鎛，1.270，春秋）

③車（惠）于萬民，矍（柔）遠能犾（邇）。（大克鼎，5.2836，西晚）

④用乍（作）寶障（尊）鼎。用康矍妥（綏）衷（懷）遠拱（邇）君子。（晉姜鼎，5.2826，春早）

⑤克幽朙（明）氒心，頯（柔）遠能犾（邇）。（遘盤，《考古與文物》2003 年第 3 期，西晚）

■一四三、能/罷/敝

（一）能

1. 可以，能夠。助動詞。作狀語。4 見。

①我不能不眔縣白（伯）萬年保。（縣妃簋，8.4269，西中）

②弗能許嗎（訮）从。（訮攸从鼎，5.2818，西晚/訮从簋蓋，5.4278，西晚）

③隹（唯）司馬實（貯）訢（斷）珞（謔）戰（僤）态（怒），不能盜（寧）處。（䢆盗壺，15.9734，戰早）

《論語·八佾》："夏禮，吾能言之。"

2. 能勝任。助動詞。作謂語。2 見。

此易言而難行施（也），非恁（信）與忠，其隹（誰）能之！其隹（誰）能之？隹

（唯）虘（吾）老賓（貯）是克行之。（中山王嚳鼎，5.2840，戰晚）

《左傳・成公十六年》："夫合諸侯，非吾所能也。"

3. 安定，安順。一般動詞。作謂語中心。6 見。

①䰜圉大命，康能三（四）或（國）。（毛公鼎，5.2841，西晚）

馬承源註曰："康能四國：能，順。《詩・大雅・民勞》'柔遠能邇'，鄭玄《箋》：'能，猶如也。邇，近也。安遠方之國，順如其近者。'"（《銘文選》第 318 頁）

②女（汝）康能乃又（有）事衛（遹）乃敵寮。（叔夷鐘，1.274、1.285，春晚）

③用諫三（四）方，䰜（柔）遠能䫃（邇）。（番生簋蓋，8.4326，西晚）

④叀（惠）于萬民，䰜（柔）遠能䫃（邇）。（大克鼎，5.2836，西晚）

⑤克幽明（明）氒心，䰜（柔）遠能䫃（邇）。（逨盤，《考古與文物》2003 年第 3 期，西晚）

《詩經・大雅・民勞》："柔遠能邇，以定我王。"

（二）罷

通"能"。可以，能夠。助動詞。作狀語。4 見。

①五十㼁（舿），戠（歲）罷（能）返。（鄂君啓舟節，18.12113，戰國）

②車五十乘，戠（歲）罷（能）返。（鄂君啓車節，18.12110、18.12111、18.12112，戰國）

（三）儆

後作"懲"。處罰，打擊。作謂語。1 見。

宏（宏）魯卲王，廣儆（懲）楚刑（荆）。（史牆盤，16.10175，西中）

■一四四、遹

1. 遵循，效法。作謂語中心。2 見。

①雩（粵）我甘（其）遹省先王受民受彊（疆）土。（大盂鼎，5.2837，西早）

②王肇（肇）遹眚（省）文武，董（勤）彊（疆）土。（㝬鐘，1.260，西晚）

馬承源註曰："王肇遹眚（省）文武勤疆土：王長循文、武之善德，勤勞治理疆土。肇：經籍作肇，義爲長。"（《銘文選》第 280 頁）

劉志基註曰："遹眚（省）：遵循，效法。遹、眚義近連用。"（《類檢》第 499 頁）

《爾雅・釋詁》："遹，循也。"《尚書・康誥》："今民將在祇遹乃文考。"孔安國"傳"："今治民，將在敬循汝文德之父。"

張世超引此例及上舉例①曰："循，述，遵循。引申爲取法，效倣義。盂鼎：'雩（粵）我其遹眚（省）先王受民受彊（疆）土。'㝬鐘：'王肇遹眚（省）文武，董（勤）彊（疆）土。'上二銘'遹''省'近義連用。郭沫若曰：'眚，叚爲省。省，視也。相，省視也。《國語・晉語》"后稷是相"即盂鼎"遹眚先王"之意。此言"遹省文武"亦謂

"遹相文武",如今人言觀摩也。'《大系考釋》五二葉。《爾雅·釋詁》上:'遹,自也,循也。'郭璞注:'自,猶從也;又爲循行。'又《釋言》:'遹,述也。'《書·康誥》:'今[治]民將在祇遹乃文考,紹聞衣德言。'孔傳:'今治民將在敬循汝文德之父,繼其所聞,服行其德言以爲政教。'此譯'遹'爲'循'。《釋文》'遹'下引馬融曰:'紹述也。'"(《通解》第 322～323 頁)

2. 巡行。作謂語中心。5 見。

①王親令克遹瀅(涇)東至于京自(師)。(克鐘,1.204、1.206,西晚)

②王親令克遹涇東至于京。(克鐘,1.208,西晚)

③王親令克遹涇東至于京自(師)。(克鎛,1.209,西晚)

郭沫若曰:"言王親自命克巡省自涇而東以至于京自之地。"(《大系考釋》第 112 頁)

張世超引此例曰:"巡行,此亦循義之引申。又引申爲巡視,巡察,其如循義引申爲傚傲義也。克鐘:'王親令克遹涇東至于京自。'"(《通解》第 323 頁)

④隹(唯)王卅又三年,王窺(親)遹省東或(國)南或(國)。(晉侯蘇編鐘一,35,西晚)

此"遹省"當爲同義連用。

3. 按撫、督察,使……循,使……取法。9 見。

①譱圉武王,遹征三(四)方,達(撻)殷。(史牆盤,16.10175,西中)

馬承源註曰:"遹:發語詞,無義。在句首與越、粵、曰等字用法並同。"(《銘文選》第 154 頁)劉志基註曰:"遹:發語詞,無義。"(《類檢》第 687 頁)則皆視爲虛詞。

②王命譱(膳)夫克舍令于成周遹(通)正八自(師)之年。(小克鼎,5.2796、5.2798、5.2799、5.2800、5.2801、5.2802,西晚)

郭沫若曰:"'遹正八自'與師遽毀'延正師氏'同例,遹延均語詞,'正'乃底績攷成之意。"(《大系考釋》第 123 頁)

馬承源註曰:"遹:語詞,通作聿。《詩·大雅·文王有聲》:'遹追來孝',遹爲句首,無義,《禮記·禮器》引作'聿追來孝'。"(《銘文選》第 222 頁)王念孫《經義述聞》:"案:……《大雅·文王有聲》:'遹追來孝。'遹,辭也。來,往也。言追前世之善德也。前世之善德,故曰往孝。即所謂追孝于前文人也。"

劉志基註曰:"遹:通'聿'語氣詞,無實際意義。"(《類檢》第 422 頁)

唯張世超引此例及上舉例①曰:"按撫、督察。此亦循義之引申,換言之,即'使……循''使……取法'之義,此猶'正'亦有'使……正','道'亦有'使……道(動詞)'(即'導')之義。牆盤:'譱圉武王遹征(正)三(四)方。'連劻名以爲'征'當讀爲'正';'正四方'與《書·多士》之'旬四方'即'定四方'之義。詳見《史牆盤銘文研究》,《古文字研究》八輯。盤銘'遹征(正)'近義連用。'遹征(正)四方'與盂鼎'畯(悛)正厥民'意近。'畯(悛)正'亦近義連用。又,善夫克鼎:'王命善夫克舍令于成周遹正八自(師)之年。'郭沫若曰:'"正"乃底績攷成之意。'《大系考釋》一二三葉。則'遹正'亦可視爲近義連用。"(《通解》第 323～324 頁)則"遹"仍爲動詞而非虛詞。

本案：從"遹"自身在銘文中的通盤用例來看，張說更有整體性，當"遹"與其他動詞（如"省""誉""征""正"）連用作謂語時，"遹"皆看作動詞，而非如其他學人那樣處理爲部分看作動詞，部分看作虛詞。然從典籍及他銘中類似語句（如典籍《詩・大雅・文王有聲》之"遹追來孝"、師遽簋銘之"延正師氏"）來看，又確似將部分"遹"（史牆盤、小克鼎等銘例）看作虛詞更爲合宜。各有其理，殊難取捨。不過我們仍傾向於贊同張說，因爲此說能兼顧"遹"字在銘文中的通盤用例，更合銘文整體規則與自身實情，而與典籍或他銘中類似語句作比較而類推，乃爲次要之研究方法，有時類推結論並不一定正確可靠；此外，典籍"遹追來孝"之"遹"，亦非必如"遹，辭也""遹，語詞，遹作聿"之類作解不可，將其看作動詞"遵循，效法"義，與"遹省先王""遹誉文武"類同，亦未爲不可。

③王命譱（膳）夫克舍于成周徧（遹）正八自（師）之年。（小克鼎，5.2797，西晚）

④天子㷴需，用建絲（茲）外土，牆（遹）嗣（司）蠻（蠻）戎，用㪷不廷方。（戎生編鐘二，27，西晚）

此"遹"當與其後之"司"同爲動詞而連用。若作虛詞解，則與其前後句之"用"同爲虛詞而有互文功用。

■一四五、見

1. 視，睹，看見。作謂語中心。9 見。

①爲人臣而仮（反）臣其宗，不兼（祥）莫大焉。牆（將）與虜（吾）君竝立於丗（世），齒誄（長）於遒（會）同，刞（則）臣不忍見施（也）。（中山王䜌方壺，15.9735，戰早）

②見其金節刞（則）毋政（徵），毋舍桴飤。不見其金節刞（則）政（徵）。（鄂君啓車節，18.12110、18.12111、18.12112，戰國/鄂君啓舟節，18.12113，戰國）

《詩經・王風・采葛》："一日不見，如三秋兮。"

2. 視察，察看。作謂語中心。9 見。

①唯九月初吉庚午，公弔（叔）初見于衛（衛），賢從。（賢簋，7.4104、7.4105、7.4106，西中）

劉志基註曰："公弔（叔）初見于衛（衛）：公叔初次視察衛地。公弔（叔），人名，郭沫若曰'殆即康叔，公其爵，叔其字也。'見，視察，察看。"（《類檢》第 50 頁）

郭沫若曰："此器甚古，當在周初。公叔殆即康叔，公其爵，叔其字也。"（《大系考釋》第 225 頁）

則簋銘言康叔受封之後，初次視察其封地衛國。

②南中（仲）邦父命覲（駒）父殷（即）南者（諸）厌（侯）達（率）高父見南淮尸（夷），卑取卑服，堇（謹）尸（夷）俗。㝒不敢不□愧（畏）王命（命）逆見我。（駒父盨蓋，9.4464，西晚）

3. 進見，拜見，朝見。作謂語或謂語中心。14 見。

①乙卯，子見，才（在）大室。白（伯）□一，緝𢦏九，𡳿百牢。（子尊，11.6000，殷或西早）

王慎行、王漢珍讀"見"爲"獻"，訓爲"進""貢"。（《乙卯尊銘文通釋譯論》，《古文字研究》第十三輯）

李學勤曰："'見'義爲朝見。……子在太室朝見商王。"（《灃西發現的乙卯尊及其意義》，《文物》1986 年第 7 期）

本案：從上下文義來看，讀"見"爲"獻"更爲緊接；然以本字"朝見"義釋之亦可通。本字之義可通情況下，一般不必輾轉相釋，故仍取李說。

②弔（叔）趞父曰："……烏（嗚）虖（呼），燮，敬哉（哉）！絲（茲）小彝𣏌（末）吹，見余，唯用諆（其）𢛚女（汝）。"（叔趞父卣，10.5428、10.5429，西早）

劉志基釋譯曰："哎！燮呀，你要謙恭、庄重！這個小酒器不要堕失了，我們見面時，用它來與你共飲。"（《類檢》第 609 頁）由於叔趞父是燮的上級，所以此"見"，亦當爲"進見"義。

③雩若二月，医（侯）見莎（于）宗周，亡述。迨王饗（館）莽京𢉩阼（祀）。（麥方尊，11.6015，西早）

④眉敖者膚卓事（使）見於王。（九年衛鼎，5.2831，西中）

⑤方䜌（蠻）亡（無）不𧴫見。……雩武王既钹殷，散（微）史（使）刺（烈）且（祖）𣥂來見武王。（史牆盤，16.10175，西中）

⑥𧻚𢏳（子）𣥂遣閒來逆卲（昭）王。南尸（夷）東尸（夷）具見，廿又六邦。（𧽮鐘，1.260，西晚）

⑦王命益公征眉敖。益公至，告。月（二月），眉敖至見。獻（獻）賷（帛）。（乖伯歸夆簋，8.4331，西晚）

■一四六、觀

觀察，諦視。作謂語中心。1 見。

於（嗚）虖（呼），允㦰（哉）若言！明蔡之于壺而𫤌（時）觀焉。（中山王𫵢方壺，15.9735，戰早）

《易經·繫辭下》："仰則觀象於天，俯則觀法於地。"

《論語·爲政》："視其所以，觀其所由，察其所安。"

■一四七、省/徇/復

（一）省

1. 觀看，察看。此爲其本義。作謂語。1 見。

王省斌（武）王成王伐商圖。（宜侯夨簋，8.4320，西早）

2. 看見。作謂語或謂語中心。1 見。

　𤔲掔（肇）從趞（遣）征，攻開（闢）無𪇳（敵），省厅（于）人身。（𤔲鼎，5.2731，西中）

郭沫若曰：“《爾雅·釋言》：‘身，我也。’言己之武勇爲人與我所共觀也。”

“人身”之“人”，《金文資料庫》隸定爲“乒”。查原拓作“入”，當以隸定爲“人”爲確。

3. 巡視，視察。作謂語或謂語中心。約 25 見。

①王大省公族。（中觶，12.6514，西早）

②王徙于楚麓（麓），令𪅂（小臣）夌先省楚应（居）。（小臣夌鼎，5.2775，西早）

③王令中先，省南或（國）𦥑（貫）行，𦤺（藝）应（居），在曾（曾）。（中甗，3.949，西中）

④王窺（親）遹省東或（國）南或（國）。（晉侯蘇編鐘一，35，西晚）

⑤王窺（親）遠省𠂤（師）。（晉侯蘇編鐘三，35，西晚）

⑥公違省自東，才（在）新邑。（臣卿簋，7.3948，西早）

⑦穆穆魯辟。徝省朔旁（方）。（梁十九年亡智鼎，5.2746，戰國）

⑧王令宜子迨（會）西方。厅（于）省隹（唯）反（返），王商（賞）戍甬貝二朋。（戍甬鼎，5.2694，殷）

此例之“省”，張世超看作名詞，曰：“名詞，指巡視之事，巡視之地。戍甬鼎：‘王令宜子迨西方于省。’”（《通解》第829頁）我們認爲其仍爲動詞“巡視”之義，當與下句連讀。

《易經·觀卦》：“先王以省方、觀民、設教。”

《詩經·大雅·常武》：“率彼淮浦，省此徐土。”

（二）徇

通“省”。巡視，視察。作謂語中心。1 見。

　隹（唯）十又一月，師雒（雍）父徇衙（道）至于𣅔，霰從。（霰鼎，5.2721，西中）

徇衙，即省道，視察道路，探路。

郭沫若曰：“此之‘徇導’殆言征討。”（《大系考釋》第60頁）

張世超曰：“遇甗：‘師雒父伐，才（在）古自，遇從。’‘遇’‘霰’同人，俱從師雒父，一爲‘伐’，一爲‘徇道’，則‘徇道’讀‘征討’似可從。然郭解‘徇’爲卜辭之𫩏實誤，以‘巡省道途’解‘徇道’，或勝於讀‘征討’。”（《通解》第404頁）

本案：張世超於其“戍”字條下已解析金文中“戍”與“伐”之字形異同，並將遇甗銘中之“伐”隸定爲“戍”而非“伐”，且引遇甗銘例曰：“戍守也。……遇甗：‘師雒父戍才（在）由自（師）。’《詩·小雅·采薇》：‘我戍未定，靡使歸聘。’”（《通解》第2945頁）則與此處讀“伐”之說自相矛盾。故釋“徇”爲“伐”“征討”之說更不足信。

（三）復

同"省"。巡視，視察。作謂語或謂語中心。13見。

王才（在）宗周，令史頌復（省）鮝（蘇）。 （史頌簋，8.4229.1A、8.4229.1B、8.4229.2、8.4230、8.4232.1、8.4232.2、8.4233、8.4234、8.4235.1、8.4235.2、8.4236.1、8.4236.2，西晚／史頌簋蓋，8.4231，西晚）

■一四八、眚

1. 通"省"。巡視，視察。作謂語中心。1見。

王肇（肇）通眚（省）文武，堇（勤）彊（疆）土。（默鐘，1.260，西晚）

2. 通"省"。考察，觀察。作謂語。1見。

侖（論）其悳（德），眚（省）其行，亡不慾（順）道。（中山王譽鼎，5.2840，戰晚）

3. 通"省"。審查，調查。作謂語中心。1見。

王令眚，史南目（以）即虢旅，迺事（使）攸衛牧斯（誓）曰。（斠攸从鼎，5.2818，西晚／斠从簋蓋，8.4278，西晚）

馬承源註曰："王令眚，史南目即虢旅，迺事（使）攸衛牧誓：王命令審查其事，史南以就虢旅使攸衛牧設誓。"（《銘文選》第296頁）

劉志基註曰："眚：通'省'，作視察，調解。"釋譯爲："王命令調查這件事情，史南特此到達虢旅，讓攸衛牧發誓。"（《類檢》第438頁）

4. 通"生"。用於"眚霸"一語中。作謂語中心。4見。

①隹（唯）王三（四）月既眚（生）霸，辰（辰）才（在）丁酉。（智鼎，5.2838，西中）

②唯王二月既眚（生）霸，辰才（在）戊寅。（豆閉簋，8.4276，西晚）

③隹（唯）王九月既眚（生）霸庚寅。（揚簋，8.4294、8.4295，西晚）

■一四九、眠／覎

（一）眠

1. 後作"視"。參看，比照，效法。作謂語。3見。

亓（其）葦（椁）相（棺）中相（棺）眠（視）忞后。……亓（其）牀（葬）眠（視）忞后。……葦（椁）相（棺）中相（棺）眠（視）忞后。（兆域圖銅版，16.10478，戰晚）

馬承源註曰："葦（椁）相（棺）中相眠（視）忞后：內棺和中棺的格局效法忞

后。……眠：即視，效。《廣雅・釋詁三》云視爲‘效也’，效法之意。”（《銘文選》第585頁）

2. 後作“視”。監管，主管。用於“眠吏（視事）”一詞中。作謂語中心。1見。

十七年，叚工帀（師）王馬重，眠（視）吏（事）鐙，冘（冶）敬才。（十七年平陰鼎蓋，5.2577，戰國）

（二）眼

同“眠”，後作“視”。看，看到。作謂語中心。1見。

烏（鳴）虖（呼），爾有唯（雖）孚（小子）亡（無）戠（識），眼疒（于）公氏有爵疒（于）天，叝（徹）令苟（敬）高（享）戋（哉）！（何尊，11.6014，西早）

劉志基註曰：“眼（視）疒（于）公氏有爵于天：應看到你父考公氏敬於上天。”（《類檢》第617頁）

■一五〇、監

1. 視，察看，引申爲鑒戒、勉勵之義。後世典籍多作“鑒”。作謂語。2見。

乙亥，王鼐（誥）畢公，廼易（賜）史臨貝十朋。臨古（故）疒（于）彝。才（其）疒（于）之朝（朝）夕監。（史臨簋，7.4030、7.4031，西早）

馬承源註曰：“監：通鑒，即鑒戒，這裏有勉勵的意思。”（《銘文選》第55頁）

《尚書・召誥》：“不可不監於有夏，亦不可不監於有殷。”孫星衍疏：“我亦思此二國命之所以墜，以爲監戒而繼其功。”

2. 監視，監督，監察。作謂語或謂語中心。6見。

①令女（汝）ナ（佐）足（疋）彙厌（侯），監贊師戌。易（賜）女（汝）乃且（祖）旂，用事。（善鼎，5.2820，西中）

馬承源註曰：“監贊師戌：監撫在贊地戌守的軍隊。”（《銘文選》第233頁）

《禮記・月令・季春之月》：“百工咸理，監工日號。”鄭玄註：“於百工皆理治其事之時，工師則監之，日號令之。”

②令女（汝）官嗣（司）成周賨（貯），監嗣（司）新窟（造）。（頌簋，8.4332、8.4333、8.4334、8.4335，西晚/頌簋蓋，8.4336，西晚）

■一五一、殷

1. 殷見，觀見，下級進見上級（尤指諸侯臣屬進見天子君王）。作謂語或謂語中心。7見。

①令師田父殷成周□。（小臣傳簋，8.4206，西早）

②隹（唯）明（明）倸（保）殷成周年，公易（賜）乍（作）冊鬺貝貝。（作冊鬺卣，10.5400，西早）

張世超引此例曰："殷同，天子會見羣諸侯之禮。"（《通解》第 2071 頁）

郭沫若曰："'殷成周'即彼之'朝至于成周'。殷殆殷覜、殷同之意，有傳卣，言'王在□京，命師田父殷成周[年]，例与此同。"（《大系考釋》第 10 頁）

《周禮·秋官·大行人》："殷同以施天下之政，時聘以結諸侯之好，殷覜以除邦國之慝。"鄭玄註："殷同者，六服盡朝。既朝，王亦命爲壇於國外，合諸侯而命其政。"

本案：殷，既可指天子君王會見諸侯臣屬，亦可反向指諸侯臣屬覲見天子君王；而且從豐卣、豐作父辛尊兩銘來看，還可泛指下級進見上級。

③才（在）五月既望辛酉，王令士上眔史黄殷（殷）于成周。（士上卣，10.5421、10.5422，西早）

④才（在）五月既望□酉。王令士上□□黄殷（殷）于□□。（士上尊，11.5999，西早）

⑤佳（唯）六月既生霸（霸）乙卯，王才（在）成周。令豐殷（殷）大矩（矩）。大矩（矩）易（賜）豐金貝。用乍（作）父辛寶（寶）隬（尊）彝。（豐卣，10.5403，西中）

⑥佳（唯）六月既生霸乙卯，王才（在）成周。令豐殷（殷）大矩（矩）。大矩（矩）易（賜）豐金貝。用乍（作）父辛寶隬（尊）彝。（豐作父辛尊，11.5996，西中）

2. 賞賜。作謂語中心。1 見。

佳（唯）十又三（四）月，王彭，大禘蒸，才（在）成周。咸蒸，王乎殷畢士。齊弔（叔）矢吕（以）行、車馬、貝朋（三十朋）。敢對（對）王休。（叔矢方鼎，《文物》2001 年第 8 期第 9 頁圖二，西早）

此例中"殷""以""休"當爲前後互文，皆表"賞賜"義。

■一五二、䎽/聒/䎽/䎽/䎽/耄/䎽（聞）

1. 聽聞，聽說。作謂語或謂語中心。2 見。

①我䎽（聞）殷述（墜）令，佳（唯）殷邊（邊）厌（侯）田（甸）雩（與）殷正百辟，率肆（肆）于酉（酒），古（故）喪白（師）。（大盂鼎，5.2837，西早）

②寡（寡）人聒（聞）之，事孚（少）女（如）䪥（長），事愚女（如）智。（中山王䤾鼎，5.2840，戰晚）

《尚書·康誥》："我聞曰：'怨不在大，亦不在小。'"

2.（聲音傳播，傳揚）被聽到。作謂語。3 見。

①其音謇謇，䎽（聞）于四方。（徐王子旃鐘，1.182，春秋）

②其登于上下□□，䎽（聞）于四旁（方）。（者滬鐘，1.197，春秋）

③□□之音，𣲖𣲖潝（雝）潝（雝），䎽（聞）于膚東。（儠叔之仲子平鐘，1.174，春晚）

《詩經·小雅·鶴鳴》："鶴鳴於九皋，聲聞於野。"

3. 聞名，（聲名傳播）被聽說。作謂語。1 見。

惠于政遹（德），思（淑）于威義，圅（函）嬞（恭）糦遲，畏（畏）嬰（忌）趩趩，肅哲戕（壯）戠（武），繇（聞）于三國。（王孫遺者鐘，1.261，春晚）

此依張世超之說。然此例《金文資料庫》、馬承源皆作"余圅（函）嬞（恭）糦屖，畏嬰趩趩，肅悊（哲）聖武。惠于政德，思（淑）于威義，誨猷不（丕）飤（飾）"（《銘文選》第 428 頁），並無"繇（聞）于三國"四字，且辯認順序亦不一致，查原拓，亦以馬說爲是。抑王孫遺者鐘有二，別有一銘如此乎？

《史記·廉頗藺相如列傳》："以勇氣聞於諸侯。"

4. 過問，知曉。作謂語或謂語中心。3 見。

①外入（內）母（毋）敢無顜（聞）層（知）。（宰獸簋，490，西中）
②嗣（司）王家外內，母（毋）敢又（有）不顜（聞）。（蔡簋，8.4340，西晚）
③母（毋）又（有）不顜（聞）智（知）。（逆鐘，1.62，西晚）

張世超謂此類"聞"字："用如'問'，過問之意。'問''聞'本同源，欲聞則問，既問則聞。"（《通解》第 2786 頁）我們認爲此類"聞"字以"過問"義解之，可也，然直接視之爲"用如'問'"，則稍顯過度矣，蓋此類"聞"當仍以"聽聞"義爲側重點，唯"聽聞"之外，可稍加引申擴展至"過問"義爾，然非直接等同於"問"也。

5. 後作"問"，朝問，聘問，諸侯國之間互相慰問以表達邦交修好之意。作謂語。2 見。

①其惟因㝅，嬰（揚）皇考，聖（紹）䋤高且（祖）黃啻（帝），倗鉰（嗣）趄文，淖（朝）𦥑（問）者（諸）厌（侯），合（答）嬰（揚）氒惪（德）。（陳侯因㝅敦，9.4649，戰晚）

此字原拓作"𦥑"，《金文資料庫》隸讀爲"𦥑（問）"，張世超認爲"問"字，曰："與'聞'同字。……塙用問答義之'問'字，於出土材料，始見戰國秦系文字。"（《通解》第 168 頁）郭沫若曰："𦥑即昏庸之昏，讀爲問。……此云'朝問諸侯'義亦甚協。"（《大系考釋》第 220 頁）

馬承源隸讀爲"昏（問）"，註曰："淖（朝）昏（問）者（諸）侯：朝聘諸侯，即指諸侯間邦交修好。淖昏：讀若朝問，即朝聘。《周禮·春官宗伯·大宗伯》'時聘曰問'，《公羊傳·莊公四年》：'古者諸侯必有會聚之事，相朝聘之道。'又《周禮·秋官司寇·大行人》：'凡諸侯之邦交，歲相問也。'即此朝問之義。"（《銘文選》第 561 頁）

②邥（鄖）客臧（臧）𠂤（嘉）顜（問）王於茂郢之歲（歲）。（鄖客問量，16.10373，戰國）

6. 後作"婚"。結爲姻親。金文尚無"婚"（亦無"昏"字），典籍初作"昏"，後作"婚"。作謂語中心。4 見。

①用乍（作）朕皇考武乖幾王障（尊）設（簋），用孝（孝）宗朝（廟），亯（享）娭（夙）夕，孜（好）倗（倗）友雩（與）百者（諸）、䙴（婚）遘（媾）。（乖伯歸夆簋，8.4331，西晚）

②用乍（作）旅盨，隹（唯）用獻于師尹、匍（倗）友、羼（婚）遘（媾）。（膳夫克盨，9.4465，西晚）

③用喜（享）孝于兄弟、羼（婚）顀（媾）、者（諸）老。（及季良父壺，15.9713，西晚）

以上三例"婚媾"，可看作動詞，亦可看作名詞。

④兄弟諸子羼（婚）菁（媾），無不喜。（頯叔多父盤，《金文總集》8.6786，西周）

■一五三、曰

1. 說，說道。作謂語或謂語中心。385 見。

①王曰："隉（尊）文武帝乙宜。"（四祀𢓵其卣，10.5413，殷）

②王亯（誥）宗孳（小子）𤲮（于）京室，曰："昔才（在）爾考公□，克遺玟（文）王……"（何尊，11.6014，西早）

③王曰："令眾奮，乃克至，余圓（其）舍女（汝）臣十家。"……令撵（拜）頴首曰："小［子］廼學（效）。"（令鼎，5.2803，西早）

④王令吳白（伯）曰："㠯（以）乃自（師）右比毛父。"王令呂白（伯）曰："㠯（以）乃自（師）右比毛父。"遣令曰："㠯（以）乃族從父征……"（班簋，8.4341，西中）

⑤弔（叔）氏若曰："逆（逆），乃且（祖）考□政于公室，今余易（賜）女（汝）毌五。"（逆鐘，1.60，西晚）

⑥邵黵曰："余嬲（畢）公之孫，邵白（伯）之子……"（邵黵鐘，1.225；1.226、1.227、1.228、1.230、1.231、1.232、1.233、1.234、1.235、1.236、1.237，春晚）

⑦貯曰："余陞（陳）中（仲）廟孫……"（陳貯簋蓋，8.4190，戰早）

2. 告訴，對……（說）。用於"曰……曰"搭配結構中（此義項指其前一字），猶典籍之"謂……曰"。作謂語中心。2 見。

武公廼獻（獻）于王，廼曰武公曰："女（汝）既静京自（師），贅（鳌）女（汝），易（賜）女（汝）土田。"……公寏（親）曰多友曰。（多友鼎，5.2835，西晚）

銘文之"曰……曰"結構，前一"曰"猶典籍"謂……曰"之"謂"，後一"曰"猶典籍"謂……曰"之"曰"。

《論語·述而》："子謂顏淵曰：'用之則行，捨之則藏'，惟我與爾有是夫！"《左傳·僖公三十三年》："公使謂之曰：'爾何知？中壽，爾墓之木拱矣！'"《韓非子·說林上》："或謂之曰：'子必窮矣！'"

3. 爲，謂，叫做，稱爲，是，就是。表主語和賓語之等同關係。作謂語或謂語中心。22 見。

①白（伯）買父廼以乒人戍漢中州，曰段，曰旅。（中甗，3.949，西中）

②智刜（則）鞿（拜）頴首。受絲（兹）五［夫］，曰陪，曰顗（恆），曰轼，曰酓，曰肯。……匡（匡）廼頴首于智，用五田，用眾（眾）一夫曰嗌，用臣曰嘼，［曰］

胡（肶），曰畁。（智鼎，5.2838，西中）

　③易（賜）趙（趞）采曰𫠊，易（賜）貝五朋。（趙卣，10.5402，西中）

　④兹（茲）鍾名曰無昊鍾。（南宮乎鐘，1.181，西晚）

　⑤即賫乓邦曶（肖），曰𣍘（尹），曰𪇾，曰鈴，曰達。（師㝨簋，8.4313.1、8.4313.2、8.4314，西晚）

　《經傳釋詞》卷二：“曰，猶‘爲’也。”《尚書·洪範》：“五事：一曰貌，二曰言，三曰視，四曰聽，五曰思。”“曰”“爲”古一聲之轉。

一五四、告

1. 禱告。作謂語。1見。

佳（唯）珷（武）王既克大邑商，嗣（則）廷告䠗（于）天。（何尊，11.6014，西早）

《後漢書·光武紀上》：“六月己未即皇帝位，燔燎告天。”

2. 報告，上報，彙報。作謂語或謂語中心。約12見。

　①𩁹（雷）事（使）乓友弘昌（以）告于白（伯）懋父。……弘昌（以）告中史書。（師旂鼎，5.2809，西中）

　②寶（廣）伐京𠂤（師），告追于王。（多友鼎，5.2835，西晚）

　③告余先王若德。……乓非先告父曆，父曆舍命，母（毋）又敢懋（專）。（毛公鼎，5.2841，西晚）

　④䚄（召）白（伯）虎告曰：“余告慶曰，公，乓稟貝，用獄㮣（積），爲白（伯）又（有）祗又（有）成，亦我考幽白（伯）幽姜令。余告慶……”（六年召伯虎簋，8.4293，西晚）

林澐釋爲：“召伯虎來向珊生報喜了。”（《珊生㲃新釋》，《古文字研究》第三輯）

馬承源註曰：“召伯虎告曰：‘余告慶曰，公’：召伯虎告訴說，我報告可慶之事，公!’”（《銘文選》第210頁）

　⑤告禽（擒）戝（職）百、嗤（訊）冊（四十）。（敔簋，8.4323，西晚）

《詩經·大雅·江漢》：“經營四方，告成於王。”孔穎達疏：“告其功於宣王。”

3. 請、求。作謂語。1見。

余獻（獻）媥（婦）氏昌（以）壺，告曰。（五年召伯虎簋，8.4292，西晚）

林澐曰：“‘告曰’以下爲珊生的請辭。”《爾雅·釋言》：“告，請也。”《國語·魯語上》：“國有饑饉，卿出告糴，古之制也。”韋昭註：“告，請也。”

4. 告諭，告誡，宣告。作謂語或謂語中心。約4見。

　①祗祗翼翼，卲（昭）告遉（後）嗣。（中山王䜌方壺，15.9735，戰早）

　②胤昇（嗣）姧娍，敢明易（揚）告。（姧娍壺，15.9734，戰早）

馬承源註曰：“敢明易（揚）告：明白地宣告。……易告一辭，義猶今語宣告。”（《銘文選》第579頁）

《釋名·釋書契》："上敕下曰告。告，覺也，使覺悟知己意也。"

5. 訟，控告。作謂語或謂語中心。5 見。

①衛秘曰（以）邦君屬告于井白（伯）、白（伯）邑父、定白（伯）、㷭白（伯）、白（伯）俗父。（五祀衛鼎，5.2832，西中）

②事（使）𠄨小子𤔲曰（以）限訟于于井弔（叔）。……曰（以）匡（匡）季告東宮。……智或曰（以）匡（匡）季告東宮。（智鼎，5.2838，西中）

③嚻（𩒨）從曰（以）攸衛牧告于王。（𩒨攸從鼎，5.2818，西晚）

④乃師或曰（以）女（汝）告，刪（則）𠌯（致）乃便（鞭）千。（儌匜，16.10285，西晚）

6. 通"造"。製造。作謂語。2 見。

①蘿圈窑里人告（造）。（蘿圈窑里豆，9.4668，戰晚）

②郢□膚（府）所告（造）。（䣄陵君王子申豆，9.4694，戰晚）

7. 通"造"。製造的。作定語。4 見。

①衛公孫□之告（造）戈。（衛公孫戈，17.11200，春早）

②司馬𦯄之告（造）戣（戈）。（司馬𦯄戈，17.11131，春秋）

③郘左告（造）戋（戟）。（郘左戈，《文物》1995 年第 7 期，戰早）

④陸（陳）子皮之告（造）戈。（陳子皮戈，17.11126，戰國）

■一五五、誥

告諭，告誡。作謂語。3 見。

①王誥（誥）宗孛（小子）𤝔（于）京室，曰。……王咸誥（誥），𤲚（何）易（賜）貝𦱪（卅朋）。（何尊，11.6014，西早）

②乙亥，王誥（誥）畢公，廼易（賜）史臨貝十朋。（史臨簋，7.4030、7.4031，西早）

■一五六、徣

告諭，告誡。作謂語。1 見。

厌（侯）氏從徣（告）之曰："枼（世）萬至於辝（以）孫子，勿或俞（渝）改。"（齰鎛，1.271，春中或春晚）

■一五七、𢦏

1. 通"告"。告訴，告明。作謂語中心。1 見。

𧮣（召）白（伯）虎曰："余既嚻（訊）𢦏我考我母令，余弗敢亂（亂），余或（又）至（致）我考我母令。"（五年召伯虎簋，8.4292，西晚）

馬承源註曰："𧮣（召）白（伯）虎曰：'余既訊𢦏我考我母令，余勿敢亂（亂）'："

召伯虎云，我既已訊而明我父母之命，我不敢違亂。是以召伯虎來會事，實秉其父母之命。戻：《說文》所無，从厂昊聲，借假爲告，昊、告同部聲轉。訊戻即訊告，訊亦有告義。訊戻當是西周成語。矞：讀作亂。余或（又）至（致）我考我母令：我再向你致以我父母之命令。"（《銘文選》第209頁》則"戻"爲"明，告明"之義。

2. 通"告"。報告。作謂語。1見。

今余既嚥（訊）有嗣（司）曰："戻令。"（六年召伯虎簋，8.4293，西晚）

馬承源註曰："今余既訊有嗣，曰：戻令：今我再告有司說，報告命令。此告命是爲伯有祗有成之事。"（《銘文選》第210頁》則"戻"爲"報告"之義。

■一五八、學

1. 學習。作謂語。1見。

小子采服采小臣采尸僕學射。（靜簋，8.4273，西中）

學射，即學習射術。

《周禮·地官·保氏》："保氏掌諫王惡，而養國子以道。乃教之六藝：一曰五禮，二曰六樂，三曰五射，四曰五馭，五曰六書，六曰九數。"《周禮·地官·大司徒》："三曰六藝：禮、樂、射、御、書、數。"鄭玄註："射，五射之法。"《論語·八佾》："必也射乎，揖讓而升，下而飲，其爭也君子。"

2. 教，教育。作謂語中心。1見。

靜學（教）無眠。王易（賜）靜鞞（鞞）刻。（靜簋，8.4273，西中）

3. 通"效"。效勞，效命。作謂語。1見。

令搟（拜）頴首曰："小［子］廼學（效）。"（令鼎，5.2803，西早）

劉志基註曰："小［子］廼學（效）：小子已向王效命。"釋譯曰："小子已經爲王效勞了。"（《類檢》第420頁）

■一五九、斆

通"效"。效法。作謂語中心。1見。

它用裹（懷）抾（惷）我多弟子我孫，克又（有）井（型）斆（效）歖（懿）父廼□子。（沈子它簋蓋，8.4330，西早）

劉志基註曰："克又（有）井（型）斆（效）歖（懿）父廼□子：能夠效法品德美好的先人們。井（型）斆（效），效法、遵循。倒數第二字殘，缺釋。"釋譯曰："我沈子它祝願我的弟子和孫子們得福，能夠效法品德美好的先人們。"（《類檢》第246頁）則"斆"通"效"，"效法"義。

張世超引此例曰："名詞，教化。沈子它簋：'我孫克叉井斆（型教）。'"（《通解》第775頁）

本案：二說皆可通。似以劉說爲佳。

■一六〇、每

後作"誨"。教誨，告知。作謂語。1 見。

智迺每（誨）于胝［曰］：女（汝）其□舍夔矢五秉。（智鼎，5.2838，西中）

馬承源註曰："智迺每（誨）于胝曰：'女（汝）其舍夔矢五秉'：智告知胝說：'給予夔五束矢。'"（《銘文選》第 171 頁）

張世超引此例曰："假爲'謀'。智鼎：'智迺每（謀）于胝［曰］。'"（《通解》第 75 頁）則"敏"通"謀"，"謀劃，籌謀"之義。

本案：二義皆可通。然從字形、語音近似關係來看，當以讀"誨"爲佳。

■一六一、誨

後作"謀"。謀慮，謀劃，籌謀。作謂語。2 見。

不嬰（其），女（汝）孳（小子），女（汝）肈（肇）誨（敏）于戎工（功）。（不其簋，8.4328，西晚/不其簋蓋，8.4329，西晚）

陳初生引此例曰："同'謀'。……于省吾曰：'誨古謀字。'《尚書·說命》：'朝夕納誨'，亦即'朝夕納謀'。叔夷鐘：'女（汝）肈勄（敏）于戎攻。'則假敏爲謀。《詩·大雅·江漢》作'肇敏戎公'。即'肇謀戎公'。謂始謀大事。虢季子白盤：'不（丕）顯子白，壯（壯）武于戎工。'則是假武爲謀。此依于省吾說。王國維以敏爲本字，郭沫若以武爲本字。"（《字典》第 246 頁）

張世超曰："假爲'武'。不嬰簋：'女肈誨于戎工'，《詩·大雅·江漢》作'肇敏戎工'，王孫亝鐘作'武于戎工'，'武'爲本字，'誨''敏'皆借字。"（《通解》第 483 頁）

馬承源註曰："女（汝）肈誨（敏）于戎工（功）：你長於才識，敏於處理大事。肈：長。陸德明《經典釋文》引《韓詩》云：'肈，長也。'《詩·大雅·江漢》'肇敏戎公'。誨：假借爲敏，爲敏達之義。"（《銘文選》第 311 頁）

本案：以上諸說，異彩紛呈。陳初生依于省吾說，謂"同'謀'"；王國維以敏爲本字，則此例之"誨"當通"敏"；郭沫若以"武"爲本字，則此例之"誨"當通"武"，張世超從之；馬承源謂通"敏"，然徑以"敏"之本字義"敏達"釋之，當與王國維之通"敏"形同而實別（從陳初生之表述來看，陳引王說，爲證"誨"爲"謀"義，而非"敏"義，故王雖亦通"敏"，實又爲"謀"義），諸說皆可通，我們暫取"謀"義解之。且若如陳氏等說"誨與謀古爲一字"，則"誨""謀"當爲古今字關係，非"同（異體字）"或"通（通假字）"，兩周金文中尚無"謀"字形，僅戰國晚期中山王𧙍鼎有一"𢟪（愳）"形可視爲"謀"字。

■一六二、諫

通"敕"。整頓，治理。作謂語或謂語中心。2 見。

①盂！ 廼鬶（召）夾死（尸）嗣（司）戎，海（敏）諫（諫）罰訟（訟），叒（夙）夕鬶（召）我一人烝（烝）四方。（大盂鼎，5.2837，西早）

楊樹達曰：“敏諫罰訟，謂刑獄之事當急速處之，毋有留獄也。”（《金文說》第60頁）則“諫”通“速”。

馬承源註曰：“敏諫罰訟：即所謂慎罰。敏，審。《左傳·僖公二十三年》‘辟不敏也’，鄭玄《注》：‘敏，猶審也。’又《僖公三十三年》‘禮成而加之以敏’，鄭玄《注》：‘敏，審當於事。’諫，假借爲娊，《說文·女部》：‘娊，謹也’。”（《銘文選》第40頁）則“諫”通“娊”。

張世超曰：“理也，治也。克鼎：‘諫辥（救乂）王家。’盂鼎：‘敏諫（救）罰訟。’”（《通解》第492頁）則“諫”通“救”。

本案：僅從此例來看，通“速”或“娊”或“救”之說皆可通。然結合大克鼎“諫辥”來看，當以張說爲上，可圓潤通釋，而馬說需別爲二釋（謹；整治），楊說則有違“諫辥”同義連用。

②肄克龏（恭）保氒辟龏（恭）王，諫（救）辥（乂）王家。叀（惠）于萬民。（大克鼎，5.2836，西晚）

馬承源註曰：“諫（救）辥（乂）王家：整治王家之事。說明師華父是輔弼之臣。”（《銘文選》第216頁）

本案：“諫（救）辥（乂）”當爲同義詞。

■一六三、諫/諫

（一）諫

同“諫”，通“救”。正治，治理。作謂語或謂語中心。6見。

①用諫三（四）方，頗（柔）遠能孜（邇）。（番生簋蓋，8.4326，西晚）

張世超曰：“此非諫諍字，金文諫諍字作‘讕’。此與‘諫’‘救’同字，番生簋：‘用諫四方’，秦公簋：‘萬民是救’，語意相近而字作𢽾，可證此字亦‘救’。”（《通解》第493頁）則“諫”同“救”。

馬承源註曰：“用諫四方：以正治四方。此承上句，云以偉大正直之德正治四方。《廣雅·釋詁》訓諫爲‘正也’。經籍通作詰。《周禮·秋官司寇·大司寇》：‘以佐王刑邦國詰四方。’詰有治義。《左傳·襄公廿一年》：‘子盍詰盜’，杜預《注》：‘詰，治也。’諫詰聲義相通之假借字。”（《銘文選》第225頁）則“諫”通“詰”。

本案：二說皆可通。然從字形相似度來看，當以通“救”之說更佳。

②諫罰朕庶民左右，母（毋）諱。（叔夷鐘，1.272、1.279、1.285，春晚）

③虔叒（夙）夕卹周邦，保王身，諫辥三（四）或（國）。（作冊封毃一、作冊封毃二，《中國歷史文物》2002年第2期，西晚）

（二）譀

同"諫"，通"敕"。整頓，治理。作謂語中心。1見。

保奠周邦，譀（諫）辥（乂）亖（四）方。（遯盤，《考古與文物》2003年第3期，西晚）

"敕"古同"飭"，"整頓"義。

■一六四、敕／敕

（一）敕

整頓，治理。作謂語或謂語中心。1見。

虔敬朕祀，昌（以）受多福，龢（協）龢（和）萬民，唬叺（夙）夕，剌（烈）剌（烈）趄（桓）趄（桓），萬生是敕。（秦公鎛，1.270，春早）

本案：依《說文》之說，則此"整頓，治理"義當由"敕"之"誡，告誡"本義引申而來。然《廣雅·譯詁二》："敕，理也。"《小爾雅·廣言》："敕，正也。"則"敕"之本義即爲"治理"。

（二）敕

同"敕"。整飭，治理。作謂語或謂語中心。2見。

①余雖僮（小子），穆穆帥秉明（明）德，剌（烈）剌（烈）趄（桓）趄（桓），邁（萬）民是敕（敕），咸畜胤（俊）士。（秦公簋，8.4315，春早）

②命左關帀（師）獙敕（敕）成左關之畚（釜）節于穀（稟）畚（釜）。（陳純釜，16.10371，戰國）

張世超曰："整飭，治理，典籍或作'勅''勑'。秦公簋：'萬民是敕（敕）。'陳猷釜：'命左關不獙敕（敕）成左關之釜節于穀釜。'《小爾雅·廣言》：'敕，正也。'《易·噬嗑》：'雷電噬嗑，先王以明罰勑法。'《釋文》：'鄭云："勑，猶理也"，一云"整也"'。"（《通解》第737頁）則"敕（敕）"爲"整飭，治理"義。

馬承源註曰："命左閒（關）帀（師）獙，敕成左閒（關）之釜節于穀（稟）釜：命令左關的師獙，左關釜的容量完全以稟釜作爲標準。"（《銘文選》第555頁）似對"敕"未有明釋。

本案："敕成"當爲動補結構，"整頓成"義。

■一六五、𣂪／誓／誓

1. 發誓。作謂語中心。11見。

①延事（使）攸衛牧𣂪（誓）曰：……攸衛牧鄗（則）𣂪（誓）。（鬲攸從鼎，5.2818，西晚）

②廷事（使）攸衛牧訢（誓）曰：……攸衛牧則訢（誓）。（鬲比簋蓋，8.4278，西晚）

③矢卑（俾）羞（鮮）且舉旅訢（誓）曰：……羞（鮮）且舉旅劓（則）訢（誓）。廷卑西宮襄武父訢（誓）曰：……西宮襄武父劓（則）訢（誓）。（散氏盤，16.10176，西晚）

④白（伯）膓（揚）父廷或事（使）牧牛訢（誓）曰。……牧牛劓（則）訢（誓）。（儠匜，16.10285，西晚）

⑤井白（伯）、白（伯）邑父、定白（伯）、㵼白（伯）、白（伯）俗父廷顜事（使）屬誓（誓）。（五祀衛鼎，5.2832，西中）

2. 通"哲"。使……明哲。形容詞活用作動詞。作謂語。1 見。

不（丕）顯皇且（祖）考，穆穆克誓（哲）氒德，嚴（儼）在上，廣（廣）啓（啓）氒孫子于下。（番生簋蓋，8.4326，西晚）

■一六六、許/𧮫/詻/𧬉

（一）許

應許，許可，答應。作謂語或謂語中心。4 見。
①屬廷許曰。（五祀衛鼎，5.2832，西中）
②弗能許噅（䚄）从。（鬲攸從鼎，5.2818，西晚/鬲比簋蓋，8.4278，西晚）
③氒（是）㠯（以）㝢（寡）人許之，愳（謀）㥁（慮）膚（皆）竝（從）。（中山王嚳鼎，5.2840，戰晚）

張世超引此例作"中山王嚳壺：'氒（是）以寡人許人。'"（《通解》第479頁）

本案：張引此例，疏誤有二：一爲銘句出處，爲中山王嚳鼎，而非中山王嚳壺；二爲此句"寡"字後，並換"以"字。查原拓銘，嚳鼎中"寡人"共7見，另"寡"字單用共2見，其一皆同"寡人"。

（二）𧮫

同"許"，通"戲"。明察，昭察。見於聯綿詞"號𧮫（赫戲）"。形容詞活用作動詞。作謂語。1 見。

命女（汝）辥（乂）我邦我家內外，憅（專）于㝑（小大）政，竷（屏）朕立（位），號𧮫（許）上下若否雩（與）四方。（毛公鼎，5.2841，西晚）

馬承源註曰："號許（赫戲）上下若否雩（與）四方：明察朝廷上下和天下的善惡之事。此句承上辥竷朕立位。號許：當讀作典籍之'赫戲'。《楚辭·離騷》'陟陞皇之赫戲兮'，王逸《注》'赫戲，光明貌。'隙、赫古紐音相近，又叠韻。許、戲，並爲曉紐雙聲。隙許、赫戲皆聲假字。用作動辭爲明察，昭察的意思。"（《銘文選》第318頁）

（三）詓

同“許”，通“啎”。違背，違反。作謂語。2見。

限詓（啎）曰：“氐劓（則）卑（俾）我賞（償）馬，效［父］劓（則）卑（俾）復乎絲束。”𩨫、效父廼詓（啎）。（曶鼎，5.2838，西中）

馬承源隸讀爲“詓（啎）”，註曰：“限詓（啎）曰：限違背原約說。詓：字从言，午爲基本聲符，字即啎、迕，有逆、背、違之義。《說文·午部》‘啎，逆也。’《管子·君臣》：‘國家有悖逆反迕之行’，尹知章《注》：‘迕，背。’《漢書·食貨志》‘好惡乖迕’，顔師古《注》：‘迕，違也。’……𩨫、效父迺詓（啎）：……𩨫與效父乃終於違反議約。”（《銘文選》第170頁）則爲“違背，違反”義。

孫常叙以“詓”爲“謟”的異體，謂“謟”字曰：“‘缶’和‘匋’同音，……‘缶’‘匋’通用，那麽，曶鼎的‘詓’當是‘謟’的或體。……鄭知同《說文商義》說：‘往來言者，以此人之言往言於彼，復以彼人之言來言於此，而構兩人之怨’。往來於當事人兩方之間，從事學舌傳話，是這個字所寫的詞的詞義。”（《曶鼎銘文通釋》，《吉林師大學報》1977年第4期）張世超從之，隸讀爲“詓（謟）”。（《通解》第503頁）則爲“傳話”義。

本案：孫說“詓”爲“謟”之異體，邏輯不密，未必可從。馬說詓有逆、背、違之義，可從，然云詓字即啎、迕，亦邏輯不密。我們認爲綜合銘文“許”“䛁”“詓”“䛇”四字形來看，當爲“許”與“䛁”同，“詓”與“䛇”同，且此四字形當爲一字之異形。故此例中“詓（啎）”當同“許”，通“啎”。

（四）䛇

同“詓”，“詓”同“許”。應許，許可。作謂語中心。1見。

余老止公僕（附）章（庸）土田多𧧻（積），弋（式）白（伯）氏從䛇（許）。公宕（宕）其参，女（汝）劓（則）宕（宕）其貳；公宕（宕）其貳，女（汝）劓（則）宕（宕）其一。（五年召伯虎簋，8.4292，西晚）

馬承源註曰：“弋（必）白（伯）氏從許，……君氏說必定要得到伯氏的同意……”（《銘文選》第209頁）

林澐曰：“‘弋伯氏縱許’是希望召伯虎從寬處理。’”（《琱生簋新釋》，《古文字研究》第三輯）

孫常叙以此字爲“謟”之異體，“謟”爲“傳話”義。曰：“‘公宕’‘汝宕’四句是傳話的內容。”（《曶鼎銘文通釋》，《吉林師大學報》1977年第4期）

張世超承其師孫常敍之叙，於其“謟”字條下，列有曶鼎之“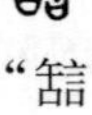”，五年琱生簋（即五年召伯虎簋）之“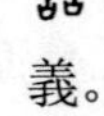”（《通解》第502頁），則“詓”“䛇”爲一字，皆爲“謟”之異體，“傳話”義。

然於其“縱”字條下，張世超又承林澐之說，引此例隸讀爲“詓（許）”。（《通解》第2041頁）

本案：張説自相矛盾，前後不一；孫説爲"訽"之異體，邏輯不密，未必可從；當以馬、劉讀"許"爲上。

■一六七、嚃/𡅮/嚃/嚃（訊）

1. 後作"訊"。詢問，審問。作謂語。1 見。

正廼嚃（訊）厲曰："女（汝）賈（貯）田不？"（五祀衛鼎，5.2832，西中）

馬承源註曰："正廼訊厲曰：'女（汝）貯田不？'……官員們乃詢問厲：'你是不是同意交換田畂？'……"（《銘文選》第132頁）則"訊"爲"詢問"之義。

從"訊"之字形反綁雙手、有"口"來看，"訊"本應爲動詞，指執敵而訊問之，然金文中未見有直接訊問俘敵的用例，此例中"訊"雖有"訊問、審問"義，然敵對色彩已大大降低，當視爲訊敵之擴展引申義。

2. 後作"訊"。告訴，報告。作謂語。2 見。

余吕（與）邑嚃（訊）有嗣（司），余典勿敢𡙡（封）。今余既嚃（訊）有嗣（司）曰："厦令。"（六年召伯虎簋，8.4293，西晚）

馬承源註曰："余吕（與）邑訊有嗣，余典勿敢封：我至邑中告訴有司，我僅典記而不敢簽封。此當因公與珋生的糧庫並在邑中，以前邑有司管理委積，珋生僅傳達此事而不敢簽封。今余既訊有嗣，曰：厦令：今我再告有司說：報告命令。此告命是爲伯有祇有成之事。"（《銘文選》第210頁）則"訊"爲"告訴"之義。

3. 後作"訊"。訊斷，處理（訴訟方面的）案件。作謂語或謂語中心。7 見。

①睗（賜）女（汝）赤🔲市、縊（鑾）旂。嚃（訊）訟。（揚簋，8.4294、8.4295，西晚）

劉志基註曰："嚃（訊）訟：處理訴訟案件。或謂從獄訟款項中撥得賞資。"（《類檢》第206頁）

②命女（汝）嗣（司）成周里人眔者（諸）厌（侯）、大亞，嚃（訊）訟罰。（𩰬簋，8.4215.1，8.4215.2，西晚）

"嚃訟罰"當爲述賓結構，訊斷爭訟案件、刑罰案件之意。

此"訊斷，處理（訴訟方面的）案件"義，當由"訊"之"訊問"義引申而來（由於訊問者一般是該案件的主事者、負責人，所以引申出此義，由其訊斷、處理）。"訊"之義項發展脉絡當爲：審訊（敵人）→詢問，審問（一般人、一般案件）→訊斷，處理案件。

③嚳（召）白（伯）虎曰："余既嚃（訊）厦我考我母令，余弗敢闔（亂），余或（又）至（致）我考我母令。"（五年召伯虎簋，8.4292，西晚）

馬承源註曰："嚳（召）白（伯）虎曰：'余既訊厦我考我母令，余勿敢𨻶（亂）'：召伯虎云，我既已訊而明我父母之命，我不敢違亂。是以召伯虎來會事，實秉其父母之命。厦：《説文》所無，從厂昊聲，借假爲告，昊、告同部聲轉。訊厦即訊告，訊亦有告義。訊厚當是西周成語。**鬲**：讀作亂。余或（又）至（致）我考我母令：我再向你致以我父母之命令。"（《銘文選》第 209 頁》）則 "訊" 仍註爲 "訊"，未能明指其義。

據本銘大意，爲處理一土田方面的爭訟，召伯虎前來參與、會事，則此 "訊" 仍當爲 "訊斷，處理（訴訟方面的）案件" 之義。

④命女（汝）乍（作）**㝅**自家嗣（司）馬，啻（適）官僕射士，嚾（訊）尖（小大）又（右）隣。（趞簋，8.4266，西中）

⑤雩乃專政事，母（毋）敢不妻（規）不井（型）。雩乃嚾（訊）庶又谷（舜），母（毋）敢不中不井（型）。（遱鼎辛，《考古與文物》2003 年第 3 期第 11 頁，西晚）

■一六八、**䚜/䚅/䚈/䚇/䚉/召**

1. 後作 "詔" 或 "紹" 或 "昭"。相導，輔相，佐助。此義當由 "召" 之 "告" 義引申而來。作謂語或謂語中心。11 見。

①不（丕）顯趄趄皇且（祖）穆公，克夾**䚜**（召）先王，尊（奠）亖（四）方。（禹鼎，5.2833，西晚）

②今余隹令女（汝）盂**䚅**（召）焚（榮）芍（敬）雝（雍）德巠（經）。……盂！廷**䚅**（召）夾死（尸）嗣（司）戎，海（敏）誎（諫）罰訟（訟），剅（夙）夕**䚅**（召）我一人晳（烝）四方。（大盂鼎，5.2837，西早）

③用夾**䚈**（召）毕辟奠大令。（師詢簋，8.4342，西晚）

④不（丕）顯朕皇高且（祖）單公，趄（桓）趄（桓）克明（明）恝（哲）毕德，夾**䚈**（召）文王武王。（遱盤，《考古與文物》2003 年第 3 期，西晚）

⑤用**䚇**（召）匹（弼）辞（予）辟，每（敏）賜（揚）毕光剌（烈）。（晉姜鼎，5.2826，春早）

⑥㠯（以）召甘（其）辟，休毕成事。（師害簋，7.4116、7.4117，西晚）

孫詒讓曰："召當讀爲昭。《書·文侯之命》：'亦惟先正克左右昭事厥辟。' 僞孔傳云 '能左右明事其君。' 又 '汝肇刑文武，用會紹乃辟'，紹，魏三體石經亦作昭。僞傳云 '合會繼汝君以善。' 皆望文生訓，迂曲難通。實則《書》兩昭字並當訓相。《爾雅·釋詁》：'詔、亮、左右、相，導也。' '詔、相、導、左右、助，勸也。' 詔、昭、召並同聲字，古通用。《書》云 '克左右昭事厥辟'，左右、昭同義，言能相厥君也。此敦云 '以召其辟'，言以相其君也。"

《周禮·天官·大宰》："以八柄詔王馭群臣"，鄭玄註："詔，告也，助也。"

2. 宣召。用於上對下。作謂語或謂語中心。

①**䚉**（召）啓進事，旋（奔）徒（走）事皇辟君。（召圜器，16.10360，西早）

②王乎（呼）虢弔（叔）召瘋。（瘋鼎，5.2742，西中）

③王乎（呼）蕭（膳）大（夫）騹（駹）召大曰（以）毕友入玟。王召走馬雁，令取誰（雖）鷉卅匹（二四）易（賜）大。（大鼎，5.2807、5.2808，西中）

④王乎（呼）士智召克。（克鐘，1.204、1.206、1.208，西晚/克鎛，1.209，西晚）

3. 召喚。用於平級或下對上。作謂語或謂語中心。4 見。

甘（其）金孔吉，亦玄亦黄，用成（盛）糫膪（稻）需（糯）梨（粱）。我用召卿事（士）辟王，用召者（諸）考者（諸）兄。（伯公父簠，9.4628.1、9.4628.2，西晚）

■一六九、訉/釙/燁/對

1. 答，對答，回答，回復。作謂語或謂語中心。約 319 見。

①中對王休令。（中方鼎，5.2751，西早）

②對王休。用乍（作）寶鼎（鼎）。（庚嬴鼎，5.2748，西早）

③訉（對）朕辟休。（獻簋，8.4205，西早）

④趞（遣）弔（叔）休于小臣貝三朋、臣三家。訉（對）畢休。（易不簋，7.4042，西早）

⑤徝（追）考（孝）訉（對），不敢豕（墜）。（榮作周公簋，8.4241，西早）

⑥余大燁（對）乃高（享）。（克盉，942，西早）

⑦覥敢釙（對）王休。（師覥鼎，5.2830，西中）

⑧番生敢訉（對）天子休。（番生簋蓋，8.4326，西晚）

⑨訉（對）膓（揚）其大福。（戎生編鐘三，《文物》1999 年第 9 期，春早）

⑩弗敢不對膴（揚）朕辟皇君之易（賜）休命。（叔夷鐘，1.285，春晚）

2. 稱揚，頌揚。此義乃受"對"字詞義滲透而致。作謂語。5 見。

①弋皇且（祖）考高對爾剌（烈）。（癲鐘，1.246，西中）

②皇王對癲身楙（懋），易（賜）佩。（癲鐘，1.247、1.248、1.249、1.250，西中）

"對"同"揚"，有"稱揚，頌揚"義，僅此 5 見。此殆"對揚"常連用，及"對""揚"常組合搭配使用，"對"受"揚"影響，感染其義，屬詞義滲透現象。（詳參：孫雍長：《訓詁原理》，語文出版社 1997 年版，第 325～347 頁/孫雍長：《古漢語的詞義滲透》，《中國語文》1985 年第 3 期/蔣書红：《試論聯綿詞的詞義滲透》，《漢字文化》2012 年第 1 期）

■一七○、覥/膓/敭/遅/珊/脭/覥/釙/膓/膓/膴/嬰/辰/易（揚）

銘文中"揚"字書寫形式繁雜多樣，可以隸定為"釙""膓""膓""敭""遅""辰""膴""旖""嬰""膓""敭""易""玠""膓"等二十餘種。

1. 稱揚，頌揚。作謂語或謂語中心。

①甲寅，子商（賞）孛（小子）省貝丽（五朋），省覥（揚）君商（賞）。（小子省卣，10.5394，殷）

②中易（賜）遄（趞）鼎。膓（揚）中皇。乍（作）寶。　（小臣遄鼎，5.2581，西早）

③每（敏）敭（揚）王休弣（于）韓（尊）白（伯）。（天亡簋，8.4261，西早）

④遟（揚）天子休。……乍（作）冊麥易（賜）金于辟厌（侯），麥臘（揚）。……用司（嗣）厌（侯）逆受，遟（揚）明（明）令。（麥方尊，11.6015，西早）

⑤喬𤔲（于）麥𨺇（宮），（賜）金。用乍（作）𨾊（尊）彝，用喬井（邢）厌（侯）出入遟令。（邢侯方彝，16.9893，西早）

⑥令敢朜（揚）皇王宭。……令用㒸辰（揚）于皇王。令敢辰（揚）皇王宭。（作冊矢令簋，8.4300，西早）

⑦彔白（伯）戒敢撍（拜）手頴首，斁（對）朜（揚）天子不（丕）顯休。（彔伯戒簋蓋，8.4302，西中）

⑧趞曹（曹）𩬋（拜）頴首，敢對𩰣（揚）天子休。（七年趞曹鼎，5.2783，西中）

⑨即敢墍（對）𧰼（揚）天子不（丕）顯休。（即簋，8.4250，西中）

⑩乃子戒𩬋（拜）頴首，𣉚（對）朜（揚）文母福剌（烈）。（戒簋，8.4322，西中）

⑪效不敢不邁（萬）年𩾏（凤）夜奔徒（走）𩰣（揚）公休。（效尊，11.6009，西中）

⑫白（伯）膓（揚）父廼成賛（勅），曰：牧牛，慮（劓），乃可（苛）湛（甚）！女（汝）敢昌（以）乃師訟。（儐匜，16.10285，西晚）

⑬穌（蘇）敢膓（揚）天子不（丕）顯魯休。（晉侯穌編鐘，35，西晚）

⑭頌𢦏（其）萬年無疆（疆），日遟（揚）天子覿令。（史頌簋，8.4236，西晚）

⑮今余弗叚瀘（廢）其覿光。𣉚（對）膓（揚）其大福。（戎生編鐘三，《文物》1999年第9期，春早）

⑯弗敢不對𩰣（揚）朕辟皇君之易（賜）休命。（叔夷鐘，1.285，春晚）

⑰其惟因𩦡，㬤（揚）皇考，聖（紹）練（繼）高且（祖）黃雷（帝）。……合（答）㬤（揚）𢦏悳（德）。（陳侯因𩦡敦，9.4649，戰晚）

《左傳·僖公二十八年》："重耳敢再拜稽首，奉揚天子之丕顯休命。"楊樹達曰："揚者，謂播揚也。《僞古文尚書·說命》下篇云：'說拜稽首曰：敢對揚天子之休命。'僞孔傳云：'對，荅也。荅受美命而稱揚之。'"（《金文說》第221頁）

"揚"字常用於"對揚"一語，亦見於"答揚""敏揚"等語，亦可獨用。

2. 宣揚，宣告。作謂語中心。1見。

胤昇（嗣）舒𧊒，敢明易（揚）告。（舒𧊒壺，15.9734，戰早）

馬承源註曰："敢明易（揚）告：明白地宣告。……易告一辭，義猶今語宣告。"（《銘文選》第579頁）

■一七一、蔑

後作"伐"。誇美，嘉美，褒揚。作謂語或謂語中心。58見。

①售（唯）蔑女（汝）曆（曆）。（小子𤔲卣，10.5417，殷）

②㳉公蔑嗣（司）曆。（㗊鼎，5.2659，西早）

③疾辛白（伯）蔑乃子克曆。（乃子克鼎，5.2712，西早）

④君蔑尹敁（姞）曆。（尹姞鬲，3.754、3.755，西中）

⑤龢蔑曆白（伯）大師。（師龢鼎，5.2830，西中）

⑥黾生蔑再曆。（再簋，7.3912、7.3913，西周）

⑦王穢（蔑）咨（友）暜（曆）。（友簋，8.4194，西中）

⑧王穢（蔑）段曆。（段簋，8.4208，西中）

⑨王蔑敳（敳）曆。（敳簋，8.4323，西晚）

⑩公穢（蔑）緐（緐）曆（曆）。（緐卣，10.5430，西中）

⑪穆王蔑長甶。舄（以）遘即井白（伯）氏。井白（伯）氏強不姦。（長甶盉，15.9455，西中）

⑫王戺（蔑）。鼻萃。（王蔑鼎，4.2237，戰晚）

⑬乃沈子敇（妹）克蔑見猒（厭）于公，休㳂（沈）子肇歔（歔）猷賣（貯）齋（積）。（沈子它簋蓋，8.4330，西早）

劉志基註曰："乃沈子妹克蔑見猒（厭）于公，休沈子肇歔（歔）猷賣（貯）齋（積）：沈子很能合於公心，公賜予沈子歔猷地方的實物貢賦。蔑，甚、很。猒，讀爲厭，義爲合。休，賜。歔猷，地名。"（《類檢》第245頁）則"蔑"爲程度副詞作狀語，"甚，很"義。

唐蘭曰："沈子它簋說：'乃沈子妹克蔑見猒（厭）于公休。'妹克等于丕克，是說沈子它能誇美他被滿足于公的錫休。這些蔑字都是動詞，凡是被蔑的是他人的稱美，而自蔑的就是自我的誇美。"（孫稚雛《保卣銘文彙釋》，《古文字研究》第五輯）

楊五銘引郭沫若說，曰："'（沈子）見厭于公'即被公所厭足之意，施動者爲公，其句式和前引的'蔡澤見逐于趙'等例相同。"（《西周金文被動句式簡論》，《古文字研究》第七輯）

本案：我們認爲此例中"蔑"仍爲動詞，"誇美"義。這是一個被動句式，且共用施事，"克蔑見厭于公"即"克蔑于公，克見厭于公"。是沈子被公誇美。劉說"蔑"爲副詞"甚，很"義，似於古無稽，且銘文中僅此一見，難以立說。

⑭蔑曆（曆）玨（于）保。易（賜）賓。用乍（作）文父癸宗寶障（尊）彝。（保卣，10.5415，西早）

⑮稽從師雍（雍）父戍于古自。蔑曆。易（賜）貝卅孚（鋝）。（稽卣，10.5411，西中）

⑯公敁（姞）令次隩田牢人。次皹（蔑）曆（曆）。（次尊，11.5994，西中）

⑰長甶蔑曆。敢釹（對）氎（揚）天子不（丕）杯休。用肈（肇）乍（作）障（尊）彝。（長甶盉，15.9455，西中）

⑱史牆奶（凤）夜不豕（墜），甘（其）日蔑曆（曆）。（史牆盤，16.10175，西中）

⑲給（俞）甘（其）蔑曆。日易（賜）魯休。（師俞簋蓋，8.4277，西晚）

上述例①至例⑫用於主動句中，例⑬至例⑲用於被動句中。

張世超曰："段爲'伐'，嘉也，誇美也。陳小松謂'讀如伐'，黃公諸謂'伐之段'，蔣大沂謂‘“蔑”和“伐”爲一字’，徐中舒謂‘蔑與伐同’，唐蘭謂‘蔑’‘伐’二字古音可通、‘在周代古書裏常通用’。諸說詳見《保卣銘文匯釋·附錄二》，《古文字研究》五輯。長由盉：‘穆王蔑長由以逨（來）即井白。’唐蘭曰：‘是穆王稱美長由，免盤在記王錫鹵百陸後，說“免穋靜女王休”，是免向靜女誇美王的錫休。沈子它簋說：“乃沈子妹克蔑見猒（懋）于公休。”妹克等于丕克，是說沈子它能誇美他被滿足于公的錫休。這些蔑字都是動詞，凡是被蔑的是他人的稱美，而自蔑的就是自我的誇美。’‘總之，金文裏單用蔑字的地方，也都應讀爲伐。’《保卣銘文匯釋·附錄二》（《通解》第 903~904 頁）

本案：銘文中“蔑”同“伐”義，上述諸家皆一，然“蔑”與“伐”字之關係，則存歧異：或曰通假字（曰“叚”“通”者），或曰異體字（曰“同”“爲一字”者），或曰同（近）義詞（曰“讀如”者）。我們認爲，當爲古今字關係，或同（近）義詞關係。以字形考察“蔑”之本義，當同“刐”刑，然銘文中“蔑（包括穋、薎、戚等異體）”凡 58 見，皆表誇美義，則誇美義當爲“蔑”之假借義（刐刑義與誇美義無內在近似聯繫，故非引申關係），而本義湮沒矣。“伐”字銘文中凡 101 見，或表征伐義，或作人名，然無一表誇美義者，故“蔑”“伐”非異體字關係，蓋異體字需義全同或至少其中一個義項相同也。西周時期之銘文中，“蔑”表誇美義已多見，而西周時期之文獻（包括銘文與西周甲骨文等出土文獻及西周傳世文獻等）中，“伐”字亦多見，然無一表誇美義者（至春秋後始見，如《論語·公冶長》：“願無伐善。”），故“蔑”“伐”亦非通假字關係，至少在西周時期是如此，蓋通假字間表同一義項，需同時代，而非異時也。若爲異時，同一義項在不同時代用不同字來表示，則爲古今字關係。而此“蔑”“伐”，正好符合古今字要求，故爲古今字關係。另外，若認爲“蔑”“伐”爲不同時代生產的兩詞（無任何字形和詞義上的繼承關係），而非不同形體的一詞而已（存在字形和詞義上的繼承關係），則亦可認爲同（近）義詞關係。

■一七二、乎

後作“呼”。呼喚，召喚。典籍作“呼”，《說文》作“評”。作謂語或謂語中心。約 120 見。

①辛卯，王漁于寶彳。乎（呼）井從漁。（井鼎，5.2720，西早或西中）

②王乎（呼）蕭（膳）大（夫）驛（取）召大昌（以）乒友入攼。（大鼎，5.2807，西中）

③王乎（呼）內史儔（駒）冊命師奎父（師奎父鼎，5.2813，西中）

④穆穆王才（在）莽京，乎（呼）潾（漁）于大池。（遹簋，8.4207，西中）

⑤王乎（呼）內史吳，曰：“冊令虎。”（師虎簋，8.4316，西中）

⑥王乎（呼）伊白（伯）易（賜）懋貝。（史懋壺，15.9714，西中）

⑦王乎（呼）宰利易（賜）師遽珊圭一、瑑章（璋）四。（師遽方彝，16.9897，西中）

⑧王乎（呼）䡊趠召達（達盨蓋，《文物》1990 年第 7 期，西中）

⑨王乎（呼）史減冊易（賜）衰。（衰鼎，5.2819，西晚）

⑩王乎（呼）史䇂冊令山。（膳夫山鼎，5.2825，西晚）

⑪王乎（呼）尹氏冊令蘦（膳）夫克。（大克鼎，5.2836，西晚）

⑫王乎（呼）乍（作）冊尹克冊令師旟曰。（元年師旟簋，8.4279、8.4280、8.4281、8.4282，西晚）

⑬王乎（呼）史減冊贄（釐）遷。（遷鼎乙，《考古與文物》2003年第3期，西晚）

銘文中表呼喚義，但用"乎"，未見"呼""評"字，可證楊樹達"乎本評之初文"之說確乎可信。然"乎"字僅見於西周銘文，東周、殷商銘文烏有；且春秋戰國銘文有"虖（呼）"字二十餘見，用於"烏虖（嗚呼）""於虖（嗚呼）"一語，爲嘆詞，亦不見於西周、殷商銘文，此種情形，殊爲怪異。

■一七三、田

1. 耕作，佔有……的農田。名詞活用作動詞。作謂語中心。1見。

卟尚（當）卑（俾）處氒邑，田氒田。（曶鼎，5.2838，西中）

田氒田，耕作他的農田，即佔有他的農田。前一"田"當爲名詞活用作動詞，後一"田"爲名詞。

2. 通"畋"。畋獵，打獵。典籍作"畋"。作謂語中心。3見。

甘（其）用田獸，甚樂于邊遝。（晉侯甦盨，《上海博物館集刊》第七辑第36、37、38頁，西周）

3. 通"畋"。畋獵所用的。典籍作"畋"。作定語。1見。

淆（雍）之田戈。（雍之田戈，17.11019，春秋）

■一七四、狃

同"畋"。畋獵，打獵。典籍作"畋"。作謂語中心。1見。

隹（唯）送（朕）先王，茅蒐狃（畋）獵，于皮（彼）新杢（土）。其邅（會）女（如）林。（姧蚉壺，15.9734，戰早）

馬承源註曰："茅蒐狃獵：四時狩獵之專名，文獻記載未盡相同。《公羊傳·桓公四年》：'春曰苗，秋曰蒐，冬曰狩。'《穀梁傳》：'春曰田，夏曰苗，秋曰蒐，冬曰狩。'"將此句釋譯爲："我先王四時田獵于彼新土，會合狩獵之兵衆，盛況如林。"（《銘文選》第580頁）

《尚書·五子之歌》："畋於有洛之表，十旬弗反。"《老子》第十二章："馳騁畋獵，令人心發狂。"

■一七五、嘼

同"獸"，後作"狩"。狩獵。銘文或作"獸""遳"，典籍作"狩"。作謂語中心。

13 見。

①交從罰（罰），迸（來）即王。易（賜）貝。用乍（作）寶彝。（交鼎，4.2459，西早）

②余舉（畢）公之孫，邵白（伯）之子。余頡岡（頏）事君，余嘼（獸）婁（執）武。（邵黛鐘，1.225、1.226、1.227、1.228、1.230、1.231、1.232、1.233、1.234、1.235、1.236、1.237，春晚）

馬承源註：“余頡岡（頏）事君，余嘼（狩）婁武：我爲君主出力效勞，我狩獵時能服勇武之人。”（《銘文選》第592頁）

郭沫若曰：“獸，獸省，古以爲狩獵字。”（《大系考釋》第232頁）

一七六、獸

後作“狩”。狩獵。銘文或作“嘼”“遷”，典籍作“狩”。作謂語或謂語中心。6見。

①王來獸（狩），自豆彔。（宰甫卣，10.5395，殷）

②王出獸（狩）南山，狁動山谷至于上厌（侯）㿿川上。啓（啓）從征，善（謹）不夒（擾）。（啓卣，10.5410，西早）

馬承源註曰：“獸：狩的本字。《公羊傳·桓公四年》‘冬日狩’，何休《注》：‘狩，猶獸也。’……上侯：地名。亦見於師俞尊銘：‘王女上侯，師俞從。’所記同爲狩獵至于上侯，應是同時事。”（《銘文選》第205頁）

本銘中前言“王出獸南山”，後言“啓從征”，由“征”之“征戰”義，可反推“獸”爲巡狩、征戰義。然此“征”爲“行”義，“從征”即隨行出獵，非隨行出征也。銘言王出獵南山，規模浩大，啓隨王出獵，小心翼翼，謹無干擾也。

③唯征（正）月既朢癸酉，王獸（狩）于眠蔽。王令鼎（員）䍐（執）犬。休善（善）。（員方鼎，5.2695，西中）

④其（其）用田獸（狩），甚樂于邊遢。（晉侯鞇盨，《上海博物館集刊》第七輯第36～38頁，西周）

一七七、遷

後作“狩”。狩獵。作謂語。1見。

易（賜）乃且（祖）南公旂，用遷（狩）。（大盂鼎，5.2837，西早）

馬承源註曰：“用遷：用於狩獵。遷，通狩。”（《銘文選》第40頁）

劉志基釋譯曰：“把你的先祖南公的旗幟賞賜給你，以用來打獵。”（《類檢》第461頁）

張世超於其“獸”字條下引此例曰：“巡狩，巡行。此義當爲狩獵義之引申。唐蘭曰：‘奴隸主統治者往往借狩獵爲名去巡行，或者進行侵掠。’同上引。實則古巡獵巡狩往往難以區分。《孟子·梁惠王下》：‘天子適諸侯曰巡狩，巡守（本案：當爲“狩”字）者，巡所守也。’典籍字多作‘守’，少作‘狩’者，蓋與此類說法有關。盂鼎：‘易乃且（祖）南公旂用遷（狩）。’”（《通解》第3398頁）

本案：此處當非張說"巡狩，巡行"義，蓋"巡狩，巡行"當用於天子王者，非臣子所能用，更無天子當面授权臣下施行之可能也。

■一七八、漁/漁

（一）漁

捕魚。作謂語或謂語中心。2見。

辛卯，王漁于竇𤔲。乎（呼）井從漁。（井鼎，5.2720，西早或西中）

《易經・繫辭下》："作結繩而爲罔罟，以佃以漁。"典籍或用"魚"字，"魚""漁"本同源分化之字。《左傳・隱公五年》："公將入棠觀魚者。"楊伯峻註："魚者，意即捕魚者。"《史記・魯周公世家》作"觀漁於棠"。

（二）漁

同"漁"。捕魚。作謂語中心。1見。

穆穆王才（在）莽京，乎（呼）漁（漁）于大池。（遹篹，8.4207，西中）

■一七九、鑄/𨮨/𨭖/𨯥/盥/盜/盪/𨪐/斫（鑄）

1. 後作"鑄"。鑄造，鑄作，熔炬金屬以成器。作謂語或謂語中心。

①公束鑄（鑄）武王成王異（翼）鼎。（作冊大方鼎，5.2758、5.2759、5.2760、5.2761，西早）

②鑄（鑄）保毁（篹），用典格白（伯）田。（格伯篹，8.4262、8.4263、8.4264、8.4265，西中）

③王人甹輔歸（歸）蘆，鑄（鑄）甘（其）𤳯。（王人甹輔𤭯，10.5433，西中）

④楚公家自鑄（鑄）鉌錫鼓（鐘）。（楚公㝬鐘，1.42，西中或西晚）

⑤中（仲）勘（斯）大它鑄（鑄）其寶𪔛。（仲斯𪔛，3.710，西晚）

⑥白（伯）孜（好）父自鑄（鑄）乍（作）爲旅毁（篹）。（伯好父篹，6.3691，西晚）

⑦𢼸取子□鼓（鼓）鑄（鑄）鉈元呑。（取子鉈，18.11757，西周）

⑧內（芮）公乍（作）鑄（鑄）飤（飤）鼎。（芮公鼎，4.2475，西晚或春早）

⑨弔（叔）夜盥（鑄）其饙鼎（鼎）。（叔夜鼎，5.2646，春早）

⑩隹（唯）正脭（初）吉丁亥，其次㪅（擇）其吉金，鑄（鑄）句鑃。（其次句鑃，2.421、2.422，春晚）

⑪客𨪐（鑄）愳（盥）。（客𨪐愳鼎，4.1803、4.1804、4.1805、4.1806，戰晚）

⑫命（令）瓜（狐）君䢅（嗣）子乍（作）鑄（鑄）尊（尊）壺。（令狐君嗣子壺，15.9719、15.9720，戰中）

⑬楚王酓肯㠯（作）盜（鑄）鈰鼎（鼎），台（以）共（供）歲嘗。（楚王酓肯鈰

鼎，4.2479，戰晚）

2. 後作"鑄"。所鑄造的，所熔鑄的。作定語。1見。

武庫工帀（師）盟（鑄）章。（九年鄭令矛，18.11551，戰國）

3. 後作"鑄"。主管鑄造之事的。作定語。用於"斫（鑄）客"一職。

①廿八年，平安邦斫（鑄）客，胐（載）四分齎。六益（鎰）半釿之冢（重）。（平安君鼎器銘一，5.2793，戰晚）

②廿八年，平安邦斫（鑄）客，胐（載）四分齎。一益（鎰）七釿半釿四分釿之冢（重）。（平安君鼎蓋銘一，5.2793，戰晚）

■一八〇、窹/戠/敀/戠/敼/洷/淯/造

1. 製造，鑄造。作謂語。

①霖（秦）子乍（作）窹（造），公族元用。（秦子戈，17.11353，春早）

②郍坴（陵）君王子罡（申），攸緐（戠），戠（造）鈦盉（蓋）。（郍陵君王子申豆，9.4694，戰晚）

③郍坴（陵）君王子罡（申），攸緐（戠），敀（造）金監（鑑）。（郍陵君鑑，16.10297，戰晚）

④卅三年，畀（鄭）倫（令）梟洷、司寇（寇）肖（趙）它，生庫工帀（師）皮取、坓（冶）君（尹）啓敼（造）。（卅三年鄭令劍，18.11693，戰晚）

⑤都嗇（壽）之歲，襄城楚競（境）君（尹）所敀（造）。（襄城楚境尹戈，《考古》1998年第3期第65頁，戰晚）

2. 製造的，所製造的。作定語。

①敂（敂）之造戈。（敂之造戟，17.11046，戰早）

②邵之敀（造）戈。（邵之造戈，17.11060，戰晚）

③廿七年。上守趙造戈。黍工師豬。丞拱。（廿七年上守趙戈，17.11374，戰國）

④十八年，冢子旗（韓）矰、邦庫嗇夫攰湯、坓（冶）奮敼（造）戈。（十八年戈，17.11376，戰國）

3. 造訪，光臨。作謂語中心。

①女（汝）期（其）用卿（饗）乃辟軝厌（侯）逆淯（造）。（叔趩父卣，10.5428，西早）

劉志基註曰："逆淯（造），金文習語，猶今語之光臨。"（《類檢》第609頁）

②女（汝）期（其）用卿（饗）乃辟陣厌（侯）逆淯（造）。（叔趩父卣，10.5429，西早）

此二例李學勤隸讀爲"用乡（饟）乎（厥）辟軝侯逆淯（造）出入吏（使）人"，曰："前人早已指出，《說文》'造'字古文作'艁'，'舟'古音章母幽部，與'造'從母幽部相近。'逆'訓反而'造'訓至，故'逆造'意即往反，和'出入'是同義

詞。……連用'逆造出入'，其實是一個意思。"(《釋"出入"和"逆造"——金文釋例之一》，《傳統文化研究》第十六輯，群言出版社 2008 年版，第 32～34 頁)

③白（伯）𩵋父乍（作）旅鼎，用卿（饗）王逆洀（造）事人。　（伯𩵋父鼎，4.2487，西中）

■一八一、㝬/塞/竉/賓/宁/賨（貯）

（一）㝬/塞/竉/賓/宁

1. 同"賨（貯）"，通"予"。賜予，給予。作謂語或謂語中心。11 見。

①疾辛白（伯）蔑乃子克曆，㝬絲卒（五十）孚（鋝）。（乃子克鼎，5.2712，西早）

②天子減㝬白（伯）姜。易（賜）貝扇（百朋）。（伯姜鼎，5.2791，西早）

③兮公塞盂㠯束、貝十朋。（盂卣，10.5399，西早）

④王才（在）京宗商（賞）貝。才（在）安典㝬卿貝。（卿方鼎，《西清續鑑甲編》1.36，西早）

"典㝬"，同義連文。

⑤剌（烈）且（祖）文考弋（式）竉（貯）受（授）牆爾髍福，裹（懷）猶（被）彔（祿）、黃耈、彌生。（史牆盤，16.10175，西中）

"竉受"，同義連文。

⑥唯八月初吉丁亥，白（伯）氏㝬竉戴。易（賜）戴弓、矢束、馬匹、貝扇（五朋）。（戴簋，7.4099，西中）

"㝬竉賓"，同義連文。

⑦王弗聖（忘）雁（應）公室，減㝬再身。（再簋，《文物》1999 年第 9 期第 84 頁，西周）

唐蘭曰："凡此㝬字，均借爲錫予之予。宁予之字、聲相近也（芌字亦作苧）故對揚上之錫予曰'揚某㝬'，記上之錫予則曰'某㝬某'也。"（《作冊令尊及作冊令彝銘考釋》，《國學季刊》1934 年第 4 卷第 1 期）

⑧𩵋肈（肇）卿（會）宁（貯）百生（姓）。𩁹（揚）。用乍（作）高文考父癸寶𨼊（尊）彝。（𩵋方彝，16.9892.1、16.9892.2，西早）

卿（會）宁（貯）百生（姓），殆爲會集百生後再予賜賞之義。

2. 通"鑄"。10 見。

①𧗬商（賞）貝庯（十朋）、豕、豙。用㝬（鑄）丁宗彝。（戉鈴方彝，16.9894，殷）

②𣪘（對）𩁹（揚）朕考易休。用㝬（鑄）丝（茲）彝。（盂簋，8.4162、8.4163、8.4164，西中）

郭沫若曰："用宁茲彝，宁殆讀爲鑄。"（郭沫若，《長安縣張家坡銅器群銘文匯釋》，《考古學報》1962 年第 1 期）

③㝬父丁𨼊（尊）彝。（㝬父丁簋，6.3604，殷）

④亞｛褱｝宮父丁督𠩵。（亞褱父丁舥，12.7293，殷）

⑤𠩵宮父戊告永。（𠩵宮父戊方彝，16.9878、16.9879，殷）

⑥卿宁。亞｛褱｝𠩵宮智（智）光猷。（亞褱卿宁鼎，4.2362，殷）

⑦宰㣲（農）宮父丁。（宰農宮父丁鼎，4.2010，西早）

前二例可確定爲通"鑄"，其後有所鑄器名，亦合銘文鑄器用語通則。後五例則由於銘文字數稀少（所舉爲全銘內容），難於遽斷，有可能亦通"鑄"，亦有可能爲姓氏、人名用字。

（二）賣

1. 通"鑄"。作謂語中心。1見。

昆疕王賣（貯）乍（作）穌龢（鐘）。（昆疕王鐘，1.46，西晚）

2. 交易，交換，買賣。典籍作"賈"。作謂語。5見。

①正迺嫩（訊）屬曰："女（汝）賣（貯）田不?"屬迺許曰："余寀（審）賣（貯）田五田。"（五祀衛鼎，5.2832，西中）

馬承源註曰："正迺訊屬曰：'女（汝）貯田不?'屬迺許曰：'余寀（審）貯田五田：官員們乃詢問屬：'你是不是同意交換田畝?'屬應允道：'我確實同意交換農田五百畝。'"（《銘文選》第132頁》）

②其賣（貯），母（毋）敢不即㻛（次）即市。……其隹（唯）我者（諸）厌（侯）百生（姓），卑賣（貯）母（毋）不即市，母（毋）敢或入䜌夌賣（貯）。（兮甲盤，16.10174，西晚）

《左傳·襄公四年》："土可賈焉。"

3. 經商，從事交易行爲。作謂語。1見。

旆（齊）生魯肇（肇）賣，休，多贏。（齊生魯方彝蓋，16.9896，西晚）

《左傳·昭公元年》："賈而欲贏，而惡囂乎?"

4. 積貯貨稅，徵收貨稅。作謂語中心。13見。

①令女（汝）官嗣（司）成周賣（貯）廿家，監嗣（司）新寤（造），賣（貯）用宮御。易（賜）女（汝）玄衣、黹屯（純）、赤市、朱黃、䜌（鑾）旂、攸勒。（頌鼎，5.2827、5.2828、5.2829，西晚）

張世超引此例曰："王國維謂'貯用宮御'猶云錫用宮御。郭沫若曰：'《大雅·崧高》"王命傅御。"毛傳云："御，治事之官也。"古"貯用宮御"乃謂錫用宮中之執事者。'《大系考釋》七三葉。《國語·吳語》：'奉槃匜以隨諸御。'韋注：'御，近臣宦豎之屬。'"（《通解》第395頁）則"賣（貯）"爲"賜"義。

馬承源註曰："賣（貯）用宮御：積貯貨稅用之于王家的宮御。宮御：《周禮·地官司徒》：'廛人掌斂市絘布、總布、質布、罰布、廛布而入于泉府。凡屠者斂其皮角筋骨入于玉府。凡珍異之有滯者，斂而入于膳夫。'此即廛人所職掌的積貯貨稅而入于王家者，亦即金文貯用宮御之謂。故頌的職掌與《周禮·地官司徒》之廛人性質相同，而將廛中積貯的貨物入于王家以爲宮御之用。"（《銘文選》第303頁）則"賓（貯）"爲"積貯"義。

本案：聯繫前後文來看，當以馬說爲佳。一爲後文已有"易（賜）"字，若"賓（貯）"爲"賜"義，有重複之嫌；二爲"易（賜）"前之語，皆當爲王委令頌職掌之事。

②賓（貯）用宮𡥉（御）。（頌簋，8.4333，西晚）

③賓（貯）用宮迎（御）。（頌簋，8.4332、8.4334、8.4335、8.4337、8.4339，西晚／頌簋蓋，8.4336、8.4338，西晚／頌壺，15.9731，西晚／頌壺蓋，15.9732，西晚）

■一八二、匽

使……喜，使……樂。此爲其本義。心理動詞的使動用法。多用於鐘銘，蓋鐘鳴快耳且喜樂於心也。彝銘或用"宴"字。典籍作"宴"或"燕"字。作謂語或謂語中心。

①自乍（作）龢鐘，用匽㠯（以）喜。（子璋鐘，1.113，春晚）

此"匽""喜"同義，且省略賓語。

②乍（作）㠇龢鐘，𢝊（靈）音鎗（鎗）鎗（鎗）雝（雍）雝（雍），㠯（以）匽皇公，㠯（以）受大福。（秦公鎛，1.267、1.268、1.269，春早）

③戲（吾）㠯（以）匽㠯（以）喜，㠯（以）樂嘉賓，及我父𦙚（兄）、庶士。（沈兒鐘，1.203，春晚）

此"匽""喜""樂"同義變文，共用賓語"嘉賓，及我父𦙚、庶士"。

④王子嬰次自乍（作）□鐘，永用匽喜。（王子嬰次鐘，1.52，春晚）

⑤虘（吾）台（以）爲弄壺，自頌既好，多寡不訐。虘（吾）台（以）匽歔（飲），盱（于）我室家。（𣏋氏壺，15.9715，春晚）

《詩經·邶風·谷風》："宴爾新昏，如兄如弟。"毛亨傳："宴，安也。"朱熹集註："宴，樂也。"《詩經·小雅·鹿鳴》："我有旨酒，以燕樂嘉賓之心。"此"燕樂"同銘文"匽樂"，同義連用。

■一八三、宴

1. 用爲"匽"。使……喜，使……樂。心理動詞的使動用法。彝銘多用"匽"字。典籍或作"燕"字。作謂語或謂語中心。7見。

①盥（鑄）其龢鐘（鐘），台（以）卹其祭祀盟（盟）祀，台（以）樂大夫，台（以）宴士庶子。（邾公華鐘，1.245，春晚）

②自乍（作）龢鐘，㠯（以）□𥂚（盟）祀，㠯（以）樂嘉賓倗友者（諸）臤（賢），兼㠯（以）父𦙚（兄）庶士，㠯（以）宴㠯（以）喜。（徐王子旃鐘，1.182，春秋）

③余畢（畢）龏（恭）威（畏）忌，盥（鑄）辝龢鐘二鍺（堵），台（以）樂其身，台（以）宴大夫，台（以）喜者（諸）士。（邾公牼鐘，1.150、1.152，春晚）

④余羃（畢）龏（恭）威（畏）忌，盩（鑄）辪穌鍾（鐘）二鍺（堵），台（以）其身，台（以）宴大夫，台（以）喜者（諸）士。（郘公緸鐘，1.149，春晚）

⑤余羃（畢）龏（恭）威（畏）忌，盩（鑄）辪穌鍾（鐘）二鍺（堵），台（以）樂其身，台（以）宴大夫，台（以）喜者（諸）士。（郘公緸鐘，1.151，春晚）

⑥自乍（作）鉤鑸，㠯（以）宴賓客，㠯（以）樂我者（諸）父。（配兒鉤鑸，2.427，春晚）

此例之"宴"，張世超解爲動詞"宴饗"義。從張所列"匽""宴"二詞條之註解、例證等可知，他將作動詞之"匽"一律解爲喜樂義（《通解》第3012~3013頁），將作動詞之"宴"一律解爲宴饗義（《通解》第1832~1833頁）。但這並不完全符合銘文實情。因爲從銘文體例來看，此例之"宴"及上舉前五例之"宴"，與表喜樂義之"匽"的用例並無不同。都是先作某器，然後希望用此器使他人喜樂。所以我們認爲，從銘文全盤用例來考察，"匽""宴"實有互換等同之處，而無整齊劃一之別。

2. 宴飲，宴饗，舉行宴會。作謂語。1見。

王休屖（宴），乃射。駛（馭）方卿（會）王射。駛（馭）方休闌。王宴。咸畬（飲）。（噩侯鼎，5.2810，西晚）

馬承源註曰："王休屖（宴），乃射：王停止了宴飲，接着就舉行射禮。休闌：射禮結束。咸畬：即飲咸之倒文，飲酒告終。"（《銘文選》第281頁）

此句中前一"屖（宴）"字爲名詞，後一"宴"字爲動詞。且已從"匽"之喜樂本義，完全轉化爲"宴飲"義。《左傳·昭公元年》："趙孟爲客，禮終乃宴。"《左傳·宣公十六年》："王饗有體薦，宴有所俎。"

■一八四、畬

1. 飲用。作謂語。1見。

畬（飲）秦畬（飲）。（塱方鼎，5.2739，西早）

前一"畬"爲動詞，後一"畬"爲名詞。

2. 飲用時所使用的。作定語。3見。

①井（邢）弔（叔）乍（作）畬（飲）□。（邢叔觶，12.6457，西早）

②白（伯）戜乍（作）畬（飲）鼓（壺）。（伯戜觶，12.6454，西中）

畬鼓，宴飲時所用之壺，即盛酒之壺。

③白（伯）乍（作）㛗（姬）畬（飲）鼓（壺）。（伯作姬觶，12.6456，西中）

3. 宴飲，舉行宴會。作謂語。1見。

公畬（飲）才（在）官（館）。（矗卣，《上海博物館集刊》第七輯第46頁圖三，西早）

4. 宴請，使……飲用。動詞的使動用法。作謂語。1見。

辛子（巳），王畬（飲）多亞耵（聖）㗊（享）京，遝易（賜）貝朋（二朋）。（麗簋，7.3975，殷）

張世超引此例曰："'飲多亞'者，設酒使多亞飲之也。《左傳》襄公二十三年：'季氏飲大夫酒。'"（《通解》第3497頁）

■一八五、酌

以勺斟酒。作謂語中心。1見。

白（伯）公父乍（作）金爵。用獻（獻）用酌，用亯（享）用孝。（伯公父勺，16.9935，西晚）

《詩經·小雅·瓠葉》："君子有酒，酌言獻之。"

■一八六、酢

通"作"。製作，製造。作謂語。2見。

①斜（徐）王義楚睪（擇）余吉金，自酢（作）祭鍴。（徐王義楚觶，12.6513，春晚）

②王子乭自酢（作）飤鼎。（王子乭鼎，4.2289，春晚或戰早）

■一八七、醿

後作"酖"。湛樂，沈湎。作謂語。1見。

在雩（於）卸（御）事，爐（嘏）！酉（酒）無敢醿（酖）。（大盂鼎，5.2837，西早）

馬承源註曰："醿：從酉灵聲。灵，以聲類求之當爲酖的本字。《說文·酉部》：'酖，樂酒也。'周人節酒，故云御事於酒無敢酖樂。《詩·大雅·抑》'荒湛于酒'，鄭玄《箋》'湛樂于酒'，是以湛爲酖。"（《銘文選》第39頁）

劉志基註曰："卸（御）事：治事者，這裏指的是各級官吏。或者解釋爲處理政務期間。酉（酒）無敢醿（酖）：不敢沈湎於酒。醿，酖的本字。"（《類檢》第460頁）

然《集成》隸讀作"酉（酒）無敢醿（舔）"。

■一八八、湆

後作"湎"。沈湎。作謂語。1見。

蕭（善）效乃友正，母（毋）敢湆于酒。（毛公鼎，5.2841，西晚）

馬承源註曰："母（毋）敢湆（湎）于酒：《尚書·酒誥》'罔敢湎于酒'，文例與此相同。湆，疑爲古湎字。"（《銘文選》第319頁）

■一八九、飤/飤/䲪

（一）飤

1. 食，食用。作謂語或謂語中心。5見。

①王易（賜）命鹿。用乍（作）寶彝。命曰（其）永日（以）多友殷（餽）飤。

（命簋，7.4112，西早）

②樂我父兄，歈（飲）飤訶（歌）舞。（余贎乘兒鐘，1.183，春晚）

③樂我父兄，歈（飲）飤訶（歌）邌（舞）。（余贎乘兒鐘，1.184，春晚）

④白（伯）旒魚父乍（作）旅臣（簋），用匐（倗）旨飤。（伯旒魚父簋，9.4525，春早）

"飤"可看作動詞，"用匐（倗）旨飤"可理解爲"用於招待朋友美美地食用"之義（"用"爲介詞作狀語）；亦可看作名詞，則爲"使用它來向朋友提供美食"之意（"用"爲動詞作謂語）。

⑤余智（知）其忠訢（信）施（也）而譓（專）賃（任）之邦，氏（是）昌（以）遊夕歈（飲）飤，盜（寧）又（有）悥（懷）惕。（中山王䥽方壺，15.9735，戰早）

2. 食用的，進食時使用的。作定語。約67見。

①敶（陳）生崔乍（作）飤鼎。（陳生崔鼎，4.2468，西晚）

②唯曾白（伯）文自乍（作）卑飤䤾，用征行。（曾伯文䤾，16.9961，春早）

③卑汈君光之飤鼎（鼎）。（卑汈君光鼎，4.2283，春中）

④䤾（鄧）公犾（乘）自乍（作）飤鑘（鑘）。（鄧公乘鼎，5.2573，春中）

⑤鐙（登）鬴之飤鼎。（登鼎，4.2085，春中或春晚）

⑥舀（姒）之飤盍。（姒方豆，9.4662，春晚）

⑦蔡大帀（師）臀（腜）縢（媵）䢉（許）弔（叔）姬可女（母）飤鑘。（蔡大師鼎，5.2738，春晚）

3. 使……食用。普通動詞的使動用法。作謂語中心。8見。

①王命命塼（傳）賃一檐（擔）飤之。（王命龍節，18.12097、18.12099、18.12101、18.12102，戰國／王命龍節，18.12100，戰中）

②王命塼（傳）賃一檐（擔）飤之。（王命龍節，18.12098，戰國）

③用日飤賓。（諫簋，447，西晚）

④用飤諸母諸兄。（郜召簋，526，西晚）

（二）䬴

同"飤"。食用的，進食時使用的。作定語。7見。

①吳王姬乍（作）南宮史弔（叔）䬴（飤）鼎。（吳王姬鼎，337，西晚）

②內（芮）公乍（作）䤾（鑄）䬴（飤）鼎。（芮公鼎，4.2475，西晚或春早）

③訓（邞）子良人羃（擇）其吉金，自乍（作）䬴（飤）鬳（甗）。（邞子良人甗，3.945，春早）

④王孫耆（壽）羃（擇）其吉金自乍（作）䬴（飤）鬳（甗）。（王孫壽甗，3.946，春早）

⑤楚屈子赤角羘（媵）中（仲）嬧（嬭）璜䬴（飤）盄（簋）。（楚屈子赤角簋蓋，9.4612，春晚）

⑥樊（桐）君圞之㑴（飤）䇼（簠）。（桐君簠，9.4487，春秋）

⑦邵之㑴（飤）鼎（鼎）。（邵之飤鼎，4.1980，戰早）

（三）𩜹

同“飤”。食用的，進食時使用的。作定語。1見。

白（伯）夝（喬）父乍（作）𩜹殷（簋）。子子孫永寶用。（伯夝父簋，7.3762，西周）

■一九〇、卿

1. 後作“饗”。宴饗，宴請，款待。此用於世人。典籍作“饗”。作謂語。

①乙亥，王既才（在）𡗽㑟（次）。王卿（饗）酉（酒），尹光遟（醴）。佳各，商（賞）貝。（遟方鼎，5.2709，殷）

此句劉志基釋譯爲：“乙亥日。王已經在𡗽地臨時駐札，並舉行隆重的酒宴。尹光陪侍，恭敬無失，被賞賜貝幣。”（《類檢》第350頁）

②用朝夕卿（饗）氒多倗（倗）友。（先獸鼎，5.2655，西早）

③天君卿（饗）襛酉（酒）。（征人鼎，5.2674，西早）

④用卿（饗）多寮（僚）友。（麥方鼎，5.2706，西早）

⑤歔乍（作）氒殷（簋）兩，甘（其）萬年用卿（饗）賓。（歔簋，7.3745，西早）

⑥我天君卿（饗）歖（飲）酉（酒）。（天君簋，7.4020，西早）

劉志基釋譯曰：“然後王舉行隆重的酒宴。”（《類檢》第128頁）

⑦用卿（饗）王逆遈（造），用㕓（匓）寮（僚）人。（作冊矢令簋，8.4300、8.4301，西早）

⑧白（伯）鑭父乍（作）旅鼎，用卿（饗）王逆洈（造）事人。（伯鑭父鼎，4.2487，西中）

⑨王卿（饗）酉（酒）。（遹簋，8.4207，西中）

⑩穆王卿（饗）豊（醴），即井白（伯）大祝射。（長甶盉，15.9455，西中）

⑪佳（唯）正月既生霸丁酉，王才（在）周康㝪（寢）卿（饗）䣤（醴）。師遽蔑曆（曆）脅。王乎（呼）宰利易（賜）師遽瓏圭（珪）一、瓛章（璋）三（四）。師遽𩣑（拜）頴首。（師遽方彝，16.9897，西中）

⑫王各（格）周廟（廟）宣廚，爰卿（饗）。（虢季子白盤，16.10173，西晚）

《左傳·僖公十二年》：“王以上卿之禮饗管仲。”

《詩經·小雅·彤弓》：“鐘鼓既設，一朝饗之。”鄭玄箋：“大飲賓曰饗。”

2. 後作“饗”。宴饗時所用的。作定語。1見。

復公中（仲）羃（擇）吉金，用乍（作）卿（饗）□。　（復公仲壺，15.9681，春秋）

3. 通"亯（享）"。獻祭於鬼神。彝銘多用"亯（享）"。作謂語或謂語中心。

①霊乍（作）寶隣（尊）鼎。甘（其）萬年用卿（饗）各。（霊鼎，3.631，西早）

②用敢卿（饗）孝于皇且（祖）丂（考）。用旐（祈）眉（眉）壽（壽）。（仲枏父鼎，3.746，西中）

③吕（以）取鮮薦（薦），卿（饗）祀先王。（䣄盜壺，15.9734，戰早）

④吕（以）卿（饗）上帝，吕（以）祀先王。（中山王嚳方壺，15.9735，戰早）

郭沫若曰："彝銘通例，凡生人言饗，死人言亯，言格。"（《大系考釋》第49頁）

張世超引郭說，曰："然此例自西周金文已不甚嚴格，實有用'卿（饗）'同'享'之例。段玉裁《說文解字注・食部》'饗'下：'享，獻也。《左傳》作"享"爲正字，《周禮》《禮記》作"饗"爲同音假借字。'彝銘用'卿（饗）'同'享'之例，未必是假借，詞義引申亦可如此。霊鼎：'其萬年用卿各（饗格）。'中山王嚳壺：'以卿（饗）上帝，以祀先王。'此'饗''祀'變文。"（《通解》第2271頁）

4. 後作"向"。朝向，面向。典籍作"鄉""嚮"或"向"。作謂語。

①王立（位）于宜。入土（社）。南卿（嚮）。（宜侯矢簋，8.4320，西早）

②庚寅，王各（格）于大室。益公入右（佑）王臣，即立（位）中廷，北卿（嚮）。（王臣簋，8.4268，西中）

③炎（榮）白（伯）右（佑）同立中廷，北卿（嚮）。（同簋，8.4271，西中）

④宰舸（倗）父右望入門，立中廷，北卿（嚮）。（望簋，8.4272，西中）

⑤武公有（右）南宮柳，即立（位）中廷，北卿（嚮）。（南宮柳鼎，5.2805，西晚）

⑥宰顝右（佑）裏，入門，立中廷，北卿（嚮）。（裏鼎，5.2819，西晚）

《左傳・僖公三十三年》："秦伯素服郊次，鄉師而哭。"《史記・滑稽列傳》："西門豹簪筆磬折，嚮河立待良久。"《莊子・秋水》："河伯始旋其面目，望洋向若而嘆。"

■一九一、餳

通"觴"。宴饗，舉行宴饗飲食之禮。名詞活用作動詞。作謂語。1 見。

王大耤晨（農）于諆（諆）田，餳（觴）。王射，有嗣（司）眔師氏小子卿（會）射。（令鼎，5.2803，西早）

劉志基註曰："餳：馬承源等讀爲觴，宴饗的意思。"（《類檢》第420頁）

■一九二、盛

盛裝，容受。作謂語。4 見。

①史免乍（作）旅匡（簋），從王征行，用盛旛（稻）沙（粱）。（史免簋，9.4579，西晚）

②殳季良父乍（作）𤔲敁（姒）隣（尊）壺，用盛旨酉（酒）。（殳季良父壺，15.9713，西晚）

③余用自乍（作）遊（旅）臣（簋），㠯（以）征㠯（以）行，用盛稻粱。（曾伯霏簋，9.4631、9.4632，春早）

《詩經·召南·采蘋》："於以盛之，維筐及筥。"

■一九三、宩（容）

後作"容"。盛，容受，容納。作謂語。4見。

①夫林（枂）□灰（冶）㔾鑘（鑄）貞（鼎）。宩（容）一斛。（公朱左師鼎，5.2701，戰晚）

②李卿。蒦共。六斤十二兩。過。六斤十一兩。槐里。宩（容）一斗一升。百廿七。六斤十四兩。過。鄂蒦陽共鼎。宩（容）一斗一升。（蒦陽鼎，《文物》1995年第11期，戰晚）

③土勻。容㕜（四）斗。鏈。（土勻瓶，16.9977，戰晚）

■一九四、空

通"容"。盛，容受，容納。作謂語。1見。

十一年。庫嗇夫肖丕絆、斳（貯）氏大㪣（令）所爲。空二斗。（十一年庫嗇夫鼎，5.2608，戰晚）

■一九五、盥

洗手時所用的。作定語。17見。

①寋（塞）公孫訆（詀）父自乍（作）盥盎（匜）。（塞公孫詀父匜，16.10276，春早）

②夆弔（叔）乍（作）季改（妃）盥般（盤）。（夆叔盤，16.10163，春早／夆叔匜，16.10282，春早）

③蔡医（侯）龖之盥缶。（蔡侯缶，16.9992，春晚）

④蔡医（侯）龖之盥籃（匜）。（蔡侯匜，16.10189，春晚）

⑤蔡医（侯）龖乍（作）大孟姬嬺（媵）盥缶。（蔡侯缶，16.10004，春晚）

⑥旟（齊）医（侯）乍（作）朕（媵）寋（寬）𤲞孟姜盥般（盤）。（齊侯盤，16.10159，春晚）

⑦旟（齊）医（侯）乍（作）朕（媵）寬圓孟姜盥盙（盂）。（齊侯匜，16.10283，春晚）

⑧鑘（鑄）子孟晏（妃）媵盥壺。（匜君壺，15.9680，春秋）

⑨工盧季生乍（作）其盥會盎（匜）。（工盧季生匜，16.10212，春晚）

⑩異（紀）公乍（作）爲子弔（叔）姜□盥壺。（紀公壺，15.9704，春秋）

⑪鄬（鄧）白（伯）吉射自乍（作）盥𦥑（盤）。（鄧伯吉射盤，16.10121，春秋）

⑫楚季苟乍（作）嫻隓（尊）朕（媵）盥般（盤）。（楚季苟盤，16.10125，春秋）

⑬隹（唯）鄬（鄧）□生鬶鄬（鄧）公金，自乍（作）盥也（匜）。（鄧公匜，

16.10228，春秋）

⑭慶弔（叔）伐（作）棴（媵）子孟姜盥籃（匜）。（慶叔匜，16.10280，春秋）

⑮寺（䣄）子姜首迟。寺（䣄）公典爲其盥般（盤）。（䣄公典盤，《文物》1998 年第 9 期）

⑯鄝（徐）王義楚罴（擇）其吉金，自乍（作）滥（盥）盤。 （徐王義楚盤，16.10099，春秋）

此例馬承源隸讀爲："鄝（徐）王義楚罴（擇）其吉金自乍盥盤。"（《銘文選》第 384 頁）則隸定爲"盥"字。

然《金文資料庫》隸讀爲"滥（籃）"。則似通"媵"字。

■一九六、宅

居，居住。作謂語。1 見。

余甲（其）宅絲（兹）中或（國）。（何尊，11.6014，西早）

《詩經·大雅·文王有聲》："考卜維王，宅是鎬京。"鄭玄箋："宅，居也。"

■一九七、步

行，返回。作謂語。1 見。

隹（唯）王卅又三年，王窺（親）遹省東或（國）南或（國）。正月既生霸戊午，王步自宗周。二月既望癸卯，王入各（格）成周。（晉侯蘇編鐘一，35，西晚）

張世超曰："本義爲行，此於殷商卜辭習見，如'王步'，'王步于某'，然金文所見'步'字甚少，故未見此本義。中山王䶕兆域圖數見，均用作量詞⋯⋯"（《通解》第 254 頁）

張如是說，當爲未見此銘故。

然此銘中"步"，當已亦非"步行"之本義，應爲其擴展引申義"行，返回"矣。

■一九八、行

1. 征行，遠行。作謂語或謂語中心。

①史免乍（作）旅匯（簠），從王征行。（史免簠，9.4579，西晚）

②弔（叔）夜盥（鑄）其饙鼎（鼎），㠯（以）征㠯（以）行，饗（饎）用饗（享），用蕅（祈）賣（眉）壽（壽）無彊（疆）。（叔夜鼎，5.2646，春早）

③甘（其）陰甘（其）陽，㠯（以）延（征）㠯（以）行。 （紀伯子庭父盨，9.4442、9.4443、9.4444、9.4445，春秋）

④㠯（以）征㠯（以）行，用盛稻梁。（曾伯霥簠，9.4631，春早）

⑤厌（侯）母乍（作）厌（侯）父戎壺，用征行，用求福無彊（疆）。（侯母壺，15.9657，春早）

⑥唯曾白（伯）文自乍（作）㠱飤鎛，用征行。（曾伯文鎛，16.9961，春早）

⑦喪史實自乍（作）鉼（瓶），用征用行。（喪史實瓶，16.9982，戰國）

2. 征行時所使用的。作定語。

①□□爲甫人行盨。（爲甫人盨，9.4406，春早）

②衛文君夫人叔姜乍其行鬲，用從鷄征。（衛文君夫人叔姜鬲，《銘文選》，2.797，春早）

③黃子乍（作）黃父人行器。（黃子壺，15.9663、15.9664，春早）

④連迁之行升（鼎）。（連迁鼎，4.2084，春秋）

此類用法，陳初生（《字典》第213頁）、張世超（《通解》第424頁）徑釋爲“用”，並引《周禮·天官·庖人》“春行羔豚膳膏香”之賈公彥疏“言行者，義與用同”爲證。初看起來，此解簡易流暢，甚爲妥當，然與銘文“征”之同類用法聯繫起來，却不盡然。銘文中“征”“行”用法有諸多相同點，如“征”“行”爲同義詞，常連用或對舉；有“行盨”，也有“延頛（征盨）”，且“行盨”“征盨”之“行”“征”亦當爲同（近）義詞。“征盨”之“征”似不可徑釋爲“用”，典籍亦當無“征”作“用”義例，則“行盨”之“行”亦當不宜徑釋爲“用”。尤其是從例①來看，“行盨”之後尚有“用征用行”，兩“行”字相互照應，當爲同義。另，“春行羔豚膳膏香”之“行”雖以釋“用”爲宜，然與銘文“行盨”“行器”之“行”有諸多不同，如語法上一作謂語，一作定語等，當不宜等同視之。

3. 巡行，巡視，巡狩（特用於天子），可轉指征伐。作謂語。2見。

①宏（宏）魯卲（昭）王，廣黻楚刑（荊），佳（唯）奐南行，（史牆盤，16.10175，西中）

于省吾曰：“……‘佳奐南行’，是形容卲王統帥六師以南征，其士卒眾多，規模盛壯。”（《牆盤銘文十二解》，《古文字研究》第五輯）

②昔者，虛（吾）先覗（祖）趄（桓）王、卲（昭）考成王，身勤社稷，行四方，㠯（以）憂惄（勞）邦家。（中山王嚳鼎，5.2840，戰晚）

《周禮·地官·州長》：“若國作民而師田行役之事，則帥而致之。”賈公彥疏：“師謂征伐，田謂田獵，行謂巡狩，役謂役作。”

4. 施行，履行，執行。作謂語或謂語中心。約10見。

①事㝅（少）女（如）䟪（長），事愚女（如）智，此易言而難行施（也）。非㤅（信）與忠，其佳（誰）能之！其佳（誰）能之？佳（唯）虛（吾）老賈（貯）是克行之。（中山王嚳鼎，5.2840，戰晚）

②若不行王命者，快（殃）遮（咎）子孫。（兆域圖銅版，16.10478，戰晚）

③凡興士被甲，用兵五十人㠯（以）上，必會王符，乃敢行之。燔隊事，雖母（毋）會符，行殹（也）。（新郪虎符，18.12108，戰晚）

④凡興士被甲，用兵五十人㠯（以）上，必會君符，乃敢行之。燔隊之事，雖母（毋）會符，行殹（也）。（杜虎符，18.12109，戰晚）

5. 走。作謂語。1見。

不（丕）顯子白，壯（壯）武于戎工（功），經纘（維）亖（四）方。博（搏）伐厰（玁）狁（狁），于洛之陽，斳（折）首吾（五百），辥（執）嘫（訊）卒（五十），是呂（以）先行。趄趄子白，獻戒（職）于王。（虢季子白盤，16.10173，西晚）

張世超曰："此言子白因戰功顯赫，而先于軍列。《詩·大雅·常武》：'左右陳行，戒我師旅。'《釋文》'行，列也。'"（《通解》第425頁）

陳煒湛、唐鈺明曰："先行：居於軍列之先。"（《古文字學綱要》第266頁）

馬承源註曰："是呂先行：是以成爲全軍的前驅。這是指虢季子白搏伐玁狁极爲勇猛。"（《銘文選》第309頁）

楊樹達訓"行"爲"走"義，謂盤銘所言先行者，即不嬰簋銘之"來歸獻禽"。（《金文說》第148頁）

本案：以上諸說，各有不同。張、陳、唐皆視"行"爲名詞"行列"義，然張意爲"子白因戰功顯赫，而先於軍列"（戰爭結束軍隊班師時走在最前面，以示榮耀）；陳、唐意爲子白之戰功顯赫，居各軍之首。馬意爲子白在戰鬥中勇猛拼殺，是以成爲先驅、前驅（"行"爲名詞或動詞未指明，二者皆可釋通）。楊視"行"爲動詞"走"義，意爲子白取得戰功後，先走一步回朝奏功。結合其後有"獻職于王"來看，似以楊說爲佳。

■一九九、涉

1. 渡過。作謂語。3見。

①王涉漢伐楚。（京師畯尊，《文物》2010年第1期第42頁，西早）

②自瀗涉，呂（以）南，至于大沽，一弄（封）。呂（以）陟，二弄（封）。至于邊柰（柳），復涉瀗，陟雪（越）壚（虘）、霎、陜呂（以）西。（散氏盤，16.10176，西晚）

馬承源註曰："自瀗涉，呂（以）南，至于大沽，一弄（封）：自瀗水過渡，往南，到達大沽，在此樹立一道封土以爲界。瀗：水名。大沽：亦水名。"（《銘文選》第298頁）

以上三"涉"，當已非其本義"徒步過河"，應爲其擴展引申義矣。

2. 進入，穿過。作謂語。4見。

涉東門。（格伯簋，8.4262、8.4263、8.4264、8.4265，西中）

楊樹達曰："此銘云'涉東門'，東門既非水名，不得以渡涉爲解。《漢書·高帝紀贊》云：'涉魏而東'，注引晉灼曰：'涉猶入也。'然則涉東門正謂入東門矣。"（《金文說》第225頁）

■二〇〇、禺

通"遇"。作謂語。2見。

禺（遇）邢王于黃池，爲趙孟疘（介）。邢王之惕（賜）金，台（以）爲祠器。（趙

盂庎壺，15. 9678、15. 9679，春早）

馬承源註曰："禺（遇）邗王于黄池：與吳王在黄池相會。……爲趙孟庎（介）：爲趙孟的賓介。"（《銘文選》第589頁）

楊樹達曰："禺假爲遇。《國策·秦策》云：'因退爲逢澤之遇。'《呂氏春秋·淫辭篇》云：'空雄之遇。'高注並云：'遇，會也。'"（《金文説》第192頁）

■二〇一、乍/复/钕

（一）乍

1. 後作"作"。造，製作，鑄造。作謂語。

①缶用乍（作）亯（享）大子乙家祀障（尊）。（小臣缶方鼎，5. 2653，殷）

②用乍（作）且（祖）乙障（尊）。（小臣系卣，10. 5378，殷）

③卲乍（作）寶（寶）彝。（卲作寶彝器，16. 10543，西早）

④魯厌（侯）乍（作）爵。（魯侯爵，14. 9096，西早）

⑤虢中（仲）乍（作）故（姞）障（尊）鬲。（虢仲鬲，3. 561，西中）

⑥白（伯）斿乍（作）寶鼎。（伯斿鼎，4. 2040，西中）

⑦史宜父乍（作）障（尊）鼎。（史宜父鼎，4. 2515，西晚）

⑧用乍（作）朕剌且（祖）䜌（召）公嘗毁（簋）。（六年琱生簋，8. 4293，西晚）

⑨厌（侯）母乍（作）厌（侯）父戎壺，用征行，用求福無彊（疆）。（侯母壺，15. 9657，春早）

⑩唯曾白（伯）文自乍（作）氒飤鑘，用征行。（曾伯文鑘，16. 9961，春早）

⑪曾子屎自乍（作）行器。（曾子屎簠，9. 4528，春晚）

⑫唯廿又再祀，屭羌乍（作）戕氒辟旗（韓）宗敵（徹）。（屭羌鐘，1. 157、1. 158、1. 159、1. 160、1. 161，戰早）

⑬悍乍（作）距末，用差（佐）商國（國）。（悍距末，18. 11915，戰國）

⑭曾厌（侯）乙乍（作）時。商角。商曾。割（姑）肄（洗）之商角。（曾侯乙鐘下二2，2. 290，戰早）

馬承源註曰："時：《説文》所無，从口寺聲，當假作庤。《詩·周頌·臣工》：'庤乃錢鎛。'毛亨《傳》：'庤，具也。'《玉篇》所釋並同。"（《銘文選》第455頁）雖未對"乍"進行註解，但從其對"時"所作註解來推測，是將此"乍"看作"製造"義的。

2. 後作"作"。爲……而作，爲……而製造。動詞的爲動用法。作謂語。

①孪（小子）乍（作）母己。（小子作母己卣，10. 5175、10. 5176，殷）

②乍（作）父己。（作父己鼎，4. 1620，西中）

③白（伯）侃父乍（作）畢姬。甘（其）萬年子子孫孫永寶用亯（享）。（伯侃父鬲，3. 728，西晚）

"乍（作）"後省略具體所作器皿類型，而接人名（所作器皿之服務對象），從語法來分析，當爲爲動用法；從語義來理解，可認爲其後省略了賓語即具體所作器皿。

3. 後作"作"。興，興建，建立。作謂語。

①不（丕）顯玟（文）王受天有（佑）大令（命），在珷（武）王嗣（嗣）玟（文）乍（作）邦。（大盂鼎，5.2837，西早）

馬承源註曰："在珷王嗣玟（文）乍邦：武王承嗣了文王的事業，完成了建國任務。"（《銘文選》第38頁）

劉志基釋譯曰："顯赫的文王得到上天的保佑擁有天命，武王繼承文王的功績建立了國家。"（《類檢》第461頁）

"乍邦"，即興建邦國。《尚書·康誥》："周公初基，作新大邑於東國洛。"

②今兄（貺）畀（畀）女（汝）福土，乍（作）乃采。（中方鼎，5.2785，西早）

郭沫若曰："'作乃采'與趞尊之'錫趞采'事亦相同，同是'建侯衛'時事。"（《大系考釋》第16頁）

4. 後作"作"。作爲，成爲。作謂語。

①王曰："中！絲（茲）褍人入（納）史（事），易（賜）于玖（武）王，乍（作）臣……"（中方鼎，5.2785，西早）

楊樹達曰："錫謂見錫，作臣則所錫之事也。蓋褱人初未服於周，今始歸順，而武王受之，許其爲臣。"（《金文說》第128頁）

②王令毛白（伯）璺（更）虢驖（成）公服，甹（屏）王立（位），乍（作）三（四）方亞。（班簋，8.4341，西中）

李學勤曰："作民極即爲民之則，作四方極即爲四方之則。"（《班簋續考》，《古文字研究》第十三輯）《尚書·君奭》："乃悉命汝，作汝民極。"

③亦剬（則）于女（汝）乃聖且（祖）考，克尃右（佑）先王，乍（作）厷ㄟ（肱）殳（股）。（師訇簋，8.4342，西晚）

5. 後作"作"。舉行。作謂語。3見。

①史喜乍（作）朕文考礜（禴）祭。厷日隹（唯）乙。（史喜鼎，4.2473，西周）

此句劉志基釋譯爲："史喜爲自己德行昭彰的先父舉行禴祭之禮，時在乙日。"（《類檢》第275頁）

②我乍（作）祶（御）鼎（祭）且（祖）乙、匕（妣）乙、且（祖）己、匕（妣）癸。（我方鼎，5.2763，西早）

③朕吾考令乃鵬（壇）沈子乍（作）級于周公宗，陟二公。不敢不級。（沈子它簋蓋，8.4330，西早）

唐蘭謂"級"乃祭名。（《論周昭王時代的青銅器銘刻》，《古文字研究》第二輯）劉志基亦註曰："級，義爲祭祀。"（《類檢》第245頁）然劉釋譯此句爲："作爲先父的傳人沈子，我在周公宗廟裏祭祀周公，並享祀配祭的二公。我不敢不行祭禮。"（《類檢》第246頁）釋"乍（作）"爲"作爲"之義，在此句中於語法不合，因其後賓語並非"沈子"。"作"當爲"舉行"之義，"作級"即"舉行級祭"。

《詩經·大雅·文王》："厥作祼將。"高亨今註："作，猶行也。""行"即"舉行"之義。

6. 後作"作"。從事，做某事。作謂語。1 見。

俗（裕）我弗乍（作）先王憂。（毛公鼎，5.2841，西晚）

馬承源註曰："俗（欲）我弗乍先王憂：俗，假爲欲，表達願望之詞，義爲我願不使先王生憂。"（《銘文選》第 318 頁）

劉志基註曰："俗（欲）我弗乍先王憂：希望我不會讓先王憂愁。"釋譯曰："希望我不要使得先王慢愁。"（《類檢》第 467 ~ 468 頁）

則馬、劉皆釋"乍（作）"爲"使""讓"之義。

張世超曰："猶行也，事也。即從事，作某事。……毛公厝鼎：'俗（裕）我弗乍（作）先王嬰（羞）。'鼎銘言'誘導我不作先王以爲羞恥之事'。《左傳》襄公十八年：'苟捷有功，無作神羞。'"（《通解》第 2999 ~ 3000 頁）

另，楊樹達曰："俗字孫詒讓讀爲欲，按孫讀非也。愚謂俗當讀爲裕。《方言》卷三云：'裕，猷，道也。東齊曰裕，或曰猷。'按道與導同，謂誘導，裕我即誘導我也。《書·康誥》云：'乃由裕民（由裕與猷裕同），惟文王之禁忌，乃裕民。'銘文言裕我，猶《書》云由裕民與裕民矣。"（《金文說》第 31 頁）張世超據楊說，於其"俗"字條下引此例曰："假爲'裕'。毛公厝鼎：'俗我弗作先王憂。'"（《通解》第 2010 頁）

本案：馬、劉與楊、張二說皆可通。從釋義來看，似以楊、張之說爲更佳。

7. 後作"作"。制定的。作定語。1 見。

女（汝）母（毋）弗帥用先王乍（作）明（明）井（型），俗（欲）女（汝）弗㠯（以）乃辟缶（陷）于囏（艱）。（毛公鼎，5.2841，西晚）

馬承源註曰："女（汝）母（毋）弗帥用先王乍明井（刑）：你不能不遵循先王所制定的好的法則。"（《銘文選》第 319 頁）

劉志基釋譯曰："你必須遵循先王所制訂的好的法則。"（《類檢》第 468 頁）

《尚書·呂刑》："度作刑以詰四方。"

8. 後作"作"。充作，擔任，任職。作謂語。

昔先王既令女（汝）乍（作）宰，嗣（司）王家。（蔡簋，8.4340，西晚）

《尚書·舜典》："伯禹作司空。"

9. 後作"祚"。賜福。名詞活用作動詞。作謂語。4 見。

①不（丕）顯皇祖，其乍（祚）福元孫。（叔夷鐘，1.277，春晚）

②不（丕）顯皇昇（祖），其乍（祚）福元孫。（叔夷鐘，1.285，春晚）

"祚"本爲名詞，福也。《詩經·大雅·既醉》："君子萬年，永錫祚胤。"《國語·周語下》："若能類善物，以混厚民人者，必有章譽蕃育之祚。"活用作動詞，"賜福"之義，或可逕解作"賜"。《左傳·宣公元年》："天祚明德。"《國語·周語下》："皇天嘉之，祚以天下。"

鐘銘"祚福",可看作同義連用,"祚""福"皆活用作動詞。亦可看作述賓結構,"祚"活用作動詞,"福"仍爲名詞。

③台(以)高(享)台(以)孝于大宗生(皇)梘(祖)、生(皇)妣(妣)、生(皇)丂(考)、生(皇)母,乍(祚)䆒永命,農(眉)嗇(壽)萬年。(陳逆簠,9.4629,戰早)

馬承源註曰:"乍(祚)䆒永命:即永命多福。祚,福也。"(《銘文選》第553頁)則視"乍(祚)"爲名詞"福"。亦當視爲活用作動詞,"賜福"之義。

④台(以)高(享)台(以)孝(孝)于大宗生(皇)梘(祖)、生(皇)妣(妣)、生(皇)丂(考)、生(皇)母,乍(祚)䆒今命,農(眉)嗇(壽)萬年。(陳逆簠,9.4630,戰早)

10. 後作"祚"或"胙"。報,回報。銘文尚未見"祚"或"胙"字形。典籍作"祚"或"胙"。作謂語。2見。

①用盨(鑄)戉龢鍾(鐘),台(以)乍(祚)其皇且(祖)考。(郘公華鐘,1.245,春晚)

馬承源註曰:"乍:讀爲祚,義爲報。《文選·張衡·東京賦》'祚靈王以元吉',李善《注》:'綜曰:祚,報也。'"(《銘文選》第525頁)

陳仁涛謂鐘銘之"乍"當讀爲"胙",訓爲報。(《金匱論古初集》第66頁)

《左傳·襄公十四年》:"王使劉定公賜齊侯命,曰:'昔伯舅大公右我先王,股肱周室,師保萬民。世胙大師,以表東海。'"杜註:"胙,報也。表,顯也。謂顯封東海,以報大師之功。"

"乍"讀爲"祚""胙"皆可。

②用□其龢鍾(鐘),㠯(以)乍(祚)其皇且(祖)皇考。(郘叔之伯鐘,1.87,春秋)

11. 後作"詐"。欺詐。東周銘文始見"詐"字形。作謂語。1見。

歔蒐曆白(伯)大師。不自乍(詐)。孚(小子)𣦱(夙)夕尃由先且(祖)剌(烈)德,用臣皇辟。(師歔鼎,5.2830,西中)

此段馬承源斷讀爲"歔蒐曆白(伯)大師,不自乍(詐)。小子夙夕尃古先且剌(烈)德,用臣皇辟",註曰:"不自乍(詐):不自爲詐。乍假爲詐,自勉之辭。《荀子·脩身》:'匿行曰詐。'"(《銘文選》第135–136頁)

于豪亮斷讀爲"白(伯)大師不(丕)自乍小子,夙夜尃由先且(祖)剌(烈)德",並曰:"'乍'讀爲'助',古從乍得聲之字常與從且得聲之字相通假。""這一句話的意思是,伯大師大力幫助我使我日日夜夜努力遵行先祖的美德。"(《陝西扶風縣強家村出土虢季家族銅器銘文考釋》,《古文字研究》第九輯)

則馬、于二者斷讀、釋義皆不同。

然于氏釋譯"不(丕)自乍"爲"大力幫助我",似在語法上不盡協調一致,且銘文中也僅此1見讀"乍"爲"助"者。

馬氏釋譯"不自乍"爲"不自爲詐",僅從此例來看,無有紕疵。然"詐"字銘文中

8見，皆爲“作（製作）”義，且皆屬東周時期。故讀此“乍”爲“詐”，亦爲孤證，且與銘文常情不符。

故馬、于二說，皆有未安。今暫取馬說。

12. 後作“作”。製作，引申指掌管。用於“乍冊”一職。作謂語中心。42見。

①王商（賞）乍（作）冊豊貝。（作冊豊鼎，5.2711，殷）

②王商（賞）乍（作）冊般貝。（作冊般甗，3.944，西早）

③王受（授）乍（作）冊尹者（書），卑（俾）冊令免。（免簋，8.4240，西中）

④王乎（呼）乍（作）冊尹克冊命師旋曰。（元年師旋簋，8.4279、8.4280、8.4281、8.4282，西晚）

劉志基曰：“乍冊即作冊，職官名，專掌王朝圖錄、冊封、詔命等事務，屬太史僚管轄。”（《類檢》第633頁）

（二）复

同“乍（作）”。造，製造，鑄造。作謂語或謂語中心。約20見。

①中（仲）鏷□复（作）鬻（鑄）旅須（盨）。（仲鏷盨，9.4399，西中）

②自复（作）用戈。（自作用戈，17.11028，春晚）

③夨（吳）王光逗自复（作）用戈。（吳王光戈，17.11255，春晚）

④番中（仲）复（作）之艁（造）戈。（番仲戈，17.11261，春晚）

⑤楚王酓肯复（作）盥（鑄）鉈鼑（鼎），台（以）共（供）胾棠。（楚王酓肯鉈鼎，4.2479，戰晚）

⑥楚王酓肯复（作）盥（鑄）鴍（鐈）盄（鼎），㠯（以）共（供）胾棠。（楚王酓肯鼎，5.2623，戰晚/楚王酓肯鼎，《金文總集》1.1005，戰晚）

⑦楚王酓肯复（作）盥（鑄）金匿（簠），㠯（以）共（供）胾棠。（楚王酓肯簠，9.4549、9.4550、9.4551，戰晚）

⑧楚王酓肯复（作）爲盥（鑄）盤，台（以）共（供）胾棠。（楚王酓肯盤，16.10100，戰晚）

作鑄、作爲鑄，皆同義連用。

⑨楚王酓璋（章）嚴龏（恭）寅复（作）軘戈。（楚王酓章戈，17.11381，戰早）

（三）钕

1. 後作“迮”或“笮”。压迮，進迫，攻伐。作謂語中心。1見。

唯巢來钕（迮），王令東宮追㠯（以）六自（師）之年。（陖貯簋，7.4047，西中）

郭沫若曰：“钕即笮迫之笮。驫芍鐘：‘逵征秦遬齊’即此钕字義。”（《大系考釋》第101頁）

馬承源於驫羌鐘篇註曰：“逵征秦遬（迮）齊：征伐秦國，迮迫齊國。這是指晉國對秦、齊所采取的軍事行動。遬，迮的繁體。《後漢書·陳忠傳》‘共相壓迮’，李賢《注》：‘迮，迫也。’”（《銘文選》第590頁）

2. 通 "乍 (作)"。造，製作，鑄造。作謂語或謂語中心。6 見。

①敀 （姑） 氏自伐 （作） 爲礦 （寶） 隤 （尊） 餃 （簋）。（姑氏簋，7.3916，西周）

②尸 （夷） 用伐 （作） 釁 （鑄） 其寶鍾 （鐘）。（叔夷鐘，1.277，春晚）

③殿簟 （擇） 吉金鈇 （鉄） 盇 （鎬） 鋶鋁，用伐 （作） 釁 （鑄） 其寶鎛。（叔夷鐘，1.285，春晚）

④蔡厌 （侯） 產伐 （作） 鬿戎。（蔡侯產劍，18.11602、18.11603，戰早）

⑤酺 （郙） 王僕自伐 （作） 丞 （承） □。（郙王劍，18.11611，春秋）

3. 通 "乍 （作）"。爲……而作，爲……而製造。動詞的爲動用法。作謂語。2 見。

①用伐 （作） 朕文考寛白 （伯） 隤 （尊） 鼎。（利鼎，5.2804，西中）

②慶弔 （叔） 伐 （作） 媵 （勝） 子孟姜盥籃 （匜）。（慶叔匜，16.10280，春秋）

4. 通 "胙"。賜給……胙肉。名詞活用作動詞。作謂語。2 見。

師兪父伐 （胙）。鏊叔 （淑） 市巩 （恐） 告于王。（師鏊簋，8.4324、8.4325，西晚）
馬承源註曰："師兪父伐 （胙），鏊叔 （淑） 市巩 （恭） 告于王：師兪父賜鏊以胙，鏊穿素市恭告於王。"（《銘文選》第 265 頁）

■二〇二、胙

通 "乍 （作）"。造，製造，鑄造。作謂語中心。32 見。
①曾厌 （侯） 乙胙 （作） 時，甬 （用） 冬 （終）。（曾侯乙鬲，3.577，戰早/曾侯乙匕，3.947，戰早/曾侯乙鼎，4.2292，戰早/曾侯乙勺，16.9927，戰早/曾侯乙冰缶，16.10000，戰早/曾侯乙箕，16.10398、16.10399，戰早/曾侯乙簋，4.4495、4.4496，戰早）

②曾厌 （侯） 乙胙 （作） 之時，甬 （用） 冬 （終）。（曾侯乙銅鶴，16.10439，戰早/曾侯乙鈎形器，16.10455，戰早）

■二〇三、怎

通 "乍 （作）"。造，製造，鑄造。作謂語中心。19 見。
①曾厌 （侯） 乙怎 （作） 時，甬 （用） 冬 （終）。（曾侯乙冰缶，16.10000，戰早）
②郾 （燕） 厌 （侯） 戴 （職） 怎 （作） 帀 （師） 萃鋸。 （郾王職劍，17.11221，戰晚）
③郾 （燕） 王詈怎 （作） 巨戉鋸。（燕王詈戈，17.11240，戰晚）
④郾 （燕） 王詈怎 （作） 雩戉鋸。（燕王詈戈，17.11241，戰晚）
⑤郾 （燕） 王喜怎 （作） 旅鈇。（燕王喜劍，18.11606；18.11607，戰晚）
⑥郾 （燕） 王職怎 （作） 武□旅鐱 （劍）。（燕王職劍，18.11634，戰晚）

■二○四、迮/迿

（一）迮

同“扻”。壓迮，進迫，攻伐。作謂語中心。1 見。

酀安之孫䈞（䜌）大史申乍（作）其造（䄈）鼎（鼎）十，用迊（征）台（以）迮。（䜌大史申鼎，5.2732，春晚）

（二）迿

同“扻”。壓迮，進迫，攻伐。作謂語中心。5 見。

驫羌乍（作）龢乒辟旂（韓）宗敵（徹）。達（率）征秦迿（迮）旂（齊）。（驫羌鐘，1.157、1.158、1.159、1.160、1.161，戰早）

馬承源註曰：“達征秦迿（迮）齊：征伐秦國，迮迫齊國。這是指晉國對秦、齊所采取的軍事行動。迿，迮的繁體。《後漢書·陳忠傳》‘共相壓迮’，李賢《注》：‘迮，迫也。’”（《銘文選》第590頁）

■二○五、詐

1. 欺詐。作謂語或謂語中心。2 見。

①不自乍（詐）。（師訇鼎，5.2830，西中）
②勿可愆（折）冬（中），冊復母（毋）反，母（毋）坴（詐）母（毋）愍（謀）。（鳥書箴銘帶鉤，16.10147，戰國）

2. 通“乍（作）”。造，製造，鑄造。作謂語中心。8 見。

①用詐（作）大孟姬嬪（媵）彝籩。（蔡侯尊，11.6010，春晚）
②用詐（作）大孟姬嬪（媵）彝盥。（蔡侯盤，16.10171，春晚）
③隹（唯）十四年，中山王䂫詐（作）貞（鼎）。（中山王䂫鼎，5.2840，戰晚）
④曾厌（侯）乙詐（作）時，甬（用）冬（終）。　（曾侯乙鼎，4.2290、4.2293、4.2294、4.2295.1、4.2295.2，戰早）

■二○六、捧/鞒

（一）捧

1. 後作“拜”。跪而後兩手相拱至地，古代對君上表示敬意的一種禮節。作謂語或謂語中心。41 見。

①彔白（伯）彧敢捧（拜）手頴首，斁（對）覴（揚）天子不（丕）顯休。（彔伯彧簋蓋，8.4302，西中）

②匡（匡）撲（拜）手頴首，掔（對）眗（揚）天子不（丕）顯休。 （匡卣，10.5423，西中）

③寓撲（拜）頴首。對王休。（寓鼎，5.2756，西早或西中）

④撲（拜）手頴手（首），敢對嶷（揚）王休。（吳生殘鐘，1.105，西晚）

⑤山撲（拜）頴首，受冊佩吕（以）出。（膳夫山鼎，5.2825，西晚）

⑥妳（柞）撲（拜）手，對腥（揚）中大師休。 （柞鐘，1.133、1.134、1.135、1.136，西晚）

⑦尸（夷）用或敢再撲（拜）頴首。（叔夷鐘，1.275，春晚）

2. 拜受，敬受，接受之敬辭。作謂語。2 見。

旅（齊）厌（侯）撲（拜）嘉命。（洹子孟姜壺，15.9729、15.9730，春秋）

撲嘉命，即敬受天子之嘉命也。楊樹達曰："……齊侯有所請而天子許之，且有所授，故謂之嘉命。"（《金文說》第53頁）《國語·魯語下》："敢不拜教。"

3. 通"饎"。奉祭盛食物時所使用的。作定語。2 見。

①奠（鄭）井弔（叔）戲（蔑）父乍（作）撲（奉）鬲。（鄭井叔蔑父鬲，3.581，春早）

馬承源隸讀爲"奠（鄭）井弔（叔）戲父乍拜（饎）鬲"，讀"拜"爲"饎"，註曰："拜鬲：即饎鬲的音假。拜字金文作撲，从奉得聲，與饎音同。"（《銘文選》第325頁）

我們認爲從字形上來看，讀"撲"爲"奉"更爲適宜，"奉"再通"饎"。

②畀（鄭）師蔑父乍（作）撲（奉）鬲。（鄭師蔑父鬲，3.731，春早）

（二）轞

同"撲"，後作"拜"。跪而後兩手相拱至地，古代對君上表示敬意的一種禮節。作謂語或謂語中心。41 見（僅見於西周時期）。

①轞（拜）頴首，敢叞（擊）卲告。（沈子它簋蓋，8.4330，西早）

②趞鼉（曹）轞（拜）頴首，敢對瞂（揚）天子休。（七年趞曹鼎，5.2783，西中）

③智嗣（則）轞（拜）頴首，受絲（茲）五［夫］。（智鼎，5.2838，西中）

④聖轞（拜）頴首。（聖簋，8.4272，西中）

⑤乃子威轞（拜）頴首，叡（對）瞂（揚）文母福剌（烈）。（威簋，8.4322，西中）

⑥班轞（拜）頴首曰。（班簋，8.4341，西中）

⑦頌轞（拜）頴首，受令，冊佩吕（以）出。（頌鼎，5.2827，西晚）

⑧旟轞（拜）頴首，敢叡（對）腸（揚）天子不（丕）顯魯休命（令）。（元年師旟簋，8.4279、8.4280、8.4281，西晚）

⑨乖白（伯）轞（拜）手頯（傾）首天子休，弗聖（忘）小厲邦。（乖伯歸夆簋，8.4331，西晚）

⑩克轞（拜）頴首。（膳夫克盨，9.4465，西晚）

■二○七、賀

祝賀。作謂語。1見。

天子不忘其又（有）勳，使其老箙（策）賞中（仲）父，者（諸）厌（侯）虘（皆）賀。（中山王響方壺，15.9735，戰早）

《詩經·大雅·下武》：“受天之祜，四方來賀。”

■二○八、速

延請，邀請。作謂語。2見。

①弔（叔）家父乍（作）中（仲）叞（姬）匡（筐），用成（盛）稻㭆（粱），用速先嗣（司）者（諸）胜（兄），用㡿（祈）賫（眉）考無彊（疆）。（叔家父簠，9.4615，春早）

②已巳，焚（榮）中（仲）速內（芮）白（伯）、馘（胡）侯、子。（榮仲方鼎，《考古》2006年第8期第69頁，西周）

《詩經·小雅·伐木》：“既有肥羜，以速諸父。”鄭玄箋：“速，召也。有酒有羜，今以召族人飲酒。”《易經·需卦》：“有不速之客三人來。”《釋文》引馬融註：“速，召也。”

■二○九、再

1. 後作“稱”。舉，舉起。此爲其本義。作謂語。2見。

①王再旂于豐。（裘衛盉，15.9456，西中）

②柞白（伯）十再（稱）弓無瀘（癈）矢。（柞伯簋，486，西早）

再弓，當爲舉弓之義，引申指拉弓、射箭之義。

2. 後作“稱”。舉行。作謂語。1見。

隹（唯）王初鄉（遷）宅珝（于）成周，復再珷（武）王豐（禮）禗（福）自天。（何尊，11.6014，西早）

劉志基註曰：“復再珷（武）王豐（禮）福自天：還是按照武王的禮舉行福祭，祭禮從天室開始。”（《類檢》第617頁）

3. 後作“稱（儞）”。稱美，稱揚，宣揚。作謂語。3見。

①今余非敢夢先公又（有）雚徲，余懋再（稱）先公官。（卯簋蓋，8.4327，西中）

馬承源註曰：“今余非敢夢先公又（有）雚徲，余懋再先公官：我不敢不明白先公命令而有所雚徲，我美儞先公所命的官職。夢：不明。《說文·夕部》：‘夢，不明也。’雚徲：辭意難解。一般拓本不清楚。此二字也有解釋爲‘進退’的，然於字形不相似。懋再：美盛之義。再，讀作儞。”（《銘文選》第173頁）

劉志基註曰：“懋再：稱美之意。”釋譯爲：“現今我不敢不明白先公的舉措，讚美先

公所任命的職官。"（《類檢》第 239～240 頁）

②辥余昌（以）餘士獻（獻）民，再（稱）盩（戾）先王宗室。（盩簋，8.4317，西晚）

此句隸讀、釋譯，學界分歧懸殊。

陳初生曰："通'稱'，好，適當地。盩簋：'肆余昌（以）餽士獻民，再（稱）盩（調）先王宗室。'張政烺曰：'《爾雅·釋言》："稱，好也。"普通話說好好地。'"（《字典》第 444 頁）

張世超曰："用爲'稱'好，宜也。盩簋：'肆余昌餽（義）士獻民，再（稱）盩光王宗室。'張政烺曰：'《爾雅·釋言》："稱，好也。"普通話說好好地。'《周厲王胡簋釋文》，《古文字研究》三輯。"（《通解》第 939 頁）

劉翔註曰："再：通'稱'（chèng），適當。盩：音 zhōu，通'調'，調協。……此句意爲：所以我與賢士大夫適當調協先王宗廟之制。"（《商周古文字讀本》第 124 頁）

馬承源註曰："辥余昌餽士獻民，再（偁）盩（戾）先王宗室：故我和諸士獻民在先王的宗廟中，宣揚先王的美德。……盩：即盩。《說文·弦部》：'盩，讀若戾。'《廣雅·釋詁一》：'戾，善也。'"（《銘文選》第 278 頁）

劉志基註曰："辥余昌（以）餘士獻（獻）民，再（偁）盩（戾）先王宗室：故我和翼輔天子的士人、賢良士大夫在宗廟中宣揚先王美德。……盩，讀爲戾，義爲善。"（《類檢》第 218 頁）

綜合來看，可歸爲兩大派：陳初生、張政烺、張世超、劉翔之說近同，釋"再盩"爲"適當地、好好地協調"之義；馬承源、劉志基之說近同，釋"再盩"爲"宣揚美德"之義。

我們認爲此二說皆可通，然似以後說更爲平易尋常，故暫取後說。

③休辝皇且（祖）害（憲）公，趩趩趯趯，啓（啓）乓明（明）心，廣巠（經）其獻，趞（臧）再（稱）穆。（戎生編鐘一，《文物》1999 年第 9 期第 79 頁圖六，春早）

再穆，當爲稱美、稱善之義。

■二一〇、壴/鼓

（一）壴

後作"鼓"。敲擊，敲奏。作謂語。1 見。

王孫遺者罨（擇）其吉金。自乍（作）龢鐘。……枼（世）萬孫子，永保壴之。（王孫遺者鐘，1.261，春晚）

（二）鼓

敲擊，敲奏。作謂語或謂語中心。約 30 見。

①瘋其萬年永寶日鼓。（瘋鐘，1.247、1.248、1.249、1.250，西中）

②子孫永保鼓之。（沈兒鐘，1.203，春晚）

③子孫鼓之。（蔡侯紐鐘，1.211、1.216、1.217、1.218，春晚）

④子子孫孫永保鼓之。（齊鮑氏鐘，1.142，春晚/許子鹽鎛，1.154，春秋）

⑤子子孫孫，萬葉（世）鼓之。（徐王子旃鐘，1.182，春秋）

⑥其台（以）鼓之。（越王者旨於賜鐘，1.144，戰早）

《詩經・唐風・山有樞》："子有鐘鼓，弗鼓弗考。"前一"鼓"字爲名詞，後一"鼓"字爲動詞。

■二一一、射

1. 射獵。作謂語。2 見。

①王射大䴔（鴻），禽（擒）。（麥方尊，11.6015，西早）

②王各（格），蠱辟舟，臨華白旂，［用］射緌，葬（鼇）虎、貉、白鹿、白狼于辟池。（伯唐父鼎，《考古》1989 年第 6 期第 526 頁圖二：1，西中）

張世超於"射"字條中曰："彝銘所見射事，皆非軍戰或田獵，而多是王侯之射禮。（參見劉雨《西周金文中的射禮》，《考古》1986 年 12 期）"（《通解》第 1339 頁）然從上舉二例來看，彝銘所見射事，亦可用於田獵，用於軍戰者確乎未見。

2. 舉行射禮。作謂語。9 見。

①王大耤晨（農）于諆（諆）田，錫（觴）。王射，有嗣（司）眔師氏小子卿（會）射。（令鼎，5.2803，西早）

②隹（唯）八月辰才（在）庚申，王大射，才（在）周。（柞伯簋，486，西早）

③王射于射盧（廬）。（十五年趞曹鼎，5.2784，西中）

④王召（以）吳奉、呂剄（剛）卿（合）嬎、蓝白、邦周射于大池。（靜簋，8.4273，西中）

⑤王才（在）魯，卿即邦君、者（諸）厌（侯）、正、有嗣（司）大射。（義盉蓋，15.9453，西中）

⑥穆王卿（饗）豊（醴），即井白（伯）大祝射。（長甶盉，15.9455，西中）

⑦王休侲（宴），乃射。駿（馭）方卿（會）王射。（鄂侯鼎，5.2810，西晚）

馬承源註曰："王休屡（宴），乃射：王停止了宴飲，接着就舉行射禮。"（《銘文選》第 281 頁》

《周禮・春官・鐘師》："凡射，王奏《騶虞》，諸侯奏《狸首》。"

3. 通"厭"。損，損毀。作謂語中心。2 見。

①敢弗具仅（付）爾（嗣）匕（比），甘（其）且（沮）射（厭），分田邑，刪（則）𤲃。（𤲃攸从鼎，5.2818，西晚）

對於此段銘文，楊樹達於"射"下逗斷，曰："射當讀爲謝，謂錢財也。蓋謝本酬謝之義。《漢書・陳湯傳》曰：'……湯爲訟罪，得踰冬月，許謝錢二百萬。'……《史記・

日者傳》曰：'……今夫卜筮者利大而謝小。'謝皆謂錢財也。蓋稱財爲謝，猶今人言報酬，徵之銘文，知此語其來久矣。"（《金文說》第 28～29 頁）卞學津據陳邦懷於"比（從）"下逗斷，讀"且肝"爲"阻謝"，釋"謝"爲"謝絕"。（《"且"非"租"辯》，《古籍整理研究學刊》1987 年第 3 期）

②敢弗具仅（付）嗣（辭）匕（比），甘（其）且（沮）肝（厭），分田邑，剘（則）敉（懲）。（辭从簋蓋，8.4278，西晚）

馬承源註曰："敢弗具付辭从，其且（沮）肝（厭）、分田邑，則敉（懲）：敢不付與辭从，其有所損毀誓約，自行分田邑的，則懲。且肝：讀爲沮厭，損毀之意。且，假作沮，《國語·晉語》云'眾孰沮之'，韋昭《注》：'沮，敗也。'……肝，假作厭，《禮記·禮器》'奔走無肝'，鄭玄《注》：'肝，厭也。'《爾雅·釋詁》：肝，'厭也'。肝、厭古音同。厭有損義。《左傳·文公二年》：'書曰"及近處父盟"以厭之也。'杜預《注》：'厭，猶損也。'晉以非禮盟公，故文厭之，以示譏也。且肝就是損毀誓約的意思。"（《銘文選》第 296 頁）

本案：以上二例"且肝"之三種見解，從釋義（全文語境）來看，當以馬說最爲暢順，卞說其次。故暫取馬說。

■二一二、析

剖析，剖開，分開。作謂語。4 見。

格白（伯）取良馬乘于甸（倗）生。毕賈（貯）卅田。剘（則）析。（格伯簋，8.4262、8.4263、8.4264、8.4265，西中）

析，指約劑、券契被分開給付。

馬承源註曰："格白（伯）取良馬乘于倗生，毕貯卅田，則析：格伯自倗生處取得駿馬四匹。而以卅田作爲交換，書券剖析，各執其一。"（《銘文選》第 144 頁）

楊樹達曰："析者，《周禮·天官·小宰》云'聽稱責以傅別，聽賣買以質劑。'司農注云：'別，別爲兩，兩家各得一也。'康成注云：'傅別，謂爲大手，書于一札，中字別之，質劑謂兩書一札，同而別之。傅別質劑，皆今之券書也，事異異其名耳。'《史記·司馬相如傳》曰：'析珪而爵。'《索隱》引如湻云：'析，中分也。'按格伯付良馬四匹于倗生，必書券契而中分之，兩人各執其一，故云析也。"（《金文說》第 27 頁）

■二一三、處

1. 坐。典籍亦作"居"，《說文·尸部》："居，蹲也。""居"當爲"踞"之本字，訓蹲乃後起義。作謂語。2 見。

佳（唯）司馬賈（貯）斱（斷）詥（諤）戰（倖）忞（怒），不能盎（寧）處。……先王之惪（德）弗可復旻（得），霖（清）霖（清）流霖（涕），不敢盎（寧）處。（豺簋壺，15.9734，戰早）

"不能盎（寧）處"，猶云坐臥不安、坐不安席也。

《論語·陽貨》："居，吾語女。"何晏曰："孔曰，子路起對，故使還坐。"《左傳·襄公八年》："敝邑之人不敢寧處。"又《左傳·昭公十八年》："晉君大夫不敢寧居。"

2. 居住。作謂語。8見。

①朿尚（當）卑（俾）處氒邑，田氒田。（智鼎，5.2838，西中）

②青（靜）幽高且（祖），才（在）散（微）霝處。（史牆盤，16.10175，西中）

"在微霝處"之"處"即可看成動詞，意爲在微霝之處居住；亦可看成名詞，意爲在微霝之處。

③武王鬲（則）令周公舍圍（寓）于周，卑（俾）處甹。更（惠）乙且（祖）遱（弼）匹氒辟，遠猷复（腹）心。（史牆盤，16.10175，西中）

此例之"更"，馬承源、張世超皆讀爲"惠"，然馬於"甹"前斷句，"甹更"相連，視"更"爲形容詞，註曰："甹，《說文》無此字，闕釋。或說是甬字，甬从用，與此相似。重，即惠。"（《銘文選》第156～157頁）釋曰："仁惠的乙祖，輔助和配合君主，籌劃遠謀，同心同德。"

張於"甹"後斷句，"卑（俾）處甹"相連，"更"屬下句句首字，視之爲語氣助詞。（《通解》第955頁）

我們認爲如張說，"甹"爲地名更佳。因爲"甹"在金文中僅此一見，字又不能確識，銘文地名常有此象。而頌揚之字，銘文中往往多次出現，"甹"若爲頌詞，應該不會僅此一見也。另從語法來看，"卑（俾）處甹"更爲完整合理。

④若虎董（勤）袋（勞）其政事，又（有）九州，處堣之堵（土）。（叔夷鐘，1.283，春晚）

⑤刷伐𩏫（夏）后，敗氒霝（靈）師（師），伊少（小）臣佳（唯）桷（輔），咸有九州，處堣（禹）之堵（土）。（叔夷鐘，1.276、1.285，春晚）

⑥余處江之陽，至于南行西行。（姑發臀反劍，18.11718，春晚）

⑦欽戈（哉）！出游水虫，下民無智。參之蠱蚘，命帛命入，欮藉入藉出，母（毋）處其所。（魚鼎匕，3.0980，戰國）

《易經·繫辭下》："上古穴居而野處，後世聖人易之以宮室。"

⑧武王則令周公舍寓（寓），㠯（以）五十頌處。（癲鐘，1.252，西中）

3. 居處，存在。作謂語或謂語中心。3見。

①妄害（憲）害（憲）聖𪿇（趨），憲處。（井人妄鐘，1.109.2、1.111.2，西晚）

②處宗室。（井人妄鐘，1.112，西晚）

此"居處，存在"義項與上述"居住"義項之區別，在於前者賓語爲具體宮室處所，而後者賓語爲抽象處所（如"宗室"）。

4. 駐扎。作謂語。1見。

佳（唯）戎大出□軝，井（邢）厌（侯）厚（搏）戎，征令臣□□□□亞旅處于軝。（臣諫簋，8.4237，西中）

另，張世超引猷鐘（1.260，西晚）例曰："駐扎。……猷鐘：'南或（國）及𤊾敢臽虔（處）我土。’”（《通解》第3290頁）然其“處”字，學辦多隸定爲“虐”，如《金文資料庫》、馬承源（《銘文選》第279頁），鄧飛釋“臽虐”爲“侵佔”。（鄧飛《兩周金文軍事動詞研究》，西南師範大學碩士學位論文，2003年，第6頁）

我們認爲亦當隸定爲“虐”。因爲從其字形“”來看，較常見“處”之字形（如史牆盤之“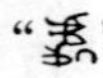”）少一“几”形，似更當定爲“虐”。

■二一四、凥（處）

後作“處”。居住。作謂語。4見。

①王凥（處）於茂郢（郢）之遊宮。（噩君啓車節，18.12110，戰國/噩君啓舟節，18.12113，戰國）

②王凥（處）於茂郢之遊宮。（噩君啓車節，18.12111，戰國/噩君啓舟節，18.12112，戰國）

此四例“凥”，《金文資料庫》皆讀爲“居”。

本案：當讀爲“處”。

《說文·卷十四·几部》：“（処），止也，得几而止。从几从夊。，処或从虍聲。”

《說文·卷十四·几部》：“（凥），處也。从尸得几而止。《孝經》曰：‘仲尼凥。’凥，謂閒居如此。九魚切。”

段玉裁註：“処也。各本作處，今正。凡尸得几謂之凥。尸即人也。引申之爲凡凥処之字。既又以蹲居之字代凥，別製踞爲蹲居字，乃致居行而凥廢矣。《方言》《廣雅》凥処字皆不作居。而或妄改之。許書如家凥也、宋凥也、疌凥之速也、寠無禮凥也、宭群凥也之類皆改爲居。而許書之脉絡不可知矣。从尸几。會意。”

張世超曰：“西周金文象人據几而處，虍聲。此義典籍作‘居’。意者古几不唯用於凭伏，亦得於途中據之以止憩，即猶今之凳矣。《白虎通·致仕》：‘几杖所以扶助衰也。’《禮記·曲禮》：‘謀於長者，必操几杖以從之。’‘几’當謂此。漢武梁石室畫象有夏桀乘坐伏地之人而息圖，亦即此意。惟桀暴虐，以人代几耳。㝬鐘字省‘几’。戰國金文人趾形譌‘女’。《說文》：‘，處也，从尸得几而止。孝經曰，仲尼凥。凥，謂閒居如此。’《汗簡》引石經‘居’作。鄂君啟節字與篆文及古文全同。郭沫若等釋‘居’。容庚曰：‘節內另有居字作’，故釋‘処’。（《金文編》新版第九二二葉）商承祚從之。案：‘居’‘處’本同源分化之詞，此於字形亦有徵。古‘處’字略其聲符‘虍’及下之趾形即爲‘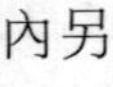’，略其聲符‘虍’及人形則爲‘’，至若‘居’，當由‘凥’易‘几’爲聲符‘古’者。‘凥’字亦見於長沙帛書，作；包山楚簡，作。楚簡三二曰：‘辛巳之日不㠯所死於其州者之居凥名族至（致）命。’文中‘居凥’顯即‘居處’（見秦簡），然則楚文字‘凥’爲‘處’也。‘’於古文字尚未之見。‘居’‘處’音近義同，楚人云‘居某裏’，亦云‘凥某裏’，而秦人則恒云‘居某裏’，是以六國古文之‘凥’爲秦漢人誤識爲‘居’，《說文》以‘凥’爲本字，亦緣此也。”（《通解》第3288～3289頁）

■二一五、爰

1. 改換。作謂語中心。2 見。

實余有籤（散）氏心賊，剮（則）爰千罰千。……我既付籤（散）氏溼（隰）田眚田，余有爽癵，爰千罰千。（散氏盤，16.10176，西晚）

此例中"爰"字，張世超隸讀爲"佥（鞭）"字。張於其"鞭"字條下引此例曰："動詞，以鞭笞打，刑罰之一種。散盤：'余又（有）爽癵（變），佥（鞭）千罰千。'"（《通解》第 584 頁）

然馬承源、劉志基皆隸定作"爰"。馬註曰："則爰千罰千：則改換千數就罰千數。銘辭應是起誓的成語。爰：在這裏是改換的意思。《左傳·僖公十五年》'晉於是乎作爰田'，孔穎達《疏》：'服虔、孔晁皆云：爰，易也……謂舊入公者，今改易與所賞之衆。'"（《銘文選》第 299 頁）劉註曰："……則爰千罰千，……錯千則罰千，……"（《類檢》第 694 頁）

本案：細觀此盤銘之"𗂾""𗂾"二形，皆似與銘文"爰"字形更爲接近，而非與張舉"佥（鞭）"之"𗂾"（九年衛鼎，5.2831，西中）字形更爲接近。然從上下文之文意推測，又以"鞭"字爲佳。若與儽匜"我義（宜）便（鞭）女（汝）千。……義（宜）便（鞭）女（汝）千。……便（鞭）女（汝）吾（五百），罰女（汝）亯（三百）孚（鋝）"之語相較，則更類近。另若據段玉裁註"爰田"當爲"轅田"，張桂光說即𗂾之變體等，則作"鞭"字更佳矣。殊難取捨。今暫取馬說。

2. 後作"援"。劫取。1 見。

勿事（使）胾（暴）虐從獄，爰（援）奪戲行衙（道）。（塱盨，9.4469，西晚）

馬承源釋此句爲"勿使暴虐而任意用刑獄，勿使有劫奪而阻塞行道的事情發生。"註曰："爰，讀爲援，義如取，援奪猶劫奪。或釋爲孚，非是。戲行道，戲，讀作阻。《周禮·夏官司馬·司險》：'國有故，則藩塞阻路。'阻行道謂阻塞道路。"（《銘文選》第 313 頁）

爰奪，楊樹達隸定爲"受奪"，曰："'受奪戲行道'義不明，戲，《說文》訓叉取，奪戲行道，疑即今語之言路劫，受行劫于道之物，此與行劫者同其惡，故亦云勿使也。"（《金文說》第 142 頁）

■二一六、寶

寶愛，珍重，把……當作寶貝。名詞的意動用法。作謂語或謂語中心。
①孫孫子子邁（萬）永寶。（伯衛父盉，15.9435，西早）
②孫孫子子甘（其）永寶。（楚公豢鐘，1.45，西中或西晚）
③中義乍（作）龢鐘，甘（其）萬年永寶。（中義鐘，1.23、1.24、1.25、1.26、1.27、1.28、1.29、1.30，西晚）
④永寶絲（茲）殷（簋）。（伯康簋，8.4160，西晚）

⑤黃子乍（作）黃孟姬行器。則永祜寶。（黃子鐘，16.9987，春早）

⑥子子孫孫永頮（寶）用之。（塞公孫指父匜，16.10276，春早）

⑦卜淦□高乍（作）盥（鑄）。永寶用。（卜淦口高戈，《考古與文物》1990 年第 3 期，春早）

⑧緜（欒）書之子孫，萬斯（世）是㡭（寶）。（欒書缶，16.10008，春秋）

⑨子子孫孫永寶用之。（邸伯缶，16.10006、16.10007，戰早）

⑩子子孫孫永寶是尚。（喪史實瓶，16.9982，戰國）

■二一七、才

1. 存在動詞。後作“在”。存在，居處於，位於。表示人或事物所處之地點或時間。典籍作“在”。作謂語。

①庚申，王才（在）鬺（闌）。王各（格），宰虎（梑）从。（宰梑角，14.9105，殷）

②隹（唯）六月初吉，王才（在）奠。丁亥，王各（格）大室。（免卣，10.5418，西中/免尊，11.6006，西中）

③隹（唯）八月，辰才（在）甲申。（矢令方彝，16.9901，西早）

④隹（唯）十又六年九月初吉庚寅，王才（在）周康剌宮。王乎（呼）士智召克。（克鐘，1.204、1.206、1.208，西晚）

⑤隹（唯）王正月初吉，辰才（在）乙亥。（邿公牼鐘，1.149、1.150、1.151、1.152，春晚）

⑥甲兵之符，右才（在）王，左才（在）新郪。（新郪虎符，18.12108，戰晚）

⑦叟（鄰）邦難寴（親），栽（仇）人才（在）彷（旁）。（中山王䁨鼎，5.2840，戰晚）

⑧後嗣甬（用）之，䜌（職）才（在）王室。（曾姬無卹壺，15.9710、15.9711，戰國）

2. 通“裁”。約制，規定。作謂語。2 見。

厥（矩）白（伯）庶人取堇（瑾）章（璋）于裘衛，才（裁）八十朋。乎賣（貯）。……厥（矩）或取赤虎（琥）兩、麀韋（鞃）兩、𣂪韐一，才（裁）朋（廿朋）。（裘衛盉，15.9456，西中）

馬承源註曰：“才（裁）八十朋。乎貯：規定价值爲八十朋，他（裘衛）願予交換。才：通作裁，約制的意思，就是規定瑾璋的價值爲八十朋。《廣雅·釋言》訓裁爲‘制也’。才也可讀爲財，銘文意思是錢八十朋。《尚書·武成》‘散鹿臺之財’，《史記·齊太公世家》作‘散鹿臺之錢’。”（《銘文選》第 127 頁）

本案：此例中“才”讀爲“裁”或“財”皆可通，若讀爲“裁”，爲動詞；讀爲“財”，爲名詞。

■二一八、在

存在動詞。存在，居處於，位於。表示人或事物所處之地點或時間。作謂語。3 見。

①啓（啓）從王南征，𠭰山谷，在洧水上。（啓作祖丁尊，11.5983，西早）

②虗（吾）台（以）匽（宴）歓（飲），盱（于）我室家，罟獵母（毋）遏（後），霝在我身。（㭰氏壺，15.9715，春晚）

③隹（唯）王正九月，辰在丁亥，槃可忌乍（作）卆元子中（仲）姞媵鐈（鐈）。（槃可忌豆，《考古》1990 年第 11 期，戰國）

■二一九、寺

1. 後作"持"。執持，持有。典籍作"持"。作謂語或謂語中心。2 見。

①寺（持）屯（純）魯令（命）。（史惠鼎，346，西晚）

②上曾大子般殷□罞（擇）吉金自乍（作）𬭚彝。心𢆶若𢥘（慮）哀哀利毚（鎚）。用孝用亯（享），既龢無測。父母嘉寺（持），多用旨食。（上曾大子鼎，5.2750，春早）

張世超引此例曰："段爲'之'。般殷鼎：'父母嘉寺（之），多用旨食。'"（《通解》第 704 頁）則通"之"，爲代詞。我們認爲不必通假爲"之"。全銘大意爲上曾大子般殷作此𬭚彝，希望用它來孝享，父母能嘉持之，多用於旨食。是希望，而非事實結果"父母嘉之"，用了後認爲它好，因而多用於旨食。

2. 後作"庤"。儲有。典籍作"庤"。作謂語或謂語中心。12 見。

①至于蠆（萬）年，分器是寺（庤）。（邾公牼鐘，1.149、1.151，春晚）

張世超引此例及前舉史惠鼎例曰："執持，守也，典籍作'持'。邾公牼鐘：'分器是寺（持）。'"（《通解》第 702 頁）

馬承源註曰："寺：通作庤，儲守之意。"（《銘文選》第 525 頁）《說文·卷九·广部》："庤（庤），儲置屋下也。从广寺聲。"

②至于□年，分器是寺（庤）。（邾公牼鐘，1.150、1.152，春晚）

③嗣（司）料𣂪所寺（庤）。（司料盆，16.10327，春秋）

④曾庆（侯）乙乍（作）寺（庤）。（曾侯乙鐘中一 1，2.298，戰早/曾侯乙鐘中一 2，2.299，戰早/曾侯乙鐘中一 3，2.300，戰早/曾侯乙鐘中一 5，2.302，戰早/曾侯乙鐘中一 6，2.303，戰早/曾侯乙鐘中一 7，2.304，戰早/曾侯乙鐘中二 7，2.315，戰早）

馬承源註"曾侯乙酢（作）時（庤）"（曾侯乙鐘下二 2，2.290，戰早）時曰："時：《說文》所無，从口寺聲，當假作庤。《詩·周頌·臣工》：'庤乃錢鎛。'毛亨《傳》：'庤，具也。'《玉篇》所釋並同。"（《銘文選》第 455 頁）

本案：上舉四例之"寺"，除"執有"義外，尚隱含有"儲藏"義，故細分之則宜分列爲二義項，略概之則可合併爲"持"一義項。

3. 後作"持"。使……保持。典籍作"持"。作謂語。1 見。

爲左（佐）大族，台（以）寺（持）民卬。（陳喜壺，15.9700，戰早）

馬承源註曰："爲左（佐）大族，台（以）寺（持）民叩：因輔佐姜齊大族，以使民恭順。大族：指姜齊大族。叩：即異的本字，甲骨文作𠬞，像二人並跽狀，有恭順之義。"（《銘文選》第552頁）則"寺"讀"持"，爲"使……保持"義。

4. 後作"持"或"恃"。得，或依恃、依怙。典籍作"恃"。

唯廿又再祀，䣄𦎫乍（作）𢼸乎辟旟（韓）宗敽（徹），達（率）征秦迮旟（齊），入𢼸（長）城先會于平陰。武佂寺力，賣敚楚京。賞于旟（韓）宗，令于晉公，卲（昭）于天子。用明（明）則之于銘。武文咸剌（烈），永榓（世）母（毋）忘。（䣄𦎫鐘，1.157、1.158、1.159、1.160、1.161，戰早）

馬承源註曰："武佂寺力：勇武堅剛而得功。武佂：武，勇武。佂，堅剛。《廣雅·釋詁一》：佂，'鞏也'。《玉篇·革部》：'鞏，堅也。'寺力：謂得功。寺，讀作持，在此義爲得。《呂氏春秋·仲冬紀·至忠》：'其愚心將以忠於君王之身，而持千歲之壽也。'高誘《注》：'持，猶得也。'《國語·晉語六》'吾君將伐知而多力'，韋昭《注》：'力，功也。'又'與力而不靜德'，所《注》並同。若此力解釋爲威强之義，則與武佂有重義，故當作功力解。"（《銘文選》第590頁）則"寺"讀"持"，"得"義。

張世超曰："怙也，典籍作'恃'。䣄𦎫鐘：'武佂（到）寺（恃）力。'"（《通解》第703頁）則"寺"讀"恃"，"怙（依怙）"義。

本案：二說皆可通。然馬說"寺"讀"持"，爲"得"義，則"力"爲"功力"義，我們並不苟同，"力"仍可作"力量"義講。"武佂持力"，即䣄𦎫"武佂、得力"。若如張說，"武佂恃力"，則爲䣄𦎫"武佂、憑借其力"義。

■二二〇、惷（專）

同"專"。專擅。典籍作"專"。作謂語或謂語中心。3見。

①肄禹亦弗敢惷（專），賜（惕）共（恭）𦍒（朕）辟之命。（禹鼎，5.2833，西晚）

此例張世超於"賜"字條下斷讀爲"肄禹亦弗敢惷（專）賜（易），共（恭）𦍒（朕）辟之命"，隸讀爲"惷（專）"（另讀"賜"爲"易"，釋爲"簡慢"。從銘文總體情況來看，以"賜共"連讀，讀"惕恭"爲常）（《通解》第817頁），於"惷"字條下斷讀爲"肄禹亦弗敢惷（專）賜（易），共𦍒（朕）辟之命"，隸讀爲"惷（專）"，且曰："《左傳》莊公十年：'衣食所安，弗敢專也。'《穀梁傳》宣公八年：'復者，事畢也。不專公命也。'禹鼎銘亦弗敢專武公之命之意。"（《通解》第2546頁）

馬承源註曰："肄禹亦弗敢惷（惷）：禹也不敢愚昧。此爲禹自勉之辭。惷：从心春省聲，《說文·心部》：'惷，愚也。'"（《銘文選》第282頁）則隸讀爲"惷（惷）"，"愚昧"之義。

②命女（汝）辪（乂）我邦我家內外，惷（專）于尖（小大）政，屛（屏）朕立（位），……𢓊非先告父𣊄，父𣊄舍命，母（毋）又（有）敢惷（專），專（敷）命于外。（毛公鼎，5.2841，西晚）

馬承源註曰："惷（擁）于小大政：惷，从心春省聲，讀爲擁。古惷與擁爲同部字之假借。雍爲持義，擁于小大政，即執持各種政事。上文云'乂我邦我家內外'，此云'擁于小大政'，乂與擁爲對應語。……母（毋）又敢悉（擁），尃（敷）命于外：不得有擁持政事而擅自發佈王命於外。蓋政事只能決於毛公厝，他人不得預聞。"（《銘文選》第318~319頁）則皆隸讀爲"悉（擁）"，"擁持"之義。

張世超曰："專擅。典籍作'專'。毛公厝鼎：'命女辥我邦我家內外，悉（專）于小大政，雫（屏）朕立（位）。'銘中'悉'字，或訓爲'治'，則與上文'辥'字犯複，王國維讀'蠢'，訓'作'。（《毛公鼎銘考釋》，《觀堂集林》）于省吾訓'亂'。（《雙劍誃吉金文選》上二·九）皆難通洽鼎文二'悉'字。今案，此乃周王委毛公厝以專其政，無論'小大'，後文之意，亦照應此。《左傳》襄公廿一年：'盈將爲亂，以范氏爲死桓主而專政矣。''專政'與鼎銘語例同。中山王𦉜壺：'余智（知）其忠訐（信）施（也），而尃（專）賃（任）之邦。'中山王之於貯，與周王於厝同，惟戰國間字已作'尃'。毛公厝鼎：'歷自今，出入專命于外，氒非先告父厝，父厝舍命，母（毋）又（或）敢悉（專）專命于外。'謂未經父厝，他官不得專行敷命也。"（《通解》第2545~2546頁）則皆隸讀爲"悉（專）"，"專擅"之義。

本案：從字形來看，當隸定爲"悉"或"悉"，然其釋讀，綜合銘文中所有3見用例來看，當如張說讀爲"專"爲上佳，以"專擅"義解之，皆可圓通也。

■二二一、从

1. 跟從，隨行。金文或用"從"字，典籍皆作"從"。作謂語。1見。

庚申，王才（在）𨐖（闌）。王各（格），宰㯥（橪）从。（宰㯥角，14.9105，殷）

2. 服從，順從，聽從。作謂語。1見。

令女（汝）眔曰，覭足（疋）奭（對），各（恪）从，嗣（司）王家外內，母（毋）敢又（有）不鬩（聞）。（蔡簋，8.4340，西晚）

馬承源註曰："各从：讀爲恪從。恪，敬。恪從爲服從、敬從之意。"（《銘文選》第264頁）

3. 隨行的，隨行使用的。作定語。約10見。

①乍（作）任氏从毀（簋）。（作任氏簋，6.3455、6.3456，西早）
②光乍（作）从彝。（光作从彝甗，3.863，西中）

杜迺松曰："銅器中的从器與行器應具有同樣的性質與作用。"（《金文中的鼎名簡釋》，《考古與文物》1988年第4期）

■二二二、從/仝

（一）從

1. 跟從，隨行。作謂語或謂語中心。約25見。

①矍從王女（如）南。（矍尊，11.5979，西早）

②王女（如）上厌（侯），師龢（俞）從。（師俞鼎，5.2723，西早/師俞尊，11.5995，西早）

③辛卯，王漁于寰刁。乎（呼）井從漁。（井鼎，5.2720，西早或西中）

④唯（鴻）弔（叔）從王鼎（員）征楚刅（荊）。（鴻叔簋，7.3951，西中）

⑤懋父令曰："義（宜）叔（播）嫧（啟）雩不從雩右征。今母（毋）叔（播），期（其）又內于師旂。"（師旂鼎，5.2809，西中）

⑥王初各（格）伐厰（獫）軷（狁）畐盧，兮甲從王，斩（折）首覭（執）嗦（訊）。（兮甲盤，16.10174，西晚）

⑦甲申之㡊（晨），博于靪。……或博于龏（共），斩（折）首卅又六人。……從至。追博于世。（多友鼎，5.2835，西晚）

⑧衛文君夫人叔姜乍其行鬲，用從鵪征。（衛夫人文君叔姜鬲，《銘文選》2.797，春早）

2. 服從，順從，聽從。作謂語或謂語中心。約15見。

①女（汝）亦既從讕（辭）從斳（誓）。（儠匜，16.10285，西晚）

馬承源註曰："女（汝）亦既從讕從誓：……從辭就是服從判決。"（《銘文選》第185頁）

張世超引此例曰："隨他人做某事。……'從辭從誓'指按主誓人之誓辭立誓，亦稱'則誓'。"（《通解》第2040頁）則"從"爲"跟從"，而非"服從"之義。

本案：二說皆可通。從此銘上下文語義來看，似以馬說更爲順暢，暫從之。

②余老止公僕（附）𩂧（庸）土田多緒（積），弋（式）白（伯）氏從舘（許）。（五年召伯虎簋，8.4292，西晚）

馬承源註曰："弋（必）白（伯）氏從許，……君氏說必定要得到伯氏的同意，……"（《銘文選》第209頁）則"從許"當爲並列動詞，聽從、許可之義。

林澐曰："《說文》：……'縱，緩也，一曰捨也。''弋伯氏縱許'是希望召伯虎從寬處理。'"（《琱生簋新釋》，《古文字研究》第三輯）張世超承之，引此例曰："寬緩也。典籍作'縱'。"（《通解》第2041頁）則"從許"當爲狀中結構，從寬（放寬）處理之義。

本案：二說皆可通。然以馬說更爲直接簡潔，無須輾轉相釋，故從之。

3. 隨行的，隨行使用的。作定語。約30見。

①乍（作）從彝。（作從彝盤，16.10049、16.10050，西早）

②戎乍（作）從彝。（戎作從彝卣，10.5124，西早）

4. 保有。作謂語中心。8見。

①罨（擇）氒吉金，自乍（作）稦（龢）鐘（鐘）。子子孫孫，永孖（保）是從。（臧孫鐘，1.93、1.94、1.95，春晚）

②罨（擇）氒吉金，自乍（作）龢鐘（鐘）。子子孫孫，永孖（保）是從。（臧孫鐘，1.96、1.97、1.98、1.100、1.101，春晚）

5. 後作"縱"。放縱，恣肆。作謂語中心。6 見。

①劅劅四方，大從（縱）不静。（毛公鼎，5.2841，西晚）

馬承源註曰："劅劅四方，大從（縱）不靜：四方擾動，大亂不安。此句是上文'邦將曷吉'的補充語。一般認爲這兩句是指宣王即位之初，對厲王時局不定而言。"（《銘文選》第318頁）

②女（汝）母（毋）弗嘉（善）效姜氏人，勿事（使）敢又（有）庆（疾），止從（縱）獄。（蔡簋，8.4340，西晚）

馬承源註曰："女（汝）母（毋）弗善效姜氏人，勿事（使）敢又（有）庆（疾），止從（縱）獄：你要很好地教導姜氏之人，不要發生壞事，防止恣意刑獄。……止縱獄：是周人常言的慎罰。堕盨銘'勿使暴虐縱獄'與此同義。'"（《銘文選》第264頁）

③勿事（使）赋（暴）虐從獄，爰（援）奪藐行衕（道）。（堕盨，9.4469，西晚）

馬承源釋此句爲："勿使暴虐而任意用刑獄，勿使有劫奪而阻塞行道的事情發生。"（《銘文選》第313頁）

楊樹達曰："赋虐失之猛，從獄失之寬，皆非執中用法之道也。"（《金文說》第142頁）

④旅（齊）庆（侯）既遒（濟）洹子孟姜喪，其人民都邑董（謹）寠（宴），無用從（縱）爾大樂。……洹子孟姜喪，其下民都邑董（謹）寠（宴），無用從（縱）爾大樂。（洹子孟姜壺，15.9729，春秋）

楊樹達曰："據銘文，知終喪之後，人民都邑乃始宴舞大樂，然則期年之間，人民都邑不敢宴舞縱樂也。"（《金文說》53頁）

⑤旅（齊）庆（侯）洹子孟姜喪，其人民都邑董（謹）寠（宴），無用從（縱）爾大樂。（洹子孟姜壺，15.9730，春秋）

《禮記·曲禮上》："欲不可從，志不可滿。"鄭玄註："從，放縱也。"

6. 合從，合擊。1 見。

戎大同，從追女（汝）。（不其簋，8.4328，西晚）

馬承源註曰："大同：大集結。從追：從，合從。《戰國策·秦策》：'從而伐齊'，高誘《注》：'從，合也。'從追即合擊追逐。一說，追有隨從義，從追是尾隨擊後。"（《銘文選》第310頁）

（二）竝

1. 同"從"。跟從，隨從。作謂語。1 見。

亓（其）一竝（從），亓（其）一痭（藏）眉（府）。（兆域圖銅版，16.10478，戰晚）

馬承源註曰："亓（其）一竝（從），亓（其）一痭（藏）眉（府）：王命兆域之圖共二，其一隨葬，其一藏於府。竝：從。隨墓之意。《史記·秦本紀》：'武公卒，葬雍平陽、初以人從死。從死者六十六人。'又《秦始皇本紀》：'二世曰："先帝後宮非有子者，

出焉不宜。"皆令從死，死者甚衆。'"（《銘文選》第585頁）

周法高曰："蓋謂兆域圖其一從葬，其一藏府也。"（《詁林補》第2672頁）

2. 同"从""從"。服從，順從，聽從。金文或用"从""從"二字。作謂語。3見。

①䀠忨（願）坐（從）在（士）夫＝（大夫），㠯（以）請（靖）郾（燕）疆（疆）。（中山王𰻞方壺，15.9735，戰早）

②褢（寡）人嘼（幼）䣄（童）未甫（通）智，隹（唯）備（傅）佲（姆）氏（是）坐（從）。……氏（是）㠯（以）褢（寡）人許之，愳（謀）㤅（慮）膚（皆）坐（從）。（中山王𰻞鼎，5.2840，戰晚）

■二二三、秉

1. 執，持，秉持。作謂語或謂語中心。29見。

①虎（效）𤔲（前）文人，秉德共（恭）屯（純）。（伯㦰簋，7.4115，西中）

②妄不敢弗帥用文祖、皇考，穆穆秉德。（井人妄鐘，1.109.2、1.112，西晚）

③沴（梁）材（其）肇（肇）帥井（型）皇且（祖）考秉明（明）德。（梁其鐘，1.187、1.189、1.192，西晚）

④不（丕）顯皇考叀吊（叔），穆穆秉元明（明）德，御于弔辟，得屯（純）亡啟。（虢叔旅鐘，1.242，西晚）

⑤共（恭）明（明）德，秉威義（儀）。（叔向父禹簋，8.4242，西晚）

⑥女（汝）亦虔秉不（丕）塑（經）悳（德），台（以）克辥光朕，卲（昭）于之。（者沪鐘，1.122，戰早）

《爾雅·釋詁》："秉，執也。"《廣雅·釋詁三》："秉，持也。"

2. 所執持的，秉持使用的。作定語。2見。

①楚公豪秉戈。（楚公豪戈，17.11064，西晚）

②曾厌（侯）𤓰白（伯）秉戈。（曾侯戈，17.11121，春早）

秉戈，即執持使用之戈。李學勤曰："'秉'是執，持的意思，古書談到手持兵器一類器物，常用'秉'字。"（《曾侯戈小考》，《江漢考古》1984年第4期）

3. 主持，管轄。

王令毛白（伯）㪔（更）虢䘢（成）公服，嬰（屏）王立（位），乍（作）三（四）方亟，秉緐蜀巢。（班簋，8.4341，西中）

■二二四、更

更續，接替，繼承。作謂語中心。23見。

①令女（汝）㪔（更）乃且（祖）考嗣卜事。（智鼎，5.2838，西中）

②王乎（呼）內史冊令趞㪔（更）弔且（祖）考服。（趞簋，12.6516，西中）

③今余隹（唯）帥井（型）先王令，令女（汝）㪔（更）乃旻（祖）考，啻（適）

官嗣（司）广（左）右戲躲（繁）荊。（師虎簋，8.4316，西中）

劉志基註曰："帥井（型）：遵循、效法。更：繼承。"譯爲："現在我遵循先王的命令，令你繼承祖上的官職。"（《類檢》第215~216頁）

④王令毛白（伯）曼（更）虢䩱（成）公服，粤（屏）王立（位）乍（作）三（四）方亟。（班簋，8.4341，西中）

⑤令女（汝）𢼸（更）乃且（祖）考事，足備中嗣（司）六白（師）服。（呂服余盤，16.10169，西中）

⑥令女（汝）曼（更）乃且（祖）考㸅（友）嗣（司）東啚（鄙）五邑。（殷簋甲，《考古與文物》1986年第4期，西中）

《左傳·昭公十二年》："南蒯謂子仲：'吾出季氏，而歸其室於公，子更其位，我以費爲公臣。'"

二二五、遘

1. 遘祭。祭祀用語，指與受祭之鬼神相遇。此爲本義。作謂語。4見。

①才（在）正月，遘𣬼（于）阤（妣丙）彡（肜）日大乙奭。（二祀邲其卣，10.5412，殷）

②才罟（召）大廊（庭）。遘（遘）乙。（四祀邲其卣，10.5413，殷）

③隹（唯）王廿祀劦日，遘𣬼（于）妣（妣戊）武乙奭（儷），豕一。（辥作父乙簋，8.4144，西早）

④才（在）十月又二，遘且（祖）甲，劦日，隹（唯）王廿祀。（宰椃方鼎，《古文字研究》第十六輯第210頁，殷晚）

"遘"爲祭祀用語，殷商卜辭多見。于省吾曰："甲骨文關於祭祀之言遘，或以爲祭名，殊誤。""彡劦皆是祭名。即已祭祀，鬼神降臨，再言其遘，是說應該與之相遇。最後又𢓊，指祭法用牲言之。但甲骨文文法變化無常，也有先言祭法，而後言遘者。"（《甲骨文字釋林》第176~179頁）

2. 遇，逢。作謂語中心。1見。

遘𣬼（于）三（四）方，迨（會）王大祀，祓𣬼（于）周。（保卣，10.5415，西早/保尊，11.6003，西早）

孫稚雛曰："是說恰逢四方會王大祀祐於周之年。"（《保卣銘文彙釋》，《古文字研究》第五輯）

蔣大沂曰："《爾雅·釋詁》，'遘，迀也'。遘和迀同義，惟這不是空間上的相迀而爲時間上的相迀。"（《保卣銘文彙釋》，《古文字研究》第五輯）

《尚書·金縢》："惟爾元孫某，遘厲虐疾。"孔穎達釋"遘"爲"遇也"。

3. 通"覯"。覯見。作謂語中心。2見。

①猷（稬）白（伯）于遘王，休亡尤。（獻簋，8.4205，西早）

楊樹達曰："于當訓往。遘讀爲覯，見也。女婺彝言：'女婺堇（覲）于王。'其事略同。……麥尊云：'侯見于宗周，亡述。'彼云見，此云覯，字雖異而義則同也。"（《金文說》第 124 頁）

《爾雅·釋詁下》："遘……見也。"

②蠤（蠤）来遘（覯）于孜（妊）氏。妊氏令蠤（蠤），事（使）俘（保）牟家。（蠤鼎，5.2765，西中）

此言"來覯"，與麩伯簋言"于覯"，即"往覯"，反義互映。

4. 通"媾"。婚媾，聯姻。用於"婚媾"。作謂語中心。4 見。

①用乍（作）朕皇考武乖幾王隌（尊）毁（簋），用孜（孝）宗朝（廟），喜（享）嬰（夙）夕，孜（好）侚（佣）友雫（與）百者（諸）、屦（婚）遘（媾）。（乖伯歸夆簋，8.4331，西晚）

②用乍（作）旅盨，隹（唯）用獻于師尹、侚（佣）友、屦（婚）遘（媾）。（膳夫克盨，9.4465，西晚）

③用喜（享）孝于兄弟、屦（婚）顡（媾）、者（諸）老。（叜季良父壺，15.9713，西晚）

④兄弟諸子屦（婚）遘（媾），無不喜。（屒叔多父盤，《金文總集》8.6786，西周）

然上述前三例之"婚媾"，可看作動詞，亦可看作名詞。

■二二六、厌（侯）

後作"侯"。作侯，擔任侯，受命爲侯。作謂語或謂語中心。5 見。

①王令虞厌（侯）矢曰：緐（緐），厌（侯）于宜。（宜侯矢簋，8.4320，西早）

前一"厌"爲名詞，後一"厌"爲動詞。

②王令辟井（邢）厌（侯）出珅厌（侯）丮（于）井（邢）。（麥方尊，11.6015，西早）

前一"厌"爲名詞，後一"厌"爲動詞。

③令克厌（侯）丮（于）匼。（克盉，942，西早/太保罍，《考古》1990 年第 1 期第 25 頁，西早）

④延厌（侯）之。（牧簋，8.4343，西中）

⑤曰（嗣）乃且（祖）考厌（侯）于匭。（伯晨鼎，5.2816，西中或西晚）

■二二七、書

書寫，記錄。作謂語中心。1 見。

弘曰（以）告中史書。（師旂鼎，5.2809，西中）

■二二八、韧

後作"契"，"契"又後作"鍥"。鍥刻，記載，記錄。作謂語中心。1 見。

斱（折）首靳（執）��（訊），孚（俘）車馬五乘、大車廿、羊百，扐（契）用㵑（告）王。（師同鼎，5.2779，西晚）

張世超引此例曰："同'契'，記載，記錄。此乃契刻義之引申。師同鼎：'折首執��（訊），孚（俘）車馬五乘，大車廿，羊百。扐（契）用告王。'鼎銘用'扐'，即記錄戰績。"（《通解》第 1043 頁）則隸讀爲"扐（契）"，"記載，記錄"義，"扐（契）用告王"即"將所有戰功記錄下來奏告於王"之義。

然此句馬承源隸讀爲"判（牽）用㵑王"，註曰："判（牽）用㵑王，羍（養）于异：牽以進奉于王，養之於异。判：讀爲牽。判、牽皆見紐，聲之假借。趄羊云牽。《易・夬》'牽羊悔亡'，《史記・楚世家》'鄭伯肉袒牽羊以逆'。㵑：字亦作迸，義爲進，……羍：字或釋爲羞，以爲王之羞膳。按金文羞字从丑聲，皆在羊字之下側，此字所从又在羊字頂部，疑非羞字，而爲養字，敉古文養，从羊从攴，金文中攴、又、丑、又通用。從辭意看，或當讀養。師同將所俘之羊一部份進於王，一部份圈養作爲犧牲，古代牛羊作爲犧牲是要特殊繫養的。《周禮・地官司徒・牧人》：'凡祭祀，共其犧牲，以授充人繫之。'鄭玄《注》：'授充人者，當殊養之。'"（《銘文選》第 324 頁）則隸讀作"判（牽）"，"牽引"義，"判（牽）用㵑王"即"牽以進奉於王"義。

本案：從師同鼎"𢪒"之字形來看，隸定爲"扐"或"判"皆可也，然其釋讀，張、馬二說，大相徑庭。我們認爲當以張說爲佳。因爲聯繫上下文來看，俘獲之物中，惟羊可言牽養，首、��、車馬、大車不可言牽養也，其後又言俘金之事，故養羊之詞夾雜其間，較爲唐突，"牽""養"二字在語法上又與其前車馬、大車不能對應搭配。若依張說，先言首次戰爭有所俘獲，次言繼續進擊又有所俘獲，則連貫自然。且"𢪒"或"判"爲"契"之初文無疑也，以"契"本義可釋通時，不必以"牽"字輾轉釋之也。

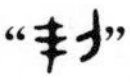

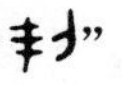

■二二九、爲

1. 鑄造。作謂語或謂語中心。

①余��（兄）爲女（汝）絲（兹）小㝅（鬱）彝。（叔趣父卣，10.5428，西早）

②白（伯）孜（好）父自盥（鑄）乍（作）爲旅殷（簋）。（伯好父簋，6.3691，西晚）

③䛃（司）寇良父乍（作）爲衛啟（姬）壺。（司寇良父壺，15.9641，丙晚）

④敁（姑）氏自伐（作）爲��（寶）障（尊）殷（簋）。（姑氏簋，7.3916，西周）

⑤邡王之愙（賜）金，台（以）爲祠器。（趙孟疥壺，15.9678；15.9679，春早）

⑥章子邺尾甘（其）元金，爲甘（其）戉戈。（章子戈，17.11295，春早）

⑦麤（吾）台（以）爲弄壺。（杕氏壺，15.9715，春晚）

⑧杕氏福及，歲賢鮮于（虞）。可（何）是金契，麤（吾）台（以）爲弄壺。（杕氏壺，15.9715，春晚）

⑨中山王䗅命相邦賈（賙）敤（擇）郾（燕）吉金，釛（鑄）爲彝壺。（中山王䗅方壺，15.9735，戰早）

⑩塦（陳）氏裔孫逆乍（作）爲生（皇）褆（祖）大宗餒（簋）。 （陳逆簠，7.4096，戰早）

⑪楚王酓肯乍（作）爲盥（鑄）盤，台（以）共（供）歔祟。 （楚王酓肯盤，16.10100，戰晚）

2. 製作，撰寫。作謂語。1 見。

盥（鑄）其龢鐘（鐘），台（以）卹其祭祀盟（盟）祀，台（以）樂大夫，台（以）宴士庶子。夲（慎）爲之名（銘）。（邾公華鐘，1.245，春晚）

3. 作爲，當作。作謂語。

葢（世）萬子孫，永爲典尚（常）。（陳侯因資敦，9.4649，戰晚）

4. 執行。作謂語或謂語中心。2 見。

①王命賙爲逃（兆）乏（法）。（兆域圖銅版，16.10478，戰晚）

張世超引此例，定此"爲"爲"制定"義。（《通解》第 603 頁）

馬承源註曰："王命賙爲逃（兆）乏（法）：王命令賙執行墓域營造的制度。"（《銘文選》第 584 頁）則"爲"爲"執行"義。

本案：從兆域圖銅版全銘來看，未有言明兆法爲賙所制定，僅言王命賙如何處罰違法者，執行兆法。以此來看，當以馬說更爲確切。然亦不能排除，此"爲"爲"制定並執行"義，籠含二義在內。

②崔崔龤（爲）政，天命是遞。（蔡侯紐鐘，1.210，春晚）

5. 舉行。作謂語中心。

雩若翊（翌）日，才（在）璧灉（雍），王乘扴（于）舟爲大豐（禮）。王射大翬（鴻），禽（擒）。厌（侯）乘扴（于）赤旂舟從。（麥方尊，11.6015，西早）

6. 作，任，擔任。作謂語或謂語中心。

①叀戌（啓）諆爲袥（御），乍（作）父甲鼙（旅）隡（尊）。（叀啓諆父甲尊，11.5952，西早或西中）

爲袥，蓋爲"擔任御職"之義。

②（唯）王三（四）月既肯（生）霸，屛（辰）才（在）丁酉，井弔（叔）才（在）異爲□。［智］事（使）牙小子黌曰（以）限訟于井弔（叔）。（智鼎，5.2838，西中）

"爲"下一字殘缺，譚戒甫補爲"理"字。（《西周"智"器銘文綜合研究》，《中華文史論叢》第三輯）孫常叙曰："'爲理'，執行理官職務，處理獄訟。"（《智鼎銘文通釋》，《吉林師大學報》1977 年第 4 期）張世超據譚、孫二說定此"爲"爲"執行"義。（《通解》第 603 頁）

馬承源註曰："井弔（叔）才異爲□：井叔在異任獄訟官。據銘文井叔斷訟事，但其官名失鑄。或以爲是理官，但西周金文中不是專職的理官也得斷訟事，故職名缺字未補。"（《銘文選》第 170 頁）則"爲"爲"任，擔任"義。

本案：當以馬說爲佳。蓋"理"爲官職，則"爲理"當爲擔任某官職，只不過其中包含有處理獄訟之義，但不能將"爲"直接替代爲其暗含之"處理"義。

③禺（遇）邢王于黃池，爲趙孟庎（介）。（趙孟庎壺，15.9678、15.9679，春早）

馬承源註曰："爲趙孟庎（介）：爲趙孟的賓介。"（《銘文選》第589頁）

④爲人臣而佤（反）臣其宗，不兼（祥）莫大焉。（中山王嚳方壺，15.9735，戰早）

7. 成爲。作謂語或謂語中心。

①賞（償）智禾十秭，遺十秭，爲廿秭。（智鼎，5.2838，西中）

②屯三舟爲一舿（舸）。（噩君啓舟節，18.12113，戰國）

③爰積十六尊（寸）五分尊（寸）壹爲升。（商鞅量，16.10372，戰國）

④兄（貺）叐師眉，鷹（薦）王爲周窞（客）。（窞鼎，5.2705、7.4097，西中）

馬承源註曰："兄（貺）叐師眉，鷹王爲周窞（客）：師眉薦於王爲周客，王貺惠之。師眉：師，師氏；眉，私名。他的身份是周客，說明是從外邦來周。"（《銘文選》第236頁）

8. 修，修養。作謂語中心。

佳（唯）曾白（伯）陷廼用吉金鐈鋚，用自乍（作）醴（醴）壺。用卿（饗）賓（賓）客，爲德無段（瑕）。用孝用亯（享），用腸（賜）釁（眉）耆（壽）。（曾伯陷壺，15.9712，春秋）

張世超釋此"爲"爲"脩也"。（《通解》第603頁）

9. 建造。作謂語中心。

王令䲹（雍）白（伯）叴于出爲宮。（雍伯鼎，5.2531，西早）

■二三〇、斁/睪/鐸/罤/敤（擇）

後作"擇"。挑選，揀選。作謂語。98見。

①斁（擇）之金，佳（唯）鐈佳（唯）盧，甘（其）金孔吉。（伯公父簠，9.4628.1，西晚）

②刜（邕）子良人睪（擇）其吉金，自乍（作）飤（飤）鸞（甗）。（邕子良人甗，3.945，春早）

③王孫耆（壽）睪（擇）其吉金自乍（作）飤（飤）鷹（甗）。（王孫壽甗，3.946，春早）

④睪（擇）叐吉金，自乍（作）龢鐕（鐘）。（臧孫鐘，1.96、1.97、1.98、1.100、1.101，春晚）

⑤王孫遺者睪（擇）其吉金。自乍（作）龢鐘。……枼（世）萬孫子，永保壴之。（王孫遺者鐘，1.261，春晚）

⑥其次睪（擇）其吉金，盈（鑄）句鑼。（其次句鑼，2.421、2.422，春晚）

⑦虎訇（如）君党鐸（擇）甘（其）吉金，自乍（作）載（齌）鼎。（虎姒君鼎，

4.2477，春晚）

⑧鰙（徐）王義楚罟（擇）余吉金，自酢（作）祭鍴。（徐王義楚觯，12.6513，春晚）

⑨郐（徐）王義楚之元子□罟（擇）其吉金，自乍（作）用𠩺（劍）。（徐王義楚之元子劍，18.11668，春晚）

⑩吳王光罟（擇）其吉金，玄銚白銚，台（以）乍（作）弔（叔）姬寺吁宗彝薦鑑。（吳王光鑑，16.10298、16.10299，春晚）

⑪者瀘罕（擇）其吉金，自乍（作）□。（者瀘鐘，1.194，春秋）

⑫斁（擇）其吉金，㠯（以）钗（作）鹽（鑄）鎰（缶）。（樂書缶，16.10008，春秋）

⑬罟（擇）卓吉金，乍（作）鹽（鑄）穌鐘。台（以）高（享）于我先祖。余鏽鐐是罟（擇），允唯吉金，乍（作）鹽（鑄）穌鐘。（蓮邡鐘一，《文物》1989年第4期第52頁圖一，春秋）

⑭戊（越）王者旨于賜罟（擇）卓吉金，自乍（作）禾（穌）鞸𦥑。（越王者旨於賜鐘，1.144，戰早）

⑮中山王𩵋命相邦賈（䎬）斁（擇）郾（燕）吉金，釛（鑄）爲彝壺。（中山王𩵋方壺，15.9735，戰早）

⑯梁（梁）十九年，亡督（智）⿱亼口兼嗇夫庶魔（䓕）罟（擇）吉金釛（鑄）肐（嘉）。（梁十九年亡智鼎，5.2746，戰國）

⑰不罟（擇）貴燚（賤），宜曲𠜂（則）曲，宜植（直）𠜂（則）直。（鳥書箴銘帶鈎，16.10407，戰國）

■二三一、黹

1. 通"致"。致館，舉行致館禮。作謂語。1見。

眉教者膚卓事（使）見於王。王大黹（致）。（九年衛鼎，5.2831，西中）

唐蘭曰："黹應讀爲致，黹、致音相近。《儀禮·聘禮》記諸侯的使者聘問時，主人方面由卿去致館，安排住所，準備筵席，并送糧食柴薪等。'大致'是舉行隆重的致館禮。"（《陝西省岐山縣董家村新出西周重要銅器銘辭的釋文和註釋》，《文物》1976年第5期）

2. 使……盛美。形容詞的使動用法。作謂語中心。1見。

余亡屬晝夜，巠（經）雝（雍）先王，用配皇天，簀黹朕心，墬于𠄠（四）方。（默簋，8.4317，西晚）

馬承源註曰："簀黹朕心，墬于四方：朕心寬廣，通達于天下。簀黹，讀爲廣侈。簀讀爲廣，黹讀爲侈，聲假。《國語·吳語》'廣侈吳王之心'，韋昭《注》：'侈，大也。'此廣侈即銘文之簀黹，語亦相似，都是說王者之心的寬大與通達。"（《銘文選》第278頁）則"黹"讀爲"侈"，大也，形容詞，"簀黹朕心"即"簀黹的朕心"。

張亞初曰："'黹'字在文獻上訓爲刺繡，引申之，則有盛美之意。……'簀黹朕心’，就是光美我心，嘉美我心。”《周厲王所作祭器㝬簋考》，《古文字研究》第五輯）則“𢼸”爲其引申義“盛美”，當爲形容詞的使動用法。

本案：當如張氏以本字解之爲佳。“簧𢼸”皆爲形容詞的使動用法，“簧𢼸朕心”即“使朕心簧𢼸”，使朕心寬廣盛美之義。

二三二、廌

通“薦”，被推薦，被舉薦。作謂語中心。2見。

兄（貺）𠂤師眉，廌（薦）王爲周窖（客）。（窖鼎，5.2705、7.4097，西中）

馬承源註曰：“兄（貺）𠂤師眉，廌王爲周窖（客）：師眉薦于王爲周客，王貺惠之。師眉：師，師氏；眉，私名。他的身份是周客，說明是從外邦來周。廌：《說文・廌部》：‘解廌獸也，似山牛一角，古者決訟，令觸不直，象形，从豸省。’廌銘文象動物的一角形，爲其本字，與薦通，進也。《說文通訓定聲》：‘叚借爲薦、實爲荐。《易・豫》“殷廌之上帝”，此借廌爲荐。’”（《銘文選》第236頁）

二三三、鼎（則）

1. 效法。作謂語中心。2見。

①不（丕）顯文武受令，鼎（則）乃且（祖）奠周邦。（訇簋，8.4321，西晚）

②亦鼎（則）于女（汝）乃聖且（祖）考，克尃右（佑）先王。（師訇簋，8.4342，西晚）

《詩經・小雅・鹿鳴》：“視民不恌，君子是則是效。”毛亨傳：“是則是效，言可法效也。”《論語・泰伯》：“惟天爲大，爲堯則之。”然郭沫若讀此“則”爲“惻”。（《大系考釋》第139頁）

2. 通“載”，記載。作謂語。5見。

賞于旃（韓）宗，令于晉公，卲（昭）于天子。用明（明）鼎（則）之于銘。（𠫑羌鐘，1.157、1.158、1.159、1.160、1.161，戰早）

郭沫若讀“則”爲“載”。（《大系考釋》第234頁）

馬承源註曰：“則：讀載，二字古音相同可通。《文選・宋玉・高唐賦》註引《廣雅》云：‘載，則也。’《尚書・禹貢》‘冀州既載’，陸德明《經典釋文》：‘載，載於書也。’即記載的意思。”（《銘文選》第590頁）

中山王𰯼方壺有“𦍩（載）之𥫔（簡）𥮴（策）”一語，與此銘近似。

二三四、佩

1. 佩戴，佩繫。作謂語。15見。

①山㨃（拜）䭫首，受冊，佩㠯（以）出，反（返）入（納）堇（瑾）章（璋）。（膳夫山鼎，5.2825，西晚）

劉志基釋譯此句爲："山行拜謝大禮，受命佩帶着賞賜品出門，又按禮節返回來進獻瑾璋。"（《類檢》第 446 頁）

②頌𢷎（拜）頴首，受令冊，佩吕（以）出，反（返）入（納）堇（瑾）章（璋）。（頌鼎，5.2827、5.2828、5.2829，西晚）

郭沫若曰："'受命冊佩'當爲一讀，佩指所錫之朱珩。"（《大系考釋》第 73 頁）可備一說。

③達𢷎（拜）頴首，受冊，佩吕（以）出，反入（納）堇圭。（達鼎辛，《考古與文物》2003 年第 3 期第 11 頁，西晚）

2. 通"負"。背負。作謂語中心。1 見。

盂吕（以）多旂佩鬼方□□□□□門。（小盂鼎，5.2839，西早）

此依李學勤、張世超之說。

李學勤曰："按《釋名》說：'佩，倍也。''佩''倍''背''負'等字音近可通。《世俘》又說：'大師負商王紂懸首白旂，妻二首赤旂'，懸掛紂王和妲己等二女之首的赤白二旂，也就是武王所負的赤白旂。因此，鼎銘這一句是說盂用若干面旂懸掛起斬獲的鬼方人的首級，背負而入南門。"（《小盂鼎與西周制度》，《歷史研究》1987 年第 5 期）

張曰："叚爲'負'。盂鼎二：'盂吕多旂佩鬼方……入南門。'"（《通解》第 1983 頁）

然《金文資料庫》、馬承源（《銘文選》第 41 頁）皆將此例之"旂"隸定爲"旅"，且皆於"佩"字後斷開。

■二三五、配

1. 配享，配祀。作謂語。1 見。

用乍（作）辛公寶障（尊）彝，用凤夕配宗。（𪔂方尊，11.6005，西早或西中）

張世超引此例曰："謂配享辛公於宗廟，與仲殷父簋'用朝夕亯孝宗室'義近。盧鐘：'用追孝于己白（伯），用亯大宗。'意即配己伯於大宗也。《詩·周頌·思文》：'思文后稷，克配彼天。'陳奐《詩毛氏傳疏》曰：'后稷爲周始封之祖，故既立爲大祖廟，而又於南郊之祀以配天。'"（《通解》第 3491 頁）

2. 匹配，順應，使合乎。作謂語。8 見。

①我隹（唯）司（嗣）配皇天。（𣫏鐘，1.260，西晚）

②王若曰："……肆皇天亡昊（斁），臨保我有周，不（丕）巩（恐）先王配命。"（毛公鼎，5.2841，西晚）

馬承源註曰："不（丕）巩（共）先王配命：不，丕，語辭。配命，即'配我有周，膺受大命'的簡語。全句義爲敬重先王受自上天的大命。"（《銘文選》第 317 頁）則"配"作定語，"受自上天的"之義，"配命"即"所配之命""所承受的天命"；"不巩"作謂語，"不巩先王配命"爲"皇天（或我）不巩於先王配命"之省，"皇天（或我）敬重先王受自上天的大命"之義。

劉志基註曰："不（丕）巩（共）先王配命：敬重先王受自上天的大命。"（《類檢》第 467 頁）釋譯爲："所以皇天降臨保佑我周邦，敬重先王受自上天的大命。"（《類檢》第 468 頁）則與馬說近同。

我們認爲，"先王配命"，即"先王順應天命"之義；"巩"讀爲"恐"，其主語爲先王，指先王的態度肅敬，而不是"皇天"或"我（時王）"；"不巩"作定語，而不是作謂語，"不巩先王配命"即"不巩的先王，順應天命"之義，亦即先王態度嚴謹，誠惶誠恐，順合天命，修善德，施美政。

③王曰：有餘佳孯（小子），余亡屬晝夜，巠（經）雝（雍）先王，用配皇天。（默簋，8.4317，西晚）

馬承源註曰："配皇天：即順應天命之意。《莊子·天地》'齧缺可以配天乎'，成玄英《疏》：'配，合也。'"（《銘文選》第 278 頁）

④雁（膺）受天魯命，匍（溥）有三（四）方，竝宅乓董（勤）彊（疆）土，用配帝（上帝）。（遷盤，《考古與文物》2003 年第 3 期，西晚）

⑤康虩龢好，敬配吳王。（蔡侯尊，11.6010，春晚／蔡侯盤，16.10171，春晚）

馬承源註曰："康虩（娛）龢好，敬配吳王：康樂和好，相配吳王。"（《銘文選》第 395 頁）

3. 使配，使合乎。動詞的使動用法。作謂語。1 見。

不（丕）顯文武，皇天引猒（厭）乓德，配我有周，雁（膺）受大命。（毛公鼎，5.2841，西晚）

馬承源註曰："皇天引厭乓德，配我有周：皇天所施予這樣縣長和充厚的德，讓我周室來承受。"（《銘文選》第 317 頁）

■二三六、建

1. 建立，建設。作謂語。8 見。

①匽（召）公建匽（燕）。休于小臣盧貝五朋。（小臣盧鼎，5.2556，西早）

此依張世超之說。張引此例曰："建立封國。小臣豆鼎：'匽公建匽（燕）。'"

然《金文資料庫》隸讀爲"匽（召）公㪤匽（燕）。休于小臣盧貝五朋"。

②天子㒾需，用建丝（茲）外土，牖（遹）嗣（司）䜌（蠻）戎，用氒不廷方。（戎生編鐘二，27，西晚）

③均□夫（大）夫，建我甹（邦）國（國）。（蔡侯紐鐘，1.210、1.211，春晚）

④均子夫（大）夫，建我甹（邦）國（國）。（蔡侯紐鐘，1.217，春晚／蔡侯鎛，1.221、1.222，春晚）

于省吾解"建我邦國"爲"復建邦國"。（《壽縣蔡侯墓銅器銘文考釋》，《古文字研究》第一輯）

⑤天子建邦。中山厌（侯）乍（作）丝（茲）軍旘，昌（以）敬（儆）乓眔（眾）。（中山侯鉞，18.11758，戰中）

建邦，與典籍之"建國"同義。

《周禮·天官冢宰》："惟王建國。"

《左傳·桓公二年》："故天子建國，諸侯立家，卿置側室。"杜預於"建國"句下註曰："立諸侯也。"

2. 封建，設立。作謂語。1 見。

鼺（肆）余乍（作）□沙旬（詢），余肁（肇）建長父戻（侯）于槑（楊）。（遹鼎乙，《考古與文物》2003 年第 3 期，西晚）

"建長父戻（侯）于槑"，當爲"封長父侯於楊地"之義。

3. 後作"楗"。楗塞，堵塞。作謂語中心。1 見。

命女（汝）亟一方，酉（宏）我邦我家。母（毋）雖（推）于政，勿離（雍）建（楗）庶□酋，母（毋）敢冀龔，冀龔延敄（務）鼺（鰥）寡。（毛公鼎，5.2841，西晚）

馬承源註曰："女（汝）頡（推）于政，勿離建（楗）庶民□酋：言毛公爲政當質樸，勿離塞庶民之口。……建：建假爲楗，楗塞之意。此特指屬王使衛巫監謗，防民之口的教訓。"（《銘文選》第 319 頁）

劉志基註曰："女頡（推）于政，勿離（雍）建（楗）庶□酋：你要爲政質樸，不要堵塞民衆之口。頡：讀作推，指推政。《韓非子·八說》：'然則行揖讓，高慈惠而道仁政，皆推政也。'建，假作楗，義爲塞。酋字不識，酋前一字不清，據語境當爲民。"（《類檢》第 467 頁）

然王國維疑爲"律"之異體，曰："諸家皆釋'建'，然《說文》建字與延字俱在廴部，而古金文廷字與石鼓文馳字所从之建字均从乚，不从辵，則此从辵者非建字，疑律之或作也。"（《毛公鼎銘考釋》，《王國維遺書》第六冊）

郭沫若亦曰："逮即律之緐文，《釋名》云：'律，累也。'"

張世超據王郭之說，於其"律"字條下曰："金文从辵，'彳''辵'義符通作也。毛公暦鼎字作逮，……牽連，妨礙。毛公暦鼎：'勿離（雍）逮（律）庶民。'"（《通解》第 389～390 頁）

■二三七、築

築建。作謂語。1 見。

關人築桿威釜，閉曰，又□外鹽釜，而（爾）車人利（制）之。（子禾子釜，16.10374，戰國）

郭沫若謂其大意爲："關吏如舞弊，或于釜內築桿以減少其量，或于釜外加物以添益其量，則當制止之。"（《大系考釋》第 221 頁）

■二三八、用

1. 使用。作謂語或謂語中心。

①王害（禘）。用牡于大室，害（禘）卲王。（刺鼎，5.2776，西中）

②達乍（作）寶殷（簋），竕（其）萬年子孫永寶用。（達簋，7.3788，西周）

③走亞毃孟延乍（作）盨。延竕（其）萬年永寶（寶）子子孫孫用。（毃孟延盨，9.4420、9.4421，西中）

④郾（燕）旌（故）君子膾，新君子之。不用豊（禮）宜（儀），不顥（顧）逆逆（順），旌（故）邦辷（亡）身死。（中山王𧈗方壺，15.9735，戰早）

2. 所使用的。作定語。

①彊白（伯）匃（作）井姬用盂。（彊伯作井姬用尊，11.5913，西中）

②睗（賜）用弓，彤矢其央；睗（賜）用戉（鉞），…… （虢季子白盤，16.10173，西晚）

③曾中（仲）之孫莘愲（嫔）用戈。（曾仲之孫戈，17.11254，春早）

3. 聽用，聽取。作謂語。2見。

①敢不用令，勩（則）即井（刑）僕（撲）伐。（兮甲盤，16.10174，西晚）
②如關人不用命。（子禾子釜，16.10374，戰國）

■二三九、庸

1. 用，採用，使用。作謂語。3見。

㝮（寡）人庸（用）其惠（德），嘉其力，氏（是）曰（以）賜之卒命。…… 隹（雖）又（有）死辠及豐（參）丗（世），亡不若，曰（以）明其惠（德），庸（用）其工（功）。……後人其庸（用）之，母（毋）忘爾邦。（中山王𧈗鼎，5.2840，戰晚）

《尚書·康誥》："用其義刑義殺，勿庸以次汝封。"用、庸互文。

2. 通"誦"。歌誦，誦揚。作謂語。1見。

曰（以）追庸（誦）先王之工（功）剌（烈）。（妊盉壺，15.9734，戰早）

張政烺謂假爲"誦"。（《中山王𧈗壺及鼎銘考釋》，《古文字研究》第一輯）

■二四〇、隊

通"施"。施用。作謂語。1見。

屖公易（賜）保鼎（員）金車，曰："用事。"隊于寶殷（簋），用卿（饗）公逆逭（造）事。（保員簋，《考古》1991年第7期第650頁圖一，西早）

馬承源曰："隊在此當通叚爲施，豙、施並爲審紐，韻部則微、歌旁轉。《禮記·祭統》載衛孔悝鼎銘云：'悝拜稽首曰，對揚以辟之，勤大命，施於烝彝鼎。'鄭玄注：'施猶著也，言我將行君之命又刻着於蒸祭之彝鼎。’此語例和‘隊于寶簋’相同。”（《新獲西周青銅器研究二則》，《上海博物館集刊》第七輯）

張世超承馬說，曰：“叚爲‘施’。保員簋：‘隊于寶毀，用卿（饗）公逆逸事。’”（《通解》第3351頁）

■二四一、陀

後作“施”。延續。典籍作“施”。作謂語中心。1見。

隹（唯）朕皇褪（祖）文武、趄（桓）祖成考，是又（有）秼（純）惠（德）迊（遺）忿（訓），巳（以）陀（施）及子孫，用隹（唯）朕所放。　（中山王𪲦方壺，15.9735，戰早）

馬承源隸讀作“阤（施）”，註曰：“阤：也聲，阤施一聲之轉。”（《銘文選》第575頁）

張政烺曰：“陀字見秦繹山刻石，‘功戰日作，流血於野，自泰古始。世無萬數，陀及五帝，莫能禁止。’陀蓋讀爲施，《詩·大雅·皇矣》：‘既受帝祉，施於孫子。’箋：‘施，猶易也，延也。’”（《中山王𪲦壺及鼎銘考釋》，《古文字研究》第一輯）

■二四二、侃

使……和樂，使……喜悅。形容詞的使動用法。作謂語或謂語中心。

①用卲（昭）各（格）、喜侃樂歬（前）文人。（癲鐘，1.246，西中）

此“喜、侃、樂”三字同義連用。

②萬諆乍（作）絲（茲）□，用高（享）𣎴尹□，配用醬，侃多友。　（萬諆觶，12.6515，西中）

③用追考（孝）考（孝），侃歬（前）文人。（井人妄鐘，1.110、1.112，西晚）

④用喜侃歬（前）文人。（師史鐘，1.141，西晚）

⑤用侃喜上下。（鮮鐘，1.143，西晚）

⑥用喜侃皇考。（士父鐘，1.145，西晚）

⑦用喜侃歬（前）文人，墉厚多福。（五祀䵼鐘，2.358，西晚）

⑧用侃喜百生（姓）、倗（朋）友眔子婦（婦）。（叔妖簋，8.4137，西晚）

⑨用追孝卲各（格）喜侃歬（前）文人。（遉鐘，《文博》1987年第2期第18頁拓片三、第19頁拓片五、第20頁拓片八，西晚）

《漢書·韋賢傳》：“我徒侃爾，樂亦在而。”師古註：“侃，和樂貌。”典籍或作“衎”，《詩經·小雅·南有嘉魚》：“君子有酒，嘉賓式燕以衎。”毛亨傳：“衎，樂也。”

■二四三、喜

1. 心理動詞。喜悅。作謂語。1見。

兄弟諸子囂（婚）冓（媾），無不喜。（医叔多父盤，《金文總集》8.6786，西周）

2. 使……喜悅。形容詞的使動用法。作謂語或謂語中心。

①用卲（昭）各（格）、喜侃樂壽（前）文人。（瘋鐘，1.246，西中）

此“喜”“侃”“樂”三字同義連用。

②用喜侃壽（前）文人。（師臾鐘，1.141，西晚）

③用喜侃皇考。（士父鐘，1.145，西晚）

④用喜樂文神人。（邢叔采鐘，2.356，西晚）

⑤用喜侃壽（前）文人，墉厚多福。（五祀㝬鐘，2.358，西晚）

⑥台（以）宴大夫，台（以）喜者（諸）士。（邾公牼鐘，1.149、1.150、1.151、1.152，春晚）

⑦王子嬰次自乍（作）□鐘，永用匽喜。（王子嬰次鐘，1.52，春晚）

匽喜，喜樂也。典籍作“燕喜”或“宴喜”。

⑧歔（吾）目（以）匽目（以）喜，目（以）樂嘉賓，及我父韹（兄）、庶士。（沇兒鐘，1.203，春晚）

此“匽”“喜”“樂”同義變文，共用賓語“嘉賓，及我父韹、庶士”·。

3. 後作“饎”或“糦”。饎祭，一種祭祀方法。作謂語或謂語中心。1見。

天亡又（佑）王，衣（殷）祀砡（于）王不（丕）顯考文王，事喜（糦）上帝。（天亡簋，8.4261，西早）

郭沫若曰：“喜當是熹省，卜辭‘延于丁宗熹’，當与柴尞同意。”（《大系考釋》第1頁）

陳夢家曰：“‘喜’應讀作《商頌·玄鳥》‘大糦是烝’之糦。《釋文》引《韓詩》云：‘大饎，大祭也。’《說文》‘饎’之或體作糦，《詩·天保》《泂酌》皆作饎。……喜上帝，即祭上帝。”（《西周銅器斷代·天亡簋》）

二四四、訢

1. 用爲“欣”。歡欣。作謂語中心。2見。

竊（撫）文王母，穆穆亹亹，悤（聰）害（介）訢（欣）旟（暢）。威義（儀）遊（攸）遊（攸），霝頌（容）託（妊）商（彰）。康諕餘好，敬配吳王。（蔡侯尊，11.6010，春晚/蔡侯盤，16.10171，春晚）

馬承源註曰：“悤害（介）訢（欣）旟（暢）：聰明善良，歡欣舒暢。……訢：欣。《史記·萬石張叔列傳》‘僮僕訢訢如也’，裴駰《集解》引晉灼云：‘訢，許慎曰：古欣字。’”（《銘文選》第395頁）

2. 通“斷”。爭辯。作謂語中心。1見。

逄郾（燕）亡（無）道燙上，子之大臂（辟）不宜（義），仮（反）臣丌（其）宗。隹（唯）司馬賙（貯）訢（斷）詻（諤）戰（僤）恣（怒），不能寍（寧）處。率師征郾（燕）。（𡨍盗壺，15.9734，戰早）

馬承源註曰："隹司馬賙訢（齗）詻（諤）戰（僤）忞（怒），不能寍（寧）處（處）：司馬賙直言爭辯，非常憤怒，不能平靜。訢詻：訢，忻喜字，假爲齗，《說文·齒部》以爲'齒本肉也'，在此形容爲露齒爭辯。"（《銘文選》第580頁）則"訢"讀"齗"，"露齒爭辯"義。

張政烺曰："按古从斤得聲之字如祈、旂、沂等皆入微韻，故訢可讀爲暨。《禮記·玉藻》：'戎容暨暨'，鄭玄注：'果毅貌也'，又'言容詻詻'，鄭玄注：'教令嚴也'。《周禮·保氏》：'乃教之六儀：……五曰軍旅之容'，鄭玄謂'軍旅之容，暨暨詻詻'。壺銘訢詻即暨暨詻詻，是軍旅之容。"（《中山國胤嗣𡼏䖵壺釋文》，《古文字研究》第一輯）則"訢"讀"暨"，形容軍旅之容"果毅貌"義。

本案：從字形相似度及上下文義來看，當以馬說爲佳。"訢詻戰忞"當皆言司馬賙對於"郾亡道燙上，子之大臂不宜，彶臣丌宗"現象的反感憤怒，此四字主語當皆爲司馬賙，一氣呵成，而非"訢詻"之主語爲軍旅之容，"戰忞"之主語爲司馬賙，轉換主語。故其後文雖有"率師征郾"言軍旅之事，似可將"訢詻"與軍旅對應繫聯，仍不如馬說之連貫也。

二四五、哀

哀傷，哀痛，憐憫，憐惜。作謂語中心。1見。

其丮（惕）哀乃沈子也唯福，用水（賜）霝（靈）令。（沈子它簋蓋，8.4330，西早）

唐蘭讀"丮"爲"惕"，曰："丮哀，是憂痛傷哀，也就是憐惜乃沈子的意思。"（《論周昭王時代的青銅器銘刻》，《古文字研究》第二輯）則"哀"爲"傷哀，憐惜"義。

郭沫若曰："哀愛古可通用。《樂記》：'愛者宜歌商。'鄭注：'愛或爲哀。'《呂覽·報恩》：'人主胡可不務哀士?'高注：'哀，愛也。'"（《大系考釋》第49頁）

張世超據郭說，曰："假爲'愛'。沈子簋：'其丮（劇）哀（愛）乃沈子它唯福。'"（《通解》第201頁）

劉志基註曰："丮哀（愛）乃沈子也唯福：慈愛於沈子它賜以福。丮，讀爲慈。用水霝（靈）令：賜以善命。水：通賜。"釋譯爲："先祖神靈慈愛我沈子加以福佑，賜以善命。"（《類檢》第246頁）則"哀"亦讀爲"愛"。

本案：諸說皆可通。然從"丮哀"二字連用來看，當以讀"惕哀"爲佳，即以其本字本義相釋，勝於以"慈愛"之通假法輾轉相釋也。且"哀"讀爲"愛"，金文僅此一見，亦恐有未安。

二四六、安

1. 使……安定。形容詞的使動用法。作謂語中心。2見。

烏（嗚）虖（呼）！朕文考甲公文母日庚弋休，𠟭（則）尚安永宕乃子𢦏心，安永𧟌（襲）𢦏身，𠦪復亯（享）于天子，唯𠦪事（使）乃子𢦏萬年辟事天子。（𢦏方鼎，5.2824，西中）

此二 "安" 當爲 "使……安定" 之義。

《公羊傳·莊公十九年》："出竟有可以安社稷，利國家者，則專之可也。"《爾雅·釋詁》："安，定也。"

2. 安處，習慣於。形容詞活用作一般動詞。作謂語。1 見。

乃用心引正乃辟安德。（師虎鼎，5.2830，西中）

張世超訓此 "安" 爲 "安處，習慣於"。（《通解》第 1830 頁）

馬承源註曰："乃用心引正辟（本案：原註漏 "辟" 前之 "乃" 字）安德：用心智來永遠保持你元首的安和之德。"（《銘文選》第 135 頁）則 "安" 爲形容詞作定語，"安和" 之義。

于豪亮訓此 "安" 爲 "於"，解句爲 "對於其君之德行多所引導、匡正。"（《陝西扶風縣強家村出土虢季家族銅器銘文考釋》，《古文字研究》第九輯）可備一說。

以上三說，當以張說爲佳。

《呂氏春秋·樂成》："舟車之始見也，三世然後安之。"

3. 憂寧，問安，省視。形容詞活用作一般動詞。作謂語中心。3 見。

①王姜令乍（作）冊睘安尸（夷）白（伯）。尸（夷）白（伯）賓睘貝布。（作冊睘卣，10.5407，西早）

郭沫若謂此與盂爵 "王命盂寧鄧伯，賓貝" 同例，"寧" 爲省視義。（《大系考釋》第 49 頁）楊樹達曰："安今言問安，寧與安同義，故經傳皆言寧。……彝銘記王姜令作冊睘安夷伯，據古禮言之，知王姜之父母既沒，故使睘往寧，與《左傳》襄公十二年楚司馬子庚爲夫人秦嬴寧秦爲一例。"（《金文說》第 185 頁）

②弔（叔）氏事（使）貧（布）安冀白（伯），賓貧（布）馬彎乘。（公貿鼎，5.2719，西中）

③君令余乍（作）冊睘安尸（夷）白（伯）。尸（夷）白（伯）賓用貝布。（作冊睘尊，11.5989，西早）

4. 後作 "按"。行，巡行，巡視。作謂語。3 見。

格白（伯）厈（安）彶甸殷。（格伯簋，8.4262、8.4264、8.4265，西中）

此依楊樹達、張世超之說。

楊樹達曰："安當讀如按行之按。《史記·衛霍傳》云：'按楡溪絕塞。'《集解》引如淳云：'按，行也。' 甸謂田之所在，殷，地名，格伯安及田殷，謂格伯還時按行至田所在之殷地也。"（《金文說》第 27 頁）

張世超從之，曰："用爲 '按'"。（《通解》第 1831 頁）

■二四七、巩/忎（恐）

（一）巩

1. 後作 "恐"。恐懼，害怕，擔憂。作謂語。1 見。

通征（正）三（四）方，達（撻）殷，畎（畯）民永不巩（恐）狄（惕）。（史牆盤，16.10175，西中）

馬承源註曰：“達（撻）殷，畯民永不巩（恐）狄（惕）：擊撻殷國，才俊之士永不會再有憂慮。此句與《尚書‧多士》‘成湯革夏，俊民甸四方’句法有類似處。達殷：撻伐殷邦，猶《尚書‧多士》之‘割殷’。畯民：即經籍之‘俊民’，義爲才智之人或才俊之士。巩狄：讀爲恐惕。巩，假爲恐。《史記‧殷本紀》‘母曰簡狄’，司馬貞《索隱》云：‘舊本作“易”，易狄音同，又作逷。’此假爲惕，《說文》惕之或體悐从狄。恐惕，指對紂王殘酷統治的恐懼。用爲否定語，是說天下安定。一說永不巩狄之狄解釋爲狄人，即不恐狄人，按周初並無這類史實，且與文義亦無足取。”（《銘文選》第155頁）

《國語‧楚語》：“武丁於是作書，曰：‘以余正四方，余恐德之不類，茲故不言。’”

2. 後作“恐”。惶恐地對待，誠惶誠恐地對待，敬重。作謂語。1見。

趩余孚（小子）圂湛于囏（艱），永巩（恐）先王。（毛公鼎，5.2841，西晚）

馬承源註曰：“永巩（共）先王：永遠敬重先王。與上文不巩先王配命相照應。”（《銘文選》第318頁）

劉志基註曰：“永巩（共）先王：永遠敬重先王。”（《類檢》第467頁）釋譯爲“我不幸遭逢國事艱難之時，永遠敬重先王。”（《類檢》第468頁）

然張世超曰：“固也，後世作‘鞏’。毛公厝鼎：‘不（丕）巩（鞏）先王配命。’又‘永巩（鞏）先王’。亦作‘永不巩’，牆盤：‘達（撻）殷畎（畯）民，永不（丕）巩（鞏），狄（逖）盧兌，伐尸（夷）童。’”（《通解》第611頁）則“巩”讀“鞏”，“巩固”義。

本案：二說皆可通。然讀“巩”爲“恐”，引申爲“敬重”義，似更佳，“趩”與“巩”似有互文作用。

（二）忑

後作“恐”。恐懼，害怕，擔憂。作謂語。1見。

忑（恐）隕社稷之光，氏（是）㠯（以）㒸（逐）人許之，愚（謀）㤾（慮）膚（皆）坓（從）。（中山王譽鼎，5.2840，戰晚）

■二四八、㦟／趯（懼）

（一）㦟

同“懼”，恐懼，害怕，擔心。作謂語中心。1見。

㒸（逐）㦟（懼）其忽然不可夏（得）。（中山王譽鼎，5.2840，戰晚）

（二）趯

同“趯”，通“懼”。恐懼，害怕，擔心。作謂語中心。1見。

烏（鳴）虖（呼）！趡（趯）余孛（小子）圂湛于麟（艱）。（毛公鼎，5.2841，西晚）

張世超引此例曰："假爲'懼'。毛公厝鼎：'烏虖（嗚呼）！趡（懼）余小子圂湛於麟（艱）。'"（《通解》第230頁）則"趡"通"懼"。又曰："《説文》：'趡'，走顧兒，从走瞿聲。"金文从辵从星。'辵'，同'走'。星，爲'瞿'之省文。"（《通解》第230頁）則"星"爲"瞿"之省文。

馬承源註曰："趡余小子圂湛于麟（艱）：我才智短淺未堪當此國政之艱難。趡：舊釋趡，讀爲懼。今按瞿非瞿，不當讀如懼。《詩·周頌·閔予小子》成王語：'閔予小子，遭家不造。'又《尚書·文侯之命》平王語：'閔予小子嗣，造天丕愆。'或説趡可能是从辵目聲字，則與閔聲紐相同可通。'閔予小子'是王者在國家喪亂之際或嗣位之初的自稱。"（《銘文選》第318頁）則"趡"通"閔"。

劉志基註曰："趡余小子圂湛于麟（艱）：可憐我遭逢國事艱難之時。"（《類檢》第467頁）則"趡"爲"可憐"義，亦當爲通"閔"。

本案：張、馬、劉之説皆有其理。若如張説，"星"爲"瞿"之省文，則"趡"當同"趡"，通"懼"；若如馬説，"瞿"非"瞿"，則"趡"非"趡"之異體，不當讀如"懼"，可如其説讀爲"閔"。鑒於原形"𧾷"之上爲一"目"字，而非"𦊆"，似以張説爲"瞿"之省文爲佳。故暫取張説。

■二四九、敬

1. 恭敬地對待，慎重嚴肅地對待。形容詞活用作一般動詞。作謂語或謂語中心。

①若芍（敬）乃正，勿髀（廢）朕令。（大盂鼎，5.2837，西早）

②圌刎（凤）夕，敬念王愄（威）不睗（易）。（毛公鼎，5.2841，西晚）

③余刎（凤）夕虔敬朕祀，吕（以）受多福。（秦公鎛，1.267，春早）

④敬氒盟（明）祀，永受其福。（王子午鼎，5.2811，春中或春晚）

⑤敬慫（順）天惥（德），吕（以）猺（左）右㝉（寡）人。（中山王嚳鼎，5.2840，戰晚）

⑥隹（唯）苟（敬）德，亡逌（攸）違。（班簋，8.4341，西中）

⑦敬事天王，至于父蜺（兄）。（敬事天王鐘，1.77、1.78、1.81，春晚）

⑧於（嗚）虖（呼），敬哉！（余贎儿鐘，1.183、1.185，春晚）

《尚書·召誥》："惟不敬厥德，乃早墜厥命。"

2. 保持恭敬。形容詞活用作一般動詞。作謂語中心。1見。

王降征令拊（于）大（太）保。大（太）保克芍（敬）亡曹（遣）。（大保簋，8.4140，西早）

此"敬"前有助動詞"克"，故其爲形容詞活用作動詞，保持恭敬之義。

3. 後作"警"。警惕，防備。作狀語。

令女（汝）羑（羞）追于旅（齊），㑋女（汝）十五易登、盾生皇畫內（芮）、戈庸

（珝）戕、戜（緓）必（秘）、彤沙（緌）。笰（敬）母（毋）敗速（績）！（五年師旋簋，8.4216.1、8.4216.2、8.4217.1、8.4217.2、8.4218，西晚）

馬承源註曰："敬毋敗速（績）：要謹慎而不得在軍事上失利。這是王對師旋的告誡。速：通作績，績是事的意思。《爾雅·釋詁》'績，事也。'《左傳·莊公十年》'齊師敗績'。敗績指軍事上的失利。"（《銘文選》第187頁）

《詩經·大雅·常武》："既敬既戒，惠此南國。"鄭玄箋："敬之言警也。"

4. 後作"警"。警告，使戒懼。銘文或作"憼"，典籍作"警"或"儆"。作謂語或謂語中心。

①虔敬乃后，孫孫勿忘。（吳王光鑑，16.10298、16.10299，春晚）

②不敢窓（寧）處，敬命新墜（地），雨（禴）祠先王，丗（世）丗（世）母（毋）㠪。（䢈盉壺，15.9734，戰早）

馬承源註曰： "敬命新墜（地），雨（禴）祠先王：命新獲之地區，以'禴'和'祠'祭享先王。"（《銘文選》第580頁）

則"警命新地"，即"警告、命令新地"之義。不過此"敬"也可不讀作"敬"，按本字釋爲"恭敬地，嚴肅地"亦可，則"敬"爲動詞作狀語。

《左傳·宣公十二年》："今天或者大警晉也。"《淮南子·天文》："儆百官，誅不法。"

③中山疌（侯）𢆷乍（作）絲（茲）軍旗，吕（以）敬（儆）卒眾（衆）。（中山侯鉞，18.11758，戰中）

④因軬（載）所美，卲（昭）蔡皇工（功），訨䣝（燕）之訛，吕（以）憼嗣王。（中山王䚓方壺，15.9735，戰早）

■二五〇、悊/惁

（一）悊

1. 後作"哲"。使……明哲，使……明智。形容詞活用作動詞。作謂語或謂語中心。1見。

穆穆朕文且（祖）師華父，悤鬡（襄）卒心，則静于猷，盄（淑）悊（哲）卒德。（大克鼎，5.2836，西晚）

盄悊卒德，使其德盄悊之義。

（二）惁

1. 同"悊"，後作"哲"。使……明哲，使……明智。形容詞活用作動詞。作謂語或謂語中心。5見。

①不（丕）顯皇考亳（宮）公，穆穆克盟（盟）卒心，惁（哲）卒德，用辟于先王，肈（得）屯（純）亡敃。（師望鼎，5.2812，西中）

②不（丕）顯皇且（祖）考，穆穆異異，克惁（哲）卒德，䢉（農）臣先王，肈

（得）屯（純）亡斁。（梁其鐘，1.187、1.189、1.192，西晚）

③不（丕）顯朕皇高且（祖）單公，趄（桓）趄（桓）克明（明）悊（哲）氒德，夾䢅（召）文王武王。（逨盤，《考古與文物》2003年第3期，西晚）

■二五一、質

通“哲”。使……明哲，使……明智。形容詞活用作動詞。作謂語。2見。

䫾（景）盄（淑）文祖、皇考，克質（哲）氒德。（井人妄鐘，1.109.1、1.111.1，西晚）

■二五二、董

1. 後作“謹”。謹慎地對待，慎重嚴肅地對待。形容詞活用作一般動詞。作謂語或謂語中心。7見。

①旅（齊）厌（侯）既遟（濟）洹子孟姜喪，其人民都邑董（謹）寋（宴）無用，從（縱）爾大樂。……洹子孟姜喪，其下民都邑董（謹）寋（宴），無用從（縱）爾大樂。（洹子孟姜壺，15.9729，春秋）

楊樹達曰：“據銘文，知終喪之後，人民都邑乃始宴舞大樂，然則期年之間，人民都邑不敢宴舞縱樂也。”（《金文說》第53頁）則“董”讀“謹”也，當爲形容詞活用作動詞，“謹慎對待”之義。

馬承源隸讀作“齊侯既遟（濟）洹子孟姜喪，其人民都邑董（懂）寋（憂），無用從（縱）爾大樂”，註曰：“齊侯既遟（濟）洹子孟姜喪：齊侯爲洹子孟姜家喪持服之事既成。董寋（本案：同一字其釋文與註解處隸定不一，此象其書中常見）：讀爲懂憂。董通懂，《廣韻》：‘懂，哀憂也’，《集韻》‘憂也’。寋，假爲憂，寋從要聲，與憂爲同聲，韻部相近。《儀禮·士喪禮》：‘牢中旁寸’，鄭玄《注》：‘牢讀爲樓’，又‘今文樓爲緛，旁爲方。’是緛樓爲音之假借。”（《銘文選》第550頁）則“董”讀“懂”也，“哀憂，哀愁”之義。

本案：二說皆可通。關鍵在於其後之字如何隸讀：若隸讀作“宴”，則當取楊說，“董”爲動詞也；隸讀作“憂”，則當取馬說，“董”爲形容詞也。從目前諸家之隸定來看，寋、宴字形上關聯更爲緊密，然從語音來看，寋、憂關聯更爲緊密。殊難取捨。不過聯繫其下文“從（縱）爾大樂”來看，似前後言宴樂之事，以“宴”爲佳。故暫取楊說。另需註意斷句，若有“既遟”二字，“無用”二字當屬“董寋”之句末，否則當屬下句句首。故馬之斷句，亦宜作此更改，在“無用”之後斷開，而非其前斷開。蓋辦喪持服之事已成，無須“董寋”矣。不過，若一定要將“無用”斷屬下句，亦未嘗不可也，但需理解爲：無論持喪中，還是喪事已成後相當一段時間內，人民都邑皆需“董寋”也。

另，張世超解“無用”之“無”爲“舞”，曰：“舞蹈。典籍作‘舞’。洹子孟姜壺：‘齊厌既遟（濟）洹子孟姜喪其人民都邑董寋（宴）無（舞）。’”（《通解》第1485頁）則“董”當讀爲“謹”，“謹慎對待”之義。然我們認爲讀“無”爲“舞”，與下文之

“用”脱節，前後文意難以圓通一致。且金文中亦無其他“無”用爲“舞蹈”義的例證。因此從字形來看“無”之本義雖爲“舞蹈”，但金文中無其他此類用例可相佐證，何況解作“舞”後文章難通。故不取。

②旅（齊）厌（侯）洹子孟姜喪，其人民都邑董（謹）宴（宴），無用從（縱）爾大樂。（洹子孟姜壺，15.9730，春秋）

③爵（恪）董（謹）大命。（單伯昊生鐘，1.82，西晚）

④爵（恪）董（謹）大令（命），奠周邦。（遘鼎乙，《考古與文物》2003年第3期，西晚）

⑤爵（恪）董（謹）大令（命），奠周邦。（遘鼎辛，《考古與文物》2003年第3期，西晚）

⑥勵（則）縣佳（惟）乃先聖且（祖）考夾醽（召）先王，爵（恪）董（謹）大令（命）。（遘盤，《考古與文物》2003年第3期，西晚）

2. 後作“謹”。謹敕，嚴謹地保執。典籍作“謹”。1見。

南中（仲）邦父命鵬（駒）父殷（即）南者（諸）厌（侯）達（率）高父見南淮尸（夷），乎取乎服，董（謹）尸（夷）俗，豕不敢不□俔（畏）王命（命）逆見我，乎獻乎服。（駒父盨蓋，9.4464，西晚）

馬承源註曰：“董（謹）尸（夷）俗：嚴格地保持南淮夷的禮法。此處指淮夷向周室進貢的舊俗。”（《銘文選》第311頁）

李學勤曰：“‘謹夷……’一句是說嚴禁淮夷，要他們不敢不敬畏王命。”（《兮甲盤與駒父盨》，《人文雜誌叢刊》第二輯）則“董”當讀爲“禁”。

本案：當以馬說爲佳。

3. 後作“覲”。朝覲，覲見，朝見。典籍作“覲”。作謂語。1見。

女雙董（覲）玗（于）王。（雙方鼎，5.2579，殷或西早）

《禮記·曲禮下》：“天子當依而立，諸侯北面而見天子曰覲。”

4. 後作“覲”。晉獻，進獻。典籍作“覲”或“晉”。作謂語。1見。

余獻（獻）媍（婦）氏曰（以）壺。……余專（惠）于君氏大章（璋），報媍（婦）氏帛束、琵（璜）。……膚（珊）生勵（則）董（覲）圭（珪）。（五年召伯虎簋，8.4292，西晚）

林澐讀爲“覲”，譯爲“珊生便向他獻圭致謝”。（《珊生簋新釋》，《古文字研究》第三輯）

然有可能此“董”讀爲“瑾”，此句承前省略了謂語“獻”或“惠”或“報”或“覲”。

5. 後作“勤”。在……方面勤勞施力，勤勞地對待……。形容詞活用作動詞。典籍作“勤”。4見。

①王肈（肇）遹肯（省）文武，董（勤）彊（疆）土。（獸鐘，1.260，西晚）

②若虎董（勤）裝（勞）其政事，又（有）九州，處堣之堵（土）。（叔夷鐘，1.283，春晚）

③龏（齊）陣（陳）曼不敢逸康，肇（肇）堇（勤）經德。（齊陳曼簠，9.4595、9.4596，戰早）

《詩經·周頌·賚》："文王既勤之，我應受之。"毛亨傳："勤，勞。"

■二五三、虔

虔誠地對待，對……虔誠。形容詞活用作一般動詞。作謂語或謂語中心。

①余㝬（夙）夕虔敬朕祀，㠯（以）受多福。（秦公鎛，1.267，春早）

②咸畜胤（俊）士，盩盩文武，鎮（鎮）靜不廷，虔敬朕祀。（秦公簋，8.4315，春早）

③虔敬乃后，孫孫勿忘。（吳王光鑑，16.10298、16.10299，春晚）

■二五四、龏/龔

（一）龏

1. 後作"恭"。恭謹地對待，恭敬地對待。金文無"恭"字，典籍作"恭"。形容詞活用作動詞。作謂語或謂語中心。2 見。

①內史龏朕天君。（🜔鼎，5.2696，西中）

②用龏（恭）王令。（戎生編鐘三，《文物》1999 年第 9 期，春早）

2. 通"拱"。受，接受。作謂語。2 見。

母（毋）敢龏橐，龏橐廼敊（務）罷（鰥）寡。藟（善）效乃友正，母（毋）敢湎于酒。（毛公鼎，5.2841，西晚）

馬承源註曰："母（毋）敢龔（拱）橐（苞）：龔橐讀作拱苞。苞，是苞苴，即包魚肉的草包。泛指爲包裹，引申爲賄賂。《後漢書·楊震傳》'讒夫昌則苞苴通'。龔橐廼敊（侮）鰥寡：受賄必致欺陵鰥寡窮困無告的人。敊：《詩·小雅·常棣》'外禦其務'，《左傳·僖公廿四年》引作'外禦其侮'。侮，欺、欺陵。《左傳·昭公元年》引《詩》曰'不侮鰥寡'，杜預《注》：'侮，陵也。'"（《銘文選》第 319 頁）則"龏"讀爲"拱"，"受"義，"橐"爲名詞"賄賂，錢財"義。

劉志基隸讀爲"母（毋）敢龏橐，龏橐廼敊（務）鰥寡"，釋譯爲"不要受賄，受賄的話就會導致欺凌鰥寡孤獨貧苦無告的人們的事情發生"。（《類檢》第 465～468 頁）則與馬說同一。

張世超曰："龏橐：猶言中飽，郭沫若說。《大系考釋》一三八葉。毛公厝鼎：'母（毋）敢龏橐，龏橐廼敊（侮）鰥寡。'"（《通解》第 552 頁）則"龏橐"爲"中飽"義，未能確明"龏"義。

本案：郭張之說，失於籠統，未能指明"龏"義；馬劉之說，"龏"讀爲"拱"，"受"義。然"拱"何以有"受"義，未能確明。殆"拱"有"斂"義？《說文·十二·手部》："拱（拱），斂手也。从手共聲。""斂"引申之則有"收斂、收受"義。

（二）奊

同“龏”，後作“恭”。恭謹地對待，恭敬地對待。金文無“恭”字，典籍作“恭”。形容詞活用作動詞。作謂語或謂語中心。3 見。

①嚴奊（恭）龏天命，保龗（業）氒霖（秦）。（秦公簋，8.4315，春早/秦公鎛，1.270，春秋）

馬承源註曰：“嚴奊（恭）龏（寅）天命：嚴肅恭敬天命。奊：即恭敬。《尚書·無逸》‘嚴恭寅畏天命’，孔安國《傳》‘言太戊嚴格恭敬畏天命’。”（《銘文選》第 609 頁）

從馬註難以看出“嚴、恭、龏”三字之結構層次及詞性、句子成分。我們認爲，“龏”爲動詞是無疑的，然“嚴恭”可作多種解析。一是“嚴”與“恭”同爲形容詞作狀語，修飾動詞“龏”，“恭”與“龏”並列；二是“嚴”爲形容詞作狀語，修飾動詞“恭”及“龏”，“恭”與“龏”並列；三是“嚴”“恭”“龏”皆並列爲動詞。我們這裏暫取後說，三者皆爲動詞作謂語中心。

②奊（恭）盦（寅）覬（鬼）神，畢（畢）奊（恭）患（畏）忌。（陳肪簋蓋，8.4190，戰早）

前一“奊”字作動詞，後一“奊”字作形容詞。

■二五五、共

1. 後作“恭”。恭謹地對待，恭敬地對待。銘文亦作“龏”，無“恭”字，典籍作“恭”。形容詞活用作動詞。作謂語或謂語中心。

①肆禹亦弗敢憖（專），賜（惕）共（恭）朕（朕）辟之命。（禹鼎，5.2833，西晚）

張世超引此例曰：“敬持也，與‘秉’對文。善鼎：‘唯用妥（綏）福㾓（乎）前文人，秉德共屯（純）。’禹鼎：‘肆禹亦弗敢憖賜，共朕（朕）辟之命。’”（《通解》第 567~568 頁）

我們認爲，“秉德共屯”之“秉”“共”並非對文，亦非同義。“共屯”當皆指“德”而言，爲兩個形容詞並列作“德”之謂語，“秉德”爲主謂結構或偏正結構；“共朕辟之命”之“共”亦非“秉”義，乃“恭”義，形容詞活用作動詞，“共”讀爲“恭”銘文常見。若“共”“秉”同義，“共屯（純）”難以釋通：純，“厚也，大也，典籍作‘純’”，（《通解》第 73 頁“屯”字條）則“秉純”爲“秉厚，秉大”。但語法似有不通。

②共（恭）明（明）德，秉威義（儀）。（叔向父禹簋，8.4242，西晚）

③蔡戻（侯）䍤虔共（恭）大命，上下陟裼，戢敬不惕，肇轃（佐）天子。（蔡侯尊，11.6010，春晚/蔡侯盤，16.10171，春晚）

④皿（明）皿（明）易（揚）天恤，昏（駿）共（恭）天尚（常）。（延敦，《文物》1991 年第 5 期第 89 頁，春秋）

2. 後作“供”。供設，供給。典籍作“供”。作謂語。

①楚王酓肯返（作）盟（鑄）鈚鼎（鼎），台（以）共（供）戝棠。（楚王酓肯鈚鼎，4.2479，戰晚）

②楚王酓肯复（作）盥（鑄）匋（鐈）盬（鼎），目（以）共（供）胾棠。（楚王酓肯鼎，5.2623，戰晚）

③楚王酓肯复（作）盥（鑄）金匿（簠），目（以）共（供）胾棠。（楚王酓肯簠，9.4549、9.4551，戰晚）

④楚王酓肯复（作）爲盥（鑄）盤，台（以）共（供）胾棠。（楚王酓肯盤，16.10100，戰晚）

⑤正月吉日，窒盥（鑄）少（炒）盤，目（以）共（供）胾棠。（楚王酓忎盤，16.10158，戰晚）

《周禮·地官司徒·牧人》："凡祭祀，共其犧牲，以授充人繫之。"《左傳·僖公四年》："王祭不共。"《左傳·僖公三十年》："行李之往來，共其乏困。"

二五六、夤/彋/寅

（一）夤

恭謹，莊敬。典籍多用"寅"字。作謂語中心。2見。

嚴龏（恭）夤天命，保虁（業）氒龘（秦）。（秦公簋，8.4315，春早/秦公鎛，1.270，春秋）

馬承源註曰："嚴龏（恭）夤（寅）天命：嚴肅恭敬天命。"（《銘文選》第609頁）

典籍多用"寅"字。《尚書·堯典》："寅賓出日。"孔安國傳："'寅，敬。"《爾雅·釋詁》："寅，敬也。"段玉裁《説文解字注》"夤"字條下曰："凡《尚書》'寅'字，皆叚'寅'爲'夤'也。漢唐碑多作'夤'者。"

（二）彋

同"夤"。恭謹，莊敬。銘文和典籍多用"夤"或"寅"字。作謂語中心。1見。

井伯氏彋（夤）不姦。（長由盉，15.9455，西中）

于省吾、陳夢家皆讀此"彋"爲"寅"，釋爲"誠敬"。（《長由盉銘文彙釋》，《古文字研究》第十三輯）

此"彋"爲"敬"義可確定無疑，然究爲動詞，或形容詞，或副詞，有些模棱。

（三）寅

同"寅"，通"夤"。敬，恭敬。典籍多用"夤"或"寅"字。作謂語中心。1見。

龏（恭）寅（寅）禝（鬼）神，畢（畢）龏（恭）愄（畏）忌。（陳肪簋蓋，8.4190，戰早）

銘文亦用"寅"字表"敬"義，凡3見，然皆爲形容詞作狀語，未見動詞用例：

［1］余寅事齊（齊）医（侯）。（陳逆簠，9.4629、9.4630，戰早）

［2］楚王酓璋（章）嚴龏（恭）寅复（作）乾戈。（楚王酓章戈，17.11381，戰早）

■二五七、𡢁

通"恪"。恪敬,恭敬。作謂語或謂語中心。6見。

①癲不敢弗帥且(祖)考,秉明(明)德,𡢁(𡢁)夙(夙)夕,左(佐)尹氏。(癲鐘,1.247,西中)

②𤔲𡢁大命,康能亖(四)或(國)。……𡢁夙(夙)夕,敬念王愄(威)不睗(易)。(毛公鼎,5.2841,西晚)

③𤔲𡢁皇囗(上帝)大魯令。(默簋,8.4317,西晚)

④用𤔲𡢁𡩿(莫)保我邦我家。(叔向父禹簋,8.4242,西晚)

⑤番生不敢弗帥井(型)皇且(祖)考不(丕)柸元德,用𤔲𡢁大令,粤(屏)王立(位)。(番生簋蓋,8.4326,西晚)

■二五八、畏

1. 同"畏"。畏懼,害怕。作謂語或謂語中心。9見。

①㿂(敏)朝夕入𧮫(諫),高(享)奔走,愄(畏)天愄(威)。(大盂鼎,5.2837,西早)

前一"愄"爲動詞,後一"愄"爲名詞。

②卒取卒服,菫(謹)尸(夷)俗,㐱不敢不囗愄(畏)王命(命)逆見我。(駒父盨蓋,9.4464,西中)

馬承源註曰:"㐱不敢不 苟 (敬)畏王命逆見我:南淮夷不敢不畏懼王命來迎見我。不下一字殘缺,應爲'苟',即'敬'字。"(《銘文選》第311頁)

《詩經·大雅·烝民》:"不侮矜寡,不畏強禦。"《老子》:"民不畏死,奈何以死懼之?"

③余彌心畏誋(忌),余四事是台(以)。(㯱鎛,1.271,春中或春晚)

④酉(㓜)䨖(恭)𧻒屖,畋(畏)期(忌)趩趩,敬卒盟(明)祀,永受其福。余不畋(畏)不差(差),惠於政德,思(淑)𤔲(于)威義。(王子午鼎,5.2811,春中或春晚)

馬承源註曰:"余不畋不差(差):我不畏懼,不軟弱。《廣雅·釋詁三》云差爲'次'。"(《銘文選》第424頁)

2. 後作"威"。發威,動怒。形容詞活用作動詞。作謂語中心。2見。

①辥皇天亡昊(斁),臨保我有周,不(丕)巩(恐)先王配命。敃(旻)天疾愄(威),司(嗣)余㐱(小子)弗彶(急),邦𫟹(將)害(曷)吉?(毛公鼎,5.2841,西晚)

馬承源註曰:"敃(旻)天疾畏(威):仁慈的上天也震怒了。"(《銘文選》第317頁)
劉志基註曰:"敃(旻)天疾愄(威):仁慈的上天也震怒了。"(《類檢》第467頁)

釋譯曰："現在仁慈的上天也震怒了，我繼位之初如果不馬上勵精圖治，那么邦國的政事怎么能夠好轉呢?"（《類檢》第468頁）

②哀才（哉）！今昊天疾愧（威）降喪。（師詢簋，8.4342，西晚）

馬承源註釋曰："哀哉！今上天震怒，降喪亂於周邦。"（《銘文選》第175頁）

劉志基註曰："今昊天疾愧（威）降喪：現今老天震怒，給周邦降下喪亂。"（《類檢》第257頁）

然此二"威"亦有可能爲形容詞。《詩經·小雅·小旻》："旻天疾威，敷於下土。"崔富章註曰："疾威：暴虐。"（《詩騷合璧》第173頁）

■二五九、樂

1. 使……快樂，使……喜悅。形容詞的使動用法。作謂語或謂語中心。約70見。

①用卲（昭）各（格）、喜侃樂耣（前）文人。（瘝鐘，1.246，西中）

此"喜、侃、樂"三字同義連用，共用賓語"耣文人"。

②用追孝韾（享）祀，卲（昭）各（格）樂大神。（瘝鐘，1.247，西中）

③用喜樂文神人。（邢叔采鐘，2.356，西晚）

④用樂用享。（虢季編鐘，87，西晚）

此"樂""享"後當爲省略賓語。

⑤㠯（以）樂君子。（敬事天王鐘，1.81，春晚）

⑥用樂我嘉宊（賓）及我正卿。（邾公鈁鐘，1.102，春秋）

⑦台（以）樂其身，台（以）宴大夫，台（以）喜者（諸）士。（邾公牼鐘，1.150、1.151、1.152，春晚）

⑧自乍（作）龢鐘，㠯（以）□㮙（盟）祀，㠯（以）樂嘉賓倗友者（諸）臤（賢）。（徐王子㫃鐘，1.182，春秋）

⑨樂我父兄，歙（飲）飤訶（歌）遾（舞）。（余贎速兒鐘，1.184，春晚）

⑩戲（吾）㠯（以）匽㠯（以）喜，㠯（以）樂嘉賓，及我父罤（兄）、庶士。（沇兒鐘，1.203，春晚）

此"匽""喜""樂"同義變文，共用賓語"嘉賓，及我父罤、庶士"。

⑪盥（鑄）其龢鍾（鐘），台（以）卹其祭祀盟（盟）祀，台（以）樂大夫，台（以）宴士庶子。（邾公華鐘，1.245，春晚）

⑫用樂嘉賓父蜺（兄）及我倗（倗）友。（王孫遺者鐘，1.261，春晚）

⑬㠯（以）宴賓客，㠯（以）樂我者（諸）父。（配兒鈎鑃，2.427，春晚）

⑭中鳴媞好，我台（以）樂我心。（遱邛鐘一，《文物》1989年第4期第52頁圖一，春秋/遱邛鐘二，《文物》1989年第4期第53頁圖二，春秋）

⑮柬柬雩雩，康樂我家。（令狐君嗣子壺，15.9720、15.9719，戰中）

《詩經·小雅·常棣》："宜而家室，樂而妻帑。"

2. 以……爲樂。形容詞的意動用法。作謂語中心。3見。

①甘（其）子孫孫永日鼓樂丝（茲）鐘。甘（其）永寶用。（邢叔采鐘，2.356，西

晚/邢叔鐘,《考古》1986年第1期第25頁圖五,西中)

張世超引此例曰:"奏樂器。井弔鐘:'其子子孫孫永日樂絲鐘。'"(《通解》第1462頁)其"樂"前漏一"鼓"字,然可想見"樂"爲"奏樂,擊奏樂器"之義,與"鼓"爲近義詞,"鼓樂"爲"擊鼓奏樂"義。亦可。

②甘(其)子孫永日鼓樂□□,……（邢叔采鐘,2.357,西晚）

此銘殘缺,然據上銘可補"鼓樂"後兩字爲"絲鐘"。

■二六〇、濼

1. 同"樂"。使……快樂,使……喜悦。形容詞的使動用法。作謂語或謂語中心。7見。

①用濼(樂)好丂(賓)。（盧鐘,1.88,西中）

②台(以)濼(樂)甘(其)大酉(酋)。（鄶叔之仲子平鐘,1.172、1.175、1.177、1.180,春晚）

③用喜(享)大宗,用濼(樂)好丂(賓)。（盧鐘,1.88,西中）

④用喜(享)大宗,用濼(樂)孜(好)宗。（叔鐘,1.89,西中）

2. 通"鑠"。銷熔,銷化。典籍作"鑠"或"爍"。作謂語中心。1見。

自乍(作)鴹鐘。不帛(白)不羊(埤),不濼(鑠)不淍(彫)。 （者瀘鐘,1.198,春秋）

《周禮·考工記·總敍》:"爍金以爲刃,凝土以爲器,作車以行陸,作舟以行水,此皆聖人之所作也。"

《國語·周語下》:"眾心成城,眾口鑠金。"韋昭註:"鑠,消也,眾口所毀,雖金石猶可消也。"

《史記·魯仲連鄒陽列傳》:"昔者魯聽季孫之說而逐孔子,宋信子罕之計而囚墨翟。夫以孔、墨之辯,不能自免於讒諛,而二國以危。何則?'眾口鑠金,積毀銷骨'也。"

3. 人名用字。2見。

①白(伯)濼父乍(作)旅壺。（伯濼父壺,15.9570,西中）

②白(伯)濼父乍(作)寶壺。（伯濼父壺蓋,15.9620,西中）

■二六一、解

心理動詞。後作"懈"。懈怠,鬆懈。作謂語。2見。

①使智(知)社稷之賃(任),臣宗之宜(義),敔(夙)夜不解(懈)。（中山王𰯼鼎,5.2840,戰晚）

②受賃(任)猇(佐)邦,嬰(夙)夜篚(匪)解(懈)。 （中山王𰯼方壺,15.9735,戰早）

《詩經·大雅·烝民》:"夙夜匪解,以事一人。"《韓詩外傳》作"夙夜匪懈"。

■二六二、忘

遺忘，忽忘，忘記。作謂語或謂語中心。20見。

①虔敬乃后，孫孫勿忘。（吳王光鑑，16.10298、16.10299，春晚）

②余非敢盜忘。（蔡侯紐鐘，1.210、1.211、1.217，春晚/蔡侯鎛，1.219、1.221、1.222，春晚）

③余非敢□忘。（蔡侯紐鐘，1.218，春晚）

④□唯（雖）……盜忘。（蔡侯鎛，1.220，春晚）

⑤天子不忘其又（有）勛，使其老簭（策）賞中（仲）父。（中山王嚳方壺，15.9735，戰早）

⑥永枻（世）母（毋）忘。（屬羌鐘，1.157、1.158、1.159、1.160、1.161，戰早）

⑦昔者先王絟（慈）悆（愛）百每（媚），竹（篤）胄亡（無）彊（疆），日炙（夜）不忘大壺（去）型（刑）罰，㠯（以）悥（憂）辠民之佳（雁）不䎱（韋）。（奴鲨壺，15.9734，戰早）

⑧後人其庸＝（用）之，母（毋）忘爾邦。（中山王嚳鼎，5.2840，戰晚）

⑨台（以）龏（𥞡）台（以）嘗，保有齊邦，永艺（世）母（毋）忘。（十年陳侯午敦，9.4648，戰晚/十四年陳侯午敦，9.4646、9.4647，戰晚）

《逸周書·嘗麥》："予用皇威，不忘祗天之明典，令□我大治。"

■二六三、望/𣊏/𣎵/醒

（一）望

通"忘"。遺忘，忽忘，忘記。作謂語或謂語中心。典籍作"望"。8見。

①王弗望（忘）辪舊宗小子。（盠駒尊，11.6011，西中）

②㝬弗敢望（忘）公白（伯）休。（㝬簋，8.4167，西中）

③孫孫子子母（毋）敢望（忘）白（伯）休。（縣妃簋，8.4269，西中）

④休天君弗望（忘）穆公聖粦明（明）弘（弼）尃（輔）先王。（尹姞鬲，3.754、3.755，西中）

⑤辥（肆）武公亦弗叚望（忘）縢（朕）聖且（祖）考幽大弔（叔）懿（懿）弔（叔）。（禹鼎，5.2833，西晚）

⑥乖白（伯）𢷎（拜）手頶（稽）首天子休，弗望（忘）小裒邦。（乖伯歸夆簋，8.4331，西晚）

⑦王弗望（忘）雁（應）公室，沬宮再身。（再簋，《文物》1999年第9期第84頁，西周）

《逸周書·武儆》："朕不敢望，敬守勿失。"

（二）諲

後作“忘”。遺忘，忽忘，忘記。作謂語或謂語中心。典籍作“望”。8 見。

①十柸（世）不諲（忘）獻（獻）身才（在）畢公家，受天子休。（獻簋，8.4205，西早）

②召弗敢諲（忘）王休異（翼）。（召圜器，16.10360，西早）

張世超在“諲”字條下引用此例，曰：“《說文》：‘責望也，從言望聲。’金文或不從言作‘朢’，或從言作‘諲’，義皆爲忽忘。案：此即忽忘本字，初假‘朢’字爲之，後增標義符‘言’而成忽忘專字，與後世責望之‘諲’非一字，‘忘’字形春秋戰國間始出現。師訇鼎從言望省聲，開後世以‘亡’爲聲之先河。”“忽忘也，後世作‘忘’。召卣：‘召弗敢諲（忘）王休。’”（《通解》第 509～510 頁）

本案：金文中無作“諲”字形者，張氏所謂“諲”字，實爲“諲”字，若改其此字條中所有“諲”字爲“諲”字，則其說可從。

③鞁（肆）余弗諲（忘）聖人孫子。（遯鼎辛，《考古與文物》2003 年第 3 期，西晚）

④余弗叚（遐）諲（忘）聖人孫子。（遯鼎乙，《考古與文物》2003 年第 3 期，西晚）

⑤王用弗諲（忘）聖人之後。（師朢鼎，5.2812，西中）

⑥王弗叚諲（忘），高（享）乎孫子多休。（作冊封鬲一，《中國歷史文物》2002 年第 2 期，西晚）

⑦王弗叚諲（忘），高（享）乎孫子多易休。（作冊封鬲二，《中國歷史文物》2002 年第 2 期，西晚）

⑧白（伯）乍（作）乎諲（諲）子寶隣（尊）彝。（伯作諲子簋，6.3674，西周）

（三）諙

同“諲”，後作“忘”。遺忘，忽忘，忘記。作謂語。典籍作“望”。1 見。

天子亦弗諙（忘）公上父懿德。（師訇鼎，5.2830，西中）

（四）醒

同“諲（諲）”，後作“忘”。遺忘，忽忘，忘記。作謂語。典籍作“望”。1 見。

休朕皇君弗醒（忘）乎寶（保）臣。（蟎鼎，5.2765，西中）

■二六四、好

1. 通“孝”。孝敬，孝祀。作謂語。1 見。

用孜（孝）宗朝（廟），高（享）嬰（夙）夕，孜（好）倗（佣）友霅（與）百者（諸）屡（婚）遘（媾）。（乖伯歸夆簋，8.4331，西晚）

2. 討好。形容詞活用爲動詞。作謂語或謂語中心。3 見。

①用喜（享）大宗，用濼（樂）孜（好）宗。（虩鐘，1.89，西中）

②用喜（享）大宗，用濼（樂）好宁（賓）。（盧鐘，1.88，西中）

③……孜（好）宗。（虩鐘，1.91，西中）

學界認爲"好賓"即"嘉賓"，"好"爲形容詞作定語，如陳初生釋上舉例②之"好"爲"美，善，嘉"（《字典》第 1027 頁），張世超引用上舉例②後曰："鐘銘'好賓'即嘉賓。參見'嘉賓'條。"（《通解》第 2868 頁）我們認爲銘文中雖有"嘉賓"一詞，但"好賓"並不同於"嘉賓"。上舉前二例，"濼孜（樂好）"連用，當爲並列、連動關係，皆爲形容詞活用作動詞（"樂"爲形容詞的使動用法，"好"爲形容詞活用作一般動詞）後，作謂語中心。例③雖然銘文殘缺，但應與例②類同，前缺"用濼（樂）"二字。

3. 喜好，愛好。作謂語或謂語中心。1 見。

同好明德。（贊公盨，《考古》2003 年第 5 期，西中）

■二六五、尚

1. 崇尚，尊重。典籍作"常"。作謂語或謂語中心。12 見。

①豐白（伯）車父乍（作）隣（尊）殷（簋）。用薾（祈）賈（眉）嵩（壽），萬年無彊（疆），子孫是尚。（豐伯車父簋，7.4107，西晚）

劉志基註曰："尚：守。"釋譯曰："子孫將其守護珍藏。"（《類檢》148 頁）

②□□爲甫人行盨。用征用行，邁（萬）歲用尚（常）。（爲甫人盨，9.4406，春早）

③子子孫孫永保是尚。（者瀘鐘，1.194、1.195、1.197，春秋）

④子子孫孫永寶是尚。（喪史賈瓶，16.9982，戰國）

《詩經·魯頌·閟宮》："魯邦是常。"鄭箋："常，守也。"學人多據以解此類"尚"字用爲"常"字，守護之義。然作"尚"本字"崇尚，尊重"義解之，似更佳。

2. 效法。作謂語中心。1 見。

節于醴醯，可矑（灑）可尚，呂（以）卿（饗）上帝，呂（以）祀先王。（中山王譽方壺，15.9735，戰早）

馬承源註曰："可灑可尚：可爲法度，可作供奉。……尚：奉。《文選·司馬相如·長門賦》'得尚君之玉音'：李善《注》：'尚，猶奉也。'"（《銘文選》第 575 頁）則"尚"爲"供奉"義。

張世超引此例曰："動詞，效法。"（《通解》第 118 頁）

本案：二說皆可通。似以張說爲佳。

3. 能願動詞。後作"當"。應當。作狀語。1 見。

卡尚（當）卑（俾）處氒邑，田氒田。（智鼎，5.2838，西中）

■二六六、知

知曉，懂得。作謂語。2 見。

余敢敬明（盟）祀，屮（纠）湮塗俗，以咎（知）卹講。（邾公尹觷鼎，5.2766.1、5.2766.2，戰早）

此依張世超之說。張曰："知曉，懂得。觷鼎：'余敢敬明（盟）祀，屮湮塗俗，以咎（知）卹講。'劉廣和曰：'以知卹（洫）講（耤）：使塗地百姓懂得水利和耕作。'《徐國湯鼎銘文試釋》，《考古與文物》一九八五年第一期。"（《通解》第1346 頁）

■二六七、智

後作"知"。知道，了解。作謂語或謂語中心。7 見。

①外入（內）母（毋）敢無顮（聞）曆（知）。（宰獸簋，490，西中）

②母（毋）又（有）不顮（聞）智（知）。（逆鐘，1.62，西晚）

③引唯乃智（知）余非，辜（庸）又（有）顐（聞）。（毛公鼎，5.2841，西晚）

馬承源註釋此句曰："應經常知道我的過失，常以奏聞于我。"（《銘文選》第318 頁）

④余智（知）其忠訫（信）施（也）而縛（專）賃（任）之邦。（中山王觷方壺，15.9735，戰早）

⑤㠯（以）獋（左）右㝵（寡）人，使智（知）社稷之賃（任）。……含（今）舍（余）方壯，智（知）天若否。……詒死皁之又（有）若，智（知）爲人臣之宜（義）施（也）。（中山王觷鼎，5.2840，戰晚）

張世超謂第一個"智"："用爲'知'，主掌。中山王觷鼎：'以獋（左）右㝵（寡）人，速（使）智（知）社襆（稷）之賃（任）。'《左傳》襄公二十六年：'子產其將知政矣！'《國語·越語》：'有能助寡人謀而退吳者，吾與之共知越國之政。'"（《通解》第849～850 頁）然作"主掌"義，"知政"可通，"知任"似有不通也，且與後兩"知"不協調一致矣。

■二六八、某

後作"謀"。謀劃，同……謀劃。作謂語。2 見。

王伐楚厌（侯）。周公某（謀）禽祝。禽又（有）胑祝。王易（賜）金百孚（鋝）。禽用乍（作）寶（寶）彝。（禽簋，7.4041，西早/禽鼎，《金文總集》2.1157，西周）

郭沫若曰："某，謀省。"（《大系考釋》第12 頁）

劉志基註曰："某（謀）：誨。"釋譯曰："周王征伐楚侯，周公教誨擔任祝職的伯禽。"（《類檢》第30、31 頁）

■二六九、龕（堪）

後作"堪"。能願動詞。克，能，能夠。作狀語。5 見。

①剌（烈）且（祖）文考弋（式）竈（貯）受（授）牆爾鼺福，裹（懷）猶（被）
泉（祿）、黃耇、彌生。龕事乓辟。㈫（其）萬年永寶用。（史牆盤，16.10175，西中）

徐中舒曰：“龕从今聲，當讀爲戡，《說文》以戡爲《商書·西伯戡黎》之戡，戡與
堪同，任也。今聲甚聲之字古侵韻，故得相通。‘龕事乓辟’亦見眉壽鐘，言能勝任事君
之事。”（《西周牆銘文箋釋》，《考古學報》1978 年第 2 期）

②龕事朕辟皇王。（眉壽鐘，1.40、1.41，西晚）

于省吾曰：“龕與戡、堪字通。《爾雅·釋詁》：‘戡，克也。’《太玄中》：‘時不克
也。’注：‘克，堪也。’然則‘龕事朕辟皇王’者，謂克事朕辟皇王也。”（《古文雜釋》
第 8～9 頁）

③沕（梁）㈫（其）萬年無彊（疆），龕（堪）臣皇王，賚（眉）齒（壽）永寶。
（梁其鐘，1.188，西晚）

④其萬年無彊（疆），龕（堪）臣皇王，賚（眉）齒（壽）永寶。（梁其鐘，1.190，
西晚）

《逸周書·祭公》：“用克龕（龕）紹成康之業，以將天命。”

■二七○、可

1. 能願動詞。能夠，可能，可以。作狀語。11 見。

①師嫠，才（在）先王小學，女（汝）敏（敏）可事（使）。（師嫠簋，8.4324、
8.4325，西晚）

②師嫠，才（在）昔先王小學，女（汝）敏（敏）可事（使）。（師嫠簋蓋，
8.4324、8.4325，西晚）

③余爲大攻（工）厄（軛）、大吏（史）、大遄、大宰，是辟（以）可事（使）。（黸
鎛，1.271，春中或春晚）

④不可多也。（庚壺，15.9733，春晚）

⑤於（鳴）虖（呼）！先王之惠（德）弗可復夏（得），霖（淒）霖（淒）流霖
（涕），不敢窡（寧）處。（好盜壺，15.9734，戰早）

⑥節于醴醨，可灋可尚。……佳（唯）惪（德）匐（附）民，佳（唯）宜（義）可
緐（長）。（中山王礜方壺，15.9735，戰早）

⑦㝵（寡）鬞（懼）其忽然不可夏（得）。（中山王礜鼎，5.2840，戰晚）

⑧勿可赺（折）冬（中），冊復母（毋）反，母（毋）坴（詐）母（毋）愳（謀）。
（鳥書箴銘帶鉤，16.10147，戰國）

《詩經·小雅·雨無正》：“云不可使，得罪於天子；亦云可使，怨及朋友。”

《詩經·豳風·東山》：“叮睡鹿場，熠燿宵行。不可畏也，伊可懷也。”

2. 一般動詞。通“何（荷）”。承受。作謂語。1 見。

枳氏福及，歲賢鮮于（虞）。可（何）是金契，盧（吾）台（以）爲弄壺。（枳氏
壺，15.9715，春晚）

郭沫若曰："'可'古與何通，此讀爲《商頌·長發》'何天之龍（寵）'之何，今作荷。……銘首四語，意謂杕氏歲時費獻於鮮虞，得此金屬之瓶，故以爲弄器焉。"（《大系考釋》第 228 頁）

■二七一、義

能願動詞。宜，適宜，應該。典籍作"宜"。作狀語。4 見。

①懋父令曰："義（宜）秛（播）虐（虣）圣不從圣右征。今毋（毋）秛（播），期（其）又內于師旂。"（師旂鼎，5.2809，西中）

此句郭沫若、唐蘭句讀不同，然皆讀"義"爲"宜"，唐蘭曰："《周易·繫辭》'理財正辭，禁民爲非曰義。'辭是頌詞，在頌詞裏所說的義秛……等於說按理是應該播揚他們的罪的。"（《論周昭王時代的青銅器銘刻》，《古文字研究》第二輯）

②我義（宜）便（鞭）女（汝）千，戲戲女（汝），今我敄（赦）女（汝）。義（宜）便（鞭）女（汝）千，黜戲女（汝），今大敄（赦）女（汝）。（儼匜，16.10285，西晚）

唐蘭謂此"義"與師旂鼎字同例，並曰："用義來表達應該如何處理的意思，可見是當時法律上的常用語。"（《陝西省岐山縣董家村新出西周重要銅器銘辭的譯文和註釋》，《文物》1976 年第 5 期）

③乍（作）冊嗌乍（作）父辛隌（尊），圣名（銘）義（宜）曰：子子孫寶。（作冊益卣，10.5427，西中）

《詩經·大雅·蕩》："天不湎爾以酒，不義從式。"毛亨傳："義，宜也。"

《尚書·康誥》："用其義刑義殺。"孔安國傳："義，宜也。用舊法典刑宜於時世者以刑殺。"曾運乾正讀："義，宜也。刑罪相報，謂之義刑義殺。"

■二七二、谷

1. 能願動詞。後作"欲"。希望，願。作狀語。1 見。

谷（欲）女（汝）弗旲（以）乃辟圅（陷）于艱（艱）。（師訇簋，8.4342，西晚）

2. 通"裕"。充裕，充滿。作謂語。1 見。

叀（惟）王龔（恭）德谷（裕）天。（何尊，11.6014，西早）

劉志基註曰："叀（惟）王龔（恭）德谷（裕）天：王之恭德裕容於天。叀，讀爲惟，語辭；裕，容也。"（《類檢》第 617 頁）

■二七三、俗

1. 通"欲"。能願動詞。希望，願。作狀語。1 見。

女（汝）母（毋）弗帥用先王乍（作）明（明）井（型），俗（欲）女（汝）弗旲（以）乃辟圅（陷）于艱（艱）。（毛公鼎，5.2841，西晚）

劉志基釋譯曰："你必須遵循先王所制訂的好的法則，希望你不要使得你的君主陷於艱難的境遇。"（《類檢》第 468 頁）

2. 通"裕"。誘導，引導。作謂語中心。1 見。

俗（欲）我弗乍（作）先王憂。（毛公鼎，5.2841，西晚）

馬承源、劉志基皆讀"俗"爲"欲"。

馬承源註曰："俗（欲）我弗乍（作）先王憂：俗，假爲欲，表達願望之詞，義爲我願不使先王生憂。"（《銘文選》第 318 頁）

劉志基註曰："俗（欲）我弗乍先王憂：希望我不會讓先王憂愁。"（《類檢》第 467 頁）釋譯曰："希望我不要使得先王憂愁。"（《類檢》第 468 頁）

然楊樹達曰："俗字孫詒讓讀爲欲，按孫讀非也。愚謂俗當讀爲裕。《方言》卷三云：'裕、猷，道也。東齊曰裕，或曰猷。'按道與導同，謂誘導，裕我即誘導我也。《書·康誥》云：'乃由裕民（由裕與猷裕同），惟文王之禁忌，乃裕民。'銘文言裕我，猶《書》云由裕民與裕民矣。"（《金文說》第 31 頁）

張世超據楊說，曰："假爲'裕'。毛公厝鼎：'俗我弗作先王憂。'"（《通解》第 2010 頁）又於其"乍"字條下曰："毛公厝鼎：'俗（裕）我弗乍（作）先王嬰（羞）。'鼎銘言'誘導我不作先王以爲羞恥之事。'"（《通解》第 2999～3000 頁）

本案：讀"欲"或"裕"皆可通。從釋義來看，似以楊、張之說爲更佳。

■二七四、遣

1. 派遣，委派。作謂語或謂語中心。13 見。

①朿巤（子）迺遣閒來逆邵（昭）王。南尸（夷）東尸（夷）具見，廿又六邦。（默鐘，1.260，西晚）

馬承源註曰："朿巤（子）迺遣閒來逆邵（昭）王：朿子迺去除防禦來迎見王。遣閒：閒通作閑，義爲防衛，防禁。《春秋·襄公二十一年》'晉欒盈出奔楚'，杜預《注》：'盈不能防閑其母，以取奔亡。'孔穎達《疏》：'虎賁氏舍則守王閑，又校人謂馬廄爲閑，則閑是欄衛禁防之名也。'遣閑蓋放棄防衛，意即投降。或云遣聲假爲棄，也可通，遣棄雙聲字，同屬溪紐。"（《銘文選》第 280 頁）則"遣"爲"去除，放棄"義。

劉志基註曰："遣閒：派遣說客、使者。閒，使者。"（《類檢》第 499 頁）則"遣"爲"派遣"義。

本案：二說皆可通。然當以劉說爲佳，蓋其釋解更爲貼近這些詞的常用意義，也更合事件常理。

②韓武公迺遣禹衛（率）公戎車百乘，斯（廝）馭百（二百），徒千。（禹鼎，5.2833，西晚）

③命武公遣乃元士羑（羞）追于京自（師）。（多友鼎，5.2835，西晚）

2. 調遣，率領。作謂語中心。1 見。

唯王令明（明）公趙（遣）三族伐東或（國），才（在）鼻，魯灰（侯）又（有）

囧工（功）。用乍（作）鑘（旅）彝。（明公簋，7.4029，西早）

此爲張世超之說。張引此例曰："調遣，率領。明公尊：'唯王令（命）朙公遣三族伐，伐東或（國），才（在）鑘。'"（《通解》第317頁）

3. 出發，使行。作謂語。3見。

①白（伯）懋父吕（以）殷八自（師）征東尸（夷）。唯十又一月，遣自鼗自，述東陕，伐海眉。（小臣謎簋，8.4239，西早）

唐蘭謂此"遣"爲"出發"之義，"這裏說殷八自是從鼗自出發的。……述東陕是經由東邊的一些山道去伐海眉"。（《論周昭王時代的青銅器銘刻》，《古文字研究》第二輯）

②白（伯）懋父吕（以）殷八自（師）征東尸（夷）。唯十又一月，甶（遣）自鼗自，述東陕，伐海眉。（小臣謎簋，8.4239，西早）

③隹（唯）公大史見服于宗周年，才（在）二月既聖乙亥，公大史咸見服于辟王，辨于多正。雩三（四）月既生霸庚午，王遣公大史。公大史在豐，商（賞）乍（作）冊魋馬。（作冊魋卣，10.5432，西早）

此取張世超之說。張引此例及例①曰："發，使行。作冊魋卣：'王徻（遣）公公大大（太）史。（公太史）在豐。'唐蘭曰：'是說王遣他回豐邑。'"（《通解》第317頁）則"公太史在豐"句，連屬上句。然我們認爲當連屬下句"商乍冊魋馬"。

《左傳·僖公二十三年》："公子不可，姜與子犯謀，醉而遣之。"杜預註："遣，發也。"

4. 發，發佈。作謂語中心。1見。

王令吳白（伯）曰："吕（以）乃自（師）右比毛父。"王令呂白（伯）曰："吕（以）乃自（師）右比毛父。"遣令曰："吕（以）乃族從父征。"（班簋，8.4341，西中）

劉志基註曰："遣：發。"釋譯"遣令"爲"接着又發佈命令"。（《類檢》第254~255頁）

5. （言語）指派，訓示。作謂語中心。1見。

魯覃京自（師），辥（乂）我萬民，嘉遣我，易（賜）鹵賣（積）千兩，勿瀍（廢）文庆（侯）覲令。（晉姜鼎，5.2826，春早）

張世超引此例及下舉例①曰："上對下之言語指派，訓示。此義自上一義（本案：指"派遣，委派"義）引申而來，原無褒貶之意向，漸趨於貶意，義爲責過尤，後世作'譴'。大保簋：'大保克芍（敬）亡曹。'……晉姜鼎：'嘉遣我，易鹵賣千兩。''遣'前綴'嘉'，標其爲褒意，'嘉遣'謂褒獎，誇讚。此猶'祥'原指吉凶之先兆，後別之曰'祅祥'，曰'祥瑞'，然終引申爲吉祥也。"（《通解》第318頁）

6. 贈送。作謂語。1見。

隹（唯）十月又一月丁亥，我乍（作）祔（御）祭（祭）且（祖）乙、匕（妣）乙、且（祖）己、匕（妣）癸，征（延）祐縶（散）二女。咸，舁遣福二、茶貝五朋。用乍（作）父己寶障（尊）彝。（我方鼎，5.2763，西早）

劉志基註曰："舁遣福二：舁贈送胙肉二。舁，人名。福，胙肉。"(《類檢》第390頁) 則"遣"爲"贈送"義。

"遣"之"贈送"義，當由其"委派""發出"義引申而來。

7. 令，使。作謂語中心。1 見。

乍 (作) 冊麥易 (賜) 金于辟矢 (侯)，麥腊 (揚)。用乍 (作) 讀 (寶) 隬 (尊) 彝。用嘂 (誨) 矢 (侯) 逆受，遅明 (明) 令。唯天子休于麥辟矢 (侯) 之年。曹 (遣) 孫孫子子甘 (其) 永亡冬 (終) 冬 (終)。(麥方尊，11.6015，西早)

麥方尊銘中僅有此一"曹 (遣)"字，此段及全銘又皆言麥與辟矢、王如何，故此"曹 (遣)"當非人名，以詞義推之，當爲"令，使"義，即麥作此隬彝，欲使其子孫後代亡終也。此義當由其"遣使"義引申而來。

■二七五、敢

1. 助動詞。無畏，敢於。多用於否定詞 (副詞或代詞)"不""弗""無""亡""母 (毋)""勿""非""莫"之後，表示不敢、畏懼之義；但其前亦可無否定詞，表示假設情況下的敢於做某事。作狀語。

①在雩 (于) 卸 (御) 事，嚧 (戲)！酉 (酒) 無敢釀 (酖)。(大盂鼎，5.2837，西早)

②徣 (追) 考 (孝) 對 (對)，不敢豸 (墜)。(榮作周公簋，8.4241，西早)

③孫孫子子母 (毋) 敢塱 (忘) 白 (伯) 休。(縣妃簋，8.4269，西中)

④班非敢覓，隹 (唯) 乍 (作) 卲 (昭) 考爽 (儼)，益 (謚) 曰大政。(班簋，8.4341，西中)

⑤辭禹亦弗敢惷 (專)，賜 (惕) 共 (恭) 騰 (朕) 辟之命。(禹鼎，5.2833，西晚)

⑥女 (汝) 母 (毋) 敢妄 (荒) 寧，虔夙 (夙) 夕，惠我天 (一人)。(毛公鼎，5.2841，西晚)

⑦父厝舍命，母 (毋) 又敢惷 (專)。(毛公鼎，5.2841，西晚)

⑧余弖 (與) 邑嘰 (訊) 有嗣 (司)，余典勿敢對 (封)。(六年召伯虎簋，8.4293，西晚)

⑨淮尸 (夷) 舊我員 (帛) 晦 (賄) 人，母 (毋) 敢不出其員 (帛)、其賮 (積)、其進人。(兮甲盤，16.10174，西晚)

⑩余非敢盜忘，有虔不易，輯 (佐) 右 (佑) 楚王。(蔡侯紐鐘，1.210、1.211，春晚)

⑪余弗敢瀘 (廢) 乃命。(叔夷鐘，1.275、1.285，春晚)

⑫云 (以) 用弖 (以) 隻 (護)，莫敢敔 (御) 余。(姑發瞖反劍，18.11718，春晚)

⑬於 (嗚) 虖 (呼)！先王之悳 (德) 弗可復夏 (得)，霝 (湵) 霝 (湵) 流霖

（涕），不敢盜（寧）處。(奸盉壺, 15.9734, 戰早)

⑭凡興士被甲，用兵五十人昌（以）上，必會王符，乃敢行之。 （新郪虎符, 18.12108, 戰晚）

⑮凡興士被甲，用兵五十人昌（以）上，必會君符，乃敢行之。燔燧之事，雖母（毋）會符，行殴（也）。(杜虎符, 18.12109, 戰晚)

⑯敢弗具仅（付）鬲（鬴）匕（比），甘（其）且（沮）射（厭），分田邑，鄗（則）𢽟。(鬴攸从鼎, 5.2818, 西晚)

⑰敢不用令，鄗（則）即井（刑）僕（撲）伐。(今甲盤, 16.10174, 西晚)

《詩經·商頌·殷武》："昔有成湯，自彼氐羌，莫敢不來享，莫敢不來王。"鄭玄箋："享，獻也。"《禮記·曲禮下》："五官致貢曰享。"鄭玄註："享，獻也。致其歲終之功於王，謂之獻也。"

2. 助動詞。竟敢，竟然敢於。其前無否定詞，表示真實情況下敢於做某事。用於反叛犯上者。作狀語。

①南或（國）艮孳（子）敢臽（陷）虐我土。(默鐘, 1.260, 西晚)

②淮尸（夷）舊（舊）我員（帛）晦（賄）臣，今敢靲（薄）厥眾（衆）叚，反厥工吏，弗速（蹟）我東國（國）。(師衰簋, 8.4313.2、8.4314, 西晚)

③女（汝）敢昌（以）乃師訟。(儔匜, 16.10285, 西晚)

■二七六、卑

1. 通"俾"。使，令。能願動詞。典籍作"俾"。作狀語。31見。

①卑（俾）克厥啻（敵），隻（獲）馘（職）百。(彧簋, 8.4322, 西中)

②卑（俾）復虐逐厥君、厥師。(塱盨, 9.4469, 西晚)

③廷卑（俾）西宮襄武父斳（誓）。(散氏盤, 16.10176, 西晚)

④庆（侯）氏受福黃（眉）鲁（壽），卑（俾）旨卑（俾）瀞（瀞）。 （國差䇑, 16.10361, 春秋）

⑤卑（俾）若鍾（鐘）鼓，外內剴（閭）辟。(叔夷鐘, 1.277, 春晚)

⑥卑（俾）若鍾（鐘）鼓，外內其皇眎（祖）皇妣。(叔夷鐘, 1.284, 春晚)

⑦卑（俾）百斯男而婺（艱）斯字。簹（肅）簹（肅）義（儀）政。 （叔夷鐘, 1.278, 春晚）

⑧卑（俾）若鍾（鐘）鼓。外內剴（閭）辟。……卑（俾）百斯男而婺（艱）斯字。簹（肅）簹（肅）義（儀）政。(叔夷鐘, 1.285, 春晚)

《詩經·魯頌·閟宮》："俾爾熾而昌。"鄭玄箋："俾，使。"

2. 從，順從。作謂語中心。1見。

天降休命于朕邦，又（有）厥忠臣賨（貯），克惢（順）克卑，亡不達仁，敬惢（順）天惪（德），昌（以）猹（左）右㝷（寡）人。(中山王䁈鼎, 5.2840, 戰晚)

張政烺曰："《毛詩·大雅·皇矣》：'王此大邦，克順克比。'傳：'慈和徧服曰順，擇善而從曰比。'《禮記·樂記》、《史記·樂書》引作'克順克俾'，蓋齊魯《詩》作俾。《爾雅·釋詁》：'俾，從也。'（《中山王䜁壺及鼎銘考釋》，《古文字研究》第一輯）

　　此"從"義當由"卑"之"謙卑"義引申而來，或者此例中"卑"，可徑直解作"謙卑（保持謙卑）"義。

■二七七、史

1. 同"事"。事奉，服侍。作謂語。2見。

用隣（尊）史（事）于皇宗。（作冊矢令簋，8.4300、8.4301，西早）

2. 通"使"。使令動詞。使，讓，令。典籍作"使"。作謂語中心。5見。

①公史（使）退事又（右）息。（退父乙簋，7.3862，西早）

②王姜史（使）㭉（叔）事于大俘（保）。（叔簋，8.4132、8.4133，西早）

③師𤺔（雝）父肩史（使）遇事于猷厌（侯）。（遇甗，3.948，西中）

④𩂣武王既㲋殷，散（微）史（使）剌（烈）且（祖）廼來見武王。（史牆盤，16.10175，西中）

此句馬承源註釋爲："武王既已伐滅殷紂，微氏高祖使其子烈祖來朝覲武王。"（《銘文選》第156頁）

3. 通"使"。出使。典籍作"使"。作謂語中心。1見。

余令女（汝）史（使）小大邦。（中甗，3.949，西早）

■二七八、事

1. 事奉，服侍。作謂語。

①旋（奔）徙（走）事皇辟君。（召園器，16.10360，西早）

②用事匄㠯（祖）日丁，用事匄考日戊。（生史簋，7.4101，西中）

③白（伯）中父旤（鳳）夜事㢸考。（伯中父簋，7.4023，西中）

④黃耇、彌生，龕事匄辟。（史牆盤，16.10175，西中）

⑤敬事天王，至于父㲉（兄）。（敬事天王鐘，1.77、1.78、1.81，春晚）

⑥余頡㟈（頏）事君。（邵鸑鐘，1.225、1.226、1.227、1.228、1.230、1.231、1.232、1.233、1.234、1.235、1.236、1.237，春晚）

⑦台（以）事康公，勿或能飼（怠）。（哀成叔鼎，5.2782，春晚）

⑧事孛（少）女（如）䜁（長），事愚女（如）智，此易言而難行施（也）。（中山王䜁鼎，5.2840，戰晚）

《易經·蠱卦》："不事王侯，高尚其事。"《詩經·大雅·烝民》："夙夜匪解，以事一人。"《尚書·酒誥》："小子惟一妹土，嗣爾股肱，純其藝黍稷，奔走事厥考厥長。"《逸周書·芮良夫》："今爾執政小子，惟以貪諛事王，不勤德以備難。"

2. 任事，任職。作謂語或謂語中心。

①王姜史（使）䋹（叔）事于大俌（保）。（叔簋，8.4132、8.4133，西早）

②隹（唯）正月初吉，君才（在）鬺，既（即）宮，命遹（趞）事于述土。（趞盉，16.10321，西中）

張世超引此例曰："出使，典籍作'使'。"隸讀爲"事（使）"。（《通解》第667頁）

劉志基註曰："命趞事于述（遂）土：遂命令趞職司於遠郊。"（《類檢》第676頁）

本案：當以劉說爲佳。

③令女（汝）广（佐）足（疋）彙厌（侯），監嬜師戌。易（賜）女（汝）乃且（祖）旂，用事。（善鼎，5.2820，西中）

④敬夙（夙）夜用事，勿灋（廢）朕令。（大克鼎，5.2836，西晚）

⑤易（賜）女（汝）哉（織）衣、赤〇（雍）市、縊（鑾）旂，楚徒（走）馬，取債五乎（鋝），用事。（載簋，8.4255，西晚）

張世超引上舉例①、例④曰："任也，服事，此義典籍多作'仕'。克鼎：'敬夙夜用事，勿灋（廢）朕令。'叔卣：'王姜史（使）叔事于大俌（保）。'"（《通解》第666頁）

3. 同"使"。使令動詞。使，讓，令。典籍作"使"。作謂語中心。

①弔（叔）氏事（使）貧（布）安冀白（伯），賓貧（布）馬彎乘。（公貿鼎，5.2719，西中）

②唯三月丁卯。師旂眾（衆）僕（僕）不從王征于方。䨻（雷）事（使）厥友弘㠯（以）告于白（伯）懋父。（師旂鼎，5.2809，西中）

③唯厥事（使）乃子戜萬年辟事天子，母（毋）又盹于厥身。（戜方鼎，5.2824，西中）

④井白（伯）、白（伯）邑父、定白（伯）、琼白（伯）、白（伯）俗父廼顥事（使）屬誓（誓）。（五祀衛鼎，5.2832，西中）

⑤事（使）厥吝（友）妻壆（農），廼甾（稟）厥孥、厥小子。（農卣，10.5424，西中）

⑥女（汝）母（毋）弗譱（善）效姜氏人，勿事（使）敢又（有）厌（疾），止從（縱）獄。（蔡簋，8.4340，西晚）

⑦勿事（使）顓（暴）虐從獄，爰（援）奪戲行衒（道）。（墮盨，9.4469，西晚）

⑧白（伯）腸（揚）父廼或事（使）牧牛誓（誓）曰。……牧牛則（則）誓（誓）。（儦匜，16.10285，西晚）

4. 同"使"。出使，派遣。典籍作"使"。作謂語。

①余肈（肇）事（使）女（汝），休不遞（遞）。（多友鼎，5.2835，西晚）

②才（在）先王小學，女（汝）敏（敏）可事（使）。（師憼簋，8.4324、8.4325，西晚）

③余爲大攻（工）厄（軛）、大吏（史）、大逅、大宰，是辝（以）可事（使）。（鎛鎛，1.271，春中或春晚）

5. 通"使"。出使的，派遣的。典籍作"使"。作定語。

①白（伯）夨（矩）乍（作）寶彝，用言（歆）王出內（入）事（使）人。（伯矩鼎，4.2456，西早）

②女（汝）期（其）用卿（饗）乃辟軝厌（侯）逆渰（受），出內（入）事（使）人。（叔趯父卣，10.5428，西早）

③用卿（饗）出內（入）事（使）人。（小子生尊，11.6001，西早）

④乃用卿（饗）王出入事（使）人眔多佣（倗）友。（衛鼎，5.2733，西中）

李學勤曰："……生尊（《殷周金文集成》6001）：用乡（饗）出入吏（使）人。是說用該器款待受派出入的使者。派遣使人的是周王，而'出入'是出入王朝，所以宅簋云：用乡（饗）王出入。'王出入'是王所派出入朝廷的使人，並不是王親自出入。衛鼎（《集成》2733）的文句增長一些：乃用乡（饗）王出入吏（使）人眔（暨）多朋友。'多朋友'指器主的同僚而言。"（《釋"出入"和"逆造"——金文釋例之一》，《傳統文化研究》第十六輯）則"事（使）人"爲被派遣出使的人。

■二七九、女

1. 後作"如"。往，到……去。典籍作"如"。作謂語。4 見。

①王女（如）上厌（侯），師龠（俞）從。　（師俞鼎，5.2723，西早/師俞尊，11.5995，西早）

②奊從王女（如）南。（奊尊，11.5979，西早）

③隹（唯）王初女（如）𤾴，迺自商自復還，至于周。（穆公簋蓋，8.4191，西中）

《左傳·隱公五年》："公將如棠觀漁者。"

2. 通"魯"。讚美，頌揚。作謂語中心。1 見。

免𡆠（蔑）。靜（敬）女（魯）王休。用乍（作）肞（盤）盉（盂）。　（免盤，16.10161，西中）

郭沫若曰："'靜女'當讀爲敬魯，魯即周公殷'魯天子𠚖乗𪏆福'之魯，乃是動詞。"（《大系考釋》第91頁）

"魯"有"美好"義，如果魯爲動詞，當爲"讚美頌揚"義。《史記·魯世家》有"嘉天子之命"句，意思是讚美頌揚天子的命令。"魯"用同"嘉"。

■二八〇、組

通"徂"。往，到……去。典籍作"徂"。作謂語中心。3 見。

師袁虔不瑑（墜），……毆孚（俘）士女羊牛，孚（俘）吉金。今余弗叚（遐）組（徂）。（師袁簋，8.4313.1、8.4313.2、8.4314，西晚）

馬承源註曰："弗叚，即經籍中的'不遐'，《詩·大雅·抑》之'不遐有愆'，即'不有愆'之意。組，亦即徂、迆，《說文·辵部》：'迆，往也。'"釋"今余弗叚（遐）

組（祖）”爲“今余不再往征，說明征戰結束。”（《銘文選》第 308 頁）

或謂馬轡。則當爲名詞。郭沫若曰：“‘弗叚組’當讀爲拂遲組，猶言解征轡也。”（《大系考釋》第 147 頁）

《詩經·邶風·簡公》：“執轡如組。”《詩經·鄘風·干旄》：“素絲組之，良馬五之。”高亨今註：“絲，讀爲縧（zhù），帶也，指馬繮繩。”

■二八一、各/挌/逪/雺

（一）各

1. 後作“格”。至，來到。典籍作“格”。作謂語或謂語中心。

①庚申，王才（在）鬝（闌），王各（格），宰虣（梠）从。（宰梠角，14.9105，殷）

②庚寅，王各（格）于大室。（王臣簋，8.4268，西中）

③王各（格）于大廟（廟）。（免簋，8.4240，西中）

④王才（在）周，各（格）大室，即立（位）。（走簋，8.4244，西晚）

⑤旦，王各（格）大室，即立（位）。（此鼎，5.2823，西晚）

⑥王才（在）周，各（格）康廟（廟），即立（位）。（元年師兌簋，8.4274，西晚）

⑦二月既聖癸卯，王入各（格）成周。（晉侯蘇編鐘一，35，西晚）

⑧墬（陳）猶立事歲，飤月戊寅，各（格）丝（茲）安陵亭。（陳純釜，16.10371，戰國）

⑨隹（唯）王來各（格）于成周年。（厚趠方鼎，5.2730，西早）

⑩隹（唯）五年三月既死霸庚寅，王初各（格）伐厰鈌（玁）鈌（狁）眔盧，兮甲從王。（兮甲盤，16.10174，西晚）

此例之“各”，陳初生、張世超皆讀爲“略”。

陳曰：“通‘略’。兮甲盤：‘王初各（略）伐厰鈌（玁狁）于眔盧。’《左傳·宣公十五年》：‘晉侯治兵於稷，以略狄土。’杜注：‘略，取也。’略字尚無貶義。”（《字典》第 124 頁）

張曰：“用爲‘略’。兮甲盤：‘王初各（略）伐厰鈌（玁狁）于眔盧。’銘中‘各（略）’用攻取義。”（《通解》第 200 頁）

然“各伐”一語，當爲遞進式連謂結構。先至玁狁處，再伐玁狁。在本用能解通的情況下，不必曲折釋爲“略”。

2. 後作“格”。使……來，使……至，招徠。用於人或祖先神靈。作謂語中心。

①余甘（其）用各（格）我宗子雺（與）百生（姓）。（善鼎，5.2820，西中）

楊樹達曰：“謂用此鼎招來宗子與百生而享宴之也。”（《金文說》第 215 頁）

②用卲各（格）不（丕）顯且（祖）考先王。（默鐘，1.260，西晚）

用於祖先神靈時，指使受祭之祖先神靈前來歆享奉獻。

③用追孝卲各（格）喜侃旂（前）文人。（達鐘，《文博》1987 年第 2 期第 18 頁拓

片三、19 頁拓片五、20 頁拓片八，西晚）

④虔乍（作）寶障（尊）鼎。甘（其）萬年用卿（饗）各。（虔鬲，3.631，西早）

⑤寧肁（肇）諆（其）乍（作）乙考障（尊）殷（簋），甘（其）用各（格）百神。（寧簋蓋，7.4021、7.4022，西早）

此例之“各”，陳初生解爲“感通”義，曰：“感通。寧簋：‘其用各百神。’《尚書·君奭》：‘成湯既受命，時則有若伊尹，格于皇天。’屈萬里注：‘格于皇天，意謂其德能感動天帝。’”（《字典》第 124 頁）

張世超解爲“感通，感動”義，並爲之另分義項，曰：“感通，感動。此爲使來至一義之衍生義。徐灝《說文解字注箋》：‘格，訓爲至，而感格之義生焉。’寧簋：‘其用格百神。’《尚書·君奭》：‘我聞在昔，成湯既受命，時則有若伊尹，格于皇天……在太戊時，則有若伊陟，臣扈，格于上帝。’”（《通解》第 200 頁）

然此例用法，當與上述用於祖先神靈對象之“使……來，使……至”類用法無別。若作此解，則上述用於祖先神靈對象之“各”亦可作此解。金文中之“用各”，與典籍中之“格於”，在語法形式上也是有很大區別的，不能等同類推。因此我們認爲，金文中用於祖先神靈對象之“各”，當屬一義，不宜另分義項。

（二）佫

1. 同“各”，後作“格”。至，來到。典籍作“格”。作謂語。3 見。

①□□佫（格）疒（于）宮。（執尊，11.5971，殷）

②乙亥，尹佫（格）疒（于）宮。（執卣，10.5391，西早）

③隹（唯）元年六月既望甲戌，王才（在）杜立（居），佫（格）于大室。（師虎簋，8.4316，西中）

《方言》卷一：“佫，至也。邠、唐、冀、兗之間曰假，或曰格。”郭璞註：“古格字。”《詩經·大雅·抑》：“神之格思。”毛亨傳：“格，至也。”清陳奐傳疏：“格即佫之假借字。”

2. 同“各”，後作“格”。使……來，使……至，招徠。用於人或祖先神靈。作謂語中心。1 見。

乍（作）絲（茲）殷（簋），用獻卿（饗）己公，用佫（格）多公。（沈子它簋蓋，8.4330，西早）

此“卿（饗）”“佫（格）”對文。

（三）逪

同“各”，後作“格”。至，來到。典籍作“格”。作謂語。1 見。

隹（唯）王十月既望，辰才（在）己丑，王逪（格）于庚嬴宮。（庚嬴卣，10.5426，西早）

（四）霁

同"各"，後作"格"。至，來到。典籍作"格"。作謂語中心。1 見。

弓（以）卲霁（格）孝高（享）。（秦公鎛，1.270，春秋）

■二八二、客/宕

（一）客

通"各"，後作"格"。至，來到。典籍作"格"。作謂語。6 見。

①王客（格）于康宫。（衛簋，8.4209、8.4210、8.4211、8.4212，西中）

②佳（唯）王三祀三（四）月既生霸辛酉，王才（在）周，客（格）新宫。（師遽簋蓋，8.4214，西中）

③唯王九月丁亥。王客（格）于般宫。（利鼎，5.2804，西中）

（二）宕

同"客"，"客"同"各"，"各"後作"格"。至，來到。典籍作"格"。作謂語。1 見。

佳（唯）廿又二年三（四）月既望己酉，王宕（格）豐宫衣（殷）事。（庚嬴鼎，5.2748，西早）

■二八三、洛

通"各"，至，來到。典籍作"格"。作謂語或謂語中心。2 見。

①佳（唯）公鰍于宗周，隙從，公舟既，洛（格）于官（館）。（隙作父乙尊，11.5986，西早）

楊樹達曰："按洛于官洛字假爲經傳通用之格，至也。"（《金文説》第163 頁）

②用卲洛（格）朕文且（祖）考。（大師虐豆，9.4692，西晚）

■二八四、來

1. 來到，由彼至此，與"往""去"反義相對。作謂語或謂語中心。22 見。

①佳（唯）王來正（征）人方。（小臣俞犀尊，11.5990，殷）

②交從罵迹（來）即王。（交鼎，4.2459，西早）

③佳（唯）公大（太）俘（保）來伐反尸（夷）年。（旅鼎，5.2728，西早）

④佳（唯）王來各（格）于成周年。（厚趠方鼎，5.2730，西早）

⑤唯公大（太）保來伐反（叛）尸（夷）年。（旅鼎，5.2728，西早）

⑥白（伯）雝（雍）父來自戜，蔑彔曆，易（賜）赤金。（彔作辛公簋，8.4122，西中）

⑦唯巢來伐（逑），王令東宮追昌（以）六白（師）之年。（陝貯簋，7.4047，西中）

郭沫若曰："伐即笲迫之笲。鷖羌鐘：'逑征秦遨齊'即此伐字義。"（《大系考釋》第101頁）

馬承源於鷖羌鐘篇註曰："逨征秦遨（逑）齊：征伐秦國，逑迫齊國。這是指晉國對秦、齊所采取的軍事行動。遨，逑的繁體。《後漢書·陳忠傳》'共相壓迮'，李賢《注》：'迮，迫也。'"（《銘文選》第590頁）

⑧雩武王既敗殷，散（微）史（使）剌（烈）且（祖）廼來見武王。（史牆盤，16.10175，西中）

⑨及緐（子）廼遣閒來逆卲（昭）王。南尸（夷）東尸（夷）具見，廿又六邦。（默鐘，1.260，西晚）

⑩旆（齊）厌（侯）命大子乘遽來句宗白（伯），鼎（聽）命于天子。（洹子孟姜壺，15.9729、15.9730，春秋）

郭沫若曰："周制凡有事急行則乘傳遽。此齊侯命田氏子乘遽至周，請命于天子也。"（《大系考釋》第213頁）

⑪郾（燕）厌（侯）奄（載）自洹來。（燕侯載作戎戈，17.11383，戰晚）

⑫十八年，齊率卿大夫眾（衆）來聘。（商鞅量，16.10372，戰國）

2. 歸來，返回。作謂語中心。2見。

余來辥（歸）獻（獻）禽（擒）。（不其簋，8.4328，西晚／不其簋蓋，8.4329，西晚）

"來歸"當爲同義連用。

3. 即將到來的，未來的。作定語。1見。

東宮廼曰："賞（償）智禾十秭，遺十秭，爲廿秭。〔乃〕來歲弗賞（償），鼎（則）付冊秭。"（智鼎，5.2838，西中）

《禮記·月令》："天子乃與公卿大夫共飭國典，論時令，以待來歲之宜。"

■二八五、于/迂

（一）于

1. 同"迂"。往。作謂語中心。

①隹（唯）王于伐楚白（伯）。（作冊矢令簋，8.4300、8.4301，西早）

②獻（檐）白（伯）于遘王，休亡尤。（獻簋，8.4205，西早）

楊樹達曰："于當訓往。遘讀爲覯，見也。"（《金文說》第124頁）

《殷虛書契前編》四·二一·七："貞卿事於尞北宗，不遘大雨？"楊樹達曰："于當訓往，于尞北宗，謂往尞祭于北宗也。"（《積微居甲文說·釋於》第12頁）

《詩經·周南·桃夭》："之子于歸，宜其室家。"毛亨傳："于，往也。"《尚書·大誥》："予惟以爾庶邦于伐殷，逋播臣。"

不過，也有學者認爲此類"于"字爲詞頭，爲語氣詞。

2. 通"與"。参與，参加。此用法不用"𨑒"。作謂語中心。1見。

牧牛𠟭（則）誓（誓）。乃吕（以）告吏𢦚、吏曶于（與）會。牧牛辭誓（誓）成，罰金。（𠑇匜，16.10285，西晚）

馬承源註曰："于會：與會。預會誓約之事。誓約参預者有理獄官、訟事的雙方以及司盟機構官員。"（《銘文選》第186頁）

（二）𨑒

同"于"。往。作謂語中心。2見。

①王令宜子迨（會）西方，𨑒（于）省隹（唯）反（返），王商（賞）戍甬貝二朋。（戍甬鼎，5.2694，殷）

②隹（唯）周公𨑒（于）征伐東尸（夷），豐白（伯）尃（薄）古（姑）咸𢦏。（塱方鼎，5.2739，西早）

■二八六、至

1. 到，到達。用於具體的空間，指空間之位移。作謂語或謂語中心。

①王命益公征眉敖。益公至，告。月（二月），眉敖至見。獻（獻）貴（帛）。（乖伯歸夆簋，8.4331，西晚）

②王至于𩫖𩫨（城）。王窺（親）遠省𠂤（師）。王至晉厌（侯）穌（蘇）𠂤（師）。（晉侯蘇編鐘三，《上海博物館集刊》第七輯第5頁，西晚）

③王出獸南山，寁動山谷，至于上厌（侯）𣲎川上。（啓卣，10.5410，西早）

④雩禹吕（以）武公徒馭（馭）至于噩（鄂），𦎫（敦）伐噩（鄂）。（禹鼎，5.2833，西晚）

⑤隹（唯）十月月吉癸未，明（明）公朝（朝）至𨑒（于）成周。（矢令方彝，16.9901，西早）

⑥自瀗涉，吕（以）南，至于大沽，一弄（封）。吕（以）陟，二弄（封）。至于邊桺（柳），復涉瀗，陟雩（越）𣿥（獻）、𩰫、𨺅吕（以）西。（散氏盤，16.10176，西晚）

馬承源註曰："自瀗涉，吕（以）南，至于大沽，一弄（封）：自瀗水過渡，往南，到達大沽，在此樹立一道封土以爲界。"（《銘文選》第298頁）

⑦王親令克遹𣥊（涇）東至于京𠂤（師）。（克鐘，1.204、1.206，西晚）

⑧王親令克遹涇東至于京。（克鐘，1.208，西晚）

⑨王親令克遹涇東至于京𠂤（師）。（克鎛，1.209，西晚）

《論語·微子》："使子路反見之。至則行矣。"

2. 及，到。用於抽象的範圍，指時間、人物等事物的上下終迄範圍。作謂語或謂語中心。

①台（以）樂其身，台（以）宴大夫，台（以）喜者（諸）士，至于萬年，分器是寺。（邾公牼鐘，1.151，春晚）

②昔者吳人幷雩（越），雩（越）人敃（修）敎（教）備偯（信），五年返（覆）吳，克幷之至于含（今）。（中山王䑞鼎，5.2840，戰晚）

③敬事天王，至于父蜺（兄）。（敬事天王鐘，1.77、1.78、1.81，春晚）

④易（賜）女（汝）邦嗣（司）㭴（四）白（伯），人鬲自馭（馭）至于庶人六百又五十又九夫。（大盂鼎，5.2837，西早）

3. 後作“致”。傳達。作謂語。1見。

醫（召）白（伯）虎曰：“余旣嚙（訊）㝔我考我母令，余弗敢闔（亂），余或（又）至（致）我考我母令。”（五年召伯虎簋，8.4292，西晚）

馬承源註曰：“余或（又）至（致）我考我母令：我再向你致以我父母之命令。”（《銘文選》第209頁》

林澐解“至”爲傳達，解句意爲：“是指向被徵訊的‘有司’們重新傳達幽伯幽姜之命。”（《琱生殷新釋》，《古文字研究》第三輯）

《詩經‧小雅‧楚茨》：“工祝致告，徂賚孝孫。”鄭玄箋：“祝以此故致神意，造主人，使受嘏。”

4. 後作“致”。使用。作謂語。1見。

儆至（致）鎗（劍）兵。（徐鰭尹鉦鍼，2.425，春秋）

馬承源註曰：“……儆至鎗（劍）兵：慎用劍兵。儆與警通。……至，讀爲致。”（《銘文選》第388頁）

■二八七、出

1. 外出。與“入”相對。作謂語或謂語中心。

①王出獸南山。（啓卣，10.5410，西早）

②女（如）載馬牛羊，台（以）出內（入）鄘（關），則政（徵）於大䑞（府），毋政（徵）於鄘（關）。（鄂君啓舟節，18.12113，戰國）

③淖淖列列尸（夷）出奔。（晉侯蘇編鐘六，《上海博物館集刊》第七輯第7頁，西晚）

④山拜（拜）頴首，受冊佩㠯（以）出，反（返）入（納）堇（瑾）章（璋）。（膳夫山鼎，5.2825，西晚）

劉志基釋譯此句爲：“山行拜謝大禮，受命佩帶着賞賜品出門，又按禮節返回來進獻瑾璋。”（《類檢》第446頁）

⑤頌拜（拜）頴首，受令，冊佩㠯（以）出，反（返）入（納）堇（瑾）章（璋）。（頌鼎，5.2827、5.2828、5.2829，西晚）

⑥遷𢷎（拜）頴首，受冊佩㠯（以）出，反入（納）堇（瑾）圭（珪）。（遷鼎辛，《考古與文物》2003 年第 3 期第 11 頁，西晚）

⑦遷𢷎（拜）頴首，受冊𧶠（鎣）㠯（以）出。遷敢𣌵（對）天子不（丕）顯魯休𣀉（揚）。（遷鼎乙，《考古與文物》2003 年第 3 期，西晚）

⑧其萬年永卿（饗）王出入。（小臣宅簋，8.4201，西早）

2. 出動。作謂語。

隹（唯）戎大出□軝，井（邢）厌（侯）䙽（搏）戎。（臣諫簋，8.4237，西中）

3. 取出。作謂語中心。

欽㦰（哉）！出斿水虫，下民無智。參之蟲蚩，命帛命入，欸藉入藉出，母（毋）處其所。（魚鼎匕，3.0980，戰國）

4. 支出，繳納。作謂語。2 見。

①余無卣（由）昇（具）寇足秣，不出，𢽬（鞭）余。（智鼎，5.2838，西中）

馬承源註曰："余無卣（由）具寇足秣，不出，鞭余：我無從備辦劫去的全數的秣。如果不交出上述五田，則甘受鞭刑。意即向智提出以五田謝罪的聲明。"（《銘文選》第 172 頁）

②淮尸（夷）舊我𢎥（帛）畮（賄）人，母（毋）敢不出其𢎥（帛）、其賣（積）、其進人。（兮甲盤，16.10174，西晚）

5. 發出，發佈。作謂語或謂語中心。

①公廼出氒命。……毕眔公出氒命。（永盂，16.10322，西中）

②出內（納）王令。……昔余既令女（汝）出內（納）朕令。（大克鼎，5.2836，西晚）

6. 忘，忘記。作謂語。1 見。

隹（唯）正月吉日乙丑，拍乍（作）朕配平啟（姬）𩬅（敦）。宮祀彝鈴（繼），母（毋）𣀉用祀，永枼（世）母（毋）出。（拍敦，9.4644，春秋）

容庚曰："與陳侯午敦永枼毋忘同義。"（《金文編》第 419 頁）

■二八八、入

1. 進，進入。與"出"反義。作謂語或謂語中心。

①敏（敏）朝夕入𣲲（諫），亯（享）奔走，愧（畏）天愧（威）。（大盂鼎，5.2837，西早）

②其萬年永卿（饗）王出入。（小臣宅簋，8.4201，西早）

③用乍（作）障（尊）彝，用𥄂井（邢）厌（侯）出入遄令。（邢侯方彝，16.9893，西早）

④乃用卿（饗）王出入事（使）人眔多𦥑（倗）友。（衛鼎，5.2733，西中）

李學勤曰："……生尊（《殷周金文集成》6001）：用乡（饗）出入吏（使）人。是說用該器款待受派出入的使者。派遣使人的是周王，而'出入'是出入王朝，所以宅簋云：用乡（饗）王出入。'王出入'是王所派出入朝廷的使人，並不是王親自出入。衛鼎（《集成》2733）的文句增長一些：乃用乡（饗）王出入吏（使）人眔（暨）多朋友。'多朋友'指器主的同僚而言。"（《釋"出入"和"逆造"——金文釋例之一》，《傳統文化研究》第十六輯）

⑤南白（伯）入右裘衛，入門，立中廷。（廿七年衛簋，8.4256，西中）

⑥雩（越）之庶出入事于外，尃（敷）命尃（敷）政。……麻自今，出入尃（敷）命于外。……母（毋）又敢憅（專），尃（敷）命于外。（毛公鼎，5.2841，西晚）

⑦母（毋）敢又（有）不顟（聞），嗣（司）百工，出入姜氏令。（蔡簋，8.4340，西晚）

⑧二月既朢癸卯，王入各（格）成周。（晉侯蘇編鐘一，35，西晚）

⑨麗羌乍（作）戜乓辟旙（韓）宗敨（徹），逹（率）征秦廷旊（齊），入赺（長）城先，會於平陰。（麗羌鐘，1.157、1.158、1.159、1.160、1.161，戰早）

馬承源註曰："入赺城先，會于平陰（陰）：入長城以爲先鋒，會師於平陰。此與員卣'員先，內邑'文例相同。"（《銘文選》第590頁）

⑩欽弌（哉）！出斿水虫，下民無智。參之蠱蚘，命帛命入，欥藉入藉出，母（毋）處其所。（魚鼎匕，3.0980，戰國）

2. 同"內"，後作"納"。貢納，貢獻，納獻。作謂語。15見。

①山撜（拜）頴首，受冊佩吕（以）出，反（返）入（納）堇（瑾）章（璋）。（膳夫山鼎，5.2825，西晚）

②頌軒（拜）頴首，受令，冊佩吕（以）出，反（返）入（納）堇（瑾）章（璋）。（頌鼎，5.2827、5.2828、5.2829，西晚）

③逹軒（拜）頴首，受冊佩吕（以）出，反（返）入（納）堇（瑾）圭（珪）。（逹鼎辛，《考古與文物》2003年第3期第11頁，西晚）

郭沫若曰："'反入堇章'當讀爲'返納瑾璋'，蓋周世王臣受王冊命之後，于天子之有司有納瑾報璧之禮。……《左傳》僖廿八年晉文公受王冊命後亦云'受策以出，出入三覲'，與本銘近似，'出入三覲'亦當讀爲'出納三瑾'。"（《大系考釋》第73~74頁）

然唐蘭讀"入（納）"爲"出入"之"入"，讀"堇章"爲"覲璋"，曰："原作'堇章'，當是朝覲用的璋。覲本是動詞，此轉爲形容詞（本案：唐之'形容詞'指定語），頌鼎等說'冊佩以出，反入堇璋'，與《左傳》僖公二十八年所說'受策以出，出入三覲'，文義相近，可證。如果解爲用瑾玉來做的璋，《左傳》的話就講不通。"（《陝西省岐山縣董家村新出西周重要銅器銘辭的譯文和註釋》，《文物》1976年第5期）

張世超曰："唐說頗有理致，然學界舊多讀'堇章'爲'瑾璋'，讀頌鼎等器銘'反入堇章'爲'返納瑾璋'，解爲'納瑾報璧之禮'，且讀《左傳》'出入三覲'爲'出納三瑾'（詳《大系考釋》七三葉）。"（《通解》第3187頁）

本案：誠如張氏所評，"唐說頗有理致"。然亦不無疏綻。一爲璋有多種用途，但是否有專作觀見、晉獻之用的璋，頗值疑惑，故"朝覲用的璋"，無論解作觀見之專用璋，或晉獻之專用璋，皆難確認；二如張氏所指，《左傳》"出入三觀"可解爲"出納三瑾"，非必如唐氏所解，讀"瑾"則"《左傳》的話就講不通"也；三爲唐氏所引《左傳》"出入三觀"，實不足爲據，若作唐氏之解，反爲反例也，朝覲君上，一之爲甚，其可三乎？短時間內就某一件事而無論是三次出入觀見君上，還是三次出入晉獻君上，皆不合常理，若作舊讀解爲"出納三瑾"，則情理通暢矣；四爲若如唐氏之說，"頌鼎等說'冊佩以出，反入堇璋'，與《左傳》僖公二十八年所說'受策以出，出入三觀'，文義相近"，則兩"入"字當義同，而《左傳》"出入三觀"之"入"爲其本字"進入"義，非爲"納獻"之"納"義，再結合其前所云頌鼎等"觀璋"之"觀"爲形容詞（定語）之說，則例①例②之"反入觀璋"無法解釋，語法不通矣，既於頌鼎本銘內自相矛盾，又於他銘齟齬不合；五爲綜合三例，以及"戝（矩）白（伯）庶人取堇（瑾）章（璋）於裘衛。（裘衛盉，15.9456，西中）"等例來看，"堇章"前皆已有動詞"取""入"，尤其是"取"，若其後再接動詞"觀"，雖如唐氏之解，我們仍可將其看作是"取、觀"二動詞共用賓語"璋"，先取璋而後觀璋，可通，但終覺牽強。綜合以上五點，故仍當以舊說爲佳。惟讀"堇"爲"瑾"後，"瑾璋"究爲並列結構，抑或偏正結構，尚可再權。若爲並列結構，則爲"瑾和璋"；若爲偏正結構，則爲"瑾作之璋"，在無史實佐證前，此二說皆可也。

■二八九、內

1. 同"入"。進入。作謂語或謂語中心。

①鼎（員）從史旗伐會（鄶）。鼎（員）先內（入）邑。鼎（員）孚（俘）金。（員卣，10.5387，西早）

②白（伯）戝（矩）乍（作）寶彝，用言（歆）王出內（入）事（使）人。（伯矩鼎，4.2456，西早）

③余桄（兄）爲女（汝）丝（兹）小埜（鬱）彝，女（汝）期（其）用卿（饗）乃辟軹厌（侯）逆遃（造），出內（入）事人。（叔趯父卣，10.5428，西早）

④王曰（以）厌（侯）內（入）疘（于）帚（寢）。（夺方尊，11.6015，西早）

⑤焚（榮）白（伯）右衛（衛）內（入）即立（位）。（衛簋，8.4209、8.4210、8.4211，西中）

⑥焚（榮）白（伯）內（入）右康。（康鼎，5.2786，西中或西晚）

⑦毛伯內（入）門，立中廷。（毛伯敦，8.4296，西晚）

⑧內（入）陟㲋，登于厂澫。（散氏盤，16.10176，西晚）

⑨逾顥（夏），內（入）𣏟（枼）。逾江，庚彭，弝（逆）庚松昜（陽）。內（入）溏（瀘）江，庚爰陵，让江內（入）㮚（湘）。庚賸，庚䀹（沼）昜（陽），內（入）瞏（仳）。庚臨（仍），內（入）蔡（資）沅澧㵺（澧）。……女（如）載馬牛羊，台（以）出內（入）闔（關）。（鄂君啓舟節，18.12113，戰國）

2. 後作"納"。接納，接收。作謂語中心。3見。

①虔夐（夙）夜出內（納）王命。（師望鼎，5.2812，西中）

②爾克王服，出內（納）王令。……昔余既令女（汝）出內（納）朕令，今余隹（唯）䰬（緟）橐乃令。（大克鼎，5.2836，西晚）

《詩經·大雅·烝民》："出納王命，王之喉舌。"鄭玄箋："納王命者，時之所宜，後於王也。"《釋文》："納，本作內。"

3. 後作"納"。貢納，貢獻，納獻。作謂語。3見。

①王蓆于嘗。公東宮內（納）卿（饗）于王。王易（賜）公貝蕭（五十朋）。（効卣，10.5433，西中／効尊，11.6009，西中）

馬承源註曰："公東宮內（納）卿（饗）于王：內卿于王，接受燕饗於王，爲倒裝句，今言接受了王的燕饗。"（《銘文選》第153頁）則"內"爲被動"接受"義。

張世超於其"印"字條下引此例曰："卣銘言'納饗于王'，即言受王饗宴之意。"（《通解》第2270頁）則"內"爲被動"接受"義。然又於其"內"字條下引此例曰："貢獻，典籍作'納'。噩侯鼎：'噩厌駿方內豊（納醴）于王。'効卣：'王蓆于嘗。公東宮內卿（納饗）于王。王易公貝五十朋。'"（《通解》第1331頁）則"內"爲主動"貢獻"義。

本案：單從"公東宮納饗於王"此句來看，理解爲公在東宮接受王的宴饗，或公在東宮向王貢獻宴饗，皆可。聯繫上下文及銘文常規來看，似以主動義解之爲佳：因某下級有某功，所以受某上級奖賞。這裏應是因爲公在東宮向王貢獻了宴饗，所以王才賜他五十朋。

②噩（鄂）厌（侯）駿（馭）方內（納）壺于王。（鄂侯鼎，5.2810，西晚）

《史記·秦始皇本紀》："百姓內粟千石，拜爵一級。"

■二九〇、陟

1. 陟，登，向高處走。與"降"相對。作謂語或謂語中心。12見。

①昌（以）陟，二弄（封）。至于邊柰（柳），復涉瀗，陟雩（越）牏（獻）、纍、陝昌（以）西，弄（封）于敨䡓（城）、䋘（楮）木，弄（封）于芻迹，弄（封）于芻衝。內（入）陟芻，登于厂淶。……陟剛（崗），三弄（封）。……陟州剛（崗），羍（登）麻（栿），降棨（械），二弄（封）。（散氏盤，16.10176，西晚）

劉志基註曰："昌（以）陟，二弄（封），至于邊柰（柳）：由此向上，經過兩道封界，直到邊柳。陟，登，由低處向高處。……陟州剛（崗），羍（登）麻（栿），降棨，二弄（封）：登上州崗，再登上麻（栿），下至棨，設立兩道封土爲界。"（《類檢》第693～694頁）

銘內"陟"與"羍（登）"同義，而與"降"反義。

②大神甘（其）陟降。……受（授）余屯（純）魯、通彔（祿）、永令（命）、彎

（眉）畵（壽）、霝（令）冬（終）。（癲鐘，1.247、1.249、1.250，西中）

《詩經·大雅·公劉》："篤公劉，逝彼百泉，瞻彼溥原。乃陟南岡，乃覯於京。"

《詩經·小雅·車轄》："陟彼高岡，析其柞薪。"

《詩經·商頌·殷武》："陟彼景山，松柏丸丸。"

2. 褒舉，提升。作謂語中心。2見。

蔡厌（侯）龘虔共（恭）大命，上下陟裆，敳敬不惕，肇轚（佐）天子。（蔡侯尊，11.6010，春晚/蔡侯盤，16.10171，春晚）

我們認爲"陟裆"可視爲動詞性反義複詞，"陟裆"爲臧否、褒貶、陟黜之義。

3. 通"得"。作謂語中心。1見。

亡不成，眈天愧（威），否（不）畀屯（純）陟。（班簋，8.4341，西中）

此"陟"及此句釋讀各家不一。

張世超曰："用爲'得'。《周禮·春官·大卜》：'三曰咸陟。'鄭注：'陟之言得也。'《禮記·大學》：'慮而後能得。'鄭注：'得事之宜也。'班簋：'天畏（威）否（不）畀屯（純）陟。'李學勤曰：'于省吾先生舉《多方》"惟天不畀純"對比，非常精確。《周書》在譴責已覆亡的統治者時，常言天或帝不畀，如《多士》："惟天不畀，允罔固亂。""惟帝不畀，惟我下民秉爲，惟天明威。""惟天不畀，不明厥德。"《多方》："惟天不畀純。"兩篇又都有"天惟畀矜爾"之語，與"不畀"相對。'（《班簋續考》，《古文字研究》第十三輯。）"（《通解》第3349～3350頁）則"陟"爲"得"義。

劉志基斷讀爲："亡不成，叹天愧（威），否（不）畀屯（純）陟。"註曰："叹天愧（威）：損毀天威。否（不）畀屯陟：（上天）不助更加厲害。屯，厚。"釋譯爲："不准不獲成功而有損天威，否則上天更將不予佑助。"（《類檢》第254～255頁）則"陟"爲"佑助"義。

今暫從張說。

4. 通"德"。感激，感恩。作謂語。1見。

朕吾考令乃鵰（嬗）沈子乍（作）緲于周公宗，陟二公。不敢不緲。（沈子它簋蓋，8.4330，西早）

郭沫若曰："本銘即讀爲德，猶言謝恩也。"（《大系考釋》第48頁）

■二九一、降

1. 降落，降下。用於具體的空間位移，指自高處下行，與"陟"相對。作謂語。10見。

①王降自車。（晉侯蘇編鐘三，35，西晚）

②王祀玗（于）天室，降，天亡又（佑）王。……王卿（饗），大宜，王降，亡助爵復彙。（天亡簋，8.4261，西早）

③降曰（以）南，弄（封）于同衢（道）。陟州剛（岡），舁（登）麻（梯），降棗

（棫），二弄（封）。（散氏盤，16.10176，西晚）

劉志基註曰：“降吕（以）南，弄（封）于同衙（道）：下來向南，在同邑的大道旁設一道封土爲界。同衙，即同邑的大道。陟州剛（崗），彝（登）麻（枃），降棫，二弄（封）：登上州崗，再登上麻（枃），下至棫，設立兩道封土爲界。”（《類檢》第694頁）

銘內“陟”與“彝（登）”同義，而與“降”反義。

④大神甘（其）陟降。（癲鐘，1.247、1.249、1.250，西中）

⑤甘（其）瀕（頻）才（在）帝廷陟降。（㝬簋，8.4317，西晚）

2. 發出，發佈，給予。用於抽象的空間位移，指發佈命令，降下禍福等。作謂語。約56見。

①辛亥，王才（在）𣥠，降令曰。（毓祖丁卣，10.5396，殷）

②天降休命于朕邦。（中山王䥼鼎，5.2840，戰晚）

③曰（以）降大福，保辥（乂）鄩（鄩）國。（宗婦鄩嬰盤，16.10152，西晚）

④先王甘（其）嚴才（在）上，彙數數，降余多福。（㝬鐘，1.260，西晚）

⑤今昊天疾㷉（威）降喪，□德不克㚔（乂），古（故）亡丞（承）于先王。（師訇簋，8.4342，西晚）

⑥烏（嗚）虖（呼）哀𢦐（哉）！用天降大喪于下或（國）。（禹鼎，5.2833，西晚）

《尚書·多士》：“天大降顯命於成湯。”

《詩經·大雅·召旻》：“旻天疾威，天篤降喪。”

《詩經·小雅·節南山》：“昊天不惠，降此大戾。”

3. 投降的，降服的。作定語。1見。

今余令女（汝）官官嗣（司）邑人、先虎臣、後庸、西門尸（夷）、𥄗（秦）尸（夷）、京尸（夷）、𤼈尸（夷）、師笭側（側）新□華尸（夷）由、□尸（夷）、陕人、成周走亞、戍、𥄗（秦）人、降人、服尸（夷）。（訇簋，8.4321，西晚）

降人，蓋即降服之人，與後文“服尸（夷）”之“服”當爲同義。西周甲骨文H31：2有“唯衣（殷）雞（箕）子來降”句。然亦有可能爲春秋晉都“絳”之人。

■二九二、乘

1. 乘坐。作謂語或謂語中心。5見。

①雩若翊（翌）日，才（在）璧灉（雝），王乘𣃟（于）舟爲大豐（禮）。王射大龏（鴻），禽（擒）。灰（侯）乘𣃟（于）赤旂舟從。（麥方尊，11.6015，西早）

②遹（齊）灰（侯）命大子乘遽來𠣬宗白（伯），聑（聽）命於天子。（洹子孟姜壺，15.9729、15.9730，春秋）

郭沫若曰：“周制凡有事急行則乘傳遽。此齊侯命田氏子乘遽至周，請命于天子也。”（《大系考釋》第213頁）

③其王乘駐（牡）輿台（以）［伐］兔師。（庚壺，15.9733，春晚）

《詩經·邶風·二子乘舟》：“二子乘舟，泛泛其景。願言思子，中心養養。二子乘舟，泛泛其逝。願言思子，不瑕有害？"

2. 乘坐的，駕車所用的。作定語。2 見。

①巳夕，厌（侯）易（賜）者（赭）炖（躶）臣百（二百）家，劑（齎）用王乘車馬、金鈕、門衣、市烏。（夆方尊，11.6015，西早）

②王睗（賜）乘馬，是用左（佐）王。睗（賜）用弓，彤矢其央。睗（賜）用戉，用政（征）緧（蠻）方。（虢季子白盤，16.10173，西晚）

■二九三、登

1. 乘，升，登上。作謂語。

①內（入）陟芻，登于厂淲。……陟州剛（崗），弄（登）麻（桝），降棷（棫），二弄（封）。（散氏盤，16.10176，西晚）

銘內"陟"與"弄（登）"同義，而與"降"反義。

②其登于上下□□，誾（聞）于四旁（方）。（者瀘鐘，1.197，春秋）

③女（汝）康能乃又（有）事衛（遐）乃敵潦，余用登屯（純）厚乃命。（叔夷鐘，1.274、1.285，春晚）

2. 通"烝"。本爲薦新之祭，亦可泛指其他祭祀。作謂語中心。

①用糝（烝）用嘗，用孝用高（享）。（姬鼎，5.2681，西晚）

②台（以）弄（烝）台（以）嘗。（陳侯因資敦，9.4649，戰晚）

《呂氏春秋·仲夏》："農乃登麥。"高誘註："登，進；稙黍熟，先進之。"《禮記·月令》："農乃登麥。"鄭玄註："登，進也。"經典以"烝"或"蒸"爲之。《詩經·小雅·信南山》："是烝是享。"毛亨傳："烝，進也。"《春秋繁露·四祭》："冬曰蒸"，"蒸者，以十月進初稻也"。

3. 通"烝"。烝祭時所用的。作定語。

①盅之噂（烝）鼎（鼎），其永用之。（盅之噂鼎，4.2356，春秋）

②單弔（叔）乍（作）孟娝（妣）隋豕（器），甘（其）萬年子子孫孫永寶用。（單叔鬲丁，《考古與文物》2003 年第 3 期，西晚）

4. 升遷，就職。作謂語。1 見。

烏（鳴）庨（呼）！不杯乩（揚）皇公受京宗懿（懿）釐（釐），毓（育）文王、王奼（姒）聖孫，隋（登）於大服，廣成氒工。（班簋，8.4341，西中）

《尚書·堯典》："疇咨若時登庸？"孔安國傳："誰能咸熙庶績，順是事者，將登用之。"

■二九四、妥

1. 安，安定，安撫。典籍或作"綏"。作謂語或謂語中心。24 見。

①用乍（作）寶隮（尊）鼎。用康龘妥（綏）衷（懷）遠䛮（邇）君子。（晉姜鼎，

5.2826，春早）

　　②卿（嚮）女（汝）彶屯卹周邦，妥立余小子覾（載）乃事。（師詢簋，8.4342，西晚）

　　馬承源註曰："妥立：妥，通綏。《廣雅·釋言》釋綏爲'撫也'，引申爲輔助、撫持。綏立就是撫立。"（《銘文選》第175頁）

　　③休同公克成妥（綏）吾考曰（以）于顯顯受令。（沈子它簋蓋，8.4330，西早）

　　此例各家斷句不一，然多讀"妥"爲"綏"，釋爲"安"。郭沫若解爲"安定厥考"（《大系考釋》第48頁），唐蘭解爲"安撫沈子也的吾考"（《論周昭王時代的青銅器銘刻》，《古文字研究》第二輯）。惟劉志基註曰："休同公克成妥（綏）吾考曰（以）于顯顯（晏晏）受令：稱美同公能使我父考安然接受王命。顯顯，讀爲晏晏。"（《類檢》第245頁）則"妥"爲形容詞"安然"，作狀語。

　　④（鄭）井弔（叔）乍（作）霝（靈）鼗（鐘）。用妥（綏）賓。　（鄭井叔鐘，1.21、1.22，西晚）

　　⑤雁（應）厌（侯）再擊（肇）乍（作）丕不（丕）顥（顯）文考釐（釐）公隩（尊）彝。用妥（綏）倗（倗）友。（應侯鐘，《文物》1998年第9期，西中）

　　⑥用受值（德），妥（綏）多友。（夆方尊，11.6015，西早）

　　⑦曾厌（侯）乙乍（作）時。商。翆（羽）曾。妥（蕤）賓之宫。妥（蕤）賓之才（在）楚號爲坪皇，其才（在）豐號爲逆劚（則），大族之珈韽，無鐸之宫曾，黃鐘之商角。……爲妥（蕤）賓之峷（微）顧下角。（曾侯乙鐘下一2，2.287，戰早）

　　曾憲通曰："大意是說，妥賓之宮相當於大族之珈韽，相當於無鐸之宮曾，相當於黃鐘之商角。"（《曾侯乙鐘標音銘與樂律銘綜析》）

　　⑧妥（蕤）賓之翆（羽）曾。黃鐘之峷（微）角。（曾侯乙鐘下二8，2.295，戰早）

　　後五例之"妥"，概言之爲"安"義，具體而言爲"怡悦，使……怡悦"之義。

　　《詩經·大雅·民勞》："惠此中國，以綏四方。"

　　2. 降，降予。用於上對下。典籍作"綏""授""墮""隋"。作謂語。8見。

　　大神妥（綏）多福。　（癲簋，8.4170、8.4171、8.4172、8.4173、8.4174、8.4175、8.4176、8.4177，西中）

　　《詩經·周頌·載見》："綏以多福，俾緝熙於純嘏。"高亨今註："綏，賜也。"《詩經·周頌·雝》："綏我眉壽，介以繁祉。"高亨今註："綏，賞賜。"《禮記·曲禮下》："執天子之器則上衡，國君則平衡，大夫則綏之，士則提之。"鄭玄註："綏，讀曰妥，妥之謂下於心。"

　　3. 使……降，希望……降予，祈求……降予。用於下對上。典籍作"綏""授""墮""隋"。作謂語或謂語中心。13見。

　　①或者乍（作）旅鼎，用匄俾魯㧅（福），用妥（綏）眉彔（祿）。（或者鼎，5.2662，西中）

　　徐中舒謂或者鼎及蔡姞簋諸器中之"妥"在《詩經》中作"綏"，可釋爲予，曰："此妥字，當讀如《士虞禮》'祝命佐食隋祭'之隋（各本皆作墮，胡培翚《儀禮正義》

依《周禮》改爲隋），鄭注：'下祭曰隋，隋之言猶堕下也。……今文堕爲綏……'"
"《特牲饋食禮》：'祝命接祭。'鄭注：'堕與接讀同耳，今文改接皆爲綏……'""妥接綏
隋，今古文多參差互不一致。按妥堕古同聲字，同屬透母魚部（《苕溪漁隱叢話》曰：西
北方言以堕爲妥），故得相通，堕有堕下之意，堕下猶言降，上舉妥綏諸例，如均以降釋
之，則不至扞格難通矣。"（《金文嘏辭釋例》，《歷史語言研究所集刊》第六冊第 11 ～
12 頁）

②寧肁（肇）諆（其）乍（作）乙考障（尊）毁（簋），甘（其）用各（格）百
神，用妥（綏）多福，世孫子寶。（寧簋蓋，7.4021、7.4022，西早）

③用穆穆鳳（鳳）夜障（尊）高（享）孝妥（綏）福（福）。（戜方鼎，5.2824，
西中）

④用妥（綏）公唯嚞（壽），它（它）用裏（懷）抚（鞪）我多弟子我孫，克又
（有）井（型）敦（效）。（沈子它簋蓋，8.4330，西早）

劉志基註曰："妥：讀綏，降也。"（《類檢》第 246 頁）

4. 祭祀。作謂語。1 見。

飙敢對（對）王休，用妥。（師飙鼎，5.2830，西中）

此依于豪亮、張世超之說。于豪亮曰："妥、接、堕、綏諸字音義皆通，鄭玄謂祭或
亦稱爲堕，則'用妥'乃是用祭之義。因此，'飙敢對王休，用妥'，意思是，飙爲了答
謝王的賜予，舉行了一次祭祀。"（《陝西扶風縣強家村出土號季家族銅器銘文考釋》，《古
文字研究》第九輯）

張世超："祭祀也。此即降予義與祈請義之引申義。典籍作'綏'、'接'、'堕'、
'隋'。師飙鼎：'飙敢對王休，用妥。'……《儀禮·少牢饋食禮》：'上佐食以綏祭。'
《禮記·曾子問》：'攝主不厭祭，不旅不假，不綏祭。'鄭玄注：'綏，《周禮》作堕。'"
（《通解》第 2887 頁）

然此例《金文資料庫》隸讀爲"飙敢對（對）王休，用妥乍（作）公上父障（尊）
于朕考辜（號）季易（賜）父敽宗"。

另，馬承源釋文作"飙敢對王休，用妥乍（祚）公上父尊于朕考辜（號）季易父敽
宗"，註曰："用妥乍（詐）公上父，尊于朕考辜（號）季易父敽宗：以安福公上父和爲
我考號季易父宗廟的祭器。"（《銘文選》第 135 ～ 136 頁）雖然馬之釋文與註解，有句讀、
文字不一之缺陷，但將"妥"解爲"安福"義，是清晰易見的。

于、張之說，與馬氏之說，相去甚遠，又皆似有未安。我們認爲此"妥"有可能同沈
子它簋蓋"妥（綏）吾考㠯（以）于顥顥受令"之"妥"用義相同。

■二九五、墜

通"遂"。達，通達。作謂語。1 見。

余亡啻晝夜，坙（經）雝（雍）先王，用配皇天，簧黃朕心，墜于三（四）方。（戜
簋，8.4317，西晚）

何琳儀、黃錫全謂簋銘“墜”當讀爲“遂”，訓爲達。（《中山國胤嗣𡚱𧊒壺釋文》，《古文字研究》第一輯）

馬承源註曰：“篿㳄朕心，墜于四方：朕心寬廣，通達于天下。篿㳄，讀爲廣侈。篿讀爲廣，㳄讀爲侈，聲假。《國語·吳語》‘廣侈吳王之心’，韋昭《注》：‘侈，大也。’此廣侈即銘文之篿㳄，語亦相似，都是說王者之心的寬大與通達。墜於四方：墜讀作遂，義爲達。《呂氏春秋·季春紀·圜道》：‘遂於四方’，高誘《注》：‘遂，達也。’”（《銘文選》第278頁）

二九六、㒸

後作“墜”。墜毁，墜廢，毁敗，喪失。作謂語。23見。

①敬乃夙（夙）夜用甹（屏）朕身，勿灋（廢）朕命，毋（毋）㒸（墜）乃政。（逆鐘，1.63，西晚）

②余䢼（畢）龏（恭）威（畏）忌𢘓（淑）穆，不㒸（墜）于氒身。（邾公華鐘，1.245，春晚）

③剌（烈）剌（烈）卲（昭）文公静公憲公，不㒸（墜）于上，卲（昭）合皇天。（秦公鎛，1.267、1.268、1.269，春早）

④追（追）考（孝）對（對），不敢㒸（墜）。（榮作周公簋，8.4241，西早）

⑤師寰虔不㒸（墜），夙（夙）夜卹氒牆（牆）事，休既又（有）工（功）。（師寰簋，8.4313.1、8.4313.2、8.4314，西晚）

⑥克不敢㒸（墜），尃（敷）奠王令。（克鎛，1.209，西晚）

⑦女（汝）肈（肇）不㒸（墜）。（彔伯刻簋蓋，8.4302，西中）

⑧史牆夙（夙）夜不㒸（墜），甘（其）日蔑曆（曆）。（史牆盤，16.10175，西中）

《尚書·召誥》：“惟不敬厥德，乃早墜厥命。”

二九七、㳠

通“墜”。墜毁，墜廢，喪失。作謂語或謂語中心。1見。

君既安叀（惠），亦弗其㳠（墜）𦍙（蒦）。（哀成叔鼎，5.2782，春晚）

馬承源註曰：“亦弗其㳠（墜）𦍙（蒦）：亦勿廢墜度法。㳠，从沭得聲，聲爲墜。廢墜之義。𦍙，讀爲蒦。指政事之規度。”（《銘文選》第500頁）

二九八、反

1. 後作“返”。返回，返歸。典籍或作“返”。作謂語或謂語中心。17見。

①才（在）十又一月，公反自周。（保員簋，《考古》1991年第7期，西早）

②王令宜子迨（會）西方，𢑚（于）省隹（唯）反（返），王商（賞）戍甬貝二朋。（戍甬鼎，5.2694，殷）

③受冊佩㠯（以）出，反（返）入（納）堇（瑾）章（璋）。（膳夫山鼎，5.2825，西晚）

④頌齀（拜）頴首，受令，冊佩㠯（以）出，反（返）入（納）堇（瑾）章（璋）。（頌鼎，5.2827、5.2828、5.2829，西晚）

⑤遟齀（拜）頴首，受冊佩㠯（以）出，反入（納）堇圭。（遟鼎辛，《考古與文物》2003 年第 3 期第 11 頁，西晚）

2. 反叛，背叛。典籍或作"叛"。作謂語。7 見。

①王伐彔子耴（聖），慮（叡）氒反。（太保簋，8.4140，西早）

此句劉志基釋譯曰："周王征伐彔子聖，因爲他背叛作亂。"（《類檢》第 74 頁）

②東尸（夷）大反。（小臣謎簋，8.4238、8.4239，西早）

③淮尸（夷）繇（舊）我員（帛）晦（賄）臣，今敢斠（薄）氒眾（衆）叚，反氒工吏，弗速（蹟）我東國（國）。（師袁簋，8.4313.2、8.4314，西晚）

反氒工吏，即反叛主管他的臣工官吏。

④淮尸（夷）繇（舊）我員（帛）晦（賄）臣，今敢斠（薄）氒眾（衆）叚，反工吏，弗速（蹟）我東國（國）。（師袁簋，8.4313.1，西晚）

⑤勿可惄（折）冬（中），冊復母（毋）反，母（毋）埊（詐）母（毋）慇（謀）。（鳥書篋銘帶鉤，16.10147，戰國）

3. 反叛的，背叛的。典籍或作"叛"。作定語。

①隹（唯）公大（太）俘（保）來伐反尸（夷）年。（旅鼎，5.2728，西早）

②隹（唯）王令南宮伐反虎方之年。（中方鼎，5.2751、5.2752，西早）

③王令趞（遣）蔇（捷）東反尸（夷），寁肇（肇）從趞（遣）征。（寁鼎，5.2731，西中）

④過白（伯）從王伐反荊（荊），孚（俘）金，用乍（作）宗室寶隣（尊）彝。（過伯簋，7.3907，西早）

■二九九、還

1. 返回，還歸。作謂語或謂語中心。5 見。

①三（四）月，睘（還）至于蔡。（駒父盨蓋，9.4464，西中）

②白懋父北征。唯還。呂行韓（捷），孚兕（犀）。（呂行壺，15.9689，西早）

③隹（唯）十又二月，王初饗（館）旁。唯還在周。（高卣，10.5431，西早）

④王南征，伐角、鄅（遹）。唯還自征。（鄂侯鼎，5.2810，西晚）

⑤隹（唯）王初女（如）𢆶，延自商自復還，至于周。（穆公簋蓋，8.4191，西中）

2. 迴旋，回頭，轉彎。作謂語。2 見。

㠯（以）東，弄（封）于韓東彊（疆）。右還，弄（封）于眉（郿）衛（道）。……衛（道）㠯（以）東一弄（封），還，㠯（以）西一弄（封）。（散氏盤，16.10176，西晚）

劉志基註曰："右還、弄（封）于眉（郿）衢：向右回過頭來，在郿邑的大道旁設立封土爲界。……還，㠯（以）西，一弄（封）：回過頭來，向西，設立一道封土爲界。"（《類檢》第694頁）

《莊子·庚桑楚》："夫尋常之溝，巨漁無所還其體，而鯢鰍爲之制。"《釋文》："還，音旋，廻也。"

三〇〇、奔

1. 急走，奔跑。作謂語或謂語中心。1見。

或逹（率）有𤔲（司）師氏奔追鄧戎于䣥林，博戎𫽇（胡）。（或簋，8.4322，西中）

2. 奔逃。作謂語中心。1見。

淖淖列列尸（夷）出奔。（晉侯蘇編鐘六，《上海博物館集刊》第七輯第7頁，西晚）

晉侯蘇編鐘一至十六件爲一整套編鐘，其銘辭前後相連，本器之前銘辭大意爲王令晉侯蘇伐值尸（夷），折首執訊，大獲全勝，故有此銘"夷出奔"之語，"出奔"即"出逃"之義。

3. 遷移，遷徙。作謂語中心。1見。

易（賜）女（汝）井、遈、匔人𦬲。易（賜）女（汝）井人奔于㝅（量）。（大克鼎，5.2836，西晚）

馬承源註曰："易女（汝）井、遈、匔人𦬲：賜你在井邑的遈人和匔人。𦬲：收取。易女（汝）井人奔于㝅：此銘辭是補充上句而言，賜克的井地之人即遈人和匔人皆奔趨於㝅地，不得留在井地。"（《銘文選》第217頁）

劉志基註曰："易（賜）女（汝）井遈匔人𦬲，易（賜）女（汝）井人奔于量：賞賜給你井邑的遈人和匔人，要好好收取，賞賜給你井地的人全部遷到量地，不得在井地逗留。𦬲，馬承源等曰'收取'。"（《類檢》第456頁）

4. 勤勉效力。用於"奔走"一語。作謂語中心。8見。

①䛴（敏）朝夕入闌（諫），亯（享）奔走，愧（畏）天愧（威）。（大盂鼎，5.2837，西早）

②魯天子寍（受）氒𩕼（順）福，克奔徒（走）二（上下）帝，無冬（終）令𢦏（于）有周。（榮作周公簋，8.4241，西早）

③用受徝（德），妥（綏）多友（祐），亯（享）旋（奔）徒（走）令。（麥方尊，11.6015，西早）

④用從井（邢）灰（侯）征事，用旋（奔）徒（走）夙（夙）夕，鬳卸（御）事。（麥盉，15.9451，西早）

⑤𥂴（召）啓進事，旋（奔）徒（走）事皇辟君。（召圜器，16.10360，西早）

⑥效不敢不邁（萬）年夙（夙）夜奔徒（走）𠭯（揚）公休。（效尊，11.6009，西中）

⑦效不敢不萬年煛（夙）夜奔徲（走）覭（揚）公休。（效卣，10.5433，西中）

⑧虘（吾）老貯奔走不即（聽）命。（中山王響鼎，5.2840，戰晚）

■三〇一、昚/友

1. 宴饗朋友。名詞活用作動詞。作謂語或謂語中心。

①用乍（作）隯（尊）鼎。用侗（倗）用昚（友）。其子子孫永寶用。（多友鼎，5.2835，西晚）

從"侗（倗）""昚（友）"連用來看，當爲同義連文，且在句中活用，當爲宴饗朋友之義。

②中（仲）自父乍（作）□壺。□自□攺（其）用昚。（仲自父壺，15.9672，西晚）

"昚"作動詞用時，學界釋譯不一，相當複雜。主要原因在於"昚"的對象（上級、平級、下級、兄弟）不一時，其釋義也需作相應調整，然而由於銘文中"昚"的賓語通常簡省，導致"昚"的對象難以辨定，因而各家釋譯不一，甚至是同一學者對同一例句或同類例句的釋譯，都有模棱雜糅、前後矛盾的現象。這也導致義項的歸納、設置，例句的分屬決斷相當困難。例②"用昚"的對象，既有可能是朋友，也有可能是兄弟等，但似以朋友的可能性最大，所以姑且將其列屬於此一義項。

2. 通"侑"，侑助，助興，勸助飲食。作謂語。

①王夕卿（饗）醴于大室。穆公昚（侑）澤。（穆公簋蓋，8.4191，西中）

②王才（在）霉卿（饗）醴。雁（應）厌（侯）見工昚（侑）。（應侯見工簋乙，《文物》2002年第7期，西中）

③霝（鄂）厌（侯）駁（馭）方內（納）壺于王。乃驛之。駁（馭）方昚（侑）王。王休倝（宴），乃射。（鄂侯鼎，5.2810，西晚）

馬承源註曰："昚：一作宥，即侑。《爾雅·釋詁》：'侑，報也。'"（《銘文選》第281頁）則"昚（侑）"爲"報，報答"義。

但我們認爲此解不甚恰宜。結合前面例①、例②來看，銘例一般是上級（通常是"王"）舉設宴會，然後下級相"昚"，則此"昚"當爲下級叼陪助興之義。

3. 宴饗兄弟，善待兄弟。作謂語中心。

匔攺（其）用昚（友），亦引唯考（孝）。（毛公旅方鼎，5.2724，西早）

馬承源註曰："匔其用昚（侑）：侑勸飽食。"（《銘文選》第254頁）

但我們認爲與後句的結合來看，當屬銘文中"孝友"連文這一類現象，只不過這一例句稍顯特殊，分置對文。而"孝友"連用時，是有其特殊專指內涵的。《尚書·君陳》："惟孝友於兄弟。"又《康誥》："元惡大憝，矧惟不孝不友。"孔穎達疏引《釋訓》云："善父母爲孝，善兄弟爲友。"

4. 通"賄"。付給。作謂語中心。1見。

复友（賄）嗝（斛）从攺（其）田。……凡復友（賄）、復友（賄）爾從日（田）

十又三邑。(鬲比盨，9.4466，西晚)

郭沫若曰：“‘復友’字三見，均是動詞，且當有還付之意，是知友當讀爲賄，言既鈞其田則還報以邑也。”(《大系考釋》第125頁)

5. 通“有”。存在動詞。作謂語。1見。

乍(作)旅盨，丝(茲)盨友(有)十又二。(虢仲盨蓋，9.4435，西晚)

三〇二、無

沒有。作謂語或謂語中心。

①王宜人方，無敄。(作册般甗，3.944，西早)

②寷肇(肇)從趞(遣)征，攻開(龠)無啻(敵)。(寷鼎，5.2731，西中)

③衣(卒)博，無肬于㦰身。(㦰簋，8.4322，西中)

④用旛(祈)多福，釁(眉)耆(壽)無彊(疆)。(梁其鼎，5.2768，西晚)

⑤用旟(祈)屯(純)魯永令(命)，用匄覺(眉)耆(壽)無彊(疆)。(師臾鐘，1.141，西晚)

⑥用匄眉壽無疆。(師臾鐘，1.141，西晚)

⑦医(侯)母乍(作)医(侯)父戎壺，用征行，用求福無畺(疆)。(侯母壺，15.9657，春早)

⑧甘(其)陰甘(其)陽，邑(以)延(征)邑(以)行，割(匄)賷(眉)耆(壽)無彊(疆)。(紀伯子姃父盨，9.4442，春秋)

⑨出斿水虫，下民無智。(魚鼎匕，3.0980，戰國)

⑩旂(祈)無彊(疆)，至于萬啻(億)年。(令狐君嗣子壺，15.9720，戰中)

《詩經·小雅·白華》：“之子無良，二三其德。”

三〇三、亡

1. 滅亡。銘文中多指國家滅亡。作謂語或謂語中心。2見。

①彝悉(昧)天令，故亡。(班簋，8.4341，西中)

②郾(燕)莃(故)君子徻，新君子之，不用豊(禮)宜(儀)，不顧(顧)逆𢚩(順)，莃(故)邦辶(亡)身死。(中山王嚳方壺，15.9735，戰早)

2. 使……滅亡。動詞的使動用法。作謂語。1見。

……猶粻(迷)惑於子之而辶(亡)其邦，爲天下殄。(中山王嚳鼎，5.2840，戰晚)

3. 通“無”。存現動詞，與“有”相對，表示否定。無，沒有。作謂語或謂語中心。

①降余魯多福亡(無)彊(疆)。(士父鐘，1.145，西晚)

②辛乍(作)寶。甘(其)亡(無)彊(疆)。(辛鼎，5.2660，西早)

③氏(是)邑(以)寡(寡)人匧賃(任)之邦，而去之遊，亡窓(懅)惕之㥯

（慮）。（中山王嚳鼎，5.2840，戰晚）

④猒（檽）白（伯）于遘王，休亡尤。（獻簋，8.4205，西早）

⑤烏（嗚）虖（呼），爾有唯（雖）孛（小子）亡（無）戠（識），覞玗（于）公氏有爵玗（于）天，敽（徹）令苟（敬）亯（享）𢦏（哉）！（何尊，11.6014，西早）

⑥曾亡鼠（一）夫之救（救）。（中山王嚳方壺，15.9735，戰早）

《論語·顔淵》："人皆有兄弟，我獨亡。"

4. 通"忘"。遺忘，忽忘，忘記。作謂語。1見或无。

弔（叔）家父乍（作）中（仲）敀（姬）匡（筐）。用成（盛）稻粱（粱），用速先嗣（司）者（諸）䧧（兄），用旛（祈）釁（眉）考無彊（疆），悊（哲）德不亡，孫子之貺。（叔家父簠，9.4615，春早）

張世超讀"亡"爲"忘"，曰："失之於心，即忘記，爲'忘'之古字，彝銘已有'忘'字。弔家父匡：'悊（哲）德不亡（忘）。'盗壺：'日夜不忘。'《詩·邶風·綠衣》：'心之憂矣，曷維其亡。'鄭箋：'亡之言忘也。'"（《通解》第2991～2992頁）

然"悊（哲）德不亡"之"亡"，我們認爲亦可按原字解讀，"滅亡，喪失"之義。"用旛（祈）釁（眉）考無彊（疆），悊（哲）德不亡"即祈望長壽、美德不失之義。

三〇四、喪

1. 喪命，死亡。用於人。作謂語。3見。

①㐭（齊）医（侯）雷斋（䜌）喪其𤔲。（洹子孟姜壺，15.9729，春秋）

②㐭（齊）医（侯）女雷斋（䜌）喪其㲃（簋）。（洹子孟姜壺，15.9730，春秋）

馬承源註曰："齊侯之女雷喪其親屬，此親屬稱謂銘文不清，或釋㲃，借爲舅。舅即夫父。"（《銘文選》第550頁）

③㐭（齊）医（侯）洹子孟姜喪，其人民都邑堇（慬）宴（宴），無用從（縱）爾大樂。（洹子孟姜壺，15.9730，春秋）

《尚書·金縢》："武王既喪。"

2. 喪亡，滅亡。用於國家、軍旅、帝位。作謂語或謂語中心。3見。

①引𠀠（其）唯王智（智），廼唯是喪我或（國）。（毛公鼎，5.2841，西晚）

②鑄（鑄）此鉦□，女（汝）勿喪勿敗（敗），余處此南疆（疆），萬枼（世）之外。（冉鉦鋮，2.428，戰國）

③我䎽（聞）殷述（墜）令，隹（唯）殷𨘇（邊）医（侯）田（甸）雩（與）殷正百辟，率肄（肆）于酉（酒），古（故）喪𠂤（師）。（大盂鼎，5.2837，西早）

3. 喪失，丢失，失去。用於一般事物。作謂語或謂語中心。3見。

①量医（侯）𠭯乍（作）寶（寶）隮（尊）㲃（簋）。子子孫萬年永寶（寶）㲃（簋）勿喪。（量侯簋，7.3908，西早）

②文考遗（遺）寶賚（積），弗敢喪。（旂作父戊鼎，5.2555，西早）

③昔乃且（祖）亦既令乃父死嗣（司）葬人，不盉，叏（取）我家窠，用喪。（卯簋
蓋，8.4327，西中）

《詩經‧大雅‧皇矣》："受祿無喪，奄有四方。"

■三〇五、成

1. 完成，了結。作謂語。

①牧牛辭斱（誓）成，罰金。（儝匜，16.10285，西晚）

②不逆付，智母（毋）卑（俾）成于瓬。……劓（則）付冊秝。（智鼎，5.2838，
西中）

馬承源註曰："智母（毋）卑（俾）成于瓬：智不能使瓬了結此案。"（《銘文選》第
171頁）

2. 成就，成功。作謂語或謂語中心，或補語。

①大慕（謨）克成。（陳侯因𦆽敦，9.4649，戰晚）

②三年静（靖）東或（國），亡不成，眺天愄（威），否（不）畀屯（純）陟。（班
簋，8.4341，西中）

③隋（登）于大服，廣成辪工。（班簋，8.4341，西中）

④中（終）韓（翰）戲（且）膓（揚），元鳴孔皇，孔嘉元成。（沈兒鐘，1.203，
春晚）

⑤命左關帀（師）𤦲敕（敕）成左關之畚（釜）節于毃（稟）畚（釜）。（陳純釜，
16.10371，戰國）

馬承源註曰："命左闆（關）帀（師）𤦲，敕成左闆（關）之釜節于毃（稟）釜：命
令左關的師𤦲，左關釜的容量完全以稟釜作爲標準。"（《銘文選》第555頁）對於"敕
成"，未有明釋。

本案："敕成"爲"敕"與"成"前皆省略主語的兼語結構，"敕"爲"告誡"義，
"成"爲"辦成，使……成功"之義，"敕成"爲"（某某）告誡（某某）辦成（某事）"
之義，與今之"責成"近同。

《尚書‧禹貢》："禹錫玄圭，告厥成功。"

3. 成就的，成功的。作定語。2見。

①述（遂）定君臣之謂（位），上下之體，休又（有）成工。（中山王礨方壺，
15.9735，戰早）

成工，即成功、成就的事業。

②㠯（以）召（昭）甘（其）辟，休辪成事。（師害簋，7.4116、7.4117，西晚）

成事，辦成的事，成就的事情。與彝銘"成工"同。

③㣲友里君百生（姓）帥（率）䮃（偶）斁于成周，休又（有）成事。（史頌鼎，
5.2787、5.2788，西晚）

4. 壘成，築起。作謂語。1 見。

甗（則）乃成夆（封）亖（四）夆（封）。（九年衛鼎，5.2831，西中）

馬承源註曰："……則乃成夆（封）四夆（封）。……而且築起封柵四處。"（《銘文選》第 138 頁）

劉志基釋譯曰："而且四周築起封界。"（《類檢》第 449 頁）

5. 平，評判，判決。作謂語。1 見。

白（伯）腸（揚）父廼成瞀（劾），曰：牧牛，憲（虐），乃可（苛）湛（甚）！女（汝）敢昌（以）乃師訟。（儆匜，16.10285，西晚）

李學勤曰："成，也是一個法律用詞，《周禮·方士》注：'成，平也。'"（《岐山董家村訓匜考釋》，《古文字研究》第一輯）

馬承源註曰："白（伯）揚父廼成瞀：伯揚父作出判決。……瞀：讀劾。《說文·奴部》：'瞀，奴深堅意也。从奴从貝。貝，堅寶也。讀若概。'瞀字與亥聲字音讀相近可通。如師袁簋'即瞀厥邦獸'，瞀讀刻，是爲殘害之義。瞀在此讀劾，《說文·力部》：'劾，法有辠也。从力亥聲。'段玉裁《注》：'法者，謂以法施之。'《尚書·呂刑》孔穎達《疏》云：'漢世，問罪謂之鞫，斷獄謂之劾。'瞀在此用作名詞，成瞀即作出判決。"（《銘文選》第 185 頁）

6. 通"盛"。盛裝，盛放。作謂語。4 見。

①弔（叔）家父乍（作）中（仲）啟（姬）匡（筐），用成（盛）稻棚（粱）。（叔家父簋，9.4615，春早）

②弶中（仲）乍（作）黹（寶）匲（簋）。……用成（盛）□□糕粉（粱）。（弶仲簋，9.4627，西晚）

③大師小子白（伯）公父乍（作）盠（簋）。……用成（盛）𥝑𥝧（稻）需（糯）梨（粱）。（伯公父簋，9.4628.1、9.4628.2，西晚）

■三〇六、光

1. 光大，顯揚。作謂語或謂語中心。12 見。

①敢追明（明）公商（賞）丂（于）父丁，用光父丁。（矢令方尊，11.6016，西早/矢令方彝，16.9901，西早）

②用竇光癲身。（癲鐘，1.246、1.256，西中）

③用窝光我家。（逋泉鐘，1.64，西中或西晚）

④用竇光沙（粱）賁（其）身，融（擢）于永令（命）。（梁其鐘，1.188、1.190，西晚）

⑤井（邢）厌（侯）光氒吏麥，蕭于麥匒（宮），厌（侯）易（賜）麥金。（麥盉，15.9451，西早）

⑥啐（辟）井（邢）厌（侯）光氒正吏，蕭丂（于）麥匒（宮），易（賜）金。（邢

侯方彝，16.9893，西早）

⑦周師光守宮事。濮（祼）周師，不酓，易（賜）守宮絲束、軎瞙（幕）五、軎軎（羃）二、馬四、蠹布三、冓僅三、坙朋。（守宮盤，16.10168，西中）

⑧女（汝）亦虔秉不（丕）嬰（經）惠（德），台（以）克龕光朕，卲（昭）示之。……刺粒用燮，光之于聿（肆）。（者沪鐘，1.122，戰早）

馬承源註曰："台（以）克龕光朕，卲（昭）丁（示）之：能夠光大佐輔於我，使我能昭示於後世。……光之于聿：明著之于鐘肆。光：動詞，指明著王之訓辭於鐘上。"（《銘文選》第374頁）

2. 賞賜。作謂語中心。5見。

①乙子（巳），子令（命）孚（小子）畣先吕（以）人于董。子光商（賞）畣貝朋（二朋）。子曰。（小子畣卣，10.5417，殷）

②子光商（賞）子啓（啓）貝。用乍（作）文父辛隦（尊）彝。簋。（匽侯旨鼎，11.5965，殷）

③隹（唯）十又三（四）月，王彫，大褅萃，才（在）成周。咸萃，王乎殷羍士。齊弔（叔）矢吕（以）什、車馬、貝朋（三十朋）。敢對（對）王休。用乍（作）寶隦（尊）彝。甘（其）萬年飆（揚）王光羍士。（叔矢方鼎，《文物》2001年第8期第9頁圖二，西早）

此例中"殷""以""休""光"當爲前後互文，皆表賞賜義。

④王姿（光）宰甾貝朋（五朋）。（宰甫卣，10.5395，殷）

⑤子光商（賞）汝丁貝。（子黃尊，11.6000，殷或西早）

張世超引上述二例曰："賞賜。由榮耀、光寵義引申而爲賞賜，猶金文'休''令'亦引申有賞賜義也。宰甾簋：'王姿（光）宰甾（甫）貝五朋。'子尊：'子姿（光）商（賞）奴（？）丁貝。''光賞'同義連用。"（《通解》第2436頁）

■三〇七、賣

後作"贖"。購取，交易。作謂語。3見。

我既賣（贖）女（汝）五［夫］［效］父，用匹馬束絲。……用儥（贖）徙（徙）賣（贖）絲（茲）五夫，用百孚（鋝）。……王人廼賣（贖）用儥（贖）。（智鼎，5.2838，西中）

張世超引此例曰："交易。典籍作'贖'。智鼎：'我即賣（贖）女（汝）五［夫效］父，用匹馬束絲。'又'用遺徙（徙）賣（贖）。'楊樹達曰：'銘文賣字作贖字用，余疑即贖之初文也。《說文》云："賣，衒也，""贖，貿也，"衒訓行且賣，貿訓易財，義相近。加貝旁於賣爲贖，於形爲複矣。'（《金文說》五八葉。）"（《通解》第1578頁）

馬承源註曰："賣：即贖字，義爲買賣行爲。《說文·貝部》：'贖，貿也。'……用儥（贖）徙（延）賣（贖）絲（茲）五夫，用百孚（鋝）：用贖這種金屬貨幣百鋝，來贖換這五名奴隸。……王人的交易使用贖。"（《銘文選》第170~171頁）

■三〇八、佺

1. 同 "佺"，通 "至"。到。作謂語。2 見。

自淲東至于眔（河），卒逆（朔）致（至）于玄水。（同簋蓋，8.4270，西中/同簋，8.4271，西中）

2. 同 "佺"，通 "致"。送詣，致送，饋贈。作謂語或謂語中心。2 見。

①延卑（俾）［饗］弖（以）智酉（酒）彶（及）羊，絲（茲）三乎（銔），用致（致）絲（茲）人。（智鼎，5.2838，西中）

《說文》："致，送詣也。"

②王命中（仲）致（致）歸（歸）乖白（伯）㺇（貔）裘。（乖伯歸夆簋，8.4331，西晚）

馬承源註曰："致：即致。《說文·夂部》：'致，送詣也。从夂从至。'《漢書·武帝紀》'存問致賜'，顏師古《注》：'致者，送至也。'"（《銘文選》第 140 頁）

3. 同 "佺"，通 "致"。施予，施行。作謂語。1 見。

乃師或弖（以）女（汝）告，嗣（則）致（致）乃便（鞭）千。（儌匜，16.10285，西晚）

■三〇九、稟

1. 稟受。作謂語中心。2 見。

①今我隹即井（型）𥄂于玟（文）王正德，若玟（文）王令二三正。（大盂鼎，5.2837，西早）

馬承源註曰："今我以文王的正德爲典範效法而稟受之。𥄂，稟字的或體，意爲稟受。"（《銘文選》第 40 頁）

劉志基註釋曰："今我隹即井（型）𥄂于玟（文）王正德：現在我效法稟受文王純正的德行。井，讀爲型，效法。𥄂，稟的或體。"（《類檢》第 461 頁）

②余告慶曰：公，卒稟貝，用獄䛼（積），爲白（伯）又（有）祗又（有）成。（六年召伯虎簋，8.4293，西晚）

馬承源註曰："卒稟貝，用獄諫（積）：他已經接受了貝，以爲訟獄案內的田賦之值。稟貝：爲受貝。稟，受。《左傳·昭公廿八年》'先王所以稟於天地'，杜預《注》'稟，受也。'"（《銘文選》第 210 頁）

2. 賜予，供給。作謂語。1 見。

事（使）卒咎（友）妻釐（農），延畜（稟）卒孥、卒小子。（農卣，10.5424，西中）

劉志基註曰："畜（稟），《說文》：'賜穀也。'"釋譯曰："讓卒友把女兒嫁給農爲妻子，再供給其妻子和農衣食錢財。"（《類檢》第 605 頁）

■三一〇、凡

通"泛"。泛舟,泛遊。作謂語。1見。

□亥,王又(有)大豊。王凡(泛)三方,王祀祁(于)天室。(天亡簋,8.4261,西早)

劉志基等註曰:"王凡三方:王在辟雍大池中乘舟泛於三方,此爲周代饗射之禮的內容,詳見麥尊銘文。凡讀爲泛。"(《類檢》第168頁)

張世超"同"詞條下引此例,作"王𦥑(同)三方",並曰:"孫師云:''王𦥑三方'就是王同三方。同,在這裡當如吳闓生說,用作會同之同。'"(《通解》第1935頁)

本案:"同"字甲金文中皆有口形,天亡簋字無口,當隸定爲"凡"而非"同"。除《類檢》外,《引得》(第81頁)、《金文資料庫》亦隸定爲"凡"。

■三一一、眔

1. 到達。作謂語中心。

濬嗣(司)土(徒)逪眔畠。(濬司徒逪簋,7.4059,西早)

劉志基註曰:"眔:到達。"釋譯此句爲"濬司徒逪到達所分封的邊邑。"(《類檢》第26頁)

2. 及、到。作謂語中心。

①徙(走)甘(其)眔毕子子孫孫萬年永寶用。(走簋,8.4244,西晚)

②帥(率)瀍(堳)裘衛屬田三(四)田,迺舍寓(寓)于毕邑。毕逆(朔)彊(疆)眔屬田,毕東彊(疆)眔篍(散)田,毕南彊(疆)眔篍(散)田、眔政父田,毕西彊(疆)眔屬田。(五祀衛鼎,5.2832,西中)

馬承源註曰:"毕逆(朔)疆眔屬田,毕東疆眔散田,毕南疆眔散田、眔政父田,毕西疆眔屬田:給予裘衛田的北邊與屬田交界,東邊和散田交界,南邊和散田及政父田交界,西邊和屬田交界。"(《銘文選》第132頁)

劉志基釋譯爲:"給予裘衛的田地北邊和屬的田地交界,東邊和散的田地交界,南邊和散以及政父的田地交界,西邊和屬的田地交界。"(《類檢》第453頁)

張世超曰:"及、到,典籍作'逮'。走簋:'用自乍寶隮殷,徙其眔(逮)毕子子孫孫萬年永寶用。'五祀衛鼎:'毕逆(朔)彊(疆)眔(逮)屬田,毕東彊眔散田。'《論語·里仁》:'古者言之不出,耻躬之不逮也。'"(《通解》第810頁)

■三一二、屯

集,總集。作謂語中心。7見。

①女(如)馬,女(如)牛,女(如)慮(𤣥),屯十台(以)堂(當)一車。女(如)檜(檐)徒,屯廿檜(檐)台(以)堂(當)一車。(鄂君啓車節,18.12110、

18. 12111、18. 12112，戰國）

馬承源註曰：　“女（如）馬、女（如）牛、女（如）㦻（犆），屯十台（以）堂（當）一車：如馬、牛、犆，集十頭以當一車。……女（如）檐（櫓）徒，屯廿檐（櫓）台（以）堂（當）一車：如挑擔之徒，集二十擔以當一車。”（《銘文選》第 435 頁）則“屯”爲“集”義。

②屯三舟爲一舿（舸）。（霝君啓舟節，18. 12113，戰國）

張世超據容庚之說，釋“屯”爲“陳”，曰：“動詞，陳也。鄂君啟舟節：‘屯三舟爲一舿。’容庚曰：‘《離騷》“屯余車其千乘”注“陳也。”’（《金文編》三二葉（新版）。）”（《通解》第 74 頁）

我們暫從馬說。

■三一三、祠

1. 春祭，祭祀。作謂語中心。2 見。

不敢窢（寧）處，敬命新墜（地），雨（禴）祠先王，枻（世）枻（世）母（毋）㐹。（䢃鎡壺，15. 9734，戰早）

馬承源註曰：　“敬命新墜（地），雨（禴）祠先王：命新獲之地區，以‘禴’和‘祠’祭享先王。雨祠：雨讀作禴，雨、禴聲近。《詩·小雅·天保》：‘禴祠蒸嘗，于公先王。’是雨祠即禴祠，並爲祭名。”（《銘文選》第 580 頁）

張世超曰：“動詞，祭也。鎡壺：‘雨（雩）祠先王。’”（《通解》第 29 頁）

2. 祭祀時所用的。作定語。1 見。

邘王之愵（賜）金，台（以）爲祠器。（趙孟庎壺，15. 9678、15. 9679，春早）

張世超曰：“名詞，祭祀。趙孟壺：‘以爲祠器。’”（《通解》第 29 頁）

本案：當爲動詞作定語。銘文中常見“旅鼎”“行鬲”“祭耑（鍴）”等，器名之前此一類字皆當爲動詞作定語。

■三一四、既

1. 完盡，完畢。作謂語中心。2 見。

舍三（四）方令。既咸令，甲申，明（明）公用牲㪔（于）京宮。乙酉，用牲㪔（于）康宮。咸既，用牲㪔（于）王。（矢令方尊，11. 6016，西早／矢令方彝，16. 9901，西早）

此依張世超之說。張引此例曰：“盡，完盡，完畢。動詞。……銘內‘既咸’與‘咸既’同。‘咸’‘既’二詞同義連用，統表完畢之誼。”（《通解》第 1278 頁）則“既”“咸”皆爲動詞，同義連用。典籍中亦有此類用法，如揚雄《法言》：“迄始皇三載而咸，時、激、地、保、人事乎？”

張玉金在“西周漢語聯合複句”一節中曰：“這種關聯詞語，可以是起關聯作用的副詞，也可是連詞。”（《西周漢語語法研究》第 339 頁）“順承複句有時使用一個關聯詞語，這個關聯詞語用在前面的分句中。有‘既’‘咸’‘既咸’和‘咸既’。……使用‘既咸’‘咸既’的。‘既’和‘咸’同義，所以可以連用。它們之間是並列關係，所以位置可以互換。例如：（1）既咸令，甲申明公用牲於京宮。（《矢令方尊銘》）（2）咸既，用牲於明公。（同上）（此例的‘咸既’之後，承前省去了中心語。）”（《西周漢語語法研究》第 342~343 頁）則“既”“咸”同義，皆爲關聯詞語（副詞或連詞）。

本案：二張之說，皆有其理。其共同點在於，皆曰“既咸”連用時，“既”“咸”同義，詞性同一；不同點在於，一曰動詞，一曰關聯詞語。我們認爲還有多種可能性，例如“既咸”連用時，“既”爲時間副詞，“已經”之義，“咸”爲範圍副詞，“皆、都”之義，“既咸令”意爲“已經都下達了命令”，“咸既”意爲“都已經（用牲）”，“既”“咸”皆爲副詞作狀語修飾後面的謂語，連用時其排列順序可調換。

2. 通“即”。進入，到達。作謂語。2 見。

①隹（唯）正月初吉，君才（在）鬳，既（即）宮，命遹（趞）事于述土。（趞盂，16.10321，西中）

黃盛璋曰：“既宮，即宮，與‘即大室’同義。”（《趞盂新考》，《人文雜誌》1982 年第 5 期）

②旦，王各（格）廟，既（即）立（位），宰智入右蔡立中廷。（蔡簋，8.4340，西晚）

既立，即“即位”，銘文中常見，如“王才（在）周，各（格）大室，即立（位）”（走簋，8.4244，西晚）。

■三一五、袏

通“否”。否定，否決，貶抑。作謂語中心。2 見。

蔡庆（侯）龖虔共（恭）大命，上下陟袏，敬敬不惕，肇襻（佐）天子。（蔡侯尊，11.6010，春晚/蔡侯盤，16.10171，春晚）

張世超曰：“用同‘否’。……案：‘陟’爲知母字，上古舌上音歸舌頭，故與‘得’音通（‘陟’、‘得’古韻同部）。《周禮·大卜》：‘三曰咸陟。’鄭注：‘陟之言得也。’《禮記·大學》：‘慮而後能得。’鄭注：‘得事之宜也。’《左傳》宣公十二年：‘執事順成爲臧，逆爲否。’‘陟袏’猶‘臧否’也。此處爲偏義複詞，義爲得，爲順。”（《通解》第 37~38 頁）

馬承源讀爲“配”，註曰：“上下陟袏（配）：陞配于天，天降善德。陟袏：讀爲陟配。袏、配同滂紐，袏從否聲之部，配是微部，之微可旁轉，上是天，下是人世，由下而上，蔡侯升祖先而配天，由上而下，上天降德于蔡。上下陟袏是習語。”（《銘文選》第 395 頁）

本案：張、馬之說皆可通。然從“袏”“否”“配”三字字形關聯緊密度來看，以張說爲佳；從上下文語境來看，亦以張說爲佳，因爲此段銘文當皆言蔡侯如何處事執政，若其間插入天人相通之言，略顯唐突。另，"陟祒"可如張說，以爲偏義（以"順"訓"陟"，似以"陟祒"爲形容詞性偏義複詞），然亦可視爲（動詞性）反義複詞，"祒"亦表義，"上下陟祒"意爲蔡侯身居要職，臧否（褒貶、陟黜）上下官吏。

■三一六、禞

祭祀。作謂語中心。1 見。

甹（祇）敬禞祀。（邿侯簋，16.10583，戰國）

郭沫若曰："禞殆禬若祔字之異。"（《大系考釋》第 227 頁）

此"禞祀"可看成同義並列動詞作謂語，"甹笛叀敬"作狀語，恭敬地祭祀之義；也可以看成同義並列名詞作賓語，"甹敬"作謂語，恭敬於祭祀之義。

■三一七、奰

以鳥佳薦祭，祭祀。作謂語中心。1 見。

公歸奰扜（于）周廟。（墜方鼎，5.2739，西早）

■三一八、气

1. 後作"乞"。乞求，求福。作謂語中心。3 見。

①用气（乞）釁（眉）畵（壽），萬年無彊（疆）。（郜雔公諴鼎，5.2753，春早）

②洹子孟姜用气（乞）嘉命，用旂（祈）釁（眉）畵（壽）。（洹子孟姜壺，15.9729、15.9730，春秋）

2. 後作"訖"。終止，斷絕。典籍作"訖"。作謂語。3 見。

①不（丕）顯王乍（作）肯（省），不（丕）緐（肆）王乍（作）庚（庚），不（丕）克气（訖）衣（殷）王祀。（天亡簋，8.4261，西早）

劉志基註曰："不（丕）克乞衣（殷）王祀：能夠斷絕殷王的祭祀。乞：止，斷絕。"釋譯曰："光顯的文王積善於前，偉大的武王繼之在後，能夠斷絕殷王的祭祀煙火。"（《類檢》第 168 頁）

《尚書·西伯戡黎》："天既訖我殷命。"

②公尹白丁父兄（貺）于戍，戍冀。嗣气（訖），令敢朋（揚）皇王宮。（作冊矢令簋，8.4300、8.4301，西早）

嗣气（訖），殆言"戍冀"之事到期完畢。

■三一九、蒐

秋獵（據《公羊傳》《穀梁傳》），或說春獵（據《左傳》）。作謂語中心。1 見。

隹（唯）送（朕）先王，茅蒐狃（畋）獵，于皮（彼）新坴（土）。其遀（會）女（如）林。（奸盗壺，15.9734，戰早）

馬承源註曰："茅蒐㹺獵：四時狩獵之專名，文獻記載未盡相同。《公羊傳·桓公四年》：'春曰苗，秋曰蒐，冬曰狩'。《穀梁傳》：'春曰田，夏曰苗，秋曰蒐，冬曰狩。'"將此句釋譯爲："我先王四時田獵于彼新土，會合狩獵之兵衆，盛況如林。"（《銘文選》第 580 頁）

《白虎通·田獵》："秋謂之蒐何？蒐，索肥者也。"

《左傳·隱公五年》："故春蒐，夏苗，秋狝，冬狩。"

■三二〇、蒙

遮蓋，被覆。作謂語。1 見。

氒（是）㠯（以）身蒙辠（辝）胄，㠯（以）戕（誅）不愻（順）。（中山王嚳方壺，15.9735，戰早）

■三二一、𤖎（藏）

通"藏"，後作"藏"。收藏，保存。作謂語。1 見。

元（其）一坓（從），元（其）一𤖎𦥑（府）。（兆域圖銅版，16.10478，戰晚）

馬承源註曰："元（其）一坓（從），元（其）一𤖎（藏）𦥑（府）：王命兆域之圖共二，其一隨葬，其一藏於府。……𤖎：讀爲藏。从宀牆聲，牆爲古醬字，與藏皆以爿爲聲符，音近假借。"（《銘文選》第 585 頁）

■三二二、名

1. 命名，取名。作謂語。2 見。

朕余名之，胃（謂）之少虞。（少虞劍，18.11696、18.11697，春晚）

2. 銘寫，登錄。作謂語中心。1 見。

今余既嚻（訊）有嗣（司）曰："厥令。"今余既一名典獻（獻），白（伯）氏則（則）報璧。（六年召伯虎簋，8.4293，西晚）

馬承源註曰："余既一名典獻：我已將此事立于典籍，獻之有司。一名典：一，語辭。《尚書·盤庚中》：'今予命汝，一無起穢以自臭。'一爲語辭。名，成。《廣雅·釋詁三》訓名爲'成也'，成猶立。典，經籍。此指官方的記錄。"（《銘文選》第 210 頁）

林澐曰："一名典，疑是將僕庸土田一一登錄於文書之意。……現在我已經把全部約劑寫好，送給您。"（《珤生簋新釋》，《古文字研究》第三輯）

■三二三、吾

1. 防護，衛禦。見於"干吾"，字亦作"干害"。作謂語中心。2 見。

①衒（率）㠯（以）乃友干（扞）吾（敔）王身。（師詢簋，8.4342，西晚）

②㠯（以）乃族干（扞）吾（敔）王身。（毛公鼎，5.2841，西晚）

2. 通"御"。所使用的。作定語。1見。

商乍（作）父丁吾隣（尊）。（商作父丁犧尊蓋，11.5828，西早）

唐蘭論沈子它簋蓋銘"吾考"之"吾"時曰："吾讀若御。……這裏的'吾考'和商犧尊的把尊稱爲'吾尊'都是一種尊稱。"（《論周昭王時代的青銅器銘刻》，《古文字研究》第二輯）則此"吾"讀若"御"，表尊稱。

我們認爲，"吾"讀若"御"，可也，然"御"表尊稱，一般爲後世用於對帝王所作所爲及所用物的敬稱，西周之初，似尚無此用法。故即如唐氏讀"吾"若"御"，似以解爲動詞"御用，使用"之義更爲適宜。另，此"吾"解爲人名，似亦可通。

■三二四、哉

1. 通"載"。與，給予。作謂語。1見。

夲（慎）爲之名（銘）。元器其舊，哉（載）公釁（眉）嗇（壽），龜（邞）邦是保。（邞公華鐘，1.245，春晚）

馬承源亦隸讀爲"哉（載）"（《銘文選》第525頁），然未作註解。

《廣雅‧釋詁三》："載，予，與也。"《國語‧晉語四》："子犯授公子載璧。"朱駿聲《說文通訓定聲》："重耳所與璧也。"

2. 通"載"。任，爲，輔助。作謂語中心。1見。

懲學趄趄，哉弻王兓。（者沪鐘，1.122，戰早）

馬承源註曰："哉弻王兓：似爲輔弻于王之義。哉：通作載，有任、爲之義。兓：字不識。"（《銘文選》第374頁）

■三二五、㦲

通"載"。裝載，載運。作謂語。1見。

長榜（榜）㦲（載）首百，靷（執）嚜（訊）冊，奪孚（俘）人㕖（四）百。（敌簋，8.4323，西晚）

■三二六、載

1. 裝載，載運。作謂語或謂語中心。5見。

①女（如）載馬牛羊，台（以）出內（入）圔（關），剮（則）政（徵）於大廥（府），毋政（徵）於圔（關）。（噩君啓舟節，18.12113，戰國）

②毋載金革黽箶（箭）。（噩君啓車節，18.12110、18.12111、18.12112，戰國）

2. 記載，記錄。作謂語或謂語中心。2見。

因輩（載）所美，邵（昭）蔡皇工（功），詆郾（燕）之訛，呂（以）憼嗣王。……輩（載）之笊（簡）箈（策），呂（以）戒嗣王。（中山王嚳方壺，15.9735，

戰早）

3. 通"餥"。設食，陳設食物。作定語。3 見。

①虎㲃（姒）君党鐸（擇）甘（其）吉金，自乍（作）載（餥）鼎。（虎姒君鼎，4.2477，春晚）

張世超引此例曰："叚爲'餥'，設食也。虎㲃君鼎：'虎㲃君□鐸其吉金，自乍載（餥）鼎。'"（《通解》第 3324 頁）

《說文·卷三·皀部》："餥，設飪也。从皀从食，才聲。讀若載。"

然此例《金文資料庫》隸讀作"旃（旅）"字。

②埔（墉）夜君成之載（餥）鼎（鼎）。（墉夜君成鼎，4.2305，戰國）

③□鏽用戠大嗇牖臣釁（鑄）其載戈。（口鏽用戈，17.11334，春早）

前二例之"載"讀爲"餥"，釋爲"設食"可也，然此例"載戈"若作此解，殊爲乖迕。此三例之用義當同，當以它義釋之方可圓通一致。未見諸家對此"載戈"作解，亦未省其奧，暫作此解列於此義項下。

■三二七、輔

輔助，幫助。作謂語中心。2 見。

①㞷非正命，廼敢庆（疾）嚇（訊）人，剅（則）唯輔天降壹（夷）。（塱盨，9.4469，西晚）

馬承源註曰："㞷非正命，廼敢庆（疾）訊人，則唯輔天降罜（喪）：非有正當的命令，而敢疾厲刑訊民人，則是助天降下災禍。"（《銘文選》第 313 頁）

②舉臤（賢）逨（使）能，天不臭（敢）其又（有）忨，逨（使）夏（得）臤（賢）在（士）良猺（佐）㫃，㠯（以）輔相㞷身。（中山王𨊞方壺，15.9735，戰早）

《孟子·公孫丑上》："又有微子、微仲、王子比干、箕子、胶鬲，皆賢人也，相與輔相之。"

■三二八、台

用，爲，任用。作謂語。1 見。

余彌心畏愄（忌），余四事是台（以）。余爲大攻（工）厄（軶）、大吏（史）、大造、大宰，是辝（以）可事（使）。（䣄鎛，1.271，春中或春晚）

馬承源註曰："四事是以：四事，四職事，即下文大工軶、大史、大造和大宰四職事。是，爲也；以，作動詞，意爲用。《左傳·成公八年》'霸主將德是以'，用法相同。四事是以即四事爲用，也就是以此四職爲己任的意思。"（《銘文選》第 535 頁）

張世超引此例曰："與'㠯（以）'同用，動詞，用。……此爲賓語前置句。"（《通解》第 176 頁）

本案：當如張說，以"四事是台（以）"爲賓語前置句，"台（以）四事"也，"是"爲提前賓語之標誌，沒有必要如馬說，解"是"爲"爲"。

■三二九、咸

完盡，完畢。作謂語中心。約 18 見。

①王亯（誥）宗坴（小子）戼（于）京室，曰。……王咸亯（誥），砢（何）易（賜）貝萠（卅朋）。（何尊，11.6014，西早）

劉志基註曰："王咸亯（誥）：王結束了訓誥。"（《類檢》第 617 頁）

②王休偈（宴），乃射。駿（馭）方卿（會）王射。駿（馭）方休闌。王宴。咸會（飲），王寴（親）賜駿（馭）方玉五瑴、馬三（四）匹、矢五束。（𢆃侯鼎，5.2810，西晚）

馬承源註曰："王休屖（宴），乃射：王停止了宴飲，接着就舉行射禮。休闌：射禮結束。咸會：即飲咸之倒文，飲酒告終。"（《銘文選》第 281 頁》）

張世超引此例及上舉何尊例謂其"咸"爲："既，已，副詞。"（《通解》第 179 頁）

我們認爲當如馬、張之說，作動詞看待爲佳。

③隹（唯）公大史見服于宗周年，才（在）二月既望乙亥。公大史咸見服于辟王，辨于多正。（作冊䰜卣，10.5432，西早）

劉志基註曰："咸見服于辟王：公大史完成了對君主朝見的各項禮儀。……辨于多正：公大史的地位爲官員們所明察。"（《類檢》第 611 頁）

④王才（在）蒡京溼宮，寴（親）令史懋路（露）籆（筮）。咸，王乎（呼）伊白（伯）易（賜）懋貝。（史懋壺，15.9714，西中）

⑤舍三（四）方令。既咸令，甲申，明（明）公用牲戼（于）京宮。乙酉，用牲戼（于）康宮。咸既，用牲戼（于）王。（矢令方尊，11.6016，西早/矢令方彝，16.9901，西早）

"既、咸"同義連用。

⑥王才（在）周，各（格）大室，咸，井（邢）弔（叔）入右趞。（趞觶，12.6516，西中）

馬承源註曰："咸：金文中常以咸字爲句，以示所行之事皆俱。但王格某處與儐相入右之間一般都無咸字，此例僅見。"（《銘文選》第 178 頁》）

張世超引此例曰："族氏。趞簋：'咸井（邢）弔（叔）入右趞。"（《通解》第 179 頁）

我們認爲當如馬說，作動詞看待爲佳。"井弔（邢叔）"之人名銘文中常見，前皆無"咸"作族氏例；此例雖僅見王格某處與儐相入右之間加一"咸"字，然解作王格之事完畢後入右趞，並無不妥。

■三三〇、㝵

通"持"。持有，擁有。作謂語或謂語中心。86 見。

①曾庆（侯）乙乍（作）㝵。商角。商曾。割（姑）娷（洗）之商角。（曾侯乙鐘下二2，2.290，戰早）

馬承源註曰："時：《說文》所無，从口寺聲，當假作庤。《詩·周頌·臣工》：'庤乃錢鎛。'毛亨《傳》：'庤，具也。'《玉篇》所釋並同。"（《銘文選》第 455 頁）《說文·卷九·广部》："庤（庤），儲置屋下也。从广寺聲。"則"時"爲"庤""具"義，亦即"儲置""儲備"義。

張世超曰："假爲'持'。"（《通解》第 206 頁）

本案：馬、張之說皆可通。然某人製作並擁有某器，似較某人製作並儲備某器之義更爲簡順，故暫取張說。

②曾伕（侯）乙酢（作）時，甬（用）冬（終）。（曾侯乙鬲，3.577，戰早/曾侯乙匕，3.947，戰早/曾侯乙鼎，4.2292，戰早/曾侯乙勺，16.9927，戰早/曾侯乙冰缶，16.10000，戰早/曾侯乙箕，16.10398、16.10399，戰早/曾侯乙簠，4.4495、4.4496，戰早）

③楚王酓章乍（作）曾伕（侯）乙宗彝，奠之于西旝，其永時用喜（享）。（楚王酓章鐘，1.83，戰早/楚王酓章鎛，1.85，戰早）

■三三一、毀

同"襄"，後作"鑲"或"纕"。作謂語。2 見。

①陳（陳）璋內伐匽（燕），亳邦之隻（獲），廿二。重金絡（絡）毀（鑲），受一㪷五毄。（陳璋鑘，16.9975，戰國）

②廿二，重金絡（絡）毀（鑲），受一㪷五毄。（廿二壺，《文物》1982 年第 11 期，戰晚）

絡毀，何琳儀讀爲"絡纕"（《戰國文字通論》第 174 頁）。李學勤讀爲"絡鑲"。（《戰國文字通論·序》）

■三三二、走

1. 奔跑，急行。即今之所謂跑。作謂語中心。1 見。

令眔奮先馬徒（走）。（令鼎，5.2803，西早）

劉志基註曰："先馬走：即先行、前驅。"（《類檢》第 420 頁）

2. 喻勤勉效力。用於"奔走"一語。作謂語中心或狀語。7 見。

①海（敏）朝夕入闇（諫），喜（享）奔走，愧（畏）天愧（威）。　（大盂鼎，5.2837，西早）

②魯天子㝬（受）阜順（順）福，克奔徒（走）二（上下）帝，無冬（終）令巠（于）有周。（榮作周公簋，8.4241，西早）

③用受値（德），妥（綏）多友（祐），喜（享）旌（奔）徒（走）令。（麥方尊，11.6015，西早）

④用從井（邢）伕（侯）征事，用旌（奔）徒（走）殀（夙）夕，翯卸（御）事。

（麥盉，15.9451，西早）

⑤鹽（召）啓進事，旌徒（走）事皇辟君。（召圜器，16.10360，西早）

⑥效不敢不邁（萬）年殂（夙）夜奔徒（走）虢（揚）公休。（效尊，11.6009，西中）

⑦效不敢不萬年殂（夙）夜奔徒（走）虢（揚）公休。（效卣，10.5433，西中）

《詩經·周頌·清廟》："對越在天，駿奔走在廟。"

《尚書·酒誥》："小子惟一妹土，嗣爾股肱，純其藝黍稷，奔走事厥考厥長。"

3. 奔行時所使用的。作定語。3 見。

①自乍（作）其走鍾（鐘）。（自作其走鐘，1.7，春秋）

"走鍾"當與銘文中之"征盨""行器"類同，"走""征""行"等皆作定語，以表此器乃出門在外時隨帶所用。

②曾厌（侯）乙之走戈。（曾侯乙戈，17.11168、17.11171，戰早）

同名之器尚有"曾厌（侯）乙之寢戈"（曾侯乙戈，17.11167，戰早）、"曾厌（侯）乙之用戈"（曾侯乙戈，17.11169、17.11170，戰早），"走""寢""用"等皆作定語。

4. 掌管。用於"走馬""走亞"一語。作謂語中心。20 見。

①益公右（佑）徒（走）馬休入門。（走馬休盤，16.10170，西中）

②今余令女（汝）酋官嗣（司）邑人、先虎臣、後庸、西門尸（夷）、霖（秦）尸（夷）、京尸（夷）、䕃尸（夷）、師爷儡（側）新□華尸（夷）由、□尸（夷）、㕚人、成周走亞、戍、霖（秦）人、降人、服尸（夷）。（訇簋，8.4321，西晚）

■三三三、趣

通"取"。擇取，選取。作謂語中心。1 見。

鄬（鄬）厌（侯）少子耕乙𤔲（考孫）丕巨盤（合）趣（取）吉金，妳乍（作）皇妣𧨀君中（仲）妃（妃）祼（祭）器八䵼（簋）。（鄬侯少子簋，8.4152，春秋）

"趣（取）吉金"，彝銘多作"𨤲（擇）乓吉金"，"趣（取）"與"𨤲（擇）"同義。《莊子·天地》："趣捨滑心，使性飛揚。"成玄英疏："趣，取也。滑，亂也。順心則取，違情則捨。"

■三三四、歲

歲祭。在銘文中可泛指祭祀。作謂語中心。16 見。

①易（賜）女絲（茲）幷（膌），用歲用政（征）。（毛公鼎，5.2841，西晚）

馬承源註曰："歲：歲祭，甲骨卜辭常見。……歲祭是薦歲事于祖考，乃是大祭。"（《銘文選》第319頁）

吳闓生曰："歲，祭歲也。《洛誥》有'烝祭歲'之文，《周書·作雒解》：'王既歸，乃歲，十二月崩鎬。'此可見祭歲爲古人大政，所謂'國之大事在祀與戎'也。"（《大系

考釋》第 138 頁）

郭沫若曰："今案歲祭之名，卜辭多見。《墨子·明鬼篇》引古語云'吉日丁卯，用伐祀社方，歲于祖若考，以延年壽。'……用歲亦猶用禷矣。用歲者承卣甾鬯圭瓚言，用征者承車馬旂旆言。"（《大系考釋》第 138～139 頁）

②楚王酓肯复（作）盥（鑄）鈛鼎（鼎），台（以）共（供）哉宷。（楚王酓肯鈛鼎，4.2479，戰晚）

馬承源註曰："哉宷：'哉'同鄂君啓節，即'歲'。宷，乃《爾雅·釋天》'秋祭曰嘗'之'嘗'的假借字。"（《銘文選》第 436 頁）

③正月吉日，窀盥（鑄）匋（鑄）鼎（鼎），㠯（以）共（供）哉宷。（楚王酓忑鼎，5.2794，戰晚）

張世超曰："此銘'歲'與'嘗'皆祭祀也，此以'歲嘗'泛指一切祭祀。"（《通解》第 258 頁）

④郪坴（陵）君王子罷（申），攸鋅（哉），哉（造）鋊盍（蓋），攸立哉宷，㠯（以）祀皇且（祖）。（郪陵君王子申豆，9.4694，戰晚）

馬承源註曰："攸立哉宷（嘗）：長置爲歲嘗之祭。"（《銘文選》第 444 頁）

■三三五、乏

匱乏，引申爲斷絕。作謂語。1 見。

㠯（以）內醫（絕）卲（召）公之䇦（業），乏其先王之禔（祭）祀。（中山王䵼方壺，15.9735，戰早）

銘內"乏"與"絕"互文。或以爲此"乏"假爲"廢"，實不必改字，乏則廢，自有其義。《左傳·襄公十四年》"匱神乏祀"，"匱""乏"互文。《左傳·僖公三十年》："行李之往來，共其乏困。""乏""困"同義連文。《齊策》："孟嘗君使人給其食用，無使乏。"此"乏"亦斷絕供應義。

■三三六、迹

循道，即遵循守法度。作謂語。3 見。

①淮尸（夷）緐（舊）我員（帛）晦（賄）臣，今敢騲（薄）乑眔（衆）叚，反乑工吏，弗速（蹟）我東鹹（國）。（師寰簋，8.4313.2、8.4314，西晚）

馬承源註曰："弗速（蹟）我東郘（國）：速，同蹟。弗蹟，即不蹟。《詩·小雅·沔水》：'念彼不蹟'，毛亨《傳》：'不蹟，不遁道也。'意即淮夷的叛變使我東國出現了不循王道的事。"（《銘文選》第 307 頁）

張世超曰："'弗迹我東域'，言背法而行于東土。《詩·小雅·沔水》：'念彼不蹟，載起載行。'毛傳："不蹟，不循道也。"'弗速（迹）'與'不蹟'同。"（《通解》第 271～272 頁）

本案：馬張皆讀爲"迹"，然所釋句義迥異：張義爲淮夷不速，馬義爲我東國內之部分民人趁機不速。觀上下語境，當以張說爲連貫合協。

②淮尸（夷）繇（舊）我員（帛）晦（賄）臣，今敢尌（薄）厥眾（衆）叚，反工吏，弗速（蹟）我東國（國）。（師衰簋，8.4313.1，西晚）

■三三七、述

1. 循，經由。作謂語。2 見。

白（伯）懋父曰（以）殷八自（師）征東尸（夷）。唯十又一月，甽（遣）自䣓自，述東陕，伐海眉。（小臣謎簋，8.4238、8.4239，西早）

唐蘭引《說文》"述，循也"解曰："述東陕是經由東邊的一些山道去伐海眉。"（《論周昭王時代的青銅器銘刻》，《古文字研究》第二輯）

2. 通"隊（墜）"。失，墜失。作謂語中心。2 見。

①我䎨（聞）殷述（墜）令，隹（唯）殷㳄（邊）厌（侯）田（甸）雪（與）殷正百辟，率肆（肆）于酉（酒），古（故）喪自（師）。（大盂鼎，5.2837，西早）

《尚書·君奭》："殷既墜厥命，我有周既受。"孔安國傳："殷已墜失其王命。"

②用乍（作）且（祖）乙隩（尊），其䢙（百世）子子孫孫永寶用勿述（墜）。（守宮盤，16.10168，西中）

張世超引此例隸讀爲"述（墜）"（《通解》第 288 頁），馬承源引此銘隸讀爲"遂（墜）"，（《銘文選》第 181 頁）。此字原拓不清，暫依張說。

3. 通"遂"。進，至，達。作謂語。1 見。

王各（格）于周廟，述（遂）于圖室。嗣（司）徒南中（仲）右無重鬥（入門），立中廷。王乎（呼）史翏冊令無重曰："官嗣（司）𥧫（穆）王遹偂（側）虎臣。易（賜）女（汝）玄衣、黹屯（純）、戈甬（琱）、㦰骸（緱）、必（柲）、彤沙（綏）、攸勒、䜌（鑾）旂。"（無重鼎，5.2814，西晚）

此依張世超、徐中舒之說。張引此例曰："假爲'遂'，進也，至也，達也。無重鼎：'王各（格）于周廟，述（遂）于圖室。'徐中舒解爲'達于圖室也。'（《逨敦考釋》，《史語所集刊》三）《玉篇》：'遂，進也。'《易·大壯》：'羝羊觸藩，不能退，不能遂。'李鼎祚集解引虞翻曰：'遂，進也。'"（《通解》第 288 頁）。

然《金文資料庫》隸讀爲"灰（賄）"，馬承源隸讀爲"灻（賄）"。馬曰："灻（賄）于圖室：王在圖室錫賄贈之命。灻：即灰字，《說文·火部》：'灰，死火餘㶳也，從火又。又，手也，火既滅，可以執持。'灰字在此於義不洽，當假爲賄，灰賄古同音。賄是賄贈之義。"（《銘文選》第 313 頁）

本案：《說文·卷十·火部》："灰（灰），死火餘㶳也。從火從又。又，手也。火既滅，可以執持。"從小篆字形來看，"灰"上爲"又"，下爲"火"，而無重鼎之"灻"，上爲"叉"，下似非"火"，而與"述"下之形更爲接近；另，若認作"灰"字，銘文僅此一見，似亦不合常情；再者，若隸讀爲"灰（賄）"，從行文來看，先言王格於周廟，次言王灰（賄）於圖室，次言司徒南中仲無更入門立中廷，次又言王呼史翏冊賜無更，則賄賜之說先後兩見，行文複沓，不似銘文先言格至導佑之禮畢，方始賜令之常見行文格式連貫簡潔。故當以張、徐之說爲佳，隸讀爲“述（遂）”。

■三三八、過

通“勾”。祈求。作謂語。1見。

□用過（勾）釁（眉）耆（壽）多福（福）。（郘大宰鐘，1.86，春秋）

此依張世超之說。張曰：“假作‘勾’。郘大宰鐘：‘［歖］周過（勾）釁耆多福（福）。’”（《通解》第290頁）

然此例《金文資料庫》隸讀爲“□用□釁（眉）耆（壽）多福（福）”，則是否“過”字，仍有疑慮；且張之“周”字，恐亦當爲“用”，蓋銘文體例常用“用勾”“用斨”等，表祈求義動詞前罕見不加“用”字的。

■三三九、進/逮

（一）進

1. 進至君前，受職事。作謂語。1見。

盅（召）啓進事，旂徒（走）事皇辟君。（召圜器，16.10360，西早）

《孟子·公孫丑上》：“治則進，亂則退，伯夷也。”

2. 舉薦，起用。作謂語中心。1見。

進孯（賢）散（措）能，亡又（有）轉息。（中山王䤼方壺，15.9735，戰早）

《周禮·天官·大宰》：“以八統詔王馭萬民：一曰親親，二曰敬故，三曰進賢，四曰使能。”

3. 進納，進獻。作謂語。1見。

盂捧（拜）頴首。［以］訢（狩）進，即大廷。（小盂鼎，5.2839，西早）

馬承源註曰：“［以］訢進，即大廷：謂獻俘於周朝的大廷。”（《銘文選》第42頁）

4. 所進納的，所進獻的。作定語。1見。

淮尸（夷）舊我員（帛）晦（賄）人，母（毋）敢不出其員（帛）、其賓（積）、其進人。（兮甲盤，16.10174，西晚）

“其進人”當爲其所需進納之人義，“進”爲定語。郭沫若謂“其進人”者乃力役之征也。（《大系考釋》第144頁）

5. 前進，引申猶“增益”“不遵從”義。見於“進退”一語。作謂語中心。1見。

又（有）進退，雰邦人、疋（胥）人、師氏人又（有）辠又（有）故（辜），迺騎𤔲（偁）即女（汝）。迺𩇨（縣）宕，卑復虐逐辤君辤師，迺乍（作）余一人𩁹（咎）。（𡐝盨，9.4469，西晚）

6. 前進，引申猶“賞”。見於“進退”一語。作謂語中心。1 見。

今余非敢夢先公有進逤（退）。（卯簋蓋，8.4327，西中）

（二）逮

同“進”，前進，典籍作“進”，引申猶“增益”“不遵從”義。見於“進退”一語。作謂語中心。1 見。

逮（進）退迣乏（法）者，死亡若（赦）。若不行王命者，快（殃）遾（咎）子孫。（兆域圖銅版，16.10478，戰晚）

馬承源註曰：“逮（進）退迣乏者，死亡若（赦）：不按制度而有所損益觸法者，死無赦。”（《銘文選》第 575 頁）

朱德熙、裘錫圭謂猶言“損益”“出入”，引申爲“違失”“不遵從”。（《平山中山王墓銅器銘文的初步研究》，《文物》1979 年第 1 期）

銀雀山竹簡佚書：“欲其吏大夫之毋進退，禁令以相爲。”

■三四〇、逾

逾越，橫渡。作謂語。4 見。

自䢍（鄂）生（往）：逾沽（湖），让簗（灘），庚脣，庚芑昜（陽）；逾簗（灘），庚甿（邨）；逾頋（夏），內（入）郘（邔）；逾江，庚彭弜（澤），庚松昜（陽）。（鄂君啓舟節，18.12113，戰國）

馬承源註曰：“自鄂往：逾沽（湖）、让灘，庚脣，庚芑陽；逾灘，庚邨，逾頋，內（入）邔：從鄂出發，越湖，溯漢水而上，過脣、芑陽，越漢水、過邨，越夏水，入於邔。這是航程的西北路。逾：越。指更換水路。”（《銘文選》第 433 頁）

銘文所見均指渡越江河湖澤。于省吾曰：“舟節在稱庚之外，又稱逾，让，入，均指水行言之。其稱逾者有四，逾沽，逾漢，逾夏（夏水），逾江。凡稱逾者，指越過此水而達於彼處言。（《鄂君啓節考釋》，《考古》1963 年第 8 期）

■三四一、迨

1. 會合，聚合。作謂語中心。2 見。

①曰古文王，初戩（鑒）龢于政，帝（上帝）降懿（懿）德大屏（屏），甸（撫）有亖（上下），迨（合）受萬邦。（史牆盤，16.10175，西中）

此依張世超之說。張引此例曰：“會合，聚合。春秋以後，或用‘迨’、‘會’，典籍以‘合’與‘會’寫之。今人讀彝銘，皆從《說文》而釋讀爲‘會’。……唐蘭于豪亮俱以爲‘迨受’與《書·皋陶謨》‘翕受敷施’之‘翕受’同。（唐蘭說見《略論西周微史家族窖藏銅器群的重要意義》。于說見《牆盤銘文考釋》，《古文字研究》七輯。）孔傳：‘翕，合也。’典籍或用‘合’。《論語·憲問》：‘桓公九合諸侯。’”（《通解》第 297 頁）

然馬承源註曰：“匍（撫）有上下，迨（合）受萬邦：上下，指貴族中尊卑的等級。……迨：讀爲合，經籍或作‘翕’，《尚書·皋陶謨》：‘翕受敷施，九德咸事。’孔安國《傳》：‘翕，合也。能合受三六之德而用之以布施政教。’《廣雅·釋詁四》訓合爲‘同也’。合受，完全接受。”（《銘文選》第 154 頁）則“合”爲範圍副詞，“完全”義。

劉志基註曰：“匍有上下：即廣有天下臣民。匍，讀爲‘撫’。上下，指不同等級的臣民。迨（合）受萬邦：即接受天下各方諸侯的臣服朝拜。迨（合）受，即完全接受。”釋譯爲：“天降美德與有力的輔佐，安撫全國上下，會合遠近諸侯。”（《類檢》第 687～689 頁）則似前後矛盾，註解中之“合”爲範圍副詞，“完全”義，釋譯中之“合”爲動詞，“會合”義。

本案：將此“迨（合）”看作動詞或範圍副詞皆可，但應與前之“匍”關聯對應，二者當爲互文。“匍”亦可看作動詞或範圍副詞：看作動詞，可讀爲“撫”；看作副詞，可讀爲“溥（普）”，如《詩經·小雅·北山》：“溥天之下，莫非王土。”

②曰古文王，初䤴穌于政，上帝降懿（懿）德大甹（屏）。匍（撫）有三（四）方，匋（合）受萬邦。（癲鐘，1.251，西中）

2. 朝見天子。作謂語或謂語中心。4 見。

①丁卯，王令宜子迨（會）西方。所（于）省佳（唯）反（返），王商（賞）戍甫貝二朋。（戍甫鼎，5.2694，殷）

張世超引此例曰：“朝見天子。此乃會合一義之特指義。臣與君會合也。此義于春秋後或用‘遘’字，典籍作‘會’。”（《通解》第 297 頁）

②遘所（于）三（四）方，迨（會）王大祀，祓所（于）周。（保卣，10.5415，西早/保尊，11.6003，西早）

孫稚雛曰：“是說恰逢四方會王大祀佑於周之年。”（《保卣銘文彙釋》，《古文字研究》第五輯）

③雩若二月，厌（侯）見所（于）宗周，亡述。迨王饗（館）菁京酌阤（祀）。（麥方尊，11.6015，西早）

此例張世超隸讀爲“霁（粵）若二月，厌見所（于）宗周，亡述（尤）。迨（會），王客（格）菁京，酌（彤）祀”，曰：“‘迨（會）’指邢侯覲見周王。”（《通解》第 298 頁）

■三四二、逆

1. 迎，迎接。作謂語或謂語中心。3 見。

①叀取叀服，董（謹）尸（夷）俗，叕不敢不□悗（畏）王命（命）逆見我，叀獻叀服。我乃至于淮，尖（小大）邦亡敢不㲼鼻（具）逆王命。（駒父盨蓋，9.4464，西中）

馬承源註曰：“叕不敢不苟（敬）畏王命逆見我：南淮夷不敢不畏懼王命來迎見我。不下一字殘缺，應爲‘苟’，即‘敬’字。”（《銘文選》第 311 頁）

《尚書·顧命》："逆子釗於南門之外。"《左傳·昭公二十五年》："有司逆命，公之使速殺之。"杜預註："執夜姑之有司，欲迎受殺生之命。"《國語·晉語四》："乃歸女而納幣，且逆之。"韋昭註："逆，迎也。"《儀禮·聘禮》："眾皆逆命不辭。"鄭玄註："逆，猶受也。"《史記·楚世家》："鄭伯肉袒牽羊以逆。"

②㠱繾（子）迺遣閒來逆卲（昭）王。南尸（夷）東尸（夷）具見，廿又六邦。（㝬鐘，1.260，西晚）

逆卲，即迎見，《爾雅·釋詁下》："昭，見也。"

馬承源註曰："㠱繾（子）迺遣閒來逆卲王：㠱子迺去除防禦來迎見王。……昭：有見義，《爾雅·釋詁》訓昭爲'見也。'"（《銘文選》第280頁）

③椒（散）車父乍（作）皇母嬌姜寶壺，用逆敔（姑）氏。（散氏車父壺，15.9697，西中）

2. 受，接受，承受。作謂語中心。3見。

①井弔（叔）曰："才（裁）：王人迺賣（贖）用償（賻），不逆付，智母（毋）卑（俾）成于瓜。"……則（則）付冊秭。（智鼎，5.2838，西中）

馬承源註曰："不逆付：不辦好雙方受與付的手續。逆付：受與付。逆有受義。《儀禮·聘禮》'眾介皆逆命不辭'，鄭玄《注》：'逆，猶受也。'"（《銘文選》第171頁）

張世超曰："孫師云：'不逆付'，即不要接受（質人給你的）罰金付別。"（《通解》第303頁）在其"付"字條下，又從其師孫常叙之說，曰："付別，即典籍所見之'傅別'，爲古時之券據，智鼎：才（在）王人迺賣（贖）用遷，不逆付！孫師曰：''逆'，《說文》："迎也。"引申有迎受，接受之義。《儀禮·聘禮》："眾介皆逆命不辭。"註："逆，猶受也。"……'"（《通解》第2001～2002頁）

②己丑，王才（在）句陵，卿（饗）逆酉（酒），乎（呼）師齏（壽）召癲易（賜）麤俎。（三年癲壺，15.9726、15.9727，西中）

馬承源註曰："逆酉：受酒。《儀禮·聘禮》'眾介皆逆命不辭。'鄭玄《注》：'逆，猶受也。'"（《銘文選》第183頁）

3. 違背，違命，不順從。作謂語或謂語中心。2見。

①余肇（肇）事（使）女（汝），休不遄（逆），又（有）成事，多禽（擒）。（多友鼎，5.2835，西晚）

不逆，即不違命，順命、受命之義也。《詩經·魯頌·泮水》："既克淮夷，孔淑不逆。"朱熹集註："逆，違命也。"

②則尚（上）逆於天，下不忩（順）於人施（也）。……郾（燕）䇓（故）君子儈，新君子之，不用豊（禮）宜（儀），不鄻（顧）逆忩（順），䇓（故）邦迄（亡）身死。……隹（唯）逆生禍，隹（唯）忩（順）生福。（中山王䀟方壺，15.9735，戰早）

此銘中"逆"共3見，且"逆""順"反義互文或連用，其義當爲不順從，違背、違命之義。唯其後二"逆"之詞性界定，恐有歧義，視爲動詞、名詞皆可也：視爲動詞，則分別爲動詞"逆"作賓語中心、主語；視爲名詞，則分別爲名詞"逆"作賓語中心、主語。這裏姑且將爲首之"逆"看作動詞，其後二"逆"看作名詞，分列義項。

4. 反，返回。作謂語中心。9 見。

①余覒（兄）爲女（汝）絲（茲）小椂（鬱）彝，女（汝）期（其）用卿（饗）乃辟軝厌（侯）逆湡（造），出內（入）事人。（叔趯父卣，10.5428，西早）

②白（伯）闌父乍（作）旅鼎，用卿（饗）王逆湡（造）事人。（伯闌父鼎，4.2487，西中）

李學勤曰："前人早已指出，《說文》'造'字古文作'艁'，'舟'古音章母幽部，與'造'从母幽部相近。'逆'訓反而'造'訓至，故'逆造'意即往反，和'出入'是同義詞。"（《釋"出入"和"逆造"——金文釋例之一》，《傳統文化研究》第十六輯）

■三四三、夆（逢）

同"逢"。值，遇，碰上。作謂語中心。1 見。

夆（逢）郾（燕）亡（無）道湯（易）上，子之大辟（辟）不宜（義），仮（反）臣兀（其）宗。（䢒盜壺，15.9734，戰早）

馬承源註曰："夆（逢）郾（燕）亡（無）道湯（易）上：值燕國無道更易君主。"（《銘文選》第 580 頁）

■三四四、返

返回，還歸。作謂語。6 見。

①隹（唯）王五十又六祀，返（返）自西乡。（楚王酓章鐘，1.83，戰早）

②隹（唯）王五十又六祀，返自西乡。（楚王酓章鎛，1.85，戰早）

③五十艑（舠），歲（歲）罷（能）返。（噩君啓舟節，18.12113，戰國）

④車五十乘，歲（歲）罷（能）返。　（噩君啓車節，18.12110、18.12111、18.12112，戰國）

■三四五、邐

通"釃"。濾酒。作謂語。2 見。

①乙亥，王既才（在）麇㬢（次）。王卿（饗）酉（酒），尹光邐（釃）。隹各，商（賞）貝。（邐方鼎，5.2709，殷）

此依張世超之說。張引此例曰："叚爲'釃'，濾酒也。……《說文》：'釃，下酒也。一曰醇也。从酉麗聲。'銘文用爲動詞，《詩·小雅·伐木》：'釃酒有藇'毛傳：'以筐曰釃，以籔曰湑。'"（《通解》第 319~320 頁）

然劉志基註曰："邐：楊樹達曰讀爲媟，訓爲侍。"釋譯爲："乙亥日。王已經在麇地臨時駐札，並舉行隆重的酒宴。尹光陪侍，恭敬無失，被賞賜貝幣。"（《類檢》第 350 頁）

②己卯，公才（在）䢔。保鼎（員）邐（釃）。犀公易（賜）保鼎（員）金車。（保

員簋,《考古》1991 年第 7 期,西早)

本案:二說皆可通。然從字形緊密近似度來看,以張說爲佳,故暫取張說。

■三四六、違

背離,違背。作謂語中心。1 見。

三年靜(靖)東或(國),亡不成。……佳(唯)苟(敬)德,亡迫(攸)違。(班簋,8.4341,西中)

李學勤曰:"句意是說,只有自敕以德,才能不違天命。"(《班簋續考》,《古文字研究》第十三輯)

■三四七、逐

1. 追逐,追趕。作謂語中心。1 見。

逋逐之,晉厌(侯)斯(折)首百又一十。(晉侯蘇編鐘九,《上海博物館集刊》第七輯 9 頁,西晚)

2. 驅逐。作謂語中心。1 見。

廷縣(縣)宕,卑復虐逐氒君氒師,廷乍(作)余一人肵(厄)。(塱盨,9.4469,西晚)

此句馬承源註釋爲:"這些人若搖蕩縱散,再嚴重地危害他們的官長,就將給我造成禍害。"(《銘文選》第 312 頁)

郭沫若曰:"'虐逐氒君氒師',則明指厲王奔彘事。"(《大系考釋》第 141 頁)《楚辭·九章·哀郢》:"信非吾罪而棄逐兮,何日夜而忘之?"

■三四八、赶

回轉,轉回來。作謂語。1 見。

赶,舍余一斧(釜)。(居簋,《金文總集》4.2677)

此依張世超之說。張引此例曰:"動詞,出行回轉。居趞簋:'赶,舍余一斧(釜)。'孫師(本案:孫常敘)譯文曰:'轉回來,又賞給我一釜米。'"(《通解》第 341 頁)

■三四九、道

後作"導"。引導。作謂語中心。1 見。

敔(夙)夜不解(懈),㠯(以)詳道(導)寡(寡)人。(中山王𰯼鼎,5.2840,戰晚)

張政烺釋"詳道"爲"誘導"。(《中山王𰯼壺及鼎銘考釋》,《古文字研究》第一輯)《論語·爲政》:"道之以德。"皇侃疏:"道,謂誘導也。"

■三五〇、赴

通"貸"。施予，賞賜。作謂語。2 見。

隹（唯）五月辰才（在）丁亥，帝（褅）司（祠）。商（賞）庚啟（姬）貝朋（卅朋），赴（貸）丝（絲）廿寽（鋝）。（商卣，10.5404，西早/商尊，11.5997，西早）

劉志基註曰："赴（貸）丝（絲）廿寽：賞賜絲二十寽。赴，用爲'貸'，施與義。丝，即絲。寽，相當於'鋝'，重量單位，當時的絕對值今不詳，有半兩、大半兩、六兩等不同說法。馬承源等釋赴爲弋，義爲取，讀丝爲茲。"（《類檢》第 612 頁）

張世超曰："用爲'貸'。施與也，與賞、賜義同。商尊：'帝司商（賞）庚嬴貝卅朋，赴（貸）絲廿寽。'此'赴（貸）'與'賞'變文，非後世借貸義。《說文》：'貸，施也。'段注：'謂我施人曰貸。'《左傳》文公十六年：'宋公子鮑禮於國人，宋饑，竭其粟而貸之。'《說文義證》貝部'貸'字下：'《老子》："貸且善成。"范應元言注："貸，施也。"'"（《通解》第 355 頁）

■三五一、往

去，到……去。作謂語。2 見。

往巳（矣）弔（叔）姬，虔敬乃后，孫孫勿忘。（吳王光鑑，16.10298、16.10299，春晚）

張世超曰："之，適，與'來''返'相對。即今語之去也。吳王光鑑：'往巳（矣）弔（叔）姬，虔敬乃后。'此爲吳王光嫁其女於蔡時告誡之語，'往巳（矣）'即今語'去吧!'"（《通解》第 379 頁）

■三五二、後

落後，行動落後。作謂語。1 見。

罸獵母（毋）逡（後），霏在我身。（杕氏壺，15.9715，春晚）

《論語·雍也》："非敢後也，馬不進也。"

■三五三、得

1. 得到。作謂語或謂語中心。20 見。

①求乃人，乃弗得（得），女（汝）匧（匡）罰大。（智鼎，5.2838，西中）

馬承源註曰："求乃人，乃弗得，女（汝）匧罰大：交出寇盜禾的人，如果不交出來，匧要受大罰。"（《銘文選》第 172 頁）則"乃弗得（得）"意爲"如果不交出來"，亦即"如果智不能得到匧交出的人"。

②用辟于先王，䇂（得）屯（純）亡敃。（師𡐫鼎，5.2812，西中）

劉志基註曰："䇂（得）純亡敃：即得全而無憂。這是嘏辭，金文中常見。"（《類檢》

第 426 頁)

③龗（舒）屖（遲）文考乙公遾（競）趩（爽），寽（得）屯（純）無諫。（史牆盤，16.10175，西中）

馬承源註曰：“龗（舒）屖（遲）文考乙公遾（競）趩（爽），寽（得）屯（純）無諫：閑雅的文考乙公，性格剛強爽明，他得到的美善是綿長的。……無諫：諫，促速。《說文·言部》：‘諫，鋪旋促也。’不促速是表示毋不快的意思。”（《銘文選》第 157 頁）

劉志基註曰：“得屯（純）無諫：得全而無可指責。得屯（純），得全。諫，讀爲譏刺之刺。”（《類檢》第 688 頁）

④克質（晢）氒德，賣（得）屯（純）用魯。 （井人妄鐘，1.109.1、1.111.1，西晚）

⑤或夏（得）臂（賢）狀（佐）司馬賣（貯），而冢（重）賣（任）之邦。……於（嗚）虖（呼）！先王之恵（德）弗可復夏（得）。（䎽盗壺，15.9734，戰早）

⑥速（使）寽（得）孚（賢）在（才）良猆（佐）闕。……夫古之聖王，攷（務）才（在）夏（得）孚（賢），其即夏（得）民。（中山王䀉方壺，15.9735，戰早）

⑦永（寡）懼（懼）其忽然不可夏（得）。（中山王䀉鼎，5.2840，戰晚）

《詩經·周南·關雎》：“窈窕淑女，寤寐求之。求之不得，寤寐思服。”

2. 擇取，選取。作謂語。2 見。

余購兒得吉金鎛（鏞）鋁，台（以）鋸（鑄）䣂（和）鐘。（余購兒鐘，1.183、1.184，春晚）

“得吉金”銘文多作“擇吉金’，亦作“趣（取）吉金”（鄬侯少子簋，8.4152，春秋），“得”“趣（取）”“擇”三字當爲同義。另，沇兒鐘（1.203，春晚）銘“䣆（徐）王庚之思（淑）子沇兒，羃（擇）其吉金，自乍（作）龢鐘”，可與此例互證。

■三五四、征

1. 後作“延”。延請，延進。作謂語。2 見。

①征（延）邦賓，隥（尊）其旅服，東卿（嚮）。……王各（格）廟，祝征（延）□□□□□邦賓。（小盂鼎，5.2839，西早）

張世超曰：“進。盂鼎二：‘征（延）邦賓’；‘征（延）□□□□□邦賓。’此與同銘之‘嚛（贊）賓’、‘進賓’、‘嚛王邦賓’可以比照，‘延’顯然有‘進’‘贊’義。《儀禮·特牲饋食禮》：‘尸至於階，祝延尸。’鄭玄注：‘延，進。’”（《通解》第 417 頁）

②王饗（饋）□大室。呂征（延）于大室。王易（賜）呂獸三卤貝莂（卅朋）。（呂方鼎，5.2754，西中）

此句中表被動義，呂征延進大室。張世超曰：“此言呂得進于大室，與於報祭。”（《通解》第 417 頁）

2. 後作“延”。延續，接着舉行。作謂語。2 見。

①佳（唯）三月，王才（在）成用（周）。征（延）珷（武）福自鼏（鎬）。咸，王

易（賜）偪（德）貝廿朋。（德方鼎，5.2661，西早）

劉志基註曰：“祉（延）：繼續。……福：祭祀名稱。郭沫若則以爲是祭祀之酒肉，即胙。……祉（延）珷（武）福，自蒿（鎬），意思是成王先在鎬京祭祀（文王），然後再到成周福祭武王。”（《類檢》第322頁）釋譯爲：“三月，王在鎬京完成對文王的祭祀後，來到成周主持對武王的福祭。祭祀完畢，王賞賜德貝二十朋，德製作寶貴的宗廟用器。”（《類檢》第323頁）

張世超曰：“迻致。德方鼎：‘隹三月，王才（在）成周，祉珷（武王）祼自蒿（鎬），咸，王易偪（德）貝廿朋。’郭沫若釋‘祉’曰：‘《說文》云：“安步延延也”，在此有等候之意，與遲字有等候意同例。’（《由周初四德器的考釋談到殷代已在進行文字簡化》，《文物》一九五九年七期）乃以‘王’爲‘祉’主語，案銘敘德自鎬致武王福胙於成周，事畢受賜，‘祉’之主語當是‘德’。又，何尊：‘隹王初鬱（營）宅𤔲（于）成周，復亩（禀）珷王豐（禮）祼自天。’與德方鼎所記爲同時事。”（《通解》第418頁）

本案：“祉”之主語究爲“王”或“德”，確爲釋讀關鍵之一。結合何尊銘句“隹（唯）王初鬱（遷）宅𤔲（于）成周，復再珷（武）王豐（禮）祼（福）自天。”（何尊，11.6014，西早）當以主語爲“王”。暫取劉說。

②我乍（作）袥（禦）鼎（祭）且（祖）乙、匕（妣）乙、且（祖）己、匕（妣）癸，祉（延）礿褅（𣅼）二女。（我方鼎，5.2763，西早）

劉志基註曰：“延礿：繼續舉行礿祭。延，有‘繼續’的意思。”（《類檢》第390頁）

3. 後作“延”。延長。作謂語中心。1見。

余恁䛆（台）心，祉（延）永余德（德），龢𤃚民人。（王孫遺者鐘，1.261，春晚）

張世超曰：“長，久。王孫鐘：‘余恁䛆（予）心，祉永余德。’‘祉’即‘延’，與‘永’同義連用。《爾雅·釋詁上》：‘延，長也。’《書·召誥》：‘我不敢知曰，不其延。’又，郭沫若讀此‘祉’爲‘誕’。”（《通解》第418~419頁）

馬承源註曰：“余恁䛆（台）心，祉（誕）永余德：我以誠心永保我的德行。恁：假爲信。《廣韻·侵部》‘恁，信也。’《集韻》並同。中山王響鼎‘非恁與忠’即非信與忠。《說文·人部》‘信，誠也。’䛆：即台，《爾雅·釋詁》：台，‘我也’。”（《銘文選》第428頁）

本案：下句之“龢𤃚”一般釋譯爲“和善”，爲並列近義結構，“祉永”與之對文，亦當類似，故當以讀“延”爲上。

4. 同“徙”。改行。作謂語中心。1見。

我既賣（贖）女（汝）五［夫］［效］父，用匹馬束絲。……用儥（賣）祉（徙）賣（贖）絲（茲）五夫，用百寽（鋝）。（曶鼎，5.2838，西中）

楊樹達曰：“按《說文》祉爲徙之或體，與銘文義合。文記曶初以匹馬束絲贖五夫，今改以百寽贖之，故云祉也。”（《金文說》第5頁）張世超據楊說，釋此“祉”爲“改行”。（《通解》第418頁）則讀“祉”爲“徙”，釋譯爲“改行”。

馬承源註曰：“用儥（贖）祉（延）賣（贖）絲（茲）五夫，用百寽（鋝）：用贖這種金屬貨幣百锊，來贖換這五名奴隸。"（《銘文選》第171頁）則讀"征"爲"延"，未加釋譯（或似釋譯爲"來"）。

■三五五、足

同"疋"，後作"胥"。輔助。作謂語中心。19見。

①不（丕）顯高且（祖）亞且（祖）文考，克明（明）乺心足（疋）尹，彝乺威義（儀），用辟先王。瘋不敢弗帥且（祖）考，秉明（明）德，閫夙（夙）夕，左尹氏。（瘋鐘，1.247、1.248、1.249、1.250，西中）

足尹，與後文"左尹氏"同義變文，皆爲"輔佐尹氏"義。

②足（疋）師俗嗣（司）□人。（師晨鼎，5.2817，西中）

③昔先王既令女（汝）𠂇（佐）足（疋）纍厌（侯），今余唯肇䣙（踵）先王令，令女（汝）𠂇（佐）足（疋）纍厌（侯），監覴師戌。（善鼎，5.2820，西中）

𠂇足，同義連文。

④令女（汝）足（疋）周師嗣（司）敽。（免簋，8.4240，西中）

⑤令女（汝）叙（更）乃且（祖）考事，足（疋）備中嗣（司）六𠂤（師）服。（呂服余盤，16.10169，西中）

劉志基隸讀爲"疋（胥）"，註曰："備中、呂服余，均爲人名。……疋，即胥，輔佐。"（《類檢》第684頁）

陳夢家曰："《說文》卷二疋部曰：'疋，足也……古文以爲《詩》大疋字，亦以爲足字，或曰胥字，一曰記也。'是許氏以疋、足、胥爲一字。《說文》楚从林疋聲而金文楚所从之'疋'與諸器動詞之胥同形。疋或胥有輔佐之義，《爾雅·釋詁》曰'胥，相也'，而'相'與'左''助'同訓，《廣雅·釋詁》二曰'由、胥、輔、佐、佑……助也'；《方言》六曰'胥、由，輔也'，郭璞注云'胥，相也，由正皆謂輔持也。'"（《西周銅器斷代·走殷》）

⑥叟（更）乺（乃）且（祖）考足（疋）師戲嗣（司）走馬駿（馭）人眔五邑走馬駿（馭）人。（虎簋蓋，《考古與文物》1997年第3期第79頁，西中）

⑦令女（汝）眔曰，覴足（疋）敹（對），各（恪）從，嗣（司）王家外內，母（毋）敢又（有）不䎹（聞）。（蔡簋，8.4340，西晚）

馬承源釋譯爲："任命你佑助於對，須敬而從之。"（《銘文選》第264頁）

劉志基註曰："疋，讀爲胥，義爲輔佐。"（《類檢》第248頁）

⑧王乎（呼）乍（作）冊尹□□徒（走），覴足（疋）□。（走簋，8.4244，西晚）

郭沫若曰："足有继承之意，《釋名·釋形体》：'足，續也。'"（《大系考釋》第79頁）

張世超引此例曰："續，承繼（此一義項有爭議）。……走簋：'王乎乍冊尹□□（冊命）徒，覴足□。'"（《通解》第435頁）

⑨王乎（呼）內史尹冊令師兌足（疋）師龢父嗣（司）𠂇（左）右走馬、五邑走馬。（元年師兌簋，8.4274，西晚）

郭沫若曰：“足，續也。師龢父死于宣王十一年，此命師兌承継其職在元年，則是幽王之元年矣。”（《大系考釋》第154頁）高明亦以爲師兌簋：“當以郭氏訓足爲續適宜。……從器形考察，時代很晚。……師龢父死後，師兌而續其職。”（《中國古文字學通論》第475頁）陳炜湛、唐钰明註師兌簋亦同郭説（《古文字學纲要》26頁）。

張世超引此例曰：“續，承継（此一義項有爭議）。元年師兌簋：‘王乎（呼）内史尹冊令（命）師兌，足師龢父嗣广（左）右走馬、五邑走馬。’”（《通解》第435頁）

⑩余既令女（汝）足（疋）師龢父嗣（司）广（左）右走馬。（三年師兌簋，8.4318，西晚）

本案：上舉後三例，有從郭沫若之説釋爲“續”“繼承”之類義者。白川静（《歷史語言研究所集刊》36本第153頁）、周法高（《詁林》第1102～1103頁）以爲郭釋非，均當解爲“輔佐”義。我們認爲從銘文通例來看，亦皆當爲“輔佐”義，它們在行文、語法上是近似或一致的，不必分爲二釋。

■三五六、遚

1. 通“齋”。進獻，登升。作謂語中心。2見。

①碁（期）腒（則）爾碁（期），余不其事，女（汝）受𫟎迺傳□御。爾其遚（躋）受御。（洹子孟姜壺，15.9729，春秋）

馬承源註曰：“爾其遚（齋）受御：爾其齋王命而受進之。遚：通齋。齋上‘期則爾期’之命，以受進齊侯。”（《銘文選》第550頁）則“遚”讀“齋”，“進”義。

張世超曰：“登，升。洹子孟姜壺：‘爾其遚（躋）受御。’楊樹達曰：‘齊侯有所請而天子許之，且有所援。’（《金文説》五三葉）《説文義證》：‘《詩·長發》“聖敬日躋”，《兼葭》“道阻且躋”，《斯干》“君子攸躋”，傳竝云“躋，升也”。’”（《通解》第437頁）則“遚”讀“躋”，“登，升”義。

本案：從字形相似度來看，當以“遚”讀“躋”爲佳。

②碁（期）勵（則）爾碁（期），余不其事，女（汝）受𫟎迺傳□御。爾其遚（躋）受御。（洹子孟姜壺，15.9730，春秋）

2. 通“濟”。終止，完成。作謂語。1見。

旅（齊）厌（侯）既遚（濟）洹子孟姜喪，其人民都邑蕫（謹）㝯（宴）無用，從（縱）爾大樂。（洹子孟姜壺，15.9729，春秋）

楊樹達曰：“據銘文，知終喪之後，人民都邑乃始宴舞大樂。”（《金文説》第53頁）則“遚”爲“終”義。

張世超曰：“用爲‘濟’。止也，終也。洹子孟姜壺：‘齊厌既遚（濟）洹子孟姜喪，其人民都邑蕫㝯（宴）無（舞），用從（縱）爾大樂。’楊樹達曰：‘遚與濟同，止也。（《詩·鄘風·載馳》云：“不能旋濟。”毛傳：“濟，止也。”）’‘終喪之後，人民都邑乃始宴舞大樂。’”（《通解》第437頁）則“遚”讀“濟”，“止，終”義。

馬承源註曰：“齊侯既遚（濟）洹子孟姜喪：齊侯爲洹子孟姜家喪持服之事既成。”

（《銘文選》第550頁）則“遭”讀“濟”，“成，完成”義。

■三五七、庚

通“更”。經過。作謂語。37見。

自鄳（鄂）生（往）：逾沽（湖），让灘（灘），庚膚，庚芸易（陽）；逾灘（灘），庚酣（邽）；逾頵（夏），內（入）酏（邸）；逾江，庚彭弻（澤），庚松易（陽）。（噩君啓舟節，18.12113，戰國）

馬承源註曰：“庚：讀爲更，經過。《廣雅·釋詁三》訓更爲‘過也’。”（《銘文選》第433頁）

■三五八、让

順水而上。作謂語。1見。

自鄳（鄂）生（往）：逾沽（湖），让灘（灘），庚膚，庚芸易（陽）。（噩君啓舟節，18.12113，戰國）

馬承源註曰：“让：順水而上。”（《銘文選》第433頁）

■三五九、品

品定，以類定品。作謂語中心。1見。

王乎（呼）□□□盂曰（以）區（殴）入。凡區（殴）［以（已）］品。（小盂鼎，5.2839，西早）

張世超曰：“品定，以類定品。盂鼎二：‘盂曰區入，凡區曰品。’”（《通解》第441頁）

郭沫若曰：“此言命盂以所殴俘之車馬牛羊入驗，凡所殴俘者均已品定也。下曰字讀爲已。”《大系考釋》第38頁）

馬承源註曰：“凡區（殴）圓品：進獻的殴俘品分類別。”（《銘文選》第43頁）

■三六〇、覸

1. 通“任”，保舉，舉薦。作謂語中心。1見。

觌軒（拜）頴首，休白（伯）大師肩覸（任）觌臣皇辟。（師觌鼎，5.2830，西中）

馬承源註曰：“休白（伯）大師肩覸（諶），觌臣皇辟：休美伯太師爰使觌臣事於皇辟。意謂伯太師薦觌臣事天子。肩覸：肩或以爲夗之異體字，讀爲爰，助辭。覸，从册甚聲。聲假爲諶。《說文·言部》：‘諶，誠諦也。’《爾雅·釋詁》：諶，‘信也’，信任之意。”（《銘文選》第136頁）則“覸”讀“諶”，“信任”義。

于豪亮曰：“‘覸’字从甚聲，裘錫圭同志讀爲任，甚是。任，保舉。……意思是，讚美伯大師保舉觌臣事先王。”（《陝西扶風縣強家村出土虢季家族銅器銘文考釋》，《古文字研究》第九輯）則"𦔡"讀"任"，"保舉"義。

本案：諸說皆可通。惟從字音近似度來看，似以讀"任"爲佳。

2.通"湛"。浸潤。作謂語中心。1見。

白（伯）亦克龏古先且（祖）壘（蠱）孫子一𦔡（湛）皇辟歕（懿）德，用保王身。（師翻鼎，5.2830，西中）

馬承源註曰："白（伯）亦克龏古先且壘（蠱）孫子一𦔡（湛）皇辟懿德：伯太師能忠誠地信守先祖之戒飭，所以翻能耽樂於他主子（伯太師）的懿德。白，伯太師。伯太師是翻的祖輩。所謂'孫子一𦔡皇辟懿德'之孫子是翻本人。"（《銘文選》第136頁）則"𦔡"讀"湛"，"耽樂"義。

于豪亮曰："'孫子'指翻及伯大師。一，皆也。……'𦔡'字在此句讀爲湛。……此句則翻與伯大師皆浸潤先王之美德。"（《陝西扶風縣強家村出土虢季家族銅器銘文考釋》，《古文字研究》第九輯）則'𦔡'亦讀"湛"，"浸潤"義。

張世超據於說，曰："讀爲'湛'。師翻鼎：'孫子一𦔡皇群歕（懿）德。'"（《通解》第455頁）

■三六一、干

後作"扞"。防護，衞禦。見於"干吾""干吾""干害"。作謂語中心。5見。

①徫（率）㠯（以）乃友干（扞）吾（敔）王身。（師詢簋，8.4342，西晚）

②㠯（以）乃族干（扞）吾（敔）王身。（毛公鼎，5.2841，西晚）

③又（有）爵（爵）于周邦，干害王身，乍（作）爪牙。　（師克盨，9.4467.1、9.4467.2，西晚/師克盨蓋，9.4468，西晚）

典籍中有"扞""扞禦""捍禦"。然其義有與銘文同者，如《尚書·文侯之命》："扞我於艱"，《說文》引作"敔"，《列子·楊朱》："人者，爪牙不足以佐守衞，肌膚不足以自捍禦"；亦有與銘文異者，如《左傳·襄公二十六年》："扞禦北狄。"《禮記·祭法》："能禦大災則祀之，能捍大患則祀之。"（"捍""禦"互文），然其義爲"抵禦、禁止"，與銘文之義可謂相反，《說文》："敔，止也。""敌，禁也。"

■三六二、句

傳語，轉告。作謂語中心。2見。

旅（齊）夨（侯）命大子乘遽來句宗白（伯），聑（聽）命于天子。（洹子孟姜壺，15.9729、15.9730，春秋）

于省吾曰："《史記·劉敬叔孫通傳》：'臚句傳'，《索隱》引蘇林：'下傳語告上爲句'，言告喪於禮官也。"（《雙劍誃吉金文選·卷上之二》第155頁）

張世超據于說，曰："動詞，傳語也。洹子孟姜壺：'齊侯命大子乘遽盉（載）句宗白（伯）聽命于天子。'"（《通解》第466頁）

郭沫若曰："周制凡有事急行則乘傳遽。此齊夨侯命田氏子乘遽至焉，請命于天子

也。"(《大系考釋》第 213 頁)

■三六三、丩

後作"糾"。正，糾正。作謂語中心。2 見。

余敢敬明（盟）祀，丩（糾）㳸涂俗，以咎（知）卹講。（邾䍣尹䍃鼎，5.2766.1、5.2766.2，戰早）

此依張世超之說。張曰："正也，典籍作'糾'。䍃鼎：'丩（糾）㳸涂俗。'"（《通解》第 467 頁）

■三六四、言

1. 言說，說道。作謂語中心。2 見。

①事孚（少）女（如）㒷（長），事愚女（如）智，此易言而難行施（也）。（中山王䍃鼎，5.2840，戰晚）

②白買乒□ ƒ 乒人 㐅 漢中州，曰段，曰䇿，乒人月廿夫。乒賣（貯）㟥言曰：賓□貝。（中䧹，3.949，西中）

此"言曰"當爲同義連文，"言說，說道"義；亦有可能爲"稱爲"義。

2. 後作"歓"。饗，宴饗。作謂語中心。2 見。

①白（伯）𣆶（矩）乍（作）寶彝，用言（歓）王出內（入）事（使）人。（伯矩鼎，4.2456，西早）

②孫子用言（歓）出入。（䍃卣，10.5354，西早）

于省吾謂此"言"假爲"歓"，"饗也"。（于省吾《鄂君啓節考釋》，《考古》1963年第 8 期）

■三六五、語

通"娛"。娛樂。作謂語。3 見。

①台（以）鑐（鑄）龢（和）鐘。台（以）追考（孝）𠑹（先）且（祖），樂我父兄，歓（飲）飤訶（歌）邌（舞），孫孫用之，遙（後）民是諨（娛）。（余購㑴兒鐘，1.183、1.184，春晚）

張世超曰："假爲'敔'。㑴兒鐘：'後民是語（敔）。'"（《通解》第 478 頁）

本案："敔"爲"捍敔"義，可通。然從前文來看，皆言鑄鐘用以宴飲歌舞娛樂之事，當以讀"娛"爲更佳。

②歓（飲）飤訶（歌）邌（舞），孫孫用之，遙（後）民是諨（娛）。（余購㑴兒鐘，1.186，春晚）

■三六六、請

通"靖"。綏靖，安定。作謂語。1 見。

䐏忨（願）竝（從）在（士）夫＝（大夫），㠯（以）請（靖）郾（燕）彊（疆）。（中山王嚳方壺，15.9735，戰早）

馬承源註譯爲：“䐏願隨從士大夫以綏靖燕國的疆土。”（《銘文選》第577頁）

■三六七、詻

通“謣”。直言爭辯。作謂語中心。1見。

隹（唯）司馬賈（賈）訢（斷）詻（謣）戰（僤）忞（怒），不能盜（寧）處。（姧蚉壺，15.9734，戰早）

馬承源註曰：“隹司馬䐏訢（斷）詻（謣）戰（僤）忞（怒），不能盜（寧）處（處）：司馬䐏直言爭辯，非常憤怒，不能平靜。訢詻：……詻，直言爭論。《說文·言部》：‘詻，論訟也。’又通謣，《墨子·親士》：‘君必有弗弗之臣，上必有詻詻之下。’《閒詁》：‘詻詻與謣謣同。’《說文》無謣字，《集韻·鐸部》：謣，‘謣謣直言’。斷謣，意爲直言爭論。”（《銘文選》第580頁）

張世超曰：“蚉壺：‘隹司馬賈訢詻戰忞（怒）。’《說文》所釋之義與此不合，張政烺讀‘訢詻’爲‘暨暨詻詻’之省，爲軍旅之容。”（《通解》第484頁）

■三六八、諱

違失，違誤。作謂語。6見。

①戎獻（獻）金于子牙父百車，而易（賜）盥（魯）㳑敳金十鈞（鈞）。易（賜）不諱。（㳑敳簋蓋，8.4213，西晚）

馬承源註曰：“易不諱：所賜無有誤諱。”（《銘文選》第335頁）

②諫罰朕庶民左右，母（毋）諱。（叔夷鐘，1.272、1.279、1.285，春晚）

③不諱考蕎（壽），子孫蕃昌。（蔡侯尊，11.6010，春晚/蔡侯盤，16.10171，春晚）

張世超引例②、例③曰：“離也，失也，義自語言上之違失而來，當爲本義，《說文》所釋乃引申義。金文‘諱’典籍作‘違’。”（《通解》第489~490頁）

■三六九、詔

詔告，詔命。作謂語。1見。

廿六年，皇帝盡幷兼天下諸厌（侯），黔首大安，立號爲皇帝。乃詔丞相狀、綰，灋度量䣙（則）不壹歉疑者，皆明壹之。（商鞅量，16.10372，戰國）

■三七〇、詒

用爲“辭”。辭讓。作謂語。1見。

詒死辠之又（有）若，智（知）爲人臣之宜（義）施（也）。（中山王嚳鼎，5.2840，戰晚）

朱德熙、裘錫圭讀"詒"爲"辤"。（《平山中山王墓銅器銘文的初步研究》，《文物》1979 年第 1 期）

張世超據朱裘之説，曰"此'詒'從言台聲，當即辤讓之本字。"（《通解》第 499 頁）

■三七一、諆

後作"計"。計數，計算。作謂語中心。3 見。

①師寰虔不坠（墜），夙（夙）夜卹乒牆（牆）事，休既又（有）工（功）。斲（折）首報（執）噗（訊）無措（諆），徒駁（取）歐孚（俘）士女羊牛，孚（俘）吉金。（師寰簋，8.4313.2、8.4314，西晚）

張世超引此例曰："由記志引申爲計數，'無諆'猶無算。師寰簋：'折首執訊無諆（計）。'"（《通解》第 506 頁）則"諆"讀"計"，"計數，計算"義，且"無諆"與前之"折首執訊"連讀。

馬承源註曰："無諆徒駁（取）：無畏的步兵和車馭。諆：即諅。《説文·言部》：'諅，忌也。從言其聲。'忌有畏義，《左傳·昭公十四年》'殺人不忌爲賊'，杜預《注》：'忌，畏也。'《禮記·中庸》'小人而無忌憚也'，《經典釋文》亦云：'忌，畏也。'"（《銘文選》第 308 頁）則"諆"讀"忌"，"畏忌，忌憚"義，且"無諆"與後之"徒馭"連讀。

本案：張、馬二説皆可通。暫取張説。

②師寰虔不坠（墜），夙（夙）夜卹乒牆（牆）事，休既又（有）工（功）。首報（執）噗（訊）無措（諆），徒駁（取）歐孚（俘）士女羊牛，孚（俘）吉金。（師寰簋，8.4313.1，西晚）

■三七二、訶

1. 後作"歌"。歌咏。典籍作"歌"或"謌"。作謂語中心。3 見。

①樂我父兄，猷（飲）飤訶（歌）舞。（余贎諸兒鐘，1.183，春晚）

②樂我父兄，猷（飲）飤訶（歌）遷（舞）。（余贎諸兒鐘，1.184；1.186，春晚）

2. 後作"歌"。歌咏時所使用的。作定語。9 見。

①宋公戌之訶（歌）鐘。（宋公戌鎛，1.8，春晚）

②自乍（作）訶（歌）鐘。元鳴無萋（期）。（蔡侯紐鐘，1.211、1.217、1.218，春晚/蔡侯鎛，1.221、1.222，春晚）

③□□訶（歌）鐘。元鳴無萋（期）。（蔡侯紐鐘，1.210、1.216，春晚）

④□乍（作）訶（歌）鐘。元鳴無萋（期）。（蔡侯鎛，1.219，春晚）

■三七三、詆

斥責。作謂語。1 見。

因覃（載）所美，卲（昭）蔡皇工（功），詆郾（燕）之訛，㠯（以）慭嗣王。（中山王嚳方壺，15.9735，戰早）

■三七四、闇

後作"諫"。進諫，諫諍。作謂語中心。1 見。

㑴（敏）朝夕入闇（諫），㝬（享）奔走，𢾁（畏）天𢾁（威）。（大盂鼎，5.2837，西早）

張世超曰："諫諍也，典籍作'諫'。盂鼎：'敏朝入闇（諫）。'"（《通解》第 512 頁）

■三七五、戕（誅）

後作"誅"。誅討，殺伐。作謂語。1 見。

氏（是）㠯（以）身蒙牟（甲）胄，㠯（以）戕（誅）不忠（順）。（中山王嚳方壺，15.9735，戰早）

■三七六、譯

誘引，引導。作謂語中心。1 見。

敓（夙）夜不解（懈），㠯（以）譯道（導）寡（寡）人。（中山王嚳鼎，5.2840，戰晚）

張政烺釋"譯道"爲"誘導"。（《中山王嚳壺及鼎銘考釋》，《古文字研究》第一輯）

朱德熙、裘錫圭曰："'羍'與'引'古音相近，疑'譯道'當讀爲'引導'。"（《平山中山王墓銅器銘文的初步研究》，《文物》1979 年第 1 期）

■三七七、𦟛

1. 後作"膳"。進膳時所使用的。作定語。12 見。

①犀氏𦟛乍（作）𦟛（膳）盨（鑰）。（犀氏𦟛鑰，16.10350，西晚）

②郙白（伯）肇（肇）乍（作）孟妊𦟛（膳）鼎。（郙伯鼎，5.2601，春早）

③郙白（伯）祀乍（作）𦟛（膳）鼎（鼎）。（郙伯祀鼎，5.2602，春早）

④取它人之𦟛（膳）鼎（鼎）。（取它人鼎，4.2227，春秋）

⑤□大左嗣（司）徒元乍（作）𦟛（膳）鼎。（魯大左司徒元鼎，5.2592，春秋）

⑥魯大左嗣（司）徒元乍（作）𦟛（膳）鼎。（魯大左司徒元鼎，5.2593，春秋）

⑦魯大嗣（司）徒厚氏元乍（作）𦟛（膳）匜（簠）。（魯大司徒厚氏元簠，9.4689、9.4690、9.4691，春秋）

⑧魯子中（仲）之子遹（歸）父爲𣪘（其）𦟛（膳）𣪘（敦）。（歸父敦，9.4640，春秋）

⑨猵公孫□其𦟛（膳）𣪘（敦）。（猵公孫敦，9.4642，春秋）

⑩猵公孫𨟠（鑄）其𦟛（膳）盙（敦）。（猵公孫敦，《考古》1989 年第 7 期，春秋）

2. 後作"膳"。主管膳食的。見於"𦟛夫"一職。作定語。50 見。

①王乎（呼）𦟛（膳）大（夫）䣄（馭）召大㠯（以）厥友入攼。（大鼎，5.2807、

5. 2808，西中）

②王命譱（膳）夫克舍於成周遹（適）正八自（師）之年。（小克鼎，5. 2797，西晚）

③王命譱（膳）夫克舍令于成周遹（適）正八自（師）之年。（小克鼎，5. 2796、5. 2798、5. 2799、5. 2800、5. 2801、5. 2802，西晚）

④王乎（呼）尹氏冊令譱（膳）夫克。（大克鼎，5. 2836，西晚）

⑤譱（膳）夫沙（梁）其乍（作）朕皇考惠中（仲）、皇母惠妣隮（尊）毀（簋）。（膳夫梁其簋，8. 4148，西晚）

⑥史趛典譱（善）夫克田人。克䡒（拜）䭫首。（膳夫克盨，9. 4465，西晚）

⑦𠂔右㕑（𣪘）从、譱（膳）夫□。（𣪘从盨，9. 4466，西晚）

《周禮·天官冢宰》："膳夫：掌王之食飲膳羞，以養王及后、世子。……膳夫授祭，品嘗食，王乃食。"然金文中之"譱夫"可出納王命，权甚重。

■三七八、童

1. 通"動"。動搖。作謂語中心。1見。

虩許上下若否雩（與）亖方，死（尸）母（毋）童（動）余人（一人）才（在）立（位）。（毛公鼎，5. 2841，西晚）

張世超引此例曰："假爲'動'，警懼也。毛公㕍鼎：'死（尸）母（毋）童（動）余一人才（在）立（位）。'《詩·商頌·長發》：'不震不動。'鄭箋曰：'不可警憚也。'"（《通解》第533頁）則"童（動）"爲"警懼"義。

馬承源註曰："死（尸）母（毋）童（動）余一人才（在）立（位）：保守我而毋使王位動搖。"（《銘文選》第318頁）則"童（動）"爲"警懼"義。

劉志基隸讀爲"死（尸）母（毋）童（動）余一人在立（位）"，釋譯爲："使邦國上下同心同德，安撫四方。輔佐我一人掌政。"（《類檢》第468頁）則爲意譯，"童（動）"義不明。

本案："死（尸）"與"母（毋）童（動）"共用賓語中心"余"。"母（毋）童（動）"釋爲"警懼"義亦可，但不如釋爲"動搖"平常穩當。

2. 通"用"。所使用的。作定語。4見。

①武王之童（用）啓。（武王戈，17. 11102、17. 11103、17. 11104，戰晚）

②武王之童（用）𢧐。（武王戈，《文物》1998年第5期第93頁圖二、三，戰晚）

結合所出之器，以文意推之，此"童"當通"用"。

■三七九、僕

1. 御，駕馭。作謂語。1見。

王歸（歸）自諆（諆）田。王馭（馭）溓中（仲）䑑（僕）。令眔奮先馬徙（走）。（令鼎，5. 2803，西早）

張世超引此例曰："動詞，御也。令鼎：'王駸溓仲僕。'《論語·子路》：'子適衛，冉有僕。'《左傳》文公十八年：'而使歜僕。'杜注：'僕，御也。'"（《通解》第 540～541 頁）

劉志基註曰："王馭：官職名。專門替周王駕車的低級官吏。溓中（仲）：人名。西周成王時期人，溓國公族。臅（僕）：動詞。即駕馭車馬。"（《類檢》第 420 頁）

2. 通"附"。附屬的。作定語。1 見。

余老止公僕（附）羣（庸）土田多䅪（積），弋（式）白（伯）氏從舌（許）。（五年召伯虎簋，8.4292，西晚）

張世超引此例曰："附也。五年瑚生簋：'余老（考）止公僕羣土田。'《詩·魯頌·閟宮》作'土田附庸'，《左傳》定公四年作'土田陪敦'。"（《通解》第 541 頁）

馬承源註曰："余老止公僕羣（附庸）土田多諫（積）：我以往殺減了公附庸田地中的多量田賦。老：久、舊。……止：殺減。……僕羣土田：僕羣讀爲附庸，僕古與附音通，羣，古文墉。《詩·魯頌·閟宮》：'錫之山川、土田附庸。'《孟子·萬章下》：'不能五十里，附庸於諸侯。'"（《銘文選》第 208－209 頁）

本案：此"僕"亦有可能與"庸"爲並列同義的名詞。《左傳·定公四年》："分之土田陪敦。"孫詒讓、王國維認爲陪敦即附庸，亦即僕庸，因陪、附、僕古音相同，故可通用，敦殆即庸字之誤。"從上述所舉幾例銘文裏的'僕庸'來看，應該都是指人的並列同義的名詞，……"（蔣書紅《聞尊銘文考釋》，《中國歷史文物》2010 年第 3 期）

■三八〇、弄/奉

（一）弄

1. 後作"奉"，"奉"又通"封"。設立封土以爲邊界，劃定疆界。典籍作"封"。作謂語。16 見。

自瀗涉，旨（以）南，至于大沽，一弄（封）。旨（以）陟，二弄（封）。……弄（封）于散臔（城）、㮚（楮）木，弄（封）于芻逨，弄（封）于芻衢。……旨（以）東，弄（封）于韓東彊（疆）。右還，弄（封）于眉（郿）衢（道）。……衢（道）旨（以）東一弄（封），還，旨（以）西一弄（封）。……陟剛（崗），三弄（封）。……降旨（以）南，弄（封）于同衢（道）。陟州剛（崗），䇂（登）麻（桝），降棫（棫），二弄（封）。（散氏盤，16.10176，西晚）

馬承源註曰："自瀗涉，旨（以）南，至于大沽，一弄（封）：自瀗水過渡，往南，到達大沽，在此樹立一道封土以爲界。"（《銘文選》第 298 頁）

劉志基註曰："右還、弄（封）于眉（郿）衢：向右回過頭來，在郿邑的大道旁設立封土爲界。……降旨（以）南，弄（封）于同衢（道）：下來向南，在同邑的大道旁設立一道封土爲界。陟州剛（崗），䇂（登）麻（桝），降棫，二弄（封）：登上州崗，再登上麻（桝），下至棫，設立兩道封土爲界。"（《類檢》第 694 頁）

（二）奉

進獻的。作定語。1 見。

受左吏奉銅。（長陵盃，15.9452，戰晚）

此依張世超之說。張曰："進也。長陵盃：'受左吏奉銅₌娄釦釦₌足。'"（《通解》第543 頁）

然此銘原文漫患不清，恐有未安，不足爲據。

■三八一、戒

1. 警戒，戒備，防範。此爲本義。作謂語。2 見。

女（汝）台（以）戒戎伐（作）。（叔夷鐘，1.275、1.285，春晚）

2. 警戒，警醒。此爲引申義。作謂語。1 見。

輦（載）之笿（簡）筹（策），目（以）戒嗣王。（中山王礜方壺，15.9735，戰早）

3. 戒護，護衛。此爲引申義。作謂語。2 見。

①台（以）尃戒公家。（叔夷鐘，1.274，春晚）

②女（汝）台（以）尃戒公家。（叔夷鐘，1.285，春晚）

4. 謹慎。此爲引申義。作謂語中心。2 見。

尸（夷）不敢弗憼戒，虔卹乎死（尸）事。（叔夷鐘，1.272、1.285，春晚）

■三八二、登/烝

1. 後作"烝"，"烝"後作"蒸"。舉行烝祭。典籍作"烝"。作謂語。2 見。

①唯王十又三（四）祀十又一月丁卯，王鼏（在）畢登（烝）。（段簋，8.4208，西中）

馬承源註曰："烝，祭名。《爾雅·釋天》'冬祭曰蒸。'《周禮·春官宗伯·大宗伯》'以烝冬享先王'。此銘王於十一月在文武周公墓的所在地畢行烝祭，正與《周禮》所載相合。"（《銘文選》第189 頁）

劉志基註曰："登（烝）：冬祭。"釋譯爲："在王十四年十一月丁卯日，王在畢地舉行冬祭。"（《類檢》第130 頁）

郭沫若曰："畢，文王墓所在地。……此言'王在畢烝'，蓋烝祭文王也。《爾雅·釋天》'冬祭曰蒸'，《周官》'以烝冬享先王。'……此在十一月，正合。"（《大系考釋》第50 頁）

《爾雅·釋天》："冬祭曰蒸。"《禮記·王制》："天子諸侯宗廟之祭，春曰祠，夏曰禘，秋曰嘗，冬曰烝。"董仲舒《春秋繁露·四祭》："烝者，以十月進初稻也。"《尚書·洛誥》："戊辰，王在新邑，烝祭歲。"

②佳（唯）十又二月，王初饔（館）旁。唯還在周。辰才（在）庚申。王卣（飲）

西宮。登（烝）。咸馨（馨）。尹易（賜）臣隼娕。朙（揚）尹休。高數（對）。乍（作）父丙寶隩（尊）彝。（高卣，10.5431，西早）

此"登（烝）"爲動詞無疑。當爲"舉行蒸祭"義。即王先飲於西宮，用餐後舉行蒸祭，蒸祭完畢後賞賜臣下。

2. 後作"烝"。舉行蒸祭時所使用的。作定語。1 見。

大師盧乍（作）鉴（烝）隩（尊）豆。用卲（昭）洛（格）朕文且（祖）考。（大師盧豆，9.4692，西晚）

馬承源註曰："鉴（烝）尊豆：鉴，象雙手捧盛米之豆作奉獻狀，段簋'王鼑畢登'，省火，登、鉴，都應是蒸祭的本字，參見段簋注。尊豆是祭豆、禮豆，蒸尊豆即蒸祭之豆。"（《銘文選》第 267 頁）

劉志基註曰："鉴（烝）：祭名。天子、諸侯冬季拜祭宗廟儀式。鉴，象雙手捧彝器作奉獻狀。"釋譯爲："大師盧鑄造用於烝祭的豆，用它來向祖先昭明誠心，感通神靈。"（《類檢》第 674 頁）

張世超引此例曰："鉴（烝）隩豆：祭祀用豆，特加'鉴'字以名之。大師盧豆：'大師盧乍鉴隩豆。'此與六年琱生簋自名'嘗殷'同意。"（《通解》第 559～560 頁）

3. 後作"烝"。君，君臨，統治。典籍作"烝"。作謂語中心。1 見。

孟！廼舊（召）夾死（尸）嗣（司）戎，海（敏）誎（諫）罰訟（訟），朙（凤）夕舊（召）我一人登（烝）四方。（大盂鼎，5.2837，西早）

馬承源註曰："凤夕召我一人登（烝）四方，……：日夜輔助我統治天下，……登：即烝，《爾雅·釋詁》：烝，'君也'。烝四方即君臨四方。"（《銘文選》第 40 頁）

劉志基註曰："登（烝）四方：烝，作君解。冬祭。烝四方即君臨、統治四方。"（《類檢》第 461 頁）

郭沫若曰："言輔我一人君四方也。"（《大系考釋》第 35 頁）

《詩經·大雅·文王有聲》："文王烝哉！……文王烝哉！……王后烝哉！……王后烝哉！……皇王烝哉！……皇王烝哉！……武王烝哉！……武王烝哉！"毛亨傳："烝，君也。"

■三八三、燛（舉）

後作"舉"。選，選拔。作謂語。1 見。

用隹（唯）朕所放，慈孝寏惠，燛（舉）臤（賢）速（使）能。（中山王譻方壺，15.9735，戰早）

張世超引此例曰："段爲'舉'，推舉也。中山王譻壺：'慈孝寏（寬）惠，燛（舉）臤（賢）速（使）能。'"（《通解》第 2421 頁）

《論語·子路》："仲弓爲季氏宰，問政。子曰：'先有司，赦小過，舉賢才。'"《禮記·禮運》："選賢與（舉）能，講信修睦。"

■三八四、興

1. 興起，振起，使……興旺。作謂語。1 見。

殷句乍（作）財（其）寶壺。用興甫人。財（其）萬年子子孫孫永寶用高（享）。（殷句壺，15.9676，西中）

用興甫人，即使家族後代興旺之義。

2. 發動，調動。作謂語中心。2 見。

①凡興士被甲，用兵五十人昌（以）上，必會王符，乃敢行之。（新郪虎符，18.12108，戰晚）

②凡興士被甲，用兵五十人昌（以）上，必會君符，乃敢行之。（杜虎符，18.12109，戰晚）

■三八五、晨

通“振”。振動，敲擊。作謂語中心。1 見。

敓（奮）桴晨（振）鐸，闖（闢）啓對（封）彊（疆），方響（數）百里，剌（列）城響（數）十，克儆（敵）大邦。（中山王嚳鼎，5.2840，戰晚）

張世超引此例曰：“假爲‘振’。中山王嚳鼎：‘敓（奮）桴晨（振）鐸。’”（《通解》第 576 頁）

■三八六、晨（農）

金文中尚無“農”字形，“𦦲（晨）”當爲“農”之初文。後作“農”。耕作。作謂語。1 見。

王大耤晨（農）于諆（諆）田，錫（觴）。王射，有嗣（司）眔師氏小子卿（會）射。（令鼎，5.2803，西早）

張世超引此例曰：“動詞，耕作。令鼎：‘王大耤（耤）農于諆田錫（場）。’”（《通解》第 577 頁）

然劉志基註曰：“耤晨（農）：即藉田。古代帝王在春耕開始的時候，象徵性的在特定的田地舉行的祭神和祭祀社稷並親自耕田的禮儀活動。”釋譯爲：“王在諆田舉行大藉田的禮儀，並宴饗群臣。”（《類檢》第 420 頁）則“晨（農）”爲名詞“田”義。

本案：二說皆可通。然“晨（農）”爲名詞“田”義似無其他用例佐證。暫取張說。

■三八七、鬲

1. 通“歷”。經歷，經過。作謂語。1 見。

穆穆魯辟，徣（徂）省朔旁（方），訊（信）于絲（茲）从，鬲（歷）年萬不（丕）

丞（承）。（梁十九年亡智鼎，5.2746，戰國）

張世超引此例曰："假爲'歷'。梁十九鼎：'如（信）于茲行，𠩺（歷）年萬不（丕）丞（承）。'《說文》'𠩺'或體作'**歷**'，《書·大誥》：'嗣無疆大歷服'，'歷'三體石經古文作'𠩺'。"（《通解》第 588 頁）

馬承源註曰："𠩺（歷）年萬不（丕）承：歷萬年相承嗣。𠩺：讀爲歷，意爲經歷、經過。"（《銘文選》第 597 頁）

2. 通"歷"。傅，輔弼。作謂語中心。1 見。

女（汝）雁（膺）𠩺（歷）公家。（叔夷鐘，1.273、1.285，春晚）

張世超引此例曰："輔弼也。弔夷鐘：'女（汝）雁𠩺公家。'"（《通解》第 588 頁）

郭沫若曰："𠩺讀爲歷，《爾雅·釋詁》：'歷，傅也'，故雁𠩺謂擔戴輔弼。"（《大系考釋》第 204 頁）

■三八八、鬴

通"饌"。具食，供食。作謂語或謂語中心。6 見。

①才（在）八月乙亥，𠭯（辟）井（邢）厌（侯）光卒正吏。鬴𠩺（于）麥𣁩（宮），（賜）金。用乍（作）𩰌（尊）彝，用鬴井（邢）厌（侯）出入遟令。（邢侯方彝，16.9893.1、16.9893.2，西早）

李學勤引此例曰："用鬴井（邢）侯出入遟（將）令（命）。'鬴'字據毛公鼎等讀爲'瓚'，在此當以音通爲'饌'，《說文》：'具食也'，與'饗'意義接近。'遟'讀爲'將'（李字奎：《楚文字編》，華東師範大學出版社 2003 年版，第 113 頁），將命之人即爲使人，傳達國君命令。"（《釋"出入"和"逆造"——金文釋例之一》，《傳統文化研究》第十六輯）

②井（邢）厌（侯）光卒吏麥，鬴于麥𣁩（宮），厌（侯）易（賜）麥金。乍（作）𥂴（盂）。用從井（邢）厌（侯）征事，用旌（旋）徙（走）殀（鳳）夕，鬴卸（御）事。（麥盂，15.9451，西早）

此二"鬴"字，《集成》皆隸讀爲"𩰙"（第 6 冊第 5200 頁）；《金文資料庫》皆隸讀爲"鴰（䎱）"，劉志基皆隸讀爲"鴰（𩰙）"。劉註曰："鴰（𩰙）：讀爲'過'，聲同義通。下面句中還有一個"𩰙"字，義爲'多'。"釋譯爲："邢侯恩寵官吏麥，專門到麥的家裏去看望他，並賞賜給麥銅，麥用這些銅鑄造盂器，用來跟隨刑（本案：當爲'邢'字）侯征行，以日夜奔走，勤勉從事。"（《類檢》第 541 頁）則此二"鬴"字，劉分別釋譯爲"看望"和"勤勉（多）"。

本案：以銘文字形來看，此 6 見皆近同，當隸定爲"鬴"。李、劉二說，當以李說爲佳。此 6 見亦當義同，如劉說則同一器銘中即需別爲多義；若綜合邢侯方彝，從語法角度來考察，"用鬴井（邢）厌（侯）出入遟令"中之"鬴"必定爲動詞方可，而"看望"義雖爲動詞，顯然不通，"勤勉（多）"義爲形容詞，亦不通。而以李說之"饌"通譯之，皆大致可通。故暫取李說。

■三八九、犟

享，享祀。作謂語。1 見。

用乍（作）高文考父癸寶障（尊）彝。用𩰬文考剌。余甘（其）萬年犟。孫子寶。（𨔵方彝，16.9892，西早）

此釋義依張世超之說。張曰："享祀也，𨔵方彝：'余其萬年犟，孫子寶。''犟'從'爿'聲，當用如'𩰬'。古'𩰬'音'同義。曆鼎：'其用殂夕𩰬音。'應公鼎：'用殂夕𩰬音。''𩰬音'皆同義連用。《詩·周頌·我將》：'我將我享，維羊維牛。'亦'𩰬''音'同用，惟字作'將''享'耳，毛傳：'將，大。'鄭箋：'將猶奉也。'均誤。'𩰬音'可單云'音'。內大子伯壺：'萬子孫永用音。'耂伯鼎：'其年用音。'當亦可單云'𩰬'，此云'萬年𩰬'與上揭二器銘語例同。麃父尊：'麃父乍覜孟從宗彝，𥁋（𩰬）。'銘末之'𩰬'當即'萬年𩰬'之略語。《詩·大雅·文王》：'殷士膚敏，裸將于京。''犟'字從'喬'，象奉瓚圭，抑其裸將專字乎？"（《通解》第561頁）

■三九〇、𩰬

1. 煮。作謂語中心。1 見。

智用絲（兹）金乍（作）朕文孝（考）弃白（伯）𩰬牛鼎。（智鼎，5.2838，西中）

楊樹達曰："𩰬牛正謂煮牛矣。"（《金文說》第193頁）

2. 奉祀，供奉於鬼神以爲祭祀。典籍作"將"。作謂語或謂語中心。

①雁（應）公乍（作）嶺（寶）障（尊）彝，曰奭（奄）呂（以）乃弟用殂（夙）夕𩰬（𩰬）音（享）。（應公鼎，5.2553，西早）

②用𩰬（𩰬）于乃故（姑）宛。（顯卣，10.5388、10.5389，西早）

③剌覲（覯）乍（作）嶺（寶）障（尊），甘（其）用盟（盟）𩰬（𩰬）宽（宮）敁（嫗）日辛。（剌覲鼎，4.2485，西早）

張世超曰："鼎言'盟𩰬'，義猶'盟祀'、'明祀'也。"（《通解》第1765頁）

④克其日用𩰬。（小克鼎，5.2796，西晚）

⑤用乍（作）皇且（祖）諴（城）公𩰬殷（簋）。（元年師兑簋，8.4274、8.4275，西晚）

張世超曰："'𩰬殷'即奉獻之簋，亦即祭祀之用簋，與日常之食簋用途各異。典籍之'將'可用於生人，亦可用於鬼神。《儀禮·士相見禮》：'若有將食者，則俟君之食，然後食。'鄭玄注：'將食，猶進食也。'此用於生人。用於鬼神者，見後'𩰬音'條。"（《通解》第1765頁）

⑥猷乍（作）𩰬（𩰬）彝寶殷（簋）。……用黤保我家朕立（位）猷身，陀（施）陀（施）降余多福害（憲）叁（烝），宇慕遠猷。猷甘（其）萬年𩰬（𩰬），寶朕多神（禦）。（猷簋，8.4317，西晚）

前一"鬺（鸞）"字，當爲動詞作定語，非與"彝"並列爲名詞，"鬺（鸞）彝""寶簋"皆偏正結構。

後一"鬺（鸞）"字，張政烺於"鸞"前斷開，"鸞實"連讀屬下句，曰："鸞，讀爲將，資也。……多御蓋即多神之御。"（《周厲王胡簋釋文》，《古文字研究》第三輯）則"鸞實"爲動詞"資實"義。張亞初於"鸞"後斷開屬上句，曰："'鸞'爲一般意義上的祭祀，'神'爲特定的祭祀——御祭。……'萬年鸞'與'多神'詞意相近而不相同，在文意上是遞進而逐步加深的。"（《周厲王所作祭器㝬簋考》，《古文字研究》第五輯）

本案：當以張亞初之說爲尋常平穩。"鸞"爲"資"義僅此1見，且"某其萬年鸞"之類語句銘文習見，更合銘文通則。

3. 奉祀時所用的。典籍作"將"。作定語。

①王乍（作）又鬺（鸞）彝。（王作右簋，6.3460，西早）

②闌監父乍（作）父己寶鬺（鸞）彝。（闌監父己鼎，4.2367，西中）

③白（伯）陶（陶）乍（作）朕文考宮弔（叔）寶鬺（鸞）彝，用匄永福。（伯陶鼎，5.2630，西中）

④唯征（正）月既朢癸酉，王獸（狩）于眠蔽。王令鼎（員）朝〔執〕犬。休蓋（善）。用乍（作）父甲鬺彝。（員方鼎，5.2695，西中）

⑤諶肇（肇）乍（作）其皇考皇母者（諸）從君鬺（鸞）鼎（鼎）。（諶鼎，5.2680，西晚）

⑥王子剌（烈）公之宗敬（婦）鄬（鄬）嬰爲宗彝鬺彝，永寶用。（宗婦鄬嬰盤，5.2683，西晚）

⑦遣小子鞸吕（以）其友乍（作）魯男王歐（姬）鬺彝。（遣小子咋簋，7.3848，西晚）

⑧獸乍（作）鬺（鸞）彝寶殼（簋），用康惠朕皇文剌（烈）且（祖）考，甶（其）各（格）前文人。（獸簋，8.4317，西晚）

⑨蔡姑（姞）乍（作）皇兄尹弔（叔）隊（尊）鬺彝。尹弔（叔）用妥（綏）多福于皇考德尹、重歐（姬）。（蔡姞簋，8.4198，西晚）

馬承源註曰："蔡姞乍皇兄尹弔（叔）尊鬺彝：蔡侯之夫人姞爲其皇兄尹叔作將享的彝器。"（《銘文選》第239頁）

⑩上曾大子般殷口羃（擇）吉金自乍（作）鬺彝。（上曾大子鼎，5.2750，春早）

張政烺曰："鬺彝是周代彝器之類名，與宗彝對言，如《宗婦鼎》'爲宗彝、鬺彝'。宗彝指酒器，《曾姬無卹壺》言'用作宗彝尊壺'是也。鬺彝指烹煮及容盛食品之器，《微巤鼎》稱'鬺彝尊鼎'、《尌仲簋》稱'鬺彝尊簋'是也。"（張政烺《周厲王胡簋釋文》，《古文字研究》第三輯）

張世超曰："鬺彝：多種彝器之共名。雖多用稱鼎、簋，然亦可見稱鬲、盤、盨、爵、盂、壺等器，乃詞義擴大之例也。"（《通解》第1767頁）

本案："鬺"可活用借代指彝器，故"鬺彝"或"鬺鼎"連用時，究或偏正結構，抑或並列結構，其實殊難斷定。我們傾向於將其視爲偏正結構。

■三九一、鬳

通"獻"，"獻"後作"獻"。進獻。作謂語中心。1見。

鬳（獻）鼎之馘（歲），兼陵公伺之罷所部（造），但（冶）己女。（兼陵公戈，17.11358，戰國）

此隸定依張世超之說。張引此例曰："進也，典籍作'獻'。兼陵公戈：'鬳（獻）鼎之歲。'"（《通解》第591頁）

然《金文資料庫》隸定爲"獻（獻）鼎之馘（歲）"。

本案：細觀原拓字形鬳，下部之鬲當爲"鼎"字，鼎足形已譌變；上部之鬳，似爲"虍"字，又似爲"虍"與"犬"之合字。若隸定爲"獻"字，此例當移屬"獻"字義項。

■三九二、翼

通"享"。進享，享用。作謂語中心。3見。

①弔（叔）夜盥（鑄）其饎鼎（鼎），呂（以）征呂（以）行，用翼（饘）用翼（享），用㝆（祈）麋（眉）耆（壽）無彊（疆）。（叔夜鼎，5.2646，春早）

②唯正月初吉乙亥，甫處者甚六之妻夫趺申，罪（擇）氒吉金，乍（作）盥（鑄）飤鼎。余台（以）盥（烹）台（以）翼（享）。……枼（世）萬子孫，羕（永）寶用翼（享）。（夫趺申鼎，《文物》1989年第4期第54頁，春秋）

此3見，張世超引作三釋："一、五味盉羹。《禮記·內則》：'食，蝸醢而苽食雉羹，麥食脯羹雞羹，析稌犬羹兔羹，和糝不蓼。'鄭注：'凡羹齊宜五味之和，米屑之糝，蓼則不矣。'弔夜鼎：'呂征呂行，用翼（饘）用翼（羹）'案：古加米所製之此類食物曰'饘'，曰'粥'，曰'羹'，其製作則曰'烹'，曰'和'。庚兒鼎：'用龢用翼'，可證。此處乃名詞動用。二、假爲'烹'。夫趺申鼎：'余台（以）盥（烹）台（以）翼（烹）。'三、假爲'盲'。夫趺申鼎：'羕（永）寶用翼（盲）。'"（《通解》第595頁）

《金文資料庫》則依次隸讀爲"鬻（享）""鬻（享）""鬻（享）"。

本案：依字形隸定來看，以張氏爲精準。然其釋讀，似當如《金文資料庫》作同一解。蓋其句式一致也，表義亦當類同。分爲三釋，似無實據，稍顯隨意，且雜亂失協。不過除同釋讀爲"享"外，似亦可皆釋讀爲"烹"，或"羹"（名詞動用）。

■三九三、翼/盥（烹）

後作"烹（煮）"。煮食。作謂語中心。3見。

①隹（唯）正月初吉丁亥，郤（徐）王之□庚兒自乍（作）飤鑄。用征用行，用龢（和）用翼（烹），眉（眉）耆（壽）無彊（疆）。（庚兒鼎，5.2715，春中）

②隹（唯）正月初吉丁亥，郤（徐）王之子庚兒自乍（作）飤鑄。用征用行，用龢

（和）用鬻（煮），𥎦（眉）耇（壽）無彊（疆）。（庚兒鼎，5.2716，春中）

③甫虞者甚六之妻夫跌申，䍐（擇）氒吉金，乍（作）𨥦（鑄）飤鼎。余台（以）𩱧（煮）台（以）鬺（亨）。（夫跌申鼎，《文物》1989年第4期第54頁，春秋）

張世超於其“鬻”字條下曰：“庚兒鼎：‘用征用行，用龢用鬻（煮）。’‘龢’‘鬻’皆加工饋羹類食物之方法，故《說文》釋‘羹’曰：‘五味盉羹也。’夫跌申鼎：‘余台（以）𩱧（煮）台（以）鬺（烹），台（以）伐四方。’‘煮’‘烹’對文。《周禮·天官·亨人》：‘職外內饔之爨亨煮。’‘亨煮’亦指二事。案：《說文》：‘鬻，亯也’，段注：‘亯，普庚切。’‘煮’之與‘烹’渾言則無別，故《說文》以‘烹’訓‘鬻’，析言則煮米、菜、鹽等爲‘鬻’。《周禮·天官·鹽人》：‘凡齊事，鬻鹽以待戒令。’《管子·地數》：‘齊有渠展之鹽，燕有遼東之煮。’《戰國策·魏策一》：‘東有淮、潁、沂、黃、煮棗、海鹽、無踈’，是其例；煮肉爲‘烹’，《左傳》昭公二十年：‘水、火、醯、醢、鹽、梅，以烹魚肉。’秦簡《魏奔命律》：‘享（烹）牛食士。’是其例。”（《通解》第596～597頁）

三九四、𠃨

1. 通“惕”。憂傷，哀痛。作謂語中心。1見。

其𠃨（惕）哀乃沈子也唯福，用水（賜）霝（靈）令。（沈子它簋蓋，8.4330，西早）

劉志基註曰：“𠃨哀（愛）乃沈子也唯福：慈愛於沈子它賜以福。𠃨，讀爲慈。用水霝（靈）令：賜以善命。水：通賜。”釋譯爲：“先祖神靈慈愛我沈子加以福佑，賜以善命。”（《類檢》第246頁）則“𠃨”讀爲“慈”。

唐蘭讀爲“惕”，曰：“《說文》：‘憂也。’《廣雅·釋詁》一：‘憂也’，二：‘痛也’，𠃨哀，是憂痛傷哀，也就是憐惜乃沈子的意思。”（《論周昭王時代的青銅器銘刻》，《古文字研究》第二輯）則“𠃨”讀爲“惕”。

張世超於其“𠃨”字條下引此例作：“沈子它簋：‘其𠃨哀乃沈子。’”（《通解》第605頁）從唐說。然於其“哀”字條下引此例作：“沈子簋：‘其𠃨（劇）哀（愛）乃沈子它唯福。’”（《通解》第201頁）則又讀“𠃨”爲“劇”。

本案：讀“𠃨”爲“慈”“惕”或“劇”皆可通。從語音近似度來看，似以通“劇”或“慈”爲佳；從“𠃨哀”二字連用來看，當以讀“惕”爲佳。由“惕哀”之“憂哀”義可再引申出“憐惜”“慈愛”義，不必換字釋之。

2. 後作“揚”。頌揚。作謂語中心。1見。

烏（嗚）虖（呼）！不杯𠃨（揚）皇公受京宗歅（懿）釐（釐），毓（育）文王、王姒（姒）聖孫，陟（登）于大服，廣成氒工。（班簋，8.4341，西中）

劉志基註曰：“不杯𠃨（揚）皇公受京宗歅（懿）釐：頌揚父考皇公蒙受周室大宗美好的福蔭。不杯：金文屢見，即丕顯，古成語。意爲光明正大，用於對天子、諸侯及祖先德行的歌頌讚美。京宗，大宗，指周王朝宗室。懿釐，好福。”（《類檢》第255頁）則

"乩"讀爲"揚"，動詞"頌揚"義。

張世超引此例曰："第一人稱代詞。班簋：'不〔杯〕乩皇公，受京宗懿釐。'郭沫若曰：'"不杯乩皇公"與秦公簋及鐘"不顯朕皇祖"同例……乩當與朕同義，乩朕均一音之轉。'《大系考釋》卅二葉。白川靜亦謂第一人稱領格之語。詳《金文通釋》十五輯五四葉。此處當讀爲'卬'，《爾雅·釋詁》：'卬，我也。'"（《通解》第606頁）則"乩"讀爲"朕"或"卬"，第一人稱代詞。

本案：諸說皆可通。然"乩"讀爲第一人稱代詞"朕"或"卬"，金文僅此一見，典籍亦未見，恐有未安。讀爲"揚"，則雖亦僅此一見，然如唐蘭之說，"乩"本爲"揚"之本字，另從"乩"之"玌""昁""甊""睉""昁""飌""膓"等字金文中皆用作"揚"，故以"揚"讀之，似爲更佳。

■三九五、埶/墢（藝）

1. 後作"藝"。治理。作謂語。3見。

雩（越）之庶出入事于外，尃（敷）命尃（敷）政，埶（藝）小大楚賦（賦）。（毛公鼎，5.2841，西晚）

馬承源註曰："埶（藝）小大楚賦：領導大小官吏。埶：藝，治。楚賦：讀爲胥賦，泛指官吏。"（《銘文選》第319頁）則"埶"爲"領導"義。

劉志基註曰："雩（越）之庶出入事于外，尃（敷）命尃（敷）政，埶（藝）小大楚賦：和其他的臣眾一起充當王的喉舌，傳佈王的命令和執行王的政令，領導大小各級官員。雩，通越，義爲與。埶，即藝，義爲治。楚賦，即胥賦。大小楚賦，即大小各級官員。"（《類檢》第467頁）則"埶"爲"治，領導"義。

郭沫若曰："埶者樹也。"（《大系考釋》第137頁）則"埶"爲"樹，樹立"義。

張世超從郭說，引此例曰："樹立。毛公厝鼎：'庶出入事于外尃（敷）命尃（敷）政，墢（藝）小大楚賦。'"（《通解》第607頁）

本案：諸說皆可通。釋義之一關鍵在於其後賓語"楚賦"所指。若僅指官吏，則"埶"當用引申義"樹立（選拔）"或"治理"；若指官吏（"胥"可釋爲"胥吏"）和賦稅（"賦"可釋爲"賦稅"），則用引申義"治理"更爲適宜。綜合而言，似以"治理"義更爲穩妥。

2. 後作"藝"。建立，修建。作謂語中心。3見。

①王令中先，省南或（國）🏗（貫）行，埶（藝）应（居），在曾（曾）。史兒至，日（以）王令曰。（中甗，3.949，西中）

②王令中先，省南或（國）🏗（貫）行，埶（藝）王应（居），在夒𨾏（夒）眞山。（中方鼎，5.2751、5.2752，西中）

唐蘭曰："埶讀若藝，《廣雅·釋詁》三：'藝，治也。'《書·禹貢》：'岷嶓既藝。'埶王应就是建立周王的臨時住處。"（《論周昭王時代的青銅器銘刻》，《古文字研究》第二輯）

張世超從唐說，曰："治理。中方鼎二：'王令（命）中先眚（省）南或（國）**東**（貫）行，埶王应（位）。'"（《通解》第607頁）

本案：若"应"釋爲"居所、住處"義，則"埶"當爲"建立，修建"義，再引申爲更爲廣義的"治理"義亦可，不過稍顯粗泛。

3. 後作"藝"。銘刻，書寫，記載，記錄。作謂語中心。3見。

中乎歸生鳳臖（于）王。埶（藝）珡（于）嶺（寶）彝。（中方鼎，5.2751、5.2752，西中）

埶珡嶺彝，當爲將前述之事記載銘刻於寶彝之義。

4. 後作"藝"。蕃衍。作謂語中心。3見。

①女（汝）考耆（壽）萬年，永俘（保）其身，卑（俾）百斯男而埶（埶）斯字。（叔夷鐘，1.278，春晚）

②女（汝）考耆（壽）萬年，彔（永）俘（保）其身，卑（俾）百斯男而埶（埶）斯字。（叔夷鐘，1.285，春晚）

③斯男而埶（埶）斯字。（叔夷鐘，1.280，春晚）

張世超曰："蕃衍。弔夷鐘：'卑（俾）百斯男而埶（藝）斯字。'"（《通解》第607頁）

■三九六、鄭（孰）

後作"孰（熟）"。進獻熟食所用的。作定語。2見。

白（伯）到（𠂤）乍（作）鄭（孰）毁（簋）。（伯𠂤簋，6.3490.1、6.3490.2，西中）

張世超引此例曰："餁也，烹製也。伯𠂤簋：'白（伯）𠂤乍鄭（孰）毁。'"（《通解》第608頁）

■三九七、龤/𬸘

1. 陳設食物。此爲其本義。作謂語中心。1見。

乍（作）絲（兹）毁（簋），用龤卿（饗）己公，用𠙵（格）多公。（沈子它簋蓋，8.4330，西早）

《廣雅·釋詁五》："龤，設也。"典籍作"載"。《詩經·大雅·旱麓》："清酒既載。"鄭箋："既載謂已在尊中也。"

2. 陳設食物時所用的。作定語。2見。

①數寏敔用乍（作）旬（詢）𠦪龤毁（簋）。（數寏敔簋，7.3746，西早）

②嬴霝惪（德）乍（作）𬸘（龤）毁（簋）。（嬴霝德簋，6.3585，西中）

3. 通"載"。承載，擔當。作謂語中心。1見。

卿（嚮）女（汝）彶屯卹周邦，妥立余小子龤（載）乃事。（師詢簋，8.4342，西晚）

馬承源註曰："飤：或作截，與載同。《荀子‧榮辱》'使人載其事而各得其宜'，揚倞《注》：'載，行也，任之也。'"（《銘文選》第175頁）

劉志基註曰："妥立余小子飤（載）乃事：安撫輔助我小子擔當起君臨天下的大事。"（《類檢》第257頁）則"飤"爲"擔當"義。

■三九八、覜

1. 通"侍"。侍奉。作定語或謂語中心。2見。

①巳夕，厌（侯）易（賜）者（諸）覜臣百（二百）家，剩用王乘車馬、金䡇、冂衣、市舄。（麥方尊，11.6015，西早）

②方䜌（蠻）亡（無）不覜見。（史牆盤，16.10175，西中）

馬承源註曰："方䜌（蠻）亡（無）不覜見：南方蠻族沒有不來朝見的。……覜見：覜，《說文‧覞部》：'擊踝也，从丮戈，讀若踝。'案此字與見當爲對應字，'擊踝'義不相洽。覜見，當讀爲謁見。謁影紐，踝匣紐，旁轉可通。《爾雅‧釋言》訓謁爲'請'，《左傳‧隱公十一年》'惟我鄭國之有請謁焉'。覜見、謁見，就是請見。一說讀爲踝，義爲跟，即踵，跟見是接踵而見的意思。解釋爲方蠻無不接踵而見。"（《銘文選》第156頁）則"覜"讀"謁"，"謁見"義；或讀"踝"，"接踵"義。

劉志基註曰："方䜌（蠻）亡（無）不覜見：各方部族都來拜見周王。方䜌，即方蠻，四方邊遠地區的部落。覜見，當讀爲謁見。"（《類檢》第688頁）則"覜"讀"謁"。

張世超曰："侍也。麥尊：'侯易者（諸）覜臣二百家。''覜臣'即'侍臣'。牆盤：'方䜌（蠻）亡不覜見。'戴家祥、李學勤並訓'覜'爲侍。（李說詳《論史牆盤及其意義》，《考古學報》一九七八年二期）"（《通解》第612頁）則"覜"讀"侍"，當爲"侍奉"義。

本案：諸說皆可通。暫取戴李張說。

2. 通"祼"。灌祭。作謂語。1見。

隹（唯）王二祀，既覜（祼）珡（于）上帝。（二祀切其卣，10.5412，殷）

張世超引此例曰："假爲'祼'，灌祭也。邲卣二：'既覜（娸）于上下帝。'"（《通解》第612頁）

■三九九、及

1. 征伐。作謂語中心。2見。

王令保及殷東或（國）五厌（侯），征（誕）兄（荒）六品。蔑曆（曆）珡（于）保，易（賜）賓，用乍（作）文父癸宗寶隣（尊）彝。（保卣，10.5415，西早/保尊，11.6003，西早）

劉志基註曰："及：征伐，讀爲《詩經‧大明》中'燮伐大商'之商。郭沫若以爲'及'用爲本義，同'逮'，即'逮捕'之意。"釋譯曰："成王命令大保召公奭平定殷王

後裔和成周以東地區諸侯的叛亂，消滅並且廢除六國諸侯。”（《類檢》第589頁）

張世超引此例曰：“動詞。保卣：‘乙卯，王令保及殷東或（國）。’卜辭中有‘及’與此用法同。白川靜以爲‘乃含有軍事性意味之用語。’保卣之‘及’，‘又若爲省及之意，則是巡察已戡定後之東國之意。’（《金文通釋》四輯一七九至一八一葉）”（《通解》第637頁）

2. 通“急”。着急，急於。心理動詞。作謂語中心。1見。

司（嗣）余孕（小子）弗伋（急），邦畜（將）害（曷）吉？　（毛公鼎，5.2841，西晚）

張世超引此例曰：“假爲‘急’。毛公曆鼎：‘司（嗣）余小子弗伋（急），邦畜（將）害（曷）吉?’”（《通解》第638頁）

馬承源註曰：“司（嗣）余小子弗伋，邦畜（將）害（曷）吉：我之嗣位若弗急於圖治，則邦國之政事將如何能好轉？伋：《說文・彳部》：‘伋，急行也。’慧琳《一切經音義十九》：‘《禮記》曰：伋伋，如有所近而不及也。顧野王云：伋伋，猶急急也。’”（《銘文選》第317~318頁）

劉志基註曰：“司余孕（小子）弗伋，邦畜（將）害（曷）吉：繼位的我如果不馬上勵精圖治的話，國政怎麼會變好呢？伋，立即，馬上。”（《類檢》第468頁）

本案：張、馬皆讀爲“急”，當爲心理動詞；劉說則爲時間副詞，可能讀爲“即”。然劉說其實不可通，因爲副詞不可作謂語（中心），原句“伋”後並無“勵精圖治”之類的謂詞。依張、馬之說視“伋”爲動詞，則可以“伋”後省略“勵精圖治”之類的成分而通之。

■四〇〇、祭

同“叔”，“叔”同“叡”，“叡”後作“賽”。祭祀鬼神以爲酬報，祭祀。作謂語中心。2見。

我乍（作）祊（禦）鼎（祭）且（祖）乙、匕（妣）乙、且（祖）己、匕（妣）癸，祉（延）祐祭（叡）二女。咸，畀遣福二、鬥貝五朋。　（我方鼎，5.2763.1、5.2763.2，西早）

劉志基隸讀爲“祉（延）祐祭（叡）二女”，註曰：“延祐：繼續舉行祐祭。延，有‘繼續’的意思。”釋譯爲“又繼續祭祀妣乙、妣癸二人”。（《類檢》第389~390頁）則隸讀爲“祭（叡）”，但未對“祭（叡）”字作精確註解，僅將“祐祭”泛釋爲“祭祀”；“祭（叡）”似釋讀爲“祭”義。

張世超引此例曰：“祭名。我鼎：‘祉祐叡二女咸㞢。’于省吾釋‘叡’‘叔’即《說文》之‘叡’，引承培元《廣說文答問疏證》謂叡即冬賽報祠之賽，曰：‘《史記・封禪書》：“冬賽禱祠”，索隱曰：“賽謂報神福也”。然則卜辭言叔猶經傳言賽或塞，惟祭之時不限於冬季耳。’《殷契駢枝》四三葉。”（《通解》第652~653頁）則隸讀爲“叡（叡）”，“叡”又讀爲“賽”，“賽”爲“報神福”義。

■四〇一、肂

同"肆"。放肆，肆意，恣縱。典籍作"肆"。作謂語。1見。

我聞（聞）殷述（墜）令，隹（唯）殷邊（邊）厌（侯）田（甸）雩（與）殷正百辟，率肂（肆）于酉（酒），古（故）喪自（師）。（大盂鼎，5.2837，西早）

張世超引此例曰："縱恣。盂鼎：'隹殷邊厌（侯）田雩（與）殷正百辟率肂（肆）于酉（酒）。'"（《通解》第670頁）則"肂（肆）"爲"縱恣"義。

馬承源隸讀爲"肂（肆）"，註曰："肂酒：肆酒，恣肆地飲酒，即酗酒。"（《銘文選》第39頁）則"肂（肆）"爲"恣肆"義。

劉志基隸讀爲"肄（肆）"，釋譯曰："我聽說殷人失掉了他們的天命，是因爲從邊遠的諸侯到朝廷的各級官員都沈湎於酒，所以喪失了民心。"（《類檢》第461頁）則"肄（肆）"爲"沈湎"義。

本案：從"𦘔"字形來看，當以隸定爲"肂"爲佳。

《國語·越語下》："肆與大夫觴飲。"韋昭註："肆，放也。"

■四〇二、敺

後作"驅"。驅趕。作謂語。4見。

①唯孚（俘）車不克吕（以），衣（卒）焚。唯馬敺（驅）盡（盡）。復（復）奪京自（師）之孚（俘）。（多友鼎，5.2835，西晚）

張世超引此例曰："一、驅策馬。多友鼎：'唯馬敺盡，復（复）奪京自（師）之孚（俘）。'"（《通解》第2386頁）則"敺"爲"驅策馬"義。

馬承源註曰："敺，驅字的古文。……上文言車焚，此云敺盡，是指殺戎人之馬。"（《銘文選》第284～285頁）則"敺"似爲"殺"義。

②師衰虔不敎（墜），夙（夙）夜卹𦣞牆（牆）事，休既又（有）工（功）。斯（折）首翱（執）嘫（訊）無辥（謀），徒馭（取）敺孚（俘）士女羊牛，孚（俘）吉金。（師衰簋，8.4313.2、8.4314，西晚）

張世超引此例曰："二、驅趕人。師衰簋：'敺孚（俘）士女羊牛，孚（俘）吉金。'"（《通解》第2386頁）則"敺"爲"驅趕人"義。

馬承源註曰："敺孚士女羊牛：俘獲了淮夷的青壯男子和婦女，還有羊和牛。"（《銘文選》第308頁）則"敺孚"統釋爲"俘獲"義。

本案：以上二例之"敺"，張分釋爲"驅策馬"與"驅趕人"二義項，似無必要。"敺孚士女羊牛"之"敺"，其賓語爲"士女羊牛"，"羊牛"不適配於"驅趕人"之義項。綜合二例來看，其賓語或爲馬，或爲人與羊牛，不如統釋爲"驅趕"。馬之釋義，皆模糊不清。例①中似釋爲"殺"，於情理尚有不合，敵方之人，會盡量殺戮，而敵方之馬，一般會盡量保留收歸。例②中似未釋；或似釋爲"俘獲"，則當爲"驅趕"義之引申。我們認爲此二例中，當統釋爲"驅趕"義，或統用"驅趕"之引申義"俘獲，繳獲"亦可。

另，此二例中讀爲"毆"，釋爲"打擊"義，當亦可。

③師寰虔不彖（墜），夙（夙）夜卹乎牆（牆）事，休既又（有）工（功）。首翺（執）嚲（訊）無䚸（諆），徒駛（馭）毆孚（俘）士女羊牛，孚（俘）吉金。（師寰簋，8.4313.1，西晚）

■四〇三、段

後作"鍛"。鍛煉，鍛造。作謂語中心。1 見。

十八年，桓（相）邦平國君，邦右伐器，段（鍛）工帀（師）吳疧，殆（冶）旗朝（執）齋。（十八年相邦平國君鈹，《考古》1991 年第 1 期，戰晚）

張世超引此例曰："椎金使堅，典籍作'鍛'。十八年相邦平國君鈹：'邦右伐器，段（鍛）工帀（師）吳疧。'"（《通解》第 693～694 頁）

《尚書·費誓》："鍛乃戈矛，砥乃锋刃。"

■四〇四、尃

1. 後作"敷"，傳佈，發佈，佈述。典籍作"敷"或"賦"。作謂語或謂語中心。8 見。

①克不敢彖（墜），尃（敷）奠王令。（克鐘，1.205、1.207，西晚/克鎛，1.209，西晚）

劉志基註曰："尃（敷）奠王令：尃，敷，佈也；奠，鄭，重也。尃奠王令，猶言鄭重王命。（此用郭沫若說）"（《類檢》第 502 頁）則"尃"爲"佈"義。

馬承源註曰："尃奠王令：即完成了對王命的佈述或傳達，說明對王命的執行情況。"（《銘文選》第 213 頁）

張世超曰："布也，後世增支作'敷'，典籍訛作'敷'，或作'賦'。毛公厝鼎：'庶出入事于外尃命尃政。'又'出入尃命于外。'克鐘：'尃奠王令（命）。'《詩·商頌·長發》：'敷政優優。'《大雅·蒸民》：'賦政于外，四方爰發。''明命使賦。'毛傳：'賦，佈也。'"（《通解》第 707 頁）

②雩（越）之庶出入事于外，尃（敷）命尃（敷）政。……厤自今，出入尃（敷）命于外。……母（毋）又敢懲（專），尃（敷）命于外。（毛公鼎，5.2841，西晚）

馬承源註曰："母（毋）又敢悊（擁），尃（敷）命于外：不得有擁持政事而擅自發佈王命于外。"（《銘文選》第 319 頁）

③雩乃尃（敷）政事，母（毋）敢不妻（規）不井（型）。（達鼎辛，《考古與文物》2003 年第 3 期第 11 頁，西晚）

2. 後作"輔"，輔佐，輔助。典籍作"輔"或"傅"。作謂語或謂語中心。約 10 見。

①亦剚（則）於女（汝）乃聖且（祖）考，克尃（輔）右（佑）先王。（師訇簋，8.4342，西晚）

②女尃（輔）余于囏卹，……余命女（汝）哉（載）差（左）正卿，𪒫（兼）命于

外內之事，中尃（輔）盟（明）井（刑），台（以）尃（輔）戒公家。（叔夷鐘，1.274，春晚）

張世超引此例曰："佐助，《說文》：'俌，輔也。'典籍作'輔'。又《說文》：'傅，相也。''俌''傅'同源，典籍中'傅'與'輔'微別。弔夷鐘：'女（汝）尸（夷），母（毋）曰"余少（小）子"，女（汝）尃（輔）余于囏卹。'"（《通解》第707~708頁）

郭沫若曰："尃亦當訓爲輔，與上'雁鬲公家'同意。"（《大系考釋》第206頁）

③休天君弗聖（忘）穆公聖龏明（明）弛（弼）尃（輔）先王。（尹姞鬲，3.754、3.755，西中）

3. 後作"薄"，勉力地，努力地。典籍作"薄"。作狀語。1見。

用𤔲𤔲大令，𩁹（屏）王立（位），虔夙（夙）夜尃（薄）求不朁德。（番生簋蓋，8.4326，西晚）

此義項依張世超之說，張曰："勉也，典籍作'薄'，番生簋：'虔夙夜尃（薄）求不朁德。'弔夷鐘：'余既尃（薄）乃心。'《廣雅·釋詁》三：'薄，勉也。'《方言》二：'釗，薄，勉也，秦晉曰釗，或曰薄，故其鄙語曰薄努，猶勉努也。'"（《通解》第708頁）

然此"尃"當亦可讀爲"溥"，釋爲形容詞"廣，大"義。

4. 後作"薄"，勉勵，誠勉。典籍作"薄"。作謂語。2見。

余既尃（薄）乃心，女（汝）忩（悄）悁（悁）忌，女（汝）不豪（墜）夙（夙）夜。（叔夷鐘，1.272、1.285，春晚）

■四〇五、啓

1. 開啓，開辟，開拓。作謂語。2見。

①率師征郾（燕），大啓邦沪（宇）。（舒盤壺，15.9734，戰早）

②歊（奮）桴晨（振）鐸，閈（闢）啓劃（封）彊（疆）。（中山王響鼎，5.2840，戰晚）

2. 啓迪，啓發。作謂語或謂語中心。約10見。

①弋皇且（祖）考高對爾剌（烈），嚴才（在）上，豐（數）豐（數）彙彙，韙（融）妥（綏）厚多福，廣啓（啓）瘨身，𥃝（擢）于永令（命）。（瘨鐘，1.246，西中）

②用廣啓（啓）士父身，𥃝（擢）于永令（命）。（士父鐘，1.145、1.146、1.147、1.148，西晚）

③廣啓禹身，𥃝（擢）于永令（命）。（叔向父禹簋，8.4242，西晚）

劉志基註曰："廣啓：教導，開導。"釋譯爲："開導教誨不肖小人，擢拔我長久爲周王供職。"（《類檢》第150頁）則"廣啓"爲"開導，教導"義，"廣啓"似爲並列近義連謂結構。

④旅（齊）生魯肇（肇）貢，休，多贏。隹（唯）朕文考乙公永啓（啓）余。魯用

乍（作）朕文考乙公寶隣（尊）彝。（齊生魯方彝蓋，16.9896，西晚）

⑤休辥皇且（祖）審（憲）公，趩趩趯趯，啓（啓）畢明（明）心，廣巠（經）其猷，趯（臧）再（稱）穆。（戎生編鐘一，《文物》1999 年第 9 期第 79 頁圖六，春早）

⑥不（丕）顯皇且（祖）考穆穆克誓（哲）畢德，嚴才（在）上，廣（廣）啓（啓）畢孫子于下，帚（擢）于大服。（番生簋蓋，8.4326，西晚）

馬承源註曰："廣啓：廣，大。啓，啓迪。《尚書·太甲上》'啓迪後人'，孔安國《傳》：'開道後人言訓戒。'廣啓是當時的習語，叔向父簋銘'廣啓禹身'，士父鐘銘'用廣啓士父身'。"（《銘文選》第 225 頁）則"啓"爲"啓迪"義，"廣啓"似爲狀中結構。

楊樹達曰："《左傳》襄公十七年記晉已滅偪陽，晉人以偪陽與向戌。向戌辭曰：'君若猶辱鎮撫宋國，而以偪陽光啓寡君，群臣安矣。'光啓寡君與諸銘文廣啓孫子及廣啓禹身，廣啓士父身，廣啓朕身，諸句文例皆同，知銘文之廣啓即《左傳》之光啓。蓋廣字从黃聲，黃字从古文光聲，二字音本同也。《左傳》僖公二十三年曰：'臣聞天之所啓，人弗及也'，啓字義亦與銘文相近。……《孟子·滕文公》下篇引《書》曰：'丕顯哉！文王謨，丕承哉！武王烈。佑啓我後人，咸以正無缺。'文以佑啓連言。《禮記·祭統》記衛孔悝鼎銘曰：'啓右獻公'，亦以啓與右連文。右佑字同，余疑佑啓啓右皆以同義爲連文，右訓助，啓蓋亦當訓助。"（《金文說》第 106 頁）則"啓"爲"助，佑助"義，"廣啓"似爲並列近義連謂結構，抑或狀中結構。

張世超據楊說，曰："佑助也。齊生魯方彝：'佳朕文考乙公永啓余。'番生簋：'廣啓氏孫子于下。'弔向父簋：'廣啓禹身，勳于永命。'弔氏鐘：'用廣啓士父身，勳于永命。'……案：楊說甚塙。古攻國者，自內啓門爲應曰'啓'，《左傳》隱公元年：'夫人將啓之'是。僖公五年：'晉不可啓'，謂晉不可開門引入，引申之則爲助。襄公三十一年：'延州來季子其果立乎？巢隕諸樊，閽戕戴吳，天似啓之。'此'啓'與金文用法同，楊伯峻注：'啓爲隱元年傳"夫人將啓之"之啓，意謂爲季子開爲君之門。'"（《通解》第 712～713 頁）

本案：從單例來看，以上諸說皆可通。然綜合此類銘例來看，當以釋"啓"爲"啓迪"義爲上。最爲明顯的是例⑤中的"啓（啓）畢朙（明）心，廣巠（經）其猷"，從中可知釋爲"佑助"義不可通也。而此例之"啓"當與其余各例用義一同。另，例⑤之"啓"與"廣"似有互文關係，故"廣"亦當爲動詞（形容詞活用作動詞，"使……廣"義），則"廣啓"爲並列近義連謂結構。當然，將"廣啓""廣經"皆看作狀中結構，亦可。

■四〇六、叡/叡（徹）

1. 後作"徹"。貫徹，通達。作謂語中心。1 見。

烏（嗚）虖（呼），爾有唯（雖）孚（小子）亡（無）戠（識），眂玗（于）公氏有爵玗（于）天，叡（徹）令苟（敬）亯（享）㢤（哉）！（何尊，11.6014，西早）

劉志基註曰："叡（徹）令苟（敬）亯（享）㢤（哉）：通曉命令，敬事奉上。叡

令，即徹命，徹命即達命。"（《類檢》第 617 頁）

唐蘭曰："《左傳》昭公二年說：'徹命於執事'，注：'達也。'"（《柯尊銘文解釋》，《文物》1976 年第 1 期）

張世超據唐說，曰："通達。何尊：'覒（視）于公氏有𤔲于天，𢼊（徹）令（命），苟（敬）言弌（哉）!'"（《通解》第 716 頁）

2. 後作"徹"。治理。作謂語。1 見。

寷（憲）聖成王，广（左）右毅（柔）龢（會）剛鯀，用肇（肇）𢼊（徹）周邦。（史牆盤，16.10175，西中）

馬承源註曰："用肇（肇）𢼊（徹）周邦：開始統治天下。𢼊，即徹，訓'治'。《詩·大雅·江漢》'徹我疆土'，鄭玄《箋》：'治我疆界。'"（《銘文選》第 155 頁）

劉志基註曰："用肇（肇）𢼊（徹）周邦：開始治理周國。用，相當於以。肇𢼊，即肇徹。周邦，指全國、天下。"（《類檢》第 687 頁）

張世超引此例曰："治也。牆盤：'用肇（肇）𢼊（徹）周邦。'《詩·大雅·江漢》：'式辟四方，徹我疆土。'鄭箋：'使以王法征伐開闢四方，治我疆於天下。'"（《通解》第 716 頁）

■四〇七、效

後作"矯"。矯正，導正。作謂語或謂語中心。3 見。

①蕭（善）效乃友正，母（毋）敢湛于酒。（毛公鼎，5.2841，西晚）

劉志基註曰："效：通教，教導、教育的意思。"（《類檢》第 467 頁）釋譯爲："你要善於教導你的朋友和所屬官員，不要沈湎於酒。"（《類檢》第 468 頁）則"效"通"教"，"教導，教育"義。

②女（汝）母（毋）弗蕭（善）效姜氏人，勿事（使）敢又（有）庆（疾），止從（縱）獄。（蔡簋，8.4340，西晚）

馬承源註曰："女（汝）母（毋）弗善效姜氏人，勿事（使）敢又（有）庆（疾），止從（縱）獄：你要很好地教導姜氏之人，不要發生壞事，防止恣意刑獄。效：教，教導。《廣雅·釋詁三》：教，'效也'。"（《銘文選》第 264 頁）

③王曰：塑，敬明（明）乃心，用辟我一人；蕭（善）效乃友內（納）㜯（辟），勿事（使）䞈（暴）虐從獄，爰（援）奪叚行衢（道）。（塑盨，9.4469，西晚）

馬承源註曰："用辟（弼）我一人；善效（教）乃友內（納）㜯（辟），勿事（使）䞈（暴）虐從獄，爰（援）奪叚行道：輔弼於我，善於教導你的同僚遵守法規，勿使暴虐而任意用刑獄，勿使有劫奪而阻塞行道的事情發生。"（《銘文選》第 313 頁）

然張世超曰："考勳，考課。毛公厝鼎：'善效乃友正，母（毋）敢湛于酉（酒）。'塑盨：'善效乃友內（入）㜯（辟）。'蔡簋：'女（汝）母（毋）弗善效姜氏人。'《書·梓材》：'王其效邦君越御事。'孔傳訓爲'效實'。"（《通解》第 726 頁）則"效"爲"考勳，考課"義，亦即"考核，考察"義。

本案：據張說，"效"爲"矯"之本字，其本義爲治矢，可引申爲"考效、效覈、效驗"義，（《通解》第725頁）則當亦可另引申爲"矯正，導正"義。而上述三例，正切合此義也。張釋爲"考覈，考課"，稍顯晦澀難通；劉、馬皆釋爲"教，教導"義，雖簡明淺顯，而此義如何而來，却需玩味。劉曰"通'教'"；馬直接訓爲"教"，則不需通假視之。我們亦認爲無須"通"也，"教導"義乃古"效"字本有之義，然"教導"義從何而來？當爲"效（矯）"之"矯正"義引申而來。故，以"矯正"或"導正"義訓此三例，當更爲古樸原真。

■四〇八、扝

1. 防護，衞禦。作謂語中心。2見。

王乎（呼）譱（膳）大（夫）騛（馭）召大言（以）乒友入扝。（大鼎，5.2807、5.2808，西中）

張世超引此例曰："遮擋，護衞。大鼎：'王乎（呼）善夫騛召大言乒友入扝。'《荀子·議兵》：'若手臂之扝頭目而覆胸腹也。'《書·文侯之命》：'汝多修，扝我於艱。'"（《通解》第732頁）

2. 防止，抵禦。作謂語中心。1見。

宔（往）扝庶戲（緟），台（以）只光朕立（位）。（者沪鐘，1.122，戰早）

馬承源註曰："宔（往）扝（干）庶戲，台（以）祇光朕立（位）：宔往扝諸亂禮之事，以敬重光大朕之王位。扝：假借爲干。《詩·小雅·旱麓》：'干祿豈弟'，毛亨《傳》：'干，求也。'庶戲：……庶緟謂諸亂事。"（《銘文選》第374頁）則"扝"通"干"，"求"義。

本案：釋爲"求"義，於此乖迕不通。當爲其反義，"防止，抵禦"義。

■四〇九、救

1. 解救，拯救。作謂語。2見。

①秦王卑命竸里（堲）。王之定。救秦戎。（秦王鐘，1.37，春晚）
②隹（唯）瑨（鷝）篙屈栾，晉人救戎於楚竸（境）。（鷝篙鐘，1.38，春晚）

2. 通"仇"。仇對的，仇視的。作定語。1見。

母（毋）眔（眾）而囂，曼（鄰）邦難寴（親），裁（仇）人才（在）彷（旁）。（中山王嚳鼎，5.2840，戰晚）

■四一〇、敗（敗）

1. 後作"敗"。毁，敗壞。此爲其本義。作謂語中心。1見。

余开鑄此鉦鋮，女（汝）勿喪勿敗（敗）。（冉鉦鋮，2.428，戰國）

2. 後作"敗"。戰勝。作謂語中心。4 見。

①大司馬卲賜（陽）敚（敗）晉帀（師）於鄸陵之骰（歲）。（鄂君啓車節，18.12110，戰國/鄂君啓舟節，18.12113，戰國）

②大司馬卲鄎（陽）敚（敗）晉帀（師）於鄸陵之骰（歲）。（鄂君啓車節，18.12111、18.12112，戰國）

3. 通"退"。偏離。見於"敗速（敗績）"一語。作謂語中心。6 見。

令女（汝）羑（羞）追于旅（齊），儕女（汝）十五昜登、盾生皇畫內（芮）、戈甫（琱）祴、鞁（緱）必（柲）、彤沙（綏）。筮（敬）母（毋）敚（敗）速（績）！（五年師旋簋，8.4216.1、8.4216.2、8.4217.1、8.4216.2、8.4218，西晚）

陸宗達曰："《左傳·莊公十一年》解釋它的意義說：'凡師……大崩曰敗績。'杜預注：'師徒撓敗，若沮岸崩山，喪其功績，故曰敗績。'杜預的這個解釋純係望文生義。邯鄲諄《三體石經》古文'敗績'的'績'作''。考《說文·二卷下·辵部》，'迹'字或从足作'蹟'，籀文作''。是石經古文'績'字與籀文'迹'字同形。凡循道而行謂之'迹'，如是則車不能循道而行謂之'敗績'，'敗績'的'敗'應即'退'（壞也）字，'績'應即'迹'字。春秋時代的戰爭以用兵車進行車戰爲主，因此，戰爭中兵車垮了是最大的敗仗，是之謂敗績。"（《訓詁簡論》第 164 頁）

張世超承陸說，曰："敗速：失敗。五年師旋簋："敬母（毋）敗速。"典籍作"敗績"，……今金文字亦作"迹"，益可證陸說之塙，而"敗績"一語，由來舊矣。"（《通解》第 750～751 頁）

本案：陸說可從。"敗績"當讀爲"退迹"，"退迹"之原義當爲"偏離軌跡"，引申而有戰爭失敗義，則"退"之原義當爲"偏離"。

■四一一、攺/改

改變，更改。作謂語中心。2 見。

①枼（世）萬至於辝（以）孫子，勿或俞（渝）改。（翰鎛，1.271，春中或春晚）

②昔先王既令女（汝）乍（作）嗣（司）士，今余唯或改攺（改），令女（汝）辟百寮（寮）。（牧簋，8.4343，西中）

■四一二、燙（易）

通"易"。更易，更改。作謂語中心。1 見。

夆（逢）郾（燕）亡（無）道燙（易）上，子之大辟（辟）不宜（義），仮（反）臣丌（其）宗。（矧盗壺，15.9734，戰早）

馬承源註曰："夆（逢）郾（燕）亡（無）道（道）燙（易）上：值燕國無道更易君主。燙上：燙是戰國新造字，《說文》所無，以易爲聲符，仍讀如易，更也。"（《銘文選》第 580 頁）

■四一三、生

1. 產生，自然物之由無到有。作謂語中心。約 70 見。

①雩三（四）月既生霸庚午，王遣公大史。（作冊睘卣，10.5432，西早）

②隹（唯）六月既生霸乙卯，王才（在）成周。（豐作父辛尊，11.5996，西中）

③隹（唯）王五年九月既生霸壬午。（五年師旋簋，8.4216.1、8.4216.2、8.4217.1、8.4217.2、8.4218，西晚）

2. 發生。作謂語或謂語中心。2 見。

隹（唯）逆生禍，隹（唯）巡（順）生福。（中山王𰻞方壺，15.9735，戰早）

《左傳·昭公六年》："民於是乎可任使也，而不生禍亂。"

3. 生育。2 見。

不（丕）顯穆公之孫，其配襄公之妸，而餒（成）公之女，雩生弔（叔）尸（夷）。（叔夷鐘，1.276、1.285，春晚）

《詩經·大雅·生民》："不康禋祀，居然生子。"

■四一四、屍／毓

1. 生育，養育。典籍作"育"。作謂語。1 見。

亞且（祖）且（祖）辛竷屍（育）子孫，壺（繁）猶（祓）多孷（釐），䆃（茨）角（祿）龏（熾）光。（史牆盤，16.10175，西中）

2. 成爲。作謂語。1 見。

烏（嗚）虖（呼）！不杯乩（揚）皇公受京宗懿（懿）敵（釐），毓（育）文王、王𡥀（姒）聖孫，阩（登）于大服，廣成乓工。（班簋，8.4341，西中）

劉志基斷讀爲"烏（嗚）虖（呼）！不杯乩（揚）皇公受京宗歔（懿）釐，毓（育）文王王姒聖孫，阩（登）于大服，廣成乓工"（《類檢》第 254 頁），釋譯爲："啊！父考皇公蒙受周室大宗美好的福蔭，爲文王王姒聖孫所生育，獲升遷而爲高官，大大成就了功業。"（《類檢》第 255 頁）則"毓（育）"爲"爲……所生育，被……生出"義。

李學勤曰："'育'，訓爲成。句意爲受京宗福蔭而成爲文王、太姒有聖德之孫。"（《班簋續考》，《古文字研究》第十三輯）

張世超承李說，引此例曰："成也。典籍作'育'。班簋："不杯乩皇公，受京宗懿釐，毓文王、王釔（姒）聖孫。……《呂氏春秋·察賢》：'雪霜雨露時，則萬物育矣。'高注：'育，成也。'"（《通解》第 3463 頁）

本案：如劉說，則"毓（育）"爲被動用法，"毓文王王姒聖孫"即"毓於文王王姒聖孫"，"被文王王姒聖孫所毓"，"文王王姒"作"聖孫"的定語。雖可通，然似有滯碍。此句表義重點，當爲皇公係聖孫，而非皇公係聖孫所生。若釋爲"成爲"，則較爲圓通。"成爲"當爲"生育"的引申義。

■四一五、字

女子許嫁，古代女子許嫁後笄而醴之稱字。作謂語中心。2見。

隹（唯）王五月，既字白（迫）期，吉日初庚，吳王光翠（擇）其吉金，玄銑白銑，台（以）乍（作）弔（叔）姬寺吁宗彝薦鑑。用高（享）用孝，麋（眉）耆（壽）無彊（疆）。往巳（矣）弔（叔）姬，虔敬乃后，孫孫勿忘。　　（吳王光鑑，16.10298、16.10299，春晚）

馬承源註曰："既字白期，吉日初庚：既已許嫁而字，吉期已近，吉日爲五月的第一個庚日。字：舊釋子，非是，細審原器實爲字。墨拓亦有宀痕。古婦女成年許嫁而字。《公羊傳·僖公九年》：'婦女許嫁，字而笄之。'何休《注》：'《婚禮》曰："女子許嫁，笄而醴之稱字。"'白期：吉期已近。白，假爲迫，義爲近，《說文·辵部》：'迫，近也'。"（《銘文選》第365頁）

然郭沫若曰："既子白期，當即既生霸，子同孳或滋，生也。白乃古伯字，與霸通。……此言既子白期，吉日初庚，乃初吉之後，既生霸期中之第一庚日，即五月九日左右也。"（《由壽縣蔡器論到蔡墓的年代》，《文史論集》第302頁）于省吾承郭說，且曰："'既子白期'之'子'本應作'字'，……'字'訓生育之生，與生長之生義本相因。"（《壽縣蔡侯墓銅器銘文考釋》，《古文字研究》第一輯）

張世超承郭、於之說，于其"既"字條下曰："既子（字）白期：義同'既生霸'。吳王光鑑：'隹王五月，既字白期，吉日初庚。'同銘兩鑑，'字'銘拓不甚清晰，一器似作'子'。"（《通解》第1282頁）又於其"字"字條下曰："生也。吳王光鑑：'隹王五月，既字白期。'于省吾承郭沫若說云：'《山海經·中山經》："服之不字。"郭註："字，生也。"《廣雅·釋詁》："字，生也。"按"字"訓生育之生，與生長之生義本相因。蔡侯鐘稱"初吉孟庚"，蔡侯盤稱"初吉辛亥"。此銘於"既字白期"之下，不稱"初吉"而稱"吉日"，這是因爲"初吉"一定要在"既生霸"之前，在"既生霸"之後，則只有稱"吉日"而沒有稱"初吉"的道理。'《壽縣蔡侯墓銅器銘文考釋》，《古文字研究》一輯。"（《通解》第3451頁）

本案：因其後銘尚有吳王光告誡其女叔姬之語，從前後語境來看，似以馬說爲佳，故暫從馬說。

第三章　結　語

一、研究進步

本課題研究的進步之處，可扼要闡述如下：

（1）本課題首次以殷周時期金文文獻中的主要動詞性義項爲專門研究對象進行了較爲全面系統的梳理研究，較爲細緻地剖析描述了殷周時期金文的動詞性義項詳情。

（2）本課題在金文語法、詞彙、語義研究方面，承前啓後，有所推進創新。在充分參考借鑒前人相關研究成果的基礎上，提出了一些自己的見解，也作了一些擴展性的工作。

（3）無論是在評價前人的相關研究成果，還是在與前人的相關研究成果作細節上的對比，抑或是在我們自己率先開拓的研究領域內，我們都恪守承前啓後、彌補完善的原則。肯定前人的研究成績，是爲了對前人辛勤鑽研所取得的進步貢獻表示尊重與欽佩，同時也讓人明白，其道不孤。指出前人相關研究中的不足、失誤，是爲了讓之後的研究能夠更加快速健康地發展：前人的研究不足，我們要加以關註，並盡快彌補完善；前人的研究失誤，我們要辨明指正，以免以訛傳訛，輾轉援引，荊人涉河，不復考證。在我們自己率先開拓的研究領域內，我們也盡自己的能力，進行摸索，以爲後來者做一些鋪墊。此外，對於學界內的分歧意見，我們也進行了介紹、比較，或加以判斷，擇優而用，或另闢蹊徑，增加己見。總之，雖然我們才微識淺，但是我們的這些評價、分析、對比、探索，體現了辯證思想與揚棄精神，在創新能力方面雖然仍有諸多欠缺，但是創新的意識，還是盡力追求秉揚了。

二、研究不足

由於受主觀原因及客觀條件方面的限制，本課題研究還存在很多不足之處。不足之處主要有：

（1）未能對所有金文文獻中的動詞性義項進行窮盡性篩選、研究。目前只是擇取殷周時期金文文獻中的部分動詞性義項進行研究，而且這種研究還是嘗試性的初步探索，並不成熟。

（2）不少結論還值得商榷，甚至可能是錯誤的。包括對前人所謂"失誤"的辨正意見，恐怕有一部分是矯枉過正，或不進反退的。此外，對於學界目前尚未很好突破的一些障礙，我們更加束手無策，不敢妄加雌黃，驟下論斷，因此其中的不少結論也仍停留於存疑狀態。

（3）定量統計未能貫徹全面，統計出來的數據也未必十分精確。因此我們統計的數量，只能作爲一個參考。

（4）很多問題還探討得不夠深入、細緻詳盡。

三、研究展望

畢其功於一役，盡善盡美是件可望而難至的事情，對金文動詞性義項進行全面窮盡性研究，以及對本課題研究中尚存在的其他諸多方面的不足進行彌補修繕，只能寄希望於今後的努力了。

目前國內外對金文動詞的研究，雖然已取得了許多成果，但是還不全面充分，包括動詞各方面的系統性研究，尤其是系統性的比較研究，欠缺仍然較多，這值得引起學界的共同關註與重視，更值得群策群力，及時彌補與推進。

我們認為，金文動詞研究短期內可着重做以下四件事：

（1）進行金文動詞與甲骨文動詞的系統性比較研究。這種比較研究有助於從動詞的角度揭示從甲骨文發展到金文的同異變化情況，從而又促進二者的研究更為深入、寬廣。

（2）進行金文與傳世文獻中常見動詞的系統性比較研究。這種比較研究也有助於從動詞的角度揭示出土文獻與傳世文獻用詞、詞義、語法等方面的同異、變化情況。

（3）進行金文與簡帛文獻中動詞的系統性比較研究。

（4）進行金文動詞等專類詞典的編撰。古文字研究多重形、義而輕語法，這種狀況直到《馬氏文通》後才有大的改變。在金文、甲骨文、簡帛文字研究領域，也是如此。目前所見的金文、甲骨文工具書，數量已不少，但多側重於字形和字義（或長於收集羅列諸多字形，描摹入微，或長於收集羅列諸家之說，考釋字義），而語法，尤其是詞性的界定和各種語法功能的歸納，簡略或闕如，少有的一些語法分析，又沒有很好地進行分類，層次分明地加以歸納概括。我們不是說側重於字形和詞義類的工具書就不重要，而是想說，側重於語法分析、歸類總結的工具書也很重要，它們各有所長，不可或缺。關於金文、甲骨文，目前可以說還沒有專門的語法類工具書，而簡帛文字的工具書更加罕見，這給研究者，尤其是初學者，造成了很大的不便。所以我們認為，很有必要編撰一些金文、甲骨文、簡帛文字的專門性語法工具書。最為基礎的，就是先進行詞性分類研究，然後編撰專類詞典，最後編撰綜合性的語法工具書（可以囊括詞義、語音等要素，但以語法為主）。在詞性分類研究和專類詞典編撰中，動詞無疑是其中最為重要的一環。

這四項工作，有的我們已開始着力在做，有的準備將來去做，但始終感覺以一人之微薄力量，難以達成如此宏願，所以希望能引起更多人的關註，如有志同道合者群策群力，相信其中的一些工作能在不久的將來完成，並且很有可能成為相關研究領域中相當重要的成果甚或是這些領域內研究向前推進的標杆性成果。

語言學並非由一個個孤立分散的零件簡單堆積而成，而是一個複雜密合的系統，各個詞類之間，互相對立，又互相依賴，甚至存在交錯融合，因此，動詞的研究必然會牽涉到形容詞、名詞、副詞、介詞等詞類的研究，對於其他詞類的研究起到帶動、促進、影響作用，在動詞的研究過程中，也必須結合其他詞類的研究，齊頭並進，不可顧此失彼。

當今學術研究，日新月異，異彩紛呈，百家爭鳴，百花齊放，新思想、新觀點、新理論層出不窮，因此，從事學術研究，既要重視傳統，又要與時俱進，對於學術發展的前沿動態，應有基本的了解，適當吸收其中所長，但對於其中華而不實的成分，也要加以辨別。古漢語研究，亦應如此。

　　動詞是漢語三大詞類之一，在漢語各詞類中，數量多，分量重，在有動詞的句子中，又居於核心地位，對其他句子成分起着支配作用，因此，無論是從詞彙學角度來看，還是從語法學角度來看，動詞的研究均至關重要，所以在今後的語言學研究中，動詞必然，也應當繼續成爲其中的一個重點和亮點。動詞的義項研究，以及動詞其他各方面的系統性、細分性研究，皆有其份，不可缺失。

參考文獻

1. 中國社會科學院考古研究所．殷周金文集成：1—18 冊［M］．北京：中華書局，1984—1994.

2. 中國社會科學院考古研究所．殷周金文集成：1—8 冊［M］．修訂增補本．北京：中華書局，2007.

3. 劉雨，盧岩．近出殷周金文集錄：1—4 冊［M］．北京：中華書局，2002.

4. 嚴一萍．金文總集：1—12 冊［M］．台北：藝文印書館，1983.

5. 張亞初．殷周金文集成引得［M］．北京：中華書局，2001.

6. 華東師範大學中國文字研究與應用中心．金文引得：殷商西周卷［M］．南寧：廣西教育出版社，2001.

7. 華東師範大學中國文字研究與應用中心．金文資料庫［M/CD］．南寧：廣西教育出版社，2003.

8. 劉志基，臧克和，王文耀．金文今譯類檢：殷商西周卷［M］．南寧：廣西教育出版社，2003.

9. 馬承源．商周青銅器銘文選［M］．北京：文物出版社，1988.

10. 張世超，孫凌安，金國泰，等．金文形義通解［M］．京都：中文出版社，1996.

11. 陳初生．金文常用字典［M］．西安：陝西人民出版社，1987.

12. 周法高．金文詁林：1—16 冊［M］．香港：香港中文大學，1974—1975.

13. 周法高．金文詁林補：1—8 冊［M］．台北："中央研究院"歷史語言研究所，1982.

14. 戴家祥．金文大字典［M］．上海：學林出版社，1995.

15. 古文字詁林編纂委員會．古文字詁林：1—12 冊［M］．上海：上海教育出版社，1999—2004.

16. 王力．王力古漢語字典［M］．北京：中華書局，2001.

17. 容庚．金文編［M］．張振林，馬國權，摹補．北京：中華書局，1985.

18. 郭沫若．兩周金文辭大系圖錄考釋［M］．北京：科學出版社，1957.

19. 楊樹達．積微居金文說［M］．北京：科學出版社，1952.

20. 何琳儀．戰國文字通論［M］．北京：中華書局，1989.

21. 張玉金．西周漢語語法研究［M］．北京：商務印書館，2004.

22. 蔣書紅．西周漢語動詞研究［M］．廣州：暨南大學出版社，2013.